FRÉDÉRIC FEBVRE

EX-VICE-DOYEN DE LA COMÉDIE-FRANÇAISE

JOURNAL

D'UN

COMÉDIEN

TOME DEUXIÈME

1870-1894

AVEC UNE PRÉFACE DE M. ALEXANDRE DUMAS FILS

DE L'ACADÉMIE FRANÇAISE

Illustrations de JULIAN-DAMAZY

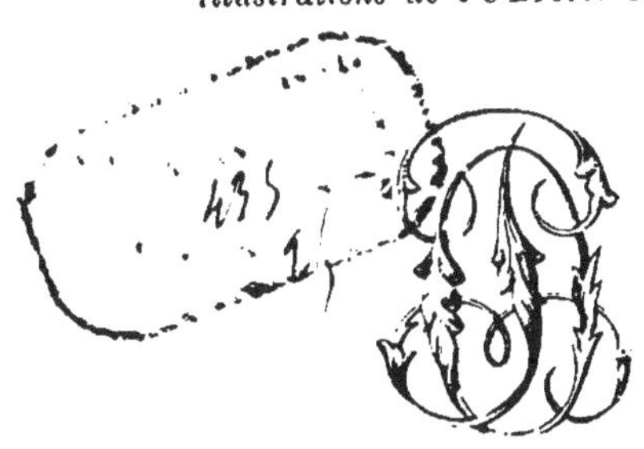

PARIS

PAUL OLLENDORFF, ÉDITEUR

28 *bis*, RUE DE RICHELIEU, 28 *bis*

1896

FRÉDÉRIC FEBVRE

Comédie-Française

1894

FRÉDÉRIC FEBVRE

EX-VICE-DOYEN DE LA COMÉDIE-FRANÇAISE

JOURNAL

D'UN

COMÉDIEN

TOME DEUXIÈME

1870-1894

AVEC UNE PRÉFACE DE M. ALEXANDRE DUMAS FILS

DE L'ACADÉMIE FRANÇAISE

Illustrations de JULIAN-DAMAZY

PARIS

PAUL OLLENDORFF, ÉDITEUR

28 *bis*, RUE DE RICHELIEU, 28 *bis*

1896

PRÉFACE

Mon cher Febvre,

Je viens de lire avec le plus grand intérêt votre *Journal d'un comédien*. Il résulte pour moi de cette lecture que vous avez été un des heureux de ce monde et j'espère bien qu'il en sera ainsi jusqu'à la fin et que cette fin n'est pas prochaine. Vous avez eu le talent, le succès, l'indépendance, laborieusement, brillamment, fièrement acquise, la santé qui est le meilleur des auxiliaires dans la lutte, la bonne humeur qu'elle crée qui est la meilleure des compagnes dans le voyage, l'énergie, la volonté, le sens si rare du gouvernement de soi et, comme couronnement, cette philosophie supérieure qui nous fait renoncer aux choses avant qu'elles se détachent de nous. C'est ainsi que vous quittez en pleine force et en plein succès cette carrière du théâtre encore aussi pleine pour vous de promesses que de souvenirs.

Quand vous êtes venu m'apporter votre manuscrit et que je vous ai interrogé sur les causes de votre résolution si définitive, vous m'avez répondu : « J'ai promis à nos amis Bobo et Poulle d'aller les voir à Haïti. Je veux tenir ma promesse. » Et j'ai vu derrière ce sourire qui a si souvent éclairé les histoires que vous nous racontiez pendant les entr'actes des répétitions, j'ai vu que c'était sérieux. Ainsi j'avais sous les yeux un homme qui, ayant projeté plusieurs années à l'avance de faire quelque chose, le fait. A ces amis que nous avons vous et moi, à Haïti, qui vous parlaient, chaque fois qu'ils venaient en France, des beautés et des charmes de leur pays natal, vous avez dit : « Quand mon engagement avec la Comédie-Française sera terminé, je quitterai le théâtre et j'irai vous voir aux Antilles. » Vous quittez le théâtre et, après avoir pris votre temps pour arranger toutes vos petites affaires européennes, vous partez en effet pour Port-au-Prince. Après avoir donné le spec-

tacle de tant de personnages secoués aux quatre
vents du hasard et de la passion, vous donnez,
tout à coup, dans la réalité celui d'un homme
qui fait ce qu'il veut ; c'est tout bonnement
admirable, surtout dans les temps agités où nous
vivons. Voir, au milieu de toutes les difficultés
qui contrecarrent les efforts, les désirs, les ambitions des mortels les plus puissants, voir le destin permettre à un honnête homme de réaliser
un honnête projet depuis longtemps conçu,
n'est-ce pas tout à fait extraordinaire, et digne
d'être constaté. Et n'avais-je pas le droit tout à
l'heure de vous traiter d'homme heureux ? D'autant plus que, non seulement vous irez à Haïti,
mais que vous y séjournerez beaucoup plus
longtemps que vous ne le croyez à cette heure,
que vous en reviendrez par un autre chemin
que celui qui vous y aura mené, perçant toutes
sortes d'horizons nouveaux, et vous retrouvant
un beau jour sur notre boulevard des Italiens.
centre du globe, aussi vaillant et aussi d'aplomb
qu'aujourd'hui en face de gens qui, pendant ce
temps-là, auront été continuellement de la Bas-
tille à la Madeleine et de la Madeleine à la Bas-
tille, tantôt à pied, tantôt en omnibus, voyant

toujours les mêmes choses, les maudissant toujours, les subissant toujours.

Vous êtes dans le vrai.

Je pourrais vous dire comme tant d'autres vous ont dit, et vous disent tous les jours, très sincèrement et très justement : « Pourquoi quittez-vous le théâtre où vous avez encore tant de joies à recueillir et à donner ? Je ne vous le dirai pas, bien que je sois un de ceux qui perdent le plus à votre départ. Que vont devenir Clarkson, M. de Riverolles, M. de la Rivonnière, Olivier de Jalin pendant que vous ferez la sieste dans les hamacs d'Haïti en buvant le café du gros Morne et en suivant de l'œil les formes diverses que fera prendre à la fumée de votre cigare le vent qui vient de la mer rafraîchir les vallées brûlantes. Êtes-vous sûr qu'à travers la fumée bleuâtre, votre mémoire infaillible qui vous a si admirablement servi dans votre art que vous n'avez jamais su où était le trou du souffleur, êtes-vous sûr que votre mémoire n'évoquera pas tous ces personnages de la vie desquels vous avez vécu en leur faisant une âme de la vôtre. Êtes-vous sûr qu'ils ne vous rappelleront pas là où ils sont restés. N'est-ce pas pour être sûr de résister à la tentation que vous allez si loin?

Tant que vous serez dans les mouvements du voyage, dans les surprises et les enthousiasmes des perspectives imprévues, vous nous oublierez; mais quand vous serez dans le repos, dans le silence, dans le calme du séjour, quand vos yeux seront familiarisés avec les arbres, les montagnes, les torrents d'alentour, si curieux qu'ils vous soient apparus au premier aspect, les souvenirs du passé passeront entre eux et vous. Quel défilé de personnages sortis de vous depuis votre premier début sur le petit théâtre du Havre jusqu'au soir de la représentation de retraite sur la grande scène de Molière, aux feux de l'électricité et aux applaudissements de deux mille personnes!

Tout cela est-il à jamais fini? Tout cela ne pourrait-il pas renaître? Que de fois ces questions viendront traverser votre esprit! A peine l'homme interrompt-il son action habituelle, régulière, mécanique pour ainsi dire, que lui imposaient les événements, la nécessité, l'habitude, à peine rentre-t-il en lui-même pour se recueillir, pour comprendre, pour s'orienter à nouveau qu'il ne sait plus où il en est, pris entre ce qui a été qui n'a plus de consistance et ce qui va être qui n'a pas de certitude. Celui qui, délibérément, sans que rien l'y force, sort d'une carrière où il y avait encore pour lui plusieurs années de bien-être, d'éclat, de gain, de jouissances d'amour-propre et de cette gloriole tant enviée des obscurs pour rentrer dans le silence et y demeurer sans regret et sans amertume, celui-là est un sage qui donne le bel exemple d'une intelligence claire et d'une volonté saine. Et puis, peut-être notre ami Henri Rivière, dont vous citez quelques jolies lettres dans votre journal, avait-il raison quand il vous écrivait : « Voyez-vous, mon cher, habiter à la Havane, chez sa blanchisseuse, voilà le rêve. S'étendre paresseusement tout le jour dans une sorte de piscine remplie d'eau courante, fumer des cigares exquis pendant que votre jolie propriétaire, de ses petites mains, vous prépare des boissons glacées, il n'y a rien de meilleur, le reste ne vaut pas un souvenir. »

Adieu donc, mon cher Febvre ; je n'ose plus dire au revoir à ceux qui partent ; j'ai passé l'âge des formules qui engagent l'avenir. Nous avons fait la guerre ensemble et la bonne guerre,

toujours bravement et loyalement, nous pouvons le dire. Je perds un bon compagnon d'armes,
mais qui sait si je livrerai encore quelque
bataille et vous avez soif d'espace et de liberté.
Vous avez assez de la lumière qui vient d'en bas
et des jardins en toile peinte, il vous faut le
soleil des Tropiques et les immenses forêts d'aca-
jou. Je voudrais bien être à votre place. Allez,
vous serez bien reçu là-bas ; c'est un des rares
pays où l'on aime encore la France. Un jour que
vous n'aurez rien à faire et qu'il ne fera pas trop
chaud, descendez au sud de l'île, jusqu'à Jérémie,
sur le golfe de Leogane.

C'est un véritable voyage ; c'est un véritable
pèlerinage que je vous demande de faire.

C'est là qu'au printemps de 1762 une petite
esclave noire mettait au monde un petit mulâtre
lequel devait être un jour le général Alexandre
Dumas et se continuer en deux auteurs dramatiques qui vous ont fait quelques-uns des rôles
que vous avez si bien joués.

Tout à vous,

A. Dumas fils.

PREMIÈRE PARTIE

1871-1879

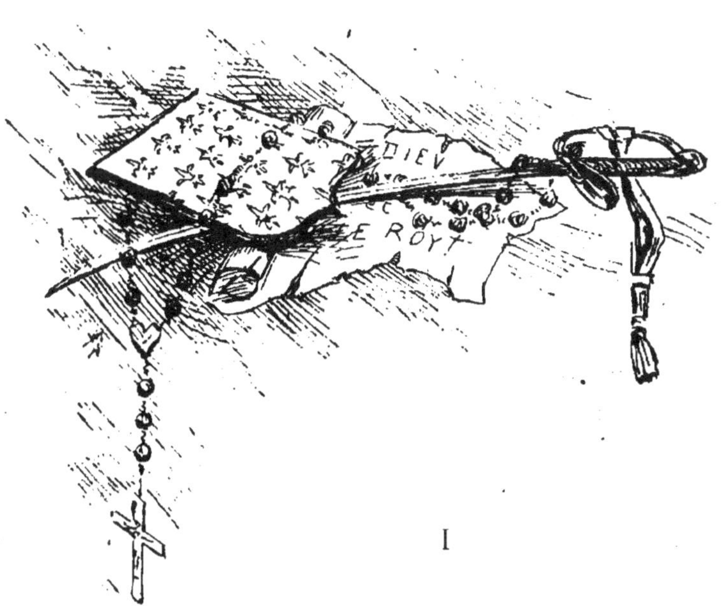

I

M. E. Perrin avait une trop grande expérience
des choses de théàtre, pour se dissimuler que
prendre la Direction de la Comédie-Française, le
15 juillet 1871, c'est-à-dire en plein été, au lendemain de la guerre, des misères du siège, des
horreurs de la Commune, était un tàche hardie...
mais, il avait pour lui la confiance du public et
la réputation d'avoir la main heureuse. En effet,
partout, où il avait administré, le succès était
venu à lui... mais, cette fois, la situation était
difficile et allait le forcer à redoubler d'habileté...

Là, où était l'ambulance, la pharmacie, vite, des
fleurs, des tapis, les serviteurs en livrée ! les em-

ployés en habit noir, cravate blanche. Adieu,
barbes et moustaches... tout reprenait un air de
bonne maison et se désembourgeoisait.

Inutile et ridicule cet orchestre de musiciens !
supprimés les coûteux flonflons !

La *sacristie*, elle-même, avait repris un petit air
profane, qui lui seyait à merveille.

Sous la précédente administration :

Le budget prévu était de.	1.160.000
Et les dépenses atteignaient	1.626.000
Soit une différence de	466.000

Ce qui est déjà bien, comme excédent ; car, sous peine
de s'endetter, il fallait faire chaque soir, au bureau, une

recette de	2.570
Soit, par mois.	77.000
par an.	925.000

Au bureau seulement, et sans prétendre à aucun partage,
sous M. Empis, le prédécesseur de M. Thierry, le budget

prévu était de.	192.000
Dépenses	194.000
Excédent.	2.000

Deux mille francs d'écart sur le budget prévu !...
C'était biblique !

Il est vrai de dire que la part sociale atteignit,
l'année dont je parle, le chiffre de 5.400 francs.

Nous allons voir, avec l'administration de M. Perrin, tous les chiffres s'arrondir ; car, il ne reculait

devant aucune dépense, nous disant, toujours, qu'il faut jeter l'argent par les fenêtres, pour qu'il rentre par les portes.

Il eût même, je crois, fait agrandir l'ouverture des fenêtres, sans négliger d'élargir les portes, en même temps.

Le premier ouvrage nouveau, que monta M. Perrin, fut *Christiane*, 3 actes de Gondinet. MM. Delaunay, Thiron, Prud'hon et moi, MM^{lles} Reichemberg et Martin, tels étaient les principaux interprètes de ce drame.

La pièce eut du succès.

Le public... le vrai, celui des beaux jours, était revenu.

Enfin, on en avait donc fini avec ces salles sombres, éclairées au pétrole, avec ces avant-scènes, où se prélassaient les officiers d'état-major de la Fédération et leurs compagnes, avec ces généraux fantastiques, dont l'un (dans la loge impériale qu'il occupait) fit, un soir, demander M. E. Thierry, pendant un entr'acte, pour lui intimer l'ordre d'avoir à représenter *le Courrier de Lyon*.

Comme le spirituel administrateur s'excusait de ne pouvoir faire ce que désirait l'étonnant militaire, lui donnant comme raison que les comédiens, qui jouaient le drame au Théâtre-Français, étaient absents, il fut convenu qu'à leur retour, la distribution serait celle-ci :

Lesurques	BRESSANT.
Choppard	GOT.
Le Père Lesurques	MAUBANT.
Fouinard	COQUELIN.
Courriol	FEBVRE.
Daubenton	LEROUX.

Le général parut satisfait; et, tout en remerciant M. Thierry, il ajouta : « A la bonne heure !... voilà une pièce... et bien montée... mais, je vous en prie, citoyen directeur, à l'avenir, plus d'*Ecole des Femmes* et de *Misanthrope;* en voilà assez de ce répertoire pourri de l'Empire... » (*sic*).

Tout étant rentré dans l'ordre, la Comédie-Française, grâce à la vigoureuse impulsion que lui donnait M. Perrin, allait retrouver ses succès passés et obtenir des résultats inconnus jusqu'à ce jour.

On répétait partout, sur le théâtre, au foyer du public, à celui des artistes; il y avait un entrain du diable, et puis, il faut bien le dire, M. Perrin payait royalement de sa personne. Arrivé à midi, à 6 heures et demie, il était encore dans son cabinet, tantôt descendant sur le théâtre, pour suivre les répétitions, tantôt montant au magasin de costumes, pour surveiller la coupe d'un pourpoint, ou procéder au choix des étoffes.

Entre deux répétitions, sautant dans son coupé pour se rendre aux ateliers de décoration... à moins qu'il n'y eût été déjà, le matin, avant son déjeuner. Le soir, presque toujours en habit, il venait s'asseoir dans le fond de sa baignoire, suivant avec intérêt les débuts de celle-ci, les progrès de celui-là... après quoi, lentement, il traversait le théâtre, faisant aux artistes ses compliments ou ses critiques.

D'un naturel moins qu'expansif, il avait le don de savoir distribuer à propos l'encouragement ou la louange... dont il n'abusait jamais, je dois l'avouer.

Aussi, quand, prenant l'un de nous à part, il lui disait : Vous serez joliment bien là dedans, c'était le maximum, et l'on pouvait se tenir pour satisfait, d'autant plus qu'il ne le répétait jamais deux fois.

Sa qualité maîtresse était la sincérité ; il se faisait public, avant tout ; et, sans tenir compte des situations, il disait à tel de nous, sociétaire ou pensionnaire, professeur ou élève :

« Vous savez, vous êtes tous des malins ; mais, vous ne m'avez pas ému pour un sou... dans cette belle scène, où j'espérais ressentir un petit toc-toc, quelque chose, enfin, qui me secoue... Je n'ai rien ressenti... est-ce mal mis en scène, est-ce mal joué ?... C'est peut-être les deux.! Voyons, travaillons, cherchons... Je n'ai pas retrouvé l'effet de la lecture... il faut, pourtant, que cette scène donne tout ce qu'elle a ! »

Comme nous savions quel flair merveilleux il avait du succès ; que, de plus, nous avions pu apprécier son goût si délicat, son parisianisme si correct, nous nous disions immédiatement : Il doit avoir raison ! cherchons. Après bien des difficultés et des heures employées à recommencer la même scène, tout à coup M. Perrin s'écriait avec joie : « Ne cherchez plus ! ça y est ; je viens de sentir ce petit toc-toc qui me faisait.défaut ; redisons la scène encore une fois... *il n'est que six heures...* » Et malgré l'heure avancée, on reprenait l'étude, à sa grande satisfaction.

Au bout de quelques instants, il se levait, regardait sa montre, et poussant un gros soupir, il murmurait : « Comme le temps passe !... voilà une bonne journée, pendant laquelle nous avons bien travaillé... J'ai hâte d'être à demain pour voir la suite. »

Et, il faut bien le dire, cette ardeur se maintint jusqu'au dernier jour. Il aimait la maison, sans nul doute ; mais, il adorait surtout le travail, estimant que le théâtre est une maîtresse absorbante et que ce n'est que lorsqu'on l'aime trop, qu'on commence à l'aimer assez ! •

Pour lui, pas même le repos du dimanche : ce jour-là, ne pouvant s'asseoir à l'avant-scène, il l'employait à sa correspondance, ou à la lecture de quelque manuscrit.

Avec M. Perrin, il était dangereux de ne pas réussir ; car, il aimait et n'admettait que le succès. Malgré son extrême courtoisie, il avait peine à dissimuler le sentiment que lui faisait éprouver la plus petite déception artistique.

Il vous savait mauvais gré d'un effet manqué ; il lui arrivait même, quelquefois, de vous bouder, au lendemain d'un mauvais feuilleton... et on ne pouvait, vraiment, lui tenir rigueur de ces légers moments d'humeur ; car, on sentait bien que, dans son amour de l'art, dans l'admiration sincère qu'il éprouvait pour *sa maison*, il eût voulu que tout fût parfait et que ses comédiens volassent de succès en succès.

Il tenait beaucoup à ce que tout passât par ses mains. C'est lui, cependant, qui rétablit le fonctionnement du service des *semainiers*. Quand, le matin, il arrivait à son cabinet, le premier pli qu'il décachetait, était le rapport de la veille ; et, quoique très jaloux de son autorité, il savait faire respecter celle du semainier, son représentant.

D'une exactitude méticuleuse, il avait horreur des retardataires, qui abrégeaient, par leur négligence, les heures de ce travail qu'il aimait tant.

Avec les employés, il était d'une politesse *impitoyable*, et, disait volontiers :

« Je vous serai obligé, Monsieur le donneur d'accessoires, de faire ceci... »

« Monsieur le chef costumier, il me serait agréable que vous prissiez la peine, » etc., etc.

Aussi, tout ce monde d'employés professaient-ils, à son égard, la plus respectueuse déférence.

Une chose le faisait souffrir : c'était de voir Thiron tutoyer le donneur d'accessoires.

Plusieurs fois, il en avait exprimé son étonnement à l'excellent artiste ; aussi, un jour que ce dernier était venu se plaindre à lui d'une réponse irrespectueuse de l'employé en question :

« Ah dame, voilà, fit M. Perrin : en le mettant sur ce pied, mon cher Thiron, vous lui avez donné le droit de penser que vous avez gardé *ensemble les accessoires ?* »

Quand M. Perrin était dans le théâtre, on le savait, de suite, par le silence qui régnait dans toute la maison et par le zèle empressé des serviteurs.

Dans le sens propre du mot, M. Perrin n'était

pas un metteur en scène. Cet art de tourner autour des meubles, de faire passer les personnages de droite à gauche, ou de gauche à droite, sans lui être inconnu, était, à ses yeux, d'un intérêt secondaire ; et, à ce sujet, il s'en remettait soit à l'auteur, soit à l'un de nous.

Mais, où il était vraiment remarquable, c'était dans la plantation d'un décor, dans l'ameublement d'un salon, dans l'arrangement du mobilier et le choix des tapisseries.

Jamais une faute d'orthographe.

Je me souviens que, pendant une indisposition qui l'avait tenu éloigné du théâtre, j'avais mis en scène un petit acte ; sitôt rétabli, M. Perrin arriva sur la scène. Après un rapide coup d'œil : « Ce n'est pas mal, me dit-il ; mais, il manque quelque chose... je ne sais quoi... il faudrait une note, qui relevât de ton le côté grisaille de la décoration... »

Puis élevant la voix : « Monsieur le donneur d'accessoires, ajouta-t-il, voulez-vous bien demander à madame la costumière un morceau de soie... rose, mais, d'une couleur un peu passée. » Quand il eut jeté négligemment cette draperie soyeuse sur une rampe d'escalier, qui se trouvait au premier plan, il se recula de quelques pas pour juger de l'effet : « Regardez, maintenant ; il ne manque plus rien. » Il avait raison ; cela réchauffait la décoration.

Ce n'était pourtant rien que ce bout d'étoffe ; oui, mais, il fallait le trouver... et la pensée devait en venir tout naturellement à un peintre, amoureux comme lui, du coloris et soigneux du détail.

Le premier ouvrage qui vit le jour, sous la nouvelle administration, fut *le Gendre de M. Poirier*, que nous venions de jouer à Londres.

Got s'était essayé dans M. Poirier, devant le public anglais ; il succédait à M. Provost, dans ce rôle, créé si admirablement au Gymnase, par Lesueur. Le doyen de la Comédie-Française avait même fleuri la boutonnière de l'irascible bourgeois ; et, cette promotion inattendue ne fut pas acceptée sans quelque surprise.

Depuis, on s'y est habitué... Encore quelques années, et, avec un peu de chance, le beau-père du marquis de Presle pourra voir son large ruban remplacé par une rosette.

Bressant prêtait son élégance au marquis de Presle ; Barré était exquis de naturel, dans Verdelin ; Thiron, incomparable dans Vatel ; et Mlle Favart avait trouvé, dans Antoinette, un de ses meilleurs rôles.

Je jouais le duc de Montmeyran, l'aristocratique brigadier. Depuis cette reprise, la pièce n'a jamais quitté l'affiche ; elle s'y maintiendra tant qu'il y aura une Comédie-Française et un répertoire de chefs-d'œuvre.

29 février 1871.

Première représentation de *l'Autre motif*, comédie en 1 acte, en prose, de M. Pailleron.

Grand et légitime succès pour Mme Plessy, à qúi Mme Ponsin et moi avions l'honneur de donner la réplique.

18 mai 1872.

Première représentation de *Marcel*, drame en 1 acte, en prose, de MM. Jules Sandeau et Adrien Decourcelle.

La pièce était curieuse ; j'y jouais une sorte de fou, ou plutôt de monomane, qui, dans un accident de chasse, avait tué son jeune fils. Depuis cet horrible malheur, un autre enfant avait vu le jour, et la donnée de l'ouvrage consistait à faire croire au pauvre père qu'il avait dormi et rêvé ; la preuve, c'est qu'on lui présentait le second enfant, vivant portrait du pauvre petit disparu. Et, comme au baisser du rideau, je demandais à l'enfant : « Mais qui donc es-tu ? — Je suis mon petit frère, » répondait-il...

La pièce était montée avec soin. Mme Nathalie, qui n'a jamais été remplacée, prêtait à la vieille servante, toute l'autorité de ce talent, qu'on avait tant apprécié dans *le Village*, d'Octave Feuillet. Mlle Marie Royer, trop tôt disparue, jouait la jeune femme du pauvre fou. Barré était, comme toujours, plein de bonhomie, dans un docteur, ami de la famille. M. La Roche s'était chargé du rôle de l'ami, et le petit Marcel était joué par une charmante petite fille, dont j'ai oublié le nom.

Pour mener à bien l'étude de mon personnage, j'allais, chaque matin, à l'hospice Sainte-Anne.

Que d'études navrantes j'ai pu faire dans ce sombre asile. Parmi les malades, il y en avait un vraiment intéressant. Ce pauvre homme avait été pris par les fédérés, pendant la commune, et allait être fusillé par eux... Comme les fusils s'abaissaient sur sa poitrine, les soldats versaillais l'avaient arraché à la mort.

A ce moment, 3 heures sonnaient à une église voisine du lieu du supplice.

Depuis cet instant, la raison du malheureux avait disparu, et, tous les jours, vous entendez bien, tous les jours, un peu avant 3 heures, il commençait à trembler ; se cachant la tête dans les mains, il entendait le bruit des fusils qu'on armait... semblait se débattre... et tombait comme une masse, en poussant un horrible cri ; sitôt que l'aiguille avait dépassé le chiffre trois, il revenait lentement à lui, promenait un regard étonné sur ses gardiens, et tout était fini jusqu'au lendemain, où, à la même heure, se reproduisait l'horrible vision, à laquelle il était en proie. Connaissez-vous un plus terrible supplice ?

Marcel tint l'affiche pendant quelque temps. On fit une reprise; et, comme il ne reste plus à la Comédie, un seul artiste de la création, l'ouvrage a disparu ; c'est regrettable!...

12 *août* 1872.

Reprise du rôle de Clavaroche, où Brindeau fut si remarquable, et que je jouai, moi, après Bressant, aux côtés de Delaunay, le dernier Valentin qu'on ait vu et entendu... C'était merveilleux ! Thiron jouait *Maître André ;* au dire des connaisseurs, dans le premier acte, il était au moins égal à Samson, qui avait créé le rôle à la Comédie-Française. Madeleine Brohan était charmante et sympathique, dans ce terrible personnage de Jacqueline, que Mme Allan semble avoir légué à ses survivantes, comme une menace !

20 *septembre* 1872.

Première de *les Enfants*, 3 actes en prose, de Georges Richard. Cet auteur, doublé d'un comédien estimable, avait le don d'être particulièrement désagréable à M. Perrin.

Les tendances de l'ouvrage, son milieu, sa forme et surtout les sentiments qui y étaient exprimés, tout, en un mot, choquait le nouvel administrateur, qui, d'ailleurs, ne prenait, que bien juste, le soin de le cacher à l'auteur.

Un jour, à une répétition, poussé à bout, M. Perrin ne put retenir cette exclamation :

« — Mais, dans quel monde se passe donc tout ceci ?... Le jeune homme n'est pas le fils de son père... Le père lui-même est-il bien le mari de la mère de son enfant?... Et, cependant, tous ces gens-là vivent ensemble... c'est donc un Phalanstère?

« — Est-ce ma faute, à moi, répondit Richard, un peu nerveux, si la société est ainsi faite !

« — La vôtre, peut-être; mais, pas la nôtre, répliqua l'administrateur, en quittant la scène. »

Je jouais, là dedans, un certain *M. de Boislaurier*, assez triste personnage. La pièce fit plaisir et tint l'affiche assez longtemps, au grand déplaisir de M. Perrin, qui ne manquait jamais de dire au second régisseur d'alors, M. Chevalier, quand celui-ci lui présentait le répertoire de la semaine, et qu'il voyait annoncé : *Les Enfants...* « *Encore le Phalanstère !* »

16 octobre 1872.

Pour la première fois, après trois répétitions, je joue le rôle de Tartuffe. Dans la première partie de

ces Souvenirs, je crois avoir dit suffisamment ce
que je pensais de l'interprétation de ce personnage,
pour n'y pas revenir. Sarcey, dans un feuilleton
très indulgent, terminait en disant, à peu près, ceci :

« — C'est une manière d'envisager le rôle qui
déroute un peu les ama-
teurs respectueux de la
tradition; mais, en som-
me, quand il sera con-
venu que c'est bien, ce
sera très bien ! »

14 novembre 1872.

Ah ! on ne perdait pas
de temps !

Première représenta-
tion d'*Hélène*, 3 actes en
vers, de M. Pailleron, où
je jouais le *Comte Paul*,
ayant pour partenaires
M. Delaunay, Mmes Nathalie, Favart, Reichem-
berg. L'effet ne fut pas
celui qu'on attendait, et

Laffemas
dans *Marion Delorme.*

Hélène quitta l'affiche, discrètement, à l'anglaise.

10 février 1873.

Belle soirée. Première de la reprise de *Marion
Delorme*. Sauf Coquelin aîné, La distribution com-
portait presque tout le personnel masculin de la
maison :

MM. GOT.	*Langely.*
DELAUNAY	*Saverny.*
BRESSANT.	*Louis XIII.*
MAUBANT	*de Nangis.*
FEBVRE	*Laffemas.*
MOUNET-SULLY.	*Didier*
THIRON.	*Le Gracieux.*
Mlle FAVART.	*Marion.*

Tous les rôles les plus petits étaient tenus
par des chefs d'emploi. M. Perrin avait fait miracle. Décors, costumes, tout était d'un goût exquis... Ce fut un gros succès. Nous reçûmes une
brochure, avec dédicace de la main du poète.

18 avril 1873.

Première de *l'Acrobate*, comédie en un acte, de
Feuillet. Je jouais Gaston, un jeune et prudent
diplomate, bien près de devenir l'amant de Mlle Croizette (la femme à demi coupable) et Bressant représentait l'époux plus magnanime qu'outragé. C'était

original et amusant. Le succès fut très vif. Le petit
acte de Feuillet a fourni, d'ailleurs, à deux hommes
d'esprit, le prétexte d'une comédie en trois actes,
représentée avec succès, sur une scène du boulevard.

13 janvier 1874.

Reprise de *Péril en la Demeure*, 2 actes d'Octave Feuillet; je succède à Régnier, dans le rôle de
la Roseraie.

8 septembre.

Bressant me cède M. de Saint-Géran, dans *une
Chaîne*. Délivré du rôle d'Emmeroc, ô bonheur !

29 octobre 1874.

C'est une date importante dans les annales de la
Comédie-Française; car, ce soir, Dumas fils y faisait représenter *le Demi-Monde*, créé au Gymnase.

Nous avions voulu faire une surprise à l'auteur,
que nous aimions et admirions tous. La pièce était
sue et sur pied, quand M. Perrin convoqua, pour
la première fois, Dumas, auquel on avait voulu
épargner les tâtonnements d'un travail prépara-
toire.

La mise en scène avait été réglée par Régnier, en
ce moment administrateur général de la scène.

Voici la distribution choisie par l'auteur lui-même :

Richon	GOT ;
De Jalin.	DELAUNAY ;
De Nanjac	FEBVRE ;
De Thonerins.	THIRON ;
Suzanne	Mlle CROIZETTE ;
Mme de Vernières.	NATHALIE ;
Mme de Santis.	Mlle THOLER ;
Marcelle	Mlle BROISAT ;

Après le premier acte, la glace fut vite rompue, et Dumas trouva, pour chacun de nous, un mot aimable.

Jamais répétitions ne furent plus gaies, plus intéressantes : on travaillait de tout cœur. En nous quittant, Dumas nous dit, avec une bonne grâce charmante :

« Vous êtes tous très aimables, et je vous avoue que j'ai été très agréablement surpris ; on m'avait dit tant de mal de cette maison, que je n'y entrais pas sans une certaine appréhension ; je trouve des comédiens gais et vivants, là, où je craignais de ne rencontrer que des notaires (*sic*). »

Je ne sais si cela tient à l'admiration que j'ai toujours professée pour le talent de Dumas, mais, j'avoue, bien sincèrement, que répéter avec lui, a toujours été pour moi, non seulement un précieux enseignement, mais, une joie profonde.

Et, quel bonheur, le travail terminé, de faire quelques pas en sa compagnie et d'entendre ses aperçus ingénieux, cette observation d'une forme chirurgicale, pour ainsi dire, qui seule pouvait enfanter ce petit chef-d'œuvre qui a nom : *la Visite de Noces*.

Cette reprise du *Demi-Monde* eut un grand succès dans ce vaste cadre; toutes les situations, en s'élargissant, gagnaient en autorité.

Belle soirée, pour Dumas; et, grande joie pour ses interprètes, de sentir le Maître satisfait et de penser qu'il allait peut-être, maintenant, travailler pour une maison, devenue la sienne, qu'il a enrichie souvent, par la suite, et qu'un jour même, il sauva en lui donnant sa *Francillon*.

Dumas n'est vraiment connu que de ses amis, qui lui sont fidèles, ce qui prouve qu'il est digne d'être aimé, — et par ceux qu'il a obligés.

Il a semé autour de lui l'envie, la haine même; c'était facile à prévoir.

Comment les médiocres, les ratés, ceux qui ne font que des mots, et jamais des pièces; à qui le souvenir d'un bienfait semble trop pesant; comment ces littérateurs, nés d'un bâillement, pourraient-ils lui pardonner ses succès, partant, sa fortune.

Mais, Dumas a encore cette supériorité : que l'ingratitude ne l'a pas plus corrigé de la charité que l'injustice ne le guérira jamais de cette bienveillance, de cette douce philosophie, dont il s'est armé, et qui fait le fond de l'âme de ce tendre, de ce timide.

Et j'ajoute : quel souci, quel respect de la dignité de sa plume !

Quand il n'écrit pas, c'est comme il l'avoue, qu'il n'a rien à dire, et que, dans ce cas, il convient de garder le silence ; s'il est défiant de lui-même, s'il se relit avec sévérité, c'est qu'il sait qu'il porte le lourd fardeau d'un nom deux fois glorieux.

D'autres ont vanté et vanteront longtemps son esprit ; quand à moi, il m'était doux de ne parler ici que de son cœur.

Après la première répétition, M. Perrin reconduisit Dumas ; nous attendions le retour de notre administrateur pour savoir si le Maître était réellement satisfait.

« Il est enchanté, nous dit-il, et j'ai tout lieu de croire qu'il pense à une pièce, qu'il nous destine. »

Ce mot nous avait payé de toutes nos peines ; car, l'entrée de Dumas à la Comédie-Française était une bonne fortune, pour le public, et un gage de succès, pour les comédiens de la rue de Richelieu.

La mise en scène est un art qui se développe chaque jour, et cet art tient, il faut bien le dire, une large part dans le succès des œuvres modernes; car, il ne s'agit pas seulement de placer les décors, les meubles et les accessoires, de régler les jeux de scène, les entrées et les sorties des personnages, il faut encore que celui qui monte un ouvrage mette en lumière une situation, par tous les moyens dont il dispose, et souvent, qu'il en masque le vide.

Autant de metteurs en scène, autant de procédés divers. — M. Montigny, le regretté directeur du Gymnase, était, en cette matière, un maître incontestable et incontesté.

— Il avait pour principe d'encombrer, d'abord, toute la scène de meubles et de bibelots, se réservant le soin de guider l'artiste dans ce labyrinthe, et de l'aider à se débrouiller au milieu de ce bric-à-brac voulu.

Grâce à cette science, que M. Montigny possédait, à un si haut degré, l'ordre s'établissait peu à peu, et ce qui, tout à l'heure encore, semblait être un obstacle au mouvement des personnages devenait le prétexte d'une attitude heureuse, d'un jeu de scène ingénieux..... C'était, peut-être, un peu cherché, mais, souvent, trouvé.

Autant d'auteurs dramatiques, autant de moyens différents.

Emile Augier avait le plus profond dédain pour ce qu'il nommait, « cette course autour des meubles »; il supportait la mise en scène, sans la rechercher, ni même l'apprécier.

Dumas fils, sans parti, aime assez l'art qui nous occupe en ce moment, à la condition que ce soit un moyen d'éclairer ses situations, mais, par les procédés les plus simples, ayant horreur, en toutes choses, du maniérisme et de l'afféterie.

Si Octave Feuillet n'était pas un metteur en scène, dans le sens propre du mot, en revanche, il indiquait, d'une manière admirable, la tenue, la diction de ses personnages..... et, quel lecteur !..... Il y a de certaines pièces qui, bien certainement, ont été mieux lues par lui, que jouées par nous.

Sardou possède ce don de la mise en scène et, de plus, c'est un comédien de premier ordre.

Si Shakespeare avait eu à sa disposition, avec le talent de nos décorateurs modernes, un metteur en scène comme son compatriote et interprète Henry Irving, il eût renoncé, avec joie, au poteau indicateur, disant naïvement au public : « Ceci est une forêt. »

A cette époque, le parterre était encore debout; mais, il n'y avait pas grand inconvénient à cela; les représentations n'atteignaient pas, alors, la longueur de celles d'aujourd'hui.

Pendant les répétitions de ce *Demi-Monde*, que de charmantes causeries, que d'amusantes anecdotes racontées par l'auteur !

Je me souviens d'une bien jolie réponse, faite par une dame, à quelqu'un qui lui demandait quelle diffé-rence il y avait entre l'a-mour et l'amitié.

« Oh! énorme ! fit-elle : la différence du jour à la nuit. »

Et cette autre petite his-toriette :

« C'était, nous dit Dumas, le jour du mariage de Paul Meurice ; il avait pour té-moins M. Ingres et mon père.

De Nanjac
dans *le Demi-Monde.*

« A la mairie, l'employé appelle :

« — M. Ingres !

« — C'est moi, monsieur.

« — Comment écrivez-vous votre nom ?

« Stupéfaction dans l'auditoire.

« Et M. Ingres se mit à épeler docilement les

lettres de son nom à l'employé, nom qui semblait, d'ailleurs, lui être parfaitement inconnu.

« — Profession ?

« — Peintre, répondit modestement l'auteur de *la Source* !

« — Monsieur Dumas !

« Papa s'approcha en souriant, comme un homme convaincu que si cet idiot ignorait M. Ingres, il lui était impossible de n'avoir pas lu *les Mousquetaires* ou *Monte-Cristo.*·

« — Monsieur Dumas, Alexandre !

« — C'est moi.

« — Comment écrivez-vous Dumas, avec un *t* ou avec avec un *s* ?

« — Jusqu'ici on s'est servi d'un *s*.

« — Profession ?

— A cette question, tout le monde faillit éclater de rire.

« Sans se déconcerter, papa répondit à cet employé, élevé sans doute loin des lettres et de la peinture :

« — Propriétaire... Et Dumas fils, en nous racontant ceci, ajoutait en souriant... Et Dieu sait ?...

« Avant de se mettre à table, comme on avait placé le jeune Dumas près de M. Ingres, il vint trouver son père pour lui demander quel serait le sujet de conversation qui serait le plus agréable au célèbre peintre.

« — Parle-lui de son violon, répondit Dumas.

« — Est-ce qu'il en joue bien ?

« — Comme Michel-Ange ! »

14 *février* 1876.

Première de *l'Etrangère*, 5 actes de Dumas fils. Distribution des principaux rôles :

MM. Got, Coquelin aîné, Febvre, Thiron, Mounet-Sully ;

Mmes Madeleine Brohan, Croizette, Sarah Bernhardt.

Une belle soirée, et dont M. Perrin parlait souvent!

Sarah Bernhardt était la femme rêvée pour ce singulier personnage de Mistriss Clarkson.

A son entrée, au premier acte, elle avait fait sensation. Tout était juste : l'aspect, le son étrange de cette voix, qui semblait familiarisée avec tous les idiomes, l'allure nonchalamment provocante et hautaine, ses attitudes ; tout était vécu, parfait.

Mlle Croizette, si belle, si touchante dans ce rôle exquis de la duchesse de Septmonts eut une ovation après le quatrième acte.

Coquelin aîné était l'incarnation du duc Vibrion.

Autant d'éléments propres à assurer la vogue de cette pièce si curieuse, dont le succès, s'il n'eût été décisif, après le quatrième acte, eût été assuré au cinquième acte, à l'issue de la grande scène de Clarkson et du Duc.

Le public, qui écoutait avec une grande attention, eut un moment de déception en voyant Clarkson accepter de servir de témoin à M. de Septmonts ; mais, après le mouvement tournant de la scène, en voyant le témoin se transformer en adversaire, quand je prononçai ces mots : Que par conséquent vous êtes un drôle? je me souviendrai toujours de l'explosion qui se produisit.

M. Perrin avait voulu que les plus petits rôles fussent confiés à des artistes de talent ; aussi, après plus de deux cents représentations, *l'Etrangère* est-elle restée au répertoire.

Dumas, après *le Demi-Monde*, m'avait promis un rôle dans son premier ouvrage, et avait tenu parole, en me confiant ce rôle si agréable de Clarkson.

Le soir de la première, le maréchal Canrobert entra au foyer, où nous étions réunis, attendant le lever du rideau.

Il faisait très froid ; le Maréchal s'approcha de

la cheminée, et, comme après l'avoir salué, chacun de nous se tenait immobile et silencieux dans son coin.

— Vous n'êtes pas gais, fit le nouveau venu; qu'avez-vous tous?

— Mon Dieu, monsieur le Maréchal, répondit Madeleine Brohan, c'est ce soir jour de grande bataille!...

— Eh bien! reprit le glorieux soldat, c'est jour de victoire!

— Rien ne nous l'assure, quelque désir que nous en ayons et quelques efforts que nous puissions faire... enfin, comment vous dire... nous avons peur!

— Peur! fit Canrobert, d'un air surpris, et qui semblait ne pas comprendre...

— Ah! c'est juste, reprit Madeleine... Pardon, dit-elle, en sonnant l'huissier, qui parut sur le seuil...

— Picard, un Dictionnaire pour M. le Maréchal?

On a cité bien des mots de la spirituelle comédienne; mais, j'avoue que celui-là m'a toujours paru un des plus jolis.

L'esprit de sa sœur Augustine, certes, était indiscutable; mais, celui de Madeleine lui était supérieur. A mon avis, la première préparait un peu ses mots... et vous forçait, presque, à lui donner une réplique, lui fournissant l'occasion de produire le trait médité.

— Rien de semblable avec la créatrice du *Monde où l'on s'ennuie;* sans préparation, toujours prête, au moindre prétexte... le mot partait comme un coup de fusil... et j'ajoute que son esprit ne revêtait que bien rarement, une forme agressive. Sa devise aurait pu être : *Aussi belle que bonne.*

Celui qui, par la forme, se rapprochait le plus de Madeleine (je parle de l'esprit), c'était Thiron.

Pas de répertoire; de l'à-propos, souvent, et de l'originalité, toujours !

Un jour que, tous deux, nous représentions le comité, aux obsèques d'un artiste — c'était à l'église Saint-Laurent; il faisait un froid terrible — tout grelottant, je dis à Thiron :

— Il me semble qu'on aurait bien pu faire du feu.

— « Du feu? répondit, aussitôt, mon spirituel camarade. Tu ne songes pas à saint Laurent... pour lui rappeler son supplice!... »

C'est lui qui, furieux du rôle que lui avait distribué l'auteur des *Corbeaux*, disait, en voyant, avec joie, la pièce disparaître de l'affiche :

— Décidément, il vaut mieux jouer du Becque, que d'en puer; ça dure moins longtemps.

Quelques mois avant cette soirée, j'avais eu
l'honneur de servir de chevalier à Sa Majesté la
reine de Danemark, en l'absence de M. Perrin souffrant, en ce moment.

Dans l'entr'acte du deuxième au troisième acte,
M. le comte de Molke, ce parfait gentilhomme, me
tendit une large enveloppe, en me disant, devant
tous mes camarades :

« Voilà déjà quelques jours que je suis chargé de
vous remettre ceci, de la part de Sa Majesté ; mais,
comme je savais que vous alliez avoir, ce soir, un
grand succès, j'ai préféré attendre, voulant que
vous gardiez de cette soirée un double et précieux souvenir. »

C'était le brevet et les insignes du Danebrág.
Certes, j'étais bien heureux de cette distinction ;
mais, les termes flatteurs et courtois de M. le comte
de Molke en doublèrent le prix.

Après la répétition générale de *l'Etrangère*,
j'avais reçu dans ma loge la visite de deux reporters, représentant des journaux américains.

« Demain soir, me dirent ces messieurs, quand
vous jouerez à Paris la pièce, pour la première fois,
notre compte rendu paraîtra, en même temps, à
New-York, Boston et Philadelphie. »

Comme je leur demandais s'ils n'avaient pas de

critiques à me faire, au point de vue du costume et de l'aspect physique de mon Américain :

— Il vous manque deux choses, me répondirent-ils.

— Voyons, fis-je avec inquiétude... est-ce remédiable ?

— Parfaitement... primo, il vous faut faire noircir la semelle de vos bottines.

— Entendu... Et, la seconde chose qui me manque, c'est ?...

— Un petit bijou qui est fixé à l'extrémité d'un ruban de soie noire, et qui, tout en servant de chaîne de montre, indique que vous êtes *unioniste* ou *séparatiste*, selon la disposition des bandes étoilées, placées dans le sens vertical ou horizontal. Cet accessoire vous est indispensable.

— Pour accuser les nuances d'opinions multiples qui nous divisent en France, la forme de ce bijou révélateur serait, chez nous, d'une variété telle que, pour s'y reconnaître, la publication d'un petit indicateur, d'une sorte de manuel de poche, serait d'un utile et précieux secours.

— Mais, à cette heure, repris-je, où me procurer ce bibelot ?

— Prenez le mien, me dit l'un des deux reporters; je suis heureux de vous l'offrir.

Accepter était indiscret; mais, refuser... comment faire, alors ?...

Ce souvenir de l'aimable journaliste américain, qui intrigua bien des spectateurs, je le conserve précieusement, et je suis resté *séparatiste* (à ce qu'il paraît)... A quoi tiennent les opinions?

Pendant les répétitions de *l'Etrangère*, je me souviens d'avoir entendu conter à l'auteur deux bien jolis mots, que je lui demande l'autorisation de reproduire ici :

« Dumas dînait dans une maison amie. La jeune maîtresse de maison avait deux adorables enfants, dont l'un parut

M. Clarkson
dans *l'Etrangère*.

à l'auteur de *la Dame aux Camélias*, très gâté... tandis que l'autre, d'un aspect craintif, semblait avoir peur de sa mère.

« Comme après le dîner, Dumas faisait part, à

son ami, de l'impression pénible que lui avait causé cette préférence de la mère pour un de ses deux enfants :

« — J'en suis désespéré, répondit le mari ; il est pourtant charmant ce bébé ; mais, que voulez-vous, mon cher : elle ne veut pas se mettre dans la tête qu'il est de moi ! »

Un journaliste trop connu, et qui arrivait à Paris, avec des lettres de recommandation, se présenta chez Alexandre Dumas père : — On dit partout, M. Dumas, que je suis votre fils? Eh bien ! mon ami, lui répondit, avec bonhomie, le grand romancier, il faut en profiter.

29 février 1876.

Je reprends, en compagnie de Mme Plessy, le rôle de Bressant, dans *Un post-scriptum*, comédie en un acte d'Emile Augier.

11 *avril* 1876.

Bressant fatigué m'abandonne, dans *Un Caprice*, d'Alfred de Musset, le rôle de M. de Chavigny, créé par Brindeau.

4 *décembre* 1876.

Première de *l'Ami Fritz*.

Au sortir d'un déjeuner chez lord Lytton, un

des plus regrettés représentants de l'Angleterre à
Paris, un ami fidèle et dévoué de la Comédie-Française, on venait de passer au fumoir...

On se mit à discuter *l'Ami Fritz*.

Les uns tenaient pour le succès de cette pièce
plus de deux fois centenaire, les autres l'attaquaient
vivement.

Les critiques, comme toujours, portaient sur le
peu de consistance de l'intrigue, sur l'abus de la
table et de la cave, donnant, comme ensemble, une
sorte d'apothéose de la mangeaille, une idylle pa-
nachée de comestibles, la synthèse de la glouton-
nerie, etc., etc...

« — Et vous, mon cher Febvre, me dit lord Lytton, quelle est votre opinion à ce sujet ?

« — Mylord, répondis-je, j'ai pour principe absolu de ne jamais discuter une pièce, dans laquelle ,
je joue : un soldat ne discute pas pendant l'action ;
à partir du moment, où elle entre en répétitions,
(quelle que soit sa valeur) elle devient un chef-
d'œuvre pour moi.

« Je fuis même, avec un soin jaloux, toutes les
occasions de discourir à cet égard. Le sens critique,
à ce moment, deviendrait un obstacle à la bonne
exécution de mes études. Mais, soyez persuadé,
mylord, que lorsqu'une œuvre atteint le chiffre
respectable de cent ou deux cents représentations,

c'est qu'il y a pour cela de bonnes et sérieuses raisons. *Le public qui paie* se trompe rarement, et, plus d'une fois, nous l'avons vu casser fort irrespectueusement les arrêts de la critique, et courir, malgré l'avis de la presse, porter son argent au bureau de location.

« Il y a, dans *l'Ami Fritz*, une forme naïve, si vous voulez, mais, robuste et saine; et le dernier mot de l'ouvrage, en affirmant son succès, le soir de la première, dit assez dans quel esprit il a été conçu, et quelle est l'idée primordiale qui a présidé à sa conception. »

« Il faudra des hommes pour refaire la patrie ! s'écrie le vieux David...

« Les peuples qui cessent de croître marchent à la décadence » : voilà la thèse générale de cette pièce, sans adultère et sans question financière.

Enfin, pour résumer le sentiment des spectateurs, je vous citerai l'appréciation d'un de mes amis qui me disait, au sortir d'une représentation :

« Ah ! mon cher, quelle bonne soirée; tout cela est si tranquille, si reposant, *qu'on a toujours peur qu'il arrive quelque chose.* Et il avait raison, mon ami; il n'arrive rien; c'est, purement et simplement, le développement des caractères qui tient lieu d'action : ce qui n'est pas à dédaigner, à une époque, où, sous prétexte de rajeunir la forme du théâtre moderne, on a supprimé l'exposition, le milieu, et même le dénouement !

Rien de plus curieux, du reste, que l'histoire de ce succès. Avant tout, je tiens à déclarer que les détails qui vont suivre m'ont été fournis par Chatrian lui-même, au cours des répétitions de son ouvrage.

L'Ami Fritz a été présenté, tour à tour, à la Porte-Saint-Martin, à l'Ambigu, à Beaumarchais, à Cluny, et, partout, sa réception fut ajournée ou repoussée. Ce qui prouve que le comité du Théàtre-Français n'est pas seul à se tromper.

De guerre lasse, Chatrian, qui était persistant, déposa le manuscrit chez le concierge du Théàtre-Français.

Quelques jours après, M. E. Perrin, notre administrateur, à cette époque, me fit venir dans son cabinet, et me montrant le manuscrit qu'il venait de lire : — Vous désiriez un rôle, me dit-il ; en voici un pour vous, et des plus intéressants, et dans une pièce curieuse.

Got est admirablement partagé ; quant à Mlle Reichemberg, elle a été créée pour jouer là dedans, une sorte de Victorine Alsacienne. Je vais faire lire de suite au comité, et nous allons immédiatement commencer les études de *l'Ami Fritz*. Je viens d'écrire à Chatrian, à ce sujet.

J'enverrai un décorateur en Alsace, prendre des croquis. Je vais faire faire la musique et le chœur par Henri Maréchal; — les costumes seront dessinés par Brion; — Charles Marchal nous prêtera, comme modèle, son mobilier alsacien. J'ai, en dehors de vos trois rôles, des personnages amusants pour Barré, Cadet, Garraud, Truffier et Mme Jouassain; enfin, nous allons faire une petite débauche paysannesque; je crois à un gros succès.

Kobus dans *L'Ami Fritz.*

Le lendemain, à sa grande stupéfaction, Chatrian recevait de M. E. Perrin, avec l'avis qu'il lisait, deux jours après, au comité, la prière de passer tout de suite au théâtre, pour s'entendre avec l'administrateur au sujet de la distribution et des derniers détails.

Chatrian lut les 3 actes de Fritz, et je dois dire qu'il les lut fort bien.

La pièce fut reçue à l'*unanimité* ; après la lecture, l'auteur me reconduisit jusqu'au boulevard.

— Et Erckmann, lui dis-je, où est-il donc ?

— Dans les Vosges !

— Il va être bien surpris de tout ceci.

— Rien ne surprend Erckmann, répondit son collaborateur ; cependant, je vais lui télégraphier la nouvelle.

A quelques pas, il entra dans un bureau.

Il en sortit, dix minutes après, en me disant :

— C'est fait ; voici la dépêche que je viens de lui expédier :

« Sors du Comité lecture Comédie-Française ; *Ami Fritz* reçu à l'unanimité ; entrons tout de suite répétitions. Bien content, amitiés. Chatrian. »

Le lendemain, comme il se rendait dans la salle du comité pour lire à ses interprètes :

— Et Erckmann, avez-vous sa réponse ? lui demandai-je.

— La voici ; et il me tendit un télégramme, où je lus :

« Puisque bien content, envoie poisson et gibier.

« ERCKMANN. »

Pas de phrase, pas la moindre surprise. Chatrian avait raison. Rien ne surprenait Erckmann.

Les répétitions furent laborieuses ; il fallait, en

gardant la note, éviter tout accent Vosgien, qui eut alourdi la marche générale de l'ouvrage, en en rendant l'audition fatigante, insupportable même.

L'ami Fritz.

Le public ne peut se douter de ce qu'il faut de précision, de régularité, pendant ce repas du premier acte, pour que les convives ne soient pas surpris la bouche pleine, au moment de leurs répliques.

Une répétition générale, devant une salle comble, fut la tactique employée par M. Perrin pour répondre aux articles violents de M. Saint-Genest.

Plusieurs fois, nous vîmes arriver Chatrian à la répétition, tenant à la main le journal et nous disant : « Une réclame comme celle-là, dans un journal comme *le Figaro !* mais, ça vaut de l'or ; et, si nous étions justes, les brochures porteraient en tête :

A SAINT-GENEST

ERCKMANN-CHATRIAN RECONNAISSANTS !

La première fut très belle, et l'annonce au public
du nom des auteurs, dans laquelle Got souligne les

Frédéric Febvre dans sa loge à la Comédie-Française.

mots : *honneur de jouer devant vous,* fut très remarquée, et discutée assez vivement dans la presse.

L'Ami Fritz est une des rares pièces qu'on puisse faire entendre aux enfants.

En Angleterre, je l'ai jouée plus de dix ans, à chacun de mes congés; et, bien souvent, il m'a été donné de voir des pensionnats entiers de jeunes misses occupant tout le balcon.

On a parlé, quelquefois, de la salade du duc Job, inaugurant l'ère des repas naturalistes sur la scène de la Comédie-Française; on oublie qu'en 1848, *Provost* et *Brindeau*, les créateurs de *Il ne faut jurer de rien*, buvaient, au premier acte, du vrai champagne, en mangeant du vrai poulet.

Le théâtre, en général, avant cette époque, s'en tenait aux victuailles en carton et on n'avait guère osé aller plus loin que la modeste soupe aux choux.

Cependant, je retrouve, dans mes notes, ce souvenir curieux : « En 1841, sous M. Trubert, directeur des Variétés, Lepeintre jeune, dans *une Nuit au Sérail*, a consommé pour 500 francs de tasses de chocolat. Il y eut procès et le tribunal mit la dépense aux frais de la direction. (S'il nous eût fallu payer les notes de Chevet, fournisseur du déjeuner du premier acte, nos appointements y eussent passé.)

Dans ces mêmes notes, je relève cette phrase : « 19 mai 1838, mort de Potier. Les admirateurs de

son talent étaient aussi nombreux que ses imitateurs seront rares ! » Voilà une belle épitaphe !

Mais, pour revenir à Fritz, s'il n'y avait eu, dans
cet ouvrage, que le célèbre menu du premier acte,
cela n'eût pas suffi à établir un succès aussi
durable ; non, il y avait mieux : au deuxième acte,
la scène de la fontaine et de la Bible, celle des cerises, tout un troisième acte ému et touchant.

« Voyez-vous, disait M. Perrin à Chatrian, après
le deuxième acte : assez de nourriture, l'estomac
dans la coulisse, le cœur en scène ; maintenant, de
l'émotion, des larmes ! »

.   .   .   .

Erckman ne quitta les Vosges, pour venir voir sa
pièce, que vers la quarantième représentation.

Il parut, un instant, sur le théâtre, nous dit
quelques mots aimables... et plus ne le revîmes !...

On n'est pas plus discret.

A la centième représentation, il est d'usage que
les auteurs offrent à leurs interprètes un souper.

Erckmann et Chatrian, plus pratiques, envoyèrent, à chacun de nous, une ample provision
d'excellent kirsch.

Pour finir, je dois placer, ici, un souvenir personnel.

Un puissant ambassadeur avait demandé, au premier acte, la suppression radicale de cette phrase :

« C'est du Rikevir de 1833, et je n'ai pas besoin de vous dire *à quoi nous le boirons !* »

Je fus prévenu de ce changement, à 4 heures du soir ; il fallait respecter la *coupure officielle*, mais, tâcher de sauver l'effet.

J'imaginai le jeu de scène suivant :

« Videz vos verres, disais-je, en élevant la bouteille, nous allons boire à la santé de notre ami Joseph, qui arrive de *la vieille Alsace.* »

(*Vieille Alsace* avait été négligé par le terrible censeur.)

Après avoir rempli les coupes de mes trois compagnons, celle de Suzel ; après avoir choqué nos verres, nous nous levions gravement, et, têtes découvertes, nous buvions en silence. L'effet fut plus grand que si j'avais prononcé la phrase supprimée. Le personnage officiel qui avait demandé ce changement et qui était, ou plutôt, qui est encore un homme de beaucoup d'esprit, vint au foyer, l'acte terminé... « Ah ! me dit-il à mi-voix... je n'avais pas prévu ce jeu de scène... et, surtout, ce silence. »

En m'inclinant, je répondis :

— C'est que si méfiante, si prévoyante, si perspicace même que puisse se montrer la censure, d'où qu'elle vienne, il existe, entre le public et le comédien, une sorte de communion occulte, qui défie les ciseaux les mieux exercés.

Quelle année que celle de 1876 ! Du 14 février au 4 décembre, j'ai répété, en dehors du répertoire classique, dix actes, dont *huit*, dans deux ouvrages nouveaux, et deux actes, dans les reprises du *Post-scriptum* et du *Caprice*.

Cette année, le partage s'éleva à la somme de *quarante-deux mille francs*, pour chaque sociétaire à la part entière.

1877

17 avril.

Bressant se fait remplacer par moi, dans *Un Cas de conscience*, comédie en un acte, d'Octave Feuillet. Mlle Favart succède, de son côté, à Mme Plessy.

18 juillet 1877.

M. Perrin avait été obligé de se rendre à Aix, pour y suivre un traitement. Au moment de son départ, je répétais le Comte Almaviva, du *Barbier de Séville*, et je me souviens d'une correspondance échangée entre nous, à propos de la mise en scène de la pièce de Beaumarchais.

« Mon cher sociétaire, m'écrivait-il, votre idée du clavecin est délicieuse ; de plus, elle supprime cette naïveté d'un accompagnateur invisible ; mais, prenez bien garde : réussissez ; ou vous allez vous faire donner sur les doigts, pour vous permettre de supprimer une tradition ridicule, même en y substituant un jeu de scène, si ingénieux qu'il soit.

« Pour l'épinette, que vous n'avez pu trouver à Versailles, voyez chez Mme Erard ; votre ami Quidant vous prêtera ses précieuses lumières ; vous avez tout crédit pour cette acquisition.

« Bon succès ; mais, soyez prudent.

« Bien affectueusement à vous,

« E. Perrin. »

La tradition, ou pour mieux dire, les comédiens qui se sont succédé dans le rôle du comte, n'étant pas pianistes, s'étaient contentés, jusqu'à ce jour, de battre la mesure, pendant que Rosine chantait les jolis couplets : *Quand dans la plaine*, etc., etc..., un instrument, placé dans la coulisse, accompagnait la voix de la pupille de Bartholo.

D'où provenait le son d'un instrument, qu'aucun des personnages ne jouait en scène ? C'était idiot !

J'avais obtenu qu'on plaçât en scène le clavecin.

Il avait suffi de modifier, à peine, le texte :

« Voici son clavecin ; amusez-vous, en l'attendant, disait Bartholo ; — au lieu de : — Son clavecin est dans cette pièce (et il désignait un petit cabinet à droite).

Avec ma nouvelle mise en scène, vous voyez d'ici le tableau.

Bartholo dans son fauteuil, presque au milieu du
théâtre ; à gauche, la petite épinette, que touchait
le prétendu élève de Dom Basile ; Rosine, à sa droite,
son cahier de musique à la main, surveillait les
mouvements du fâcheux
tuteur.

A mesure que le som-
meil gagnait ce dernier,
Rosine se rapprochait
d'Almaviva.

Celui-ci, à la fin du
premier couplet, n'ayant
pu s'emparer de la main
de Rosine — car Bartholo
faisait un mouvement —
à l'issue de la seconde
strophe de la chanson,
plus heureux cette fois,
pouvait baiser les doigts
de Rosine, pendant que
de la main gauche, il
continuait à plaquer des
accords.

Le comte Almaviva
dans *Le Barbier de Séville.*

Puis, voyant le tuteur
éveillé, il prenait vivement l'attitude d'un musicien
très occupé à déchiffrer le morceau placé devant lui.

Ce jeu de scène, bien simple, cependant, mais,

d'un grand effet, était devenu, dans les derniers temps de mon séjour à la Comédie-Française, le clou du troisième acte.

A chaque représentation, la scène était bissée, trissée même. Je dois dire que Mme Worms Baretta exécutait ce morceau avec une grâce incomparable.

A mon avis, on n'a jamais fait à cette comédienne la situation à laquelle elle avait droit de prétendre; car, elle possédait deux qualités bien rares au théâtre : outre la beauté, elle était chaste et tendre. Quelle délicieuse Victorine... Après elle, qui rendra à ce rôle l'intensité de sensibilité qu'elle y déployait...

Son véritable emploi, celui dans lequel elle était sans rivale, était celui des amoureuses, c'est-à-dire un juste milieu entre l'ingénuité et le jeune premier rôle.

Mlle Reichemberg est une ingénuité;

L'abbé
dans *Le Barbier de Séville.*

Mme Worms une amou-
reuse ;

Mlle Bartet une jeune
première ;

Mlle Marsy un premier
rôle.

Si Mlle Reichemberg
est l'esprit, Mme Worms-
Baretta est le cœur.

De même que ces deux
excellents comédiens,
disparus trop tôt, Thiron
et Barré, pouvaient être
classés ainsi :

Thiron demandait et
obtenait tout par la dic-
tion et l'esprit, sans se
préoccuper beaucoup de
la vérité.

Le soldat
dans *Le Barbier de Séville*.

Barré, au contraire, marquait toutes ses créations
de ces deux empreintes inaltérables, le naturel et
la bonté.

On pouvait dire au premier, que s'il était du *l
gâteau*, Barré, lui, était le *pain*.

A son retour d'Aix, je reçus les compliments de
M. Perrin, qui me répéta, en souriant : »

« — Mais, que vous avez bien fait de réussir ! »

Cette année j'employai mon congé à aller donner à Londres des représentations de *l'Ami Fritz*, avec une troupe d'artistes de Paris, libres d'engagement, en ce moment.

Mlle Alice Lody, qui faisait Suzel, eut un grand et légitime succès...

Comment, avec un si joli physique, une intelligence si remarquable, ne se fit-elle pas à Paris, une situation ; je ne l'ai jamais compris. Et on se plaint de la rareté des comédiens !!!

La pièce, avec ses allures honnêtes, fit grand plaisir ; et depuis, je ne suis jamais retourné en Angleterre, sans rejouer ce Fritz Kobus.

Pour les Anglais, il y a deux rôles qui m'ont classé dans leur appréciation artistique :

Master Febvre, *as Fritz*.

Master Febvre, *as Don Saluste*.

La différence morale et physique séparant le joyeux célibataire alsacien du sombre marquis espagnol, a toujours été pour eux un sujet d'étonnement.

Un soir je fus prié, par Lady K... de jouer dans son salon, deux petites comédies, avec Mme Febvre.

Nous ignorions absolument la composition de l'auditoire ; aussi quelle fut notre surprise, alors que

le rideau fut levé, de voir assis au premier rang,
entouré de tout le corps diplomatique, se tenant
debout derrière le fauteuil qui lui était réservé,
Son Altesse Monseigneur le Prince Impérial, à qui
la maîtresse de la maison avait ménagé cette surprise de lui donner la comédie, en langue française.

Jamais je n'oublierai le sourire radieux qui éclaira
le visage de ce malheureux jeune homme, en entendant parler cette langue, qui lui était un doux
souvenir de son heureuse enfance.

Après le spectacle, il vint de suite à nous, les
mains tendues, les yeux mouillés de larmes.

« Quelle bonne surprise, répétait-il, et combien
je vous remercie de tout le bonheur que vous venez
de me donner. »

Le jour de ma représentation d'adieux, le Prince
était venu exprès de Chislehurst, pour me donner
une marque de sa sympathie.

Son Altesse occupait l'avant-scène de droite.

A un moment donné, une grossière injure, à son
adresse, partit des galeries supérieures.

Les spectateurs, indignés, en protestant par leurs
applaudissements, firent raison au prince de cette
lâcheté.

Le misérable fut mis dehors.

Après avoir été saluer le Prince à Chirslehurst, je

pris congé de lui, et rentrai à Paris, quelques jours après.

A mon retour en France, une surprise désagréable m'attendait ; tous ceux que je rencontrais m'accueillaient avec des phrases comme celle-ci.

— Hein, quelle affaire !

— Quoi ? quelle affaire ?

— Votre affaire avec le Prince.

— Quel Prince ?

— Avec le Prince impérial.

— Je ne comprends pas !

— Vous ne savez donc rien ?

— Asolument rien... En quittant Londres, j'ai été passer quelques jours chez des parents, au fond de la Bourgogne, et n'ai lu aucune feuille publique.

— Eh bien ! mon pauvre ami, voilà quatre jours au moins, que vous êtes attaqué avec violence dans certains journaux.

— Et pourquoi ?

— On vous reproche d'avoir adressé, en scène, un compliment au Prince impérial.

Un peu surpris, je l'avoue, de la tournure que prenaient les choses, je me rendis chez M. Emile Perrin.

— Mon cher enfant, me dit-il, je vous sais trop prudent, trop sage, pour être coupable de ce dont on vous accuse ; mais, à tort ou à raison, il s'est

formé un gros nuage ; laissons-le passer, et quand
vous aurez fourni les explications qui ne peuvent
manquer de mettre fin à ces ridicules racontars,
vous rentrerez, dans *l'Ami Fritz*... mais, en ce
moment, ce ne serait pas prudent.

— D'où est parti le premier récit de cette invraisemblable aventure ? lui demandais-je.

— De *l'Evénement*, je crois...

Je me rendis, en compagnie de M. Aurélien
Scholl, chez M. Magnier, Directeur de *l'Evénement*.

Il avait reçu, me dit-il, une note de Londres, cer-
tifiant l'exactitude des faits.

Après que nous eûmes démontré au futur sénateur, que toute cette histoire était aussi fausse que
ridicule, il nous promit, avec une parfaite courtoisie, de faire paraître un entrefilet démentant cette
fâcheuse aventure.

Le Figaro et *le Gaulois*, de leur côté, voulurent
bien m'aider à rétablir la vérité. L'incident paraissait clos.

Le terrain bien net, bien déblayé, il fut convenu
que je reparaîtrais, le mercredi suivant, dans *l'Ami
Fritz*.

En arrivant de la campagne, un voyageur ayant
laissé dans le wagon un journal... j'y jetai les
yeux... et aperçus mon nom !... voici les quelques
lignes que me consacrait l'aimable feuille :

« C'est ce soir que rentre à la Comédie-Française, M. Febvre, et c'est ce soir que nous espérons bien que les bons citoyens donneront à ce comédien, retour de Chislehurst, la leçon qu'il mérite! »

Je communiquai de suite cet article à M. Perrin.

— Vous avez fait ce que vous deviez, me répondit-il. Vous avez démenti les faits qui vous étaient imputés, vos loyales explications ont été enregistrées par la presse, vous ne pouvez vous préoccuper de certaines violences de langage de quelques journaux; et, au moment où le chef de l'état, le pape, la religion, la famille, les plus douces croyances, tout est attaqué, battu en brèche, vous n'espérez pas, je suppose, être épargné... advienne que pourra! mais, je suis bien tranquille, il n'arrivera rien.

Le soir, au moment d'entrer en scène, je dis à Delaunay, qui était de semaine :

— Je suis sûr qu'il va m'arriver quelque chose !

— Tu es fou, me répondit mon illustre camarade... ici... à la Comédie-Française ? Entre donc sans crainte.

Comme j'entrais... deux coups de sifflet partirent en même temps, l'un, du parterre, l'autre, des galeries supérieures.

Je m'arrêtai et attendis que le public fasse justice d'une aussi grossière injure : ce ne fut pas long.

Tout l'orchestre debout, criait: A la porte... c'est une infamie!

Quand on eut mis dehors, d'abord, dedans, ensuite, les deux goujats qui avaient provoqué tout ce désordre, le public, tourné de mon côté, se mit à applaudir, voulant par ses marques de sympathie me consoler de l'acte odieux, dont je venais d'être victime.

Trois saluts au public, pour lui exprimer ma profonde gratitude, et la pièce continua.

Un artiste, sifflé en scène pour ses opinions politiques, cela ne s'était pas vu, depuis Mlle Mars, à propos d'un petit bouquet de violettes qu'elle portait à sa ceinture, pendant la restauration ; j'étais, dans mon malheur, en bonne compagnie.

4 décembre 1877.

Première représentation de *Petite Pluie*, comédie en un acte en prose, de M. F. Pailleron, jouée par Mmes Plessy, Broisat, Jeanne Samary, MM. Jolliet, Roger et moi.

Jamais mise en scène ne me donna plus de mal. M. Perrin, souffrant, m'avait confié le soin, de monter cette pièce; il y avait un orage.... qui m'a rendu bien malheureux : seize coups de tonnerre gradués, expressifs, lointains, rapprochés, toute la gamme de la foudre !.....

La Comédie-Française est, à Paris, le seul théâtre qui puisse s'offrir un tonnerre aussi parfait ; c'est l'orage dans toute sa vérité..... et cette foudre subventionnée est sans rivales.

L'appareil étant placé au-dessus de la salle, il semble au spectateur que les nuages se sont accumulés sur sa tête.....

Sous cette vaste coupole, où fonctionnent, si admirablement, les éléments déchaînés par quelques auteurs, il est un petit coin sombre... « *qu'avec terreur on nomme,* » inconnu de la foule : c'est le cimetière des bustes. Sous une épaisse couche de poussière, là, sont reléguées les images de tous les souverains disparus. Comme emblème du règne de quelques-uns, le plâtre coudoie le bronze. Rien de plus macabre que cette réunion, aussi choisie qu'avariée.

Napoléon Ier, Louis XVIII, Charles X, Louis-Philippe, Marianne n° 1, le Prince-Président Louis-Napoléon, l'Empereur Napoléon III... ; un peu plus loin, dans un recoin discret, comme il convient à des parvenus : M. Thiers, M. Grévy.....

Louis XVIII n'a plus de nez... on l'a placé, sans doute, trop près de Marianne... n° 2 !

Quand la nuit est venue, que la salle est déserte, et qu'on n'entend plus que le pas régulier et monotone du pompier de service qui arpente la scène..... là-haut, dans le musée des disparus, on perçoit quelquefois des bruits étranges. Ce sont, n'en doutez pas, les souverains qui causent entre eux et discutent sur la valeur des comédiens nourris sur leur cassette, et qui composaient la troupe de la Comédie-Française, alors qu'ils régnaient et que leur buste trônait au foyer public et à celui des artistes.

Pour éviter ces changements continuels, on a placé, il y a déjà quelque temps, le bronze de Préville sur la cheminée du foyer des comédiens.

Un soir, un abonné demanda à un sociétaire, peu partisan du régime qui nous régit, en lui montrant le bronze du créateur de Figaro :

— Qui est ce monsieur, je vous prie ?

— C'est « l'essai loyal », lui répondit l'artiste.

1878

4 octobre 1878.

Première du *Sphinx*, drame en 4 actes, de Feuillet, joué par Mmes Sarah Bernhardt et Croizette ;

MM. Delaunay, Maubant et Coquelin cadet, très remarqué dans un rôle de pianiste à longs cheveux.

Je jouais un rôle d'anglais, *Lord Asthley.*

M. Perrin avait monté cet ouvrage, avec un soin tout particulier.

Il convient de citer une décoration à sensation, celle du second acte.

Le fond d'un vaste parc éclairé par la lune, un vrai bijou.

Au premier acte, le public vit, pour la première fois au théâtre, un intérieur de salon, dont l'éclairage venait d'un plafond lumineux.

Au point de vue de l'interprétation, le succès tint à deux causes, l'effet produit par Mlle Croizette, au moment de sa mort. Ce spectacle saisissant valut un triomphe à la charmante comédienne.

La seconde cause fut l'effet immense produit par la scène des deux femmes, au quatrième acte, où Sarah et Croizette rivalisaient de talent et de force.

Jamais, à mon sens, Sarah ne rencontra à la Co-

Lord Asthley
dans *Le Sphinx*.

médie-Française, un rôle lui permettant, comme celui-là, de déployer tant de grâce, de jeunesse, de beauté et de sincère émotion.

Le charme de toute sa personne, sa correction, son jeu élégant et discret, tout était parfait ; elle a pu donner souvent une note plus forte, mais, jamais plus juste.

Depuis longtemps déjà, j'avais remarqué que Son Altesse Monseigneur le Prince de Galles, lorsqu'il nous faisait l'honneur de venir à la Comédie, en était réduit, faute d'un local réservé à cet effet, à aller fumer sa cigarette hors du théâtre, sous la galerie.

J'avais obtenu de M. Perrin, toujours si correct, l'autorisation de transformer notre salle de comité en une sorte de petit fumoir, qui permettrait au Prince de recevoir ses amis, dans les entr'actes, tout en aspirant quelques bouffées de tabac russe.

Le prince, je dois le dire, avait été très sensible à cette attention.

Un soir, que son Altesse assistait à une représentation du drame de Feuillet, il demanda, à un de ses familiers (de qui je tiens ces détails) comment il pourrait reconnaître mes prévenances à son égard.

« En Angleterre, avait dit le prince, s'il existait une décoration artistique, je la donnerais à Febvre, avec grand plaisir ; mais, comme cela est inconnu chez nous, je suis très embarrassé... Acheter un

objet quelconque pour le lui offrir, c'est banal.....
Si je lui donnais ma canne... pensez-vous que ce
souvenir lui soit agréable?

— N'en doutez pas, Monseigneur, avait répondu
l'ami de Son Altesse.

Après le troisième acte, quand le prince vint au
foyer pour complimenter les artistes, après avoir
félicité Sarah et Croizette, il se tourna vers moi en
me disant :

« Tous mes compliments, monsieur Febvre, votre
Anglais est absolument moderne, et, pour ma part,
je vous sais gré de ne pas lui avoir donné ce bara-
gouinage insupportable, dont on gratifie mes compatriotes, chaque fois qu'on les met en scène... Vos
toilettes..... votre aspect extérieur, tout est bien...
Il n'y a qu'une chose à reprendre... c'est votre
canne... Permettez-moi de vous offrir la mienne. Si
cela peut lui donner quelque prix à vos yeux, elle
ne m'a presque jamais quitté... et a fait avec moi
le voyage des Indes.

Comme je remerciais vivement Son Altesse, non
seulement du précieux souvenir, mais, des termes
dans lesquels il venait de m'être offert... le prince
ajouta en souriant :

« — Oui, mais vous allez jouer avec ? »

Les journaux ayant raconté l'incident, le lendemain même, commença une procession d'Anglais, se

présentant chez moi pour m'acheter le jonc princier ;
et, je dois le dire, j'eus beaucoup de peine à persua-
der à tous ces messieurs, que je désirais absolument
ne pas m'en défaire.

Il y en eut un, surtout, plus tenace encore que les
autres, à qui j'avais envie, comme réponse, de raconter l'histoire arrivée à mon cher et regretté
camarade Berthelier.

Le joyeux chanteur dînait à table d'hôte, dans
une ville de bains de mer ; on passait les fraises,
et il en restait déjà fort peu, quand Berthelier vit
son voisin, un Anglais, à qui le maître d'hôtel présentait l'assiette, faire tomber dans la sienne
presque tous les fruits qu'on lui offrait.

« Mais je les aime bien aussi, murmura timidement Berthelier. »

Alors, son farouche voisin, en s'emparant des
dernières, lui répondit :

« — Pas tant que moi !... »

Et, comme mon acquéreur obstiné me disait :

« — Mais, je tiens beaucoup à cette canne...
j'avais envie de lui répondre, aussi, comme son
insatiable compatriote :

« Pas tant que moi !... »

Je parlais, quelques lignes plus haut, de Mlle Croizette. Je ne puis résister, en prononçant son nom, au

désir de dire ici quelle bonne et charmante camarade nous perdîmes à son départ. Charitable, modeste, studieuse, consciencieuse, d'une humeur égale, toujours souriante, quoique parfois bien souffrante.

Quand on songe à la brillante situation, qu'elle occupait à juste titre, à ses succès, et qu'on peut constater qu'elle n'a laissé que des regrets, c'est le plus bel éloge, ce me semble, qu'on puisse faire d'une femme, que ses camarades pouvaient jalouser comme artiste, sans cesser pour cela d'aimer l'amie et d'estimer la camarade.

Ce n'est certes pas à Mlle Croizette qu'on eût pu réserver cet épitaphe, composée en l'honneur d'une de ses camarades :

Elle emporte tous les regrets !

Ce qui fait qu'elle n'en laisse pas !

Ce mot me remet en mémoire un trait bien piquant de Madeleine Brohan.

On s'étonnait, un jour, devant elle, qu'une de ses camarades, d'une laideur proverbiale et d'un caractère en rapport avec son physique, ait pu se marier avec un monsieur qui ne lui cédait en rien, à tous les égards, et dont l'esprit était d'une malveillance féroce.

« Comment ces deux êtres ont-ils pu se choisir ? »
demandait-on à la spirituelle comédienne.

« — Ils ne se sont pas choisis, répondit-elle, sans
hésiter. *Ils se sont restés !* »

Cette année encore, je donnais quelques représentations à Londres. J'y retrouvai le prince impérial, très au courant des incidents de ma rentrée
à la Comédie-Française.

Son Altesse avait appris l'histoire des deux coups
de sifflet; aussi, la première fois que j'eus l'honneur
de le revoir :

« Eh bien ! me dit-il, mon pauvre monsieur
Febvre, vous avez donc été blessé à mon service ? »

Je rencontrai encore, une fois ou deux, le prince,
dans le monde, ne me doutant guère que je ne
devais plus revoir ce malheureux jeune homme ;
car, il allait partir bientôt pour le Zouzouland, où
il devait périr assassiné, grâce à l'abandon d'un
officier, dont le nom est devenu pour les Anglais
eux-mêmes, synonyme de lâcheté !

Quand, à Londres, je jouais dans un salon, il arrivait souvent que, pour me désigner, un des invités
disait à son voisin, faisant allusion au souvenir
que m'avait offert le prince de Galles : *C'est celui
qui a la canne !...*

2 *décembre* 1878.

Première du *Fils naturel*, comédie en 5 actes, d'Alexandre Dumas fils. La pièce avait pour interprètes : Mmes Favart, Jouassain, Baretta ;

M. Worms, qui débutait, ou plutôt rentrait à la Comédie-Française, où il aurait dû être sociétaire depuis dix ans, sans un acte de mauvaise administration — M. Coquelin aîné, M. Thiron, M. Boucher et moi.

De l'avis de bien des gens, et des non moins compétents, le titre de cet ouvrage a toujours été un obstacle à sa complète réussite. Je parle au point de vue des recettes, bien entendu.

Dumas a eu beau dire, dans une de ses comédies : Tous les enfants sont naturels... ce mot sur l'affiche rendit, cette fois encore, malgré tous nos efforts, le succès pécuniaire de quelque difficulté.

L'auteur me racontait, un jour, au sortir d'une répétition, que Montigny, la veille de la première au Gymnase, lui avait demandé la suppression du mot de la fin :

« Oui, mon oncle ! » et de le remplacer par un autre plus doux. — « Jamais de la vie, me disait Dumas, je n'eusse consenti à rien changer à mon dénouement, qui est, à lui seul, la logique de toute

la pièce. Comment ! voilà un monsieur à qui il plaît
de reconnaître l'enfant, qu'il a abandonné, lorsque
cet enfant est en passe de devenir, peut-être,
ministre ?... et ce fils, qui sait ce que sa mère a
souffert de l'abandon de ce père oublieux de tous
ses devoirs, va bénévolement mettre sa main dans
celle de cet inconnu, en lui disant : oui, mon père !...
Jamais...! Que la pièce ne fasse pas d'argent, c'est
un malheur ; mais, encaisser des recettes, en détrui-
sant tout ce que j'ai fait au nom de la logique la
plus élémentaire, je le répète... Jamais !... »

Et vous trouverez des gens qui vous diront que le
théàtre de Dumas est immoral !...

Mais, que ces aveugles, que ces sourds relisent
donc les plus belles pièces du répertoire de l'auteur
des *Idées de Mme Aubray*; à chaque scène, à chaque
ligne, ils y verront un plaidoyer en faveur de la
femme... la glorification du foyer, de la famille...
Il est vrai que ces mêmes gens se tordent, en voyant,
dans le répertoire classique, un fils faisant mettre
son père dans un sac et le faisant rouer de coups de
bàton par son valet.

En 1879, toute pièce qui, chaque soir, ne faisait pas le maximum, ne pouvait rester longtemps sur l'affiche. Les frais étaient trop considé-
rables pour jouer la moyenne — comme on dit au
théàtre — et le budget prévu qui, sous M. Thierry,

en 1867, était de onze cent soixante mille francs,
atteignait, en 1878, sous la nouvelle administration,
presque le chiffre de quatorze cent mille francs.

La pièce de Dumas resta quelque temps au répertoire du Théâtre-Français, fut reprise plusieurs
fois; aujourd'hui, elle appartient à l'Odéon. C'est un
bonheur pour l'Odéon, et une des œuvres les plus
fortes du maître, dont s'est privée la maison de
Molière.

1879

4 avril 1879.

La Comédie-Française donne, pour la première
fois, *Ruy Blas*, avec la distribution suivante pour
les principaux rôles :

Don César de Bazan.	MM. COQUELIN AÎNÉ
Don Saluste	FEBVRE
Ruy Blas	MOUNET-SULLY
Cameria mayor	JOUASSAIN
La Reine	Mmes SARAH-BERNHARDT
Casilda.	BARETTA

Les plus petits rôles, tenus par des chefs d'emploi,
cinq décors merveilleux, des costumes splendides,
de la musique du pauvre Leo Delibes : voilà dans
quelles conditions fut représentée l'œuvre du
Maitre.

Ce fut une belle soirée, et, le 4 avril 1879 est, sans contredit, une date glorieuse pour la Comédie et une des pages brillantes du règne de M. Perrin.

Victor Hugo assista aux dernières répétitions de son ouvrage. Un jour que j'étais de semaine, M. Perrin (à cette époque conseiller municipal) dut s'absenter pour se rendre à l'Hôtel de Ville ; avant de partir, il me fit toutes ses recommandations, entre autres, celle de ne pas laisser sortir le Maître, attendu qu'il neigeait très fort et que le froid était très rigoureux. Vu son âge, ajouta l'administrateur, en souriant, s'il avait besoin de quelque chose, offrez-lui vos services. En un mot, je le confie à vos bons soins.

Après le deuxième acte, comme je demandais à l'illustre poète s'il ne lui serait pas agréable de visiter mon cabinet de semainier et plus agréable encore que je l'y laissasse seul quelques instants... il accepta sans se faire prier.

J'ouvris la porte et m'effaçai pour le laisser passer. Au moment où il gravissait la dernière marche qui sépare ce réduit de la scène, je risquai timidement ce mot :

— Les dieux, eux-mêmes, ne sont pas à l'abri de ces misères.

— « Pas même, » me répondit-il, d'un ton presque affligé... Et la porte se referma.

Un des souvenirs les plus agréables que j'ai conservés de *Ruy-Blas* est celui d'une des dernières répétitions générales.

La nuit était venue, et, dans ce sombre décor du cinquième acte, nous ressemblions à des ombres mystérieuses s'agitant dans une inquiétante obscurité.

On avait proposé des lampes. « Non! avait répondu M. Perrin, assis à l'orchestre aux côtés de M. Hugo et P. Meurice ; non, continuons comme cela, c'est d'un effet très curieux. »

L'illusion, en effet, était telle que Mounet et moi (nous en avons bien souvent reparlé) en étions arrivés à oublier nos personnalités : c'était bien Ruy-Blas, qui allait égorger Don Saluste.

Don Saluste dans *Ruy Blas.*

Hugo fut enchanté et nous adressa ses compliments, de même que M. Perrin ; le poète n'était pas prodigue d'encouragement. Je profitai de l'occasion pour lui présenter une respectueuse observation :

« — Dans la brochure, monsieur Hugo, il y a cette indication :

« Ruy-Blas saisissant Don Saluste à la gorge et le poussant dans le cabinet ?... »

« — Eh bien ? fit le poète.

« — Eh bien, cher maître, à mon avis, le public est bien plus effrayé de ce qu'a pu concevoir son imagination que de la réalité qui s'offre à ses yeux.

« Si mon camarade Mounet me saisit à la gorge, ce ne sera jamais que Mounet se livrant à des voies de fait sur Febvre..... auquel il se garderait bien de faire du mal, puisqu'il faut rejouer la pièce le lendemain ; mais, si au lieu de ce jeu de scène indiqué, à peine Ruy-Blas s'est-il emparé de l'épée de Don Saluste, celui-ci se sentant perdu, se mettait à ramper, les mains appuyées à la muraille, cherchant un abri, comme un rat cherche un trou, quand il sent que la dent du chien va l'atteindre... je crois qu'il y aurait là un grand effet.

« — Alors ? répondit Hugo, qui écoutait avec beaucoup d'attention.

« — Alors, à un moment donné, ma main droite rencontre la portière de tapisserie. Sentant derrière moi un asile, je *m'engouffre...* pendant que Ruy-Blas, d'un geste superbe, traverse d'un furieux coup d'épée la tenture, derrière laquelle je me suis blotti.

« En voyant cela, l'imagination du spectateur, soyez-en certain, lui laissera croire que cette épée m'a atteint soit au visage, soit en plein corps... en un mot, il faut qu'on *devine* cette scène atroce..... cette boucherie vengeresse, qui perdrait tout son côté sauvage, si on en donnait le vrai spectacle au public. »

Après un instant de silence :

« — Voulez-vous, fit le maître, je vous prie, jouer la scène comme vous venez de me l'indiquer ?

Quand ces messieurs eurent regagné leurs places à l'orchestre, Mounet et moi exécutâmes la scène avec la nouvelle mise en scène proposée.

L'effet fut immense... et Hugo, de sa place, nous dit :

« — C'est superbe... il n'y a pas à hésiter... et je vous remercie, Messieurs. »

Nous étions ravis, mon camarade et moi... et je suis heureux de pouvoir constater, dans ces souvenirs, que le public ratifia l'opinion du grand poète.

En soumettant cette variante à M. Hugo, j'étais d'autant moins rassuré, qu'on m'avait conté qu'à une répétition de *Marion Delorme*, Louis Monrose, s'étant approché de l'auteur et lui montrant son rôle, avait osé lui dire :

« — Ce doit être une erreur de copie ; car, il y a là une faute de français ? »

Sans sourciller Hugo avait répondu :

« — Vous ne trouvez pas ce mot français, monsieur Monrose ?

« — Non, Monsieur...

« — Eh bien ! il le deviendra !... »

Et, là-dessus, Hugo s'était éloigné, laissant Monrose abasourdi !

La première fut une soirée triomphale pour l'auteur et l'occasion d'un nouveau succès pour mes illustres camarades. Quant à moi, je fus largement payé par la presse, le public, et surtout par le mot que m'adressa le maître.

A l'issue de la représentation, M. Perrin avait réuni sur la scène les artistes qui avaient joué, M. Hugo désirant leur exprimer, en quelques mots, sa gratitude.

Il prit, d'abord, la main de Sarah Bernhardt, et la portant à ses yeux, encore tout humides :

« — Laissez-moi vous offrir une des larmes que

votre beau talent a fait couler des yeux du vieux poète. »

Après avoir exprimé, à Coquelin et à Mounet, toute sa satisfaction, il se tourna vers moi, en disant :

— Quant à vous, Monsieur, tous mes compliments, vous avez eu au cinquième acte : un *engouffrement sublime !...*

DEUXIÈME PARTIE

1879

Le besoin de réparations urgentes amena, cette année, la Comédie à donner, pendant la fermeture autorisée de son théâtre, des représentations au Gaiety-Théâtre de Londres, dont les directeurs étaient MM. Mayer et Hollixead.

Le répertoire, choisi d'un commun accord, exigeait la présence de presque tous les artistes composant la tête de troupe.

Il nous avait paru, d'ailleurs, que, pendant cette période de calme et de prospérité, il était de notre devoir de rendre au public anglais une visite que nous lui devions, en souvenir de l'accueil que nous avions reçu de lui à Londres, en 1871.

Depuis plus de six mois, je travaillais avec M. Johnson, correspondant du *Figaro*, à cette époque, à un *Album de la Comédie-Française*, dont la dédicace, sur ma demande, avait été acceptée par Son Altesse Royale, Monseigneur le Prince de Galles.

Dumas avait écrit la préface; chaque sociétaire avait tracé de sa main une pensée, au bas de son portrait, gravé à l'eau-forte par un artiste de talent, mort ces temps derniers, M. Abot.

Sarah Bernhardt, elle-même, avait bien voulu dessiner le frontispice.

L'ouvrage était imprimé en beaux caractères, sur papier de Hollande, à deux colonnes. Texte anglais et français.

En outre, vingt autres albums furent édités sur papier de Chine et Whatman.

Aujourd'hui, c'est un ouvrage épuisé.

Je relève, parmi les illustres souscripteurs, les noms suivants :

Sa Majesté la Reine d'Angleterre; Son Altesse Royale Monseigneur le Prince de Galles; Duc d'Edimbourg; Sa Majesté l'Empereur de Russie;

Sa Majesté l'Empereur d'Autriche, Sa Majesté le Roi de Grèce, Sa Majesté le Roi de Portugal, Sa Majesté le Roi de Roumanie, Sa Majesté la Reine des Belges, Sa Majesté le Roi de Hollande, Sa Majesté le Roi de Danemark, Sa Majesté le Roi de Suède, Sa Majesté le Roi d'Italie, Sa Majesté la Reine d'Espagne, Sa Majesté le Shah de Perse, Sa Majesté le Sultan Abdul Aziz, Sa Majesté le

Bey de Tunis, Monseigneur le Duc d'Aumale, Monseigneur le Comte de Paris; et toute la famille Rotschild, bien entendu; car, on trouve toujours ce nom, quand il s'agit d'art ou de charité.

Un des plus précieux souvenirs, que j'ai conservés de ce séjour à Londres en 1879, est celui d'une après-midi, où Sa Majesté l'Impératrice Eugénie nous fit l'honneur de nous recevoir à Cambden-Place, Mme Febvre et moi.

La veuve de Napoléon III nous accueillit avec cette grâce, cette bienveillance, dont elle avait le secret, et je vois encore un portrait du Prince Impérial, qui occupait le panneau principal de la pièce où Sa Majesté nous donnait audience.

Paris fit naturellement les frais de l'entretien; ensuite, on parla du Prince, de son voyage au pays des Zoulous.

« Sa dernière lettre, nous dit l'Impératrice, me donnait des détails très curieux sur son séjour lointain, et une autre lettre de son valet de chambre me rassurait, en me vantant, une fois de plus, les talents équestres de son jeune Maître, qui avait échappé à une mort certaine, quelques jours avant.

« Le Prince, me disait-il, avait si à propos enlevé « son cheval, que la bête avait reçu les coups des- « tinés au cavalier, qui s'était dérobé par cette

« habile manœuvre, aux flèches de ses enne-
« mis. »

« En terminant sa missive, le fidèle serviteur ajou-
« tait que le Prince était en bonne santé, et heu-
« reux d'agir!... et, qu'à part les inconvénients de ce
« pays, où le matin on trouve, quelquefois, de petits
« serpents enroulés dans les vêtements ou les
« chaussures de la veille, tout allait bien. »

« Je viens d'écrire à *Louis* (sic), ajouta Sa Majesté.
Si ma lettre n'est pas encore partie, je vais y
ajouter quelques mots pour dire au Prince que
vous êtes ici ; il sera sensible à votre fidèle souvenir ;
car, il vous aime beaucoup. »

La lettre étant encore là, Sa Majesté prit la
peine d'y ajouter le *post-scriptum* en question.

Au cours de notre visite, l'Impératrice nous
conta une bien amusante aventure :

« Ç'a toujours été pour moi une sensation agréable
que celle de poser mes pieds sans chaussures sur
un parquet, me communiquant une sensation de
fraîcheur ; c'est une très vilaine habitude, dont je
m'accuse, et dont j'ai été justement punie. »

« Un soir de réception aux Tuileries, où j'avais
été assez heureuse pour laisser glisser un de mes
souliers de satin, comme je venais de le repousser
sous mon fauteuil, il arriva que, forcée de me lever

tout à coup, en voyant l'Empereur se disposer à
quitter le salon de réception, je me mis à chercher le fugitif... Mais, j'avais beau allonger sous ma
longue traîne un pied investigateur... Rien ! je ne
sentais rien... J'étais au supplice... Enfin... je le
sens... Je l'attire à moi ; mais, en le mettant,
j'éprouve une vive douleur... Il y avait quelque
chose dedans... un objet qui me gênait considérablement et me faisait boiter.

« Au même moment... je vois la grande-duchesse
de X... (notre hôte, en ce moment) qui se baissait,
cherchant quelque chose..... C'était un magnifique
pendant d'oreille, une perle splendide... qui
s'était détachée, et était venue malencontreusement
prendre place dans mon petit soulier.

« Que faire ?... le garder plus longtemps était
d'autant plus difficile que ma boiterie allait être
remarquée... Le rendre... mais, c'était avouer une
fàcheuse manie... Enfin, pour dire la vérité, ce ne
fut que le lendemain matin que je fis reporter à la
grande-duchesse le bijou qu'on avait retrouvé
(lui dit-on) en mettant en ordre le salon que nous
occupions la veille... La situation de Cendrillon
était moins tendue que la mienne ! »

A la fin de cette entrevue, l'Impératrice nous
demanda si nous savions ce qu'était devenue une
petite figurine de bronze, qui ornait l'escalier des-

cendant du cabinet de travail de l'Empereur au Jardin réservé.

« On m'a prédit, ajouta Sa Majesté, que tant que ce bronze demeurerait à la place qu'il occupait, je n'ai rien à craindre pour Louis. Je suis très superstitieuse... et je voudrais bien savoir si je dois redouter quelque malheur..... »

Il m'était impossible de rien répondre, hélas ! sachant que la statuette avait disparu. Et, d'ailleurs à quoi bon alarmer cette malheureuse mère, à qui le destin ne devait épargner aucune douleur.

Pour faire suite à ce récit, il me faut aborder un sujet bien douloureux, celui de la mort du Prince Impérial. Par un hasard étrange, je fus le premier Français qui apprit l'horrible nouvelle.

Nous jouions, ce soir-là, après le théâtre, chez Lady W... J'avais fini tard au Gaiety-Theatre, où nous donnions *le Demi-Monde* ; aussi, quand j'arrivai, la maîtresse de la maison vint rapidement au-devant de moi, me disant que Son Altesse Royale Monseigneur le Prince de Galles m'avait déjà demandé deux fois.

— Impossible de me hâter davantage, fis-je, en m'excusant ; et, je me dis aussitôt à la recherche de Son Altesse, que je rencontrai derrière une longue suite de paravents, servant de passage aux artistes pour se rendre sur le théâtre improvisé.

Le prince tenait à la main un papier de couleur jaunâtre, que je vois encore.

« Voilà une triste et douloureuse nouvelle, cher monsieur Febvre : le Prince Impérial est mort ! »

Comme je répondais à Son Altesse que des bruits semblables avaient déjà circulé ; mais, qu'heureusement, ils avaient été démentis, par la suite.

« Hélas ! reprit le prince, cette fois la nouvelle est malheureusement certaine..... La dépêche est officielle... »

Si mon royal interlocuteur n'eût pas assisté à la représentation, j'avoue que je me serais retiré ; mais, il fallut rester et faire bonne contenance... Jamais soirée ne me parut plus longue... Le lendemain, la nouvelle était confirmée par tous les journaux.

Comme semainier, j'écrivis à M. Perrin qui était à Paris, auprès de Mme Perrin, très souffrante, en ce moment, pour lui demander s'il jugeait convenable de jouer, le jour des obsèques du fils de l'Empereur Napoléon III.

L'administrateur, tout en comprenant et approuvant les motifs de haute convenance qui avaient guidé ma démarche, me priait, dans sa réponse, de ne pas faire relâche, même à la Matinée, pour éviter à la Comédie-Française de prendre une attitude politique, en cette circonstance.....

Une dame de nos amies, qui avait, pour la famille impériale, une sorte de culte, me pria de porter à Chislehurst un souvenir, que je devais déposer moi-même dans la chapelle de la petite église, où reposait déjà Napoléon III.

C'était un superbe plâtre représentant un aigle blessé... mourant !

Nous arrivâmes en landau, portant le précieux fardeau et des fleurs.....

Le matin de ce jour, il fallait se livrer à un véritable pugilat pour se procurer le plus petit bouquet; car, les boutiques de fleuristes du marché de Covent-Garden avaient été prises d'assaut.

Je me souviens d'avoir été reçu par M. Chevreau, fils de l'ancien préfet. J'étais tellement ému qu'il me fallut attendre quelques instants avant de pouvoir parler.

Comment ne pas se sentir remué, jusqu'au fond de l'âme, en pensant que ce doux et beau jeune homme qui, enfant, nous faisait sourire en le voyant heureux et fier, dans son bel uniforme de grenadiers de la garde — était tombé là-bas, sous ce ciel de feu, luttant bravement, mais, abandonné..... par un lâche..... succombant, accablé par le nombre..... et qu'il ne survivait plus, de tout ce passé, que la légende incroyable d'un Bonaparte mort au service de l'Angleterre ! !

Après avoir fait remettre à l'Impératrice le souvenir dont j'étais chargé, nous regagnâmes notre voiture, qui vint prendre place sur la route que devait suivre le funèbre cortège. Jamais je ne vis une foule plus nombreuse et plus recueillie.

« Pauvre jeune homme, disait un vieil Anglais placé à nos côtés. Je donnerais volontiers ce que j'ai pour que ce malheur ne soit pas arrivé !... Il semble, vraiment, que le sol anglais soit destiné à servir de tombeau à cette famille !... »

La nuit descendait lentement... Après une heure d'attente, les premiers cavaliers d'avant-garde parurent, précédant le funèbre cortège.....

Placée sur l'affût d'un canon, une toute petite bière, ornée de deux drapeaux, entrelaçant les couleurs de France et celles d'Angleterre... voilà tout ce qui restait de ce jeune homme, sur qui reposaient tant d'espérances ! !

Car, je me souviens, bien que ces souvenirs doivent demeurer étrangers à tout esprit de politique, je me souviens, dis-je, que lord Granville me disait un jour, en parlant du Prince Impérial :

« L'héritier de Napoléon III n'a rien à faire qu'à

attendre ; ce sont les événements qui viendront au-devant de lui !

Pauvre petit Prince ! qui eût été si heureux de verser son sang pour la France..... mais, qui lisant, chaque jour, les injures dont on abreuvait la mémoire de son père, et cédant à un besoin si naturel d'activité... assoiffé de dangers et de gloire, devait trouver la mort dans un lâche guet-apens !..

La saison terminée, nous rentrâmes à Paris.

27 novembre 1879.

Première représentation d'*Anne de Kervilles*, drame en un acte, de M. E. Legouvé, joué par MM. Worms, Barré, moi et Mlle Dudlay.

Quelle singulière chose que le théâtre !... Cette pièce qui, à la répétition, avait eu un énorme succès, ne rencontra, à la première, qu'un public gouailleur, qui prit au comique la situation dramatique, la plus originale, la plus neuve que je sache.

Deux gentilshommes bretons, tous deux chefs vendéens, enfermés dans Bressuire, dont Carrier fait le siège, sont liés d'une grande amitié.

Le plus jeune, par suite d'une fatalité expliquée par l'auteur, a été l'amant de la femme de son ami.

Coupable erreur d'un instant de folie, suivi des remords des deux jeunes gens.

Carrier refuse à ces deux soldats bretons la

suprême consolation d'un confesseur, au moment où ils vont être fusillés.

Alors, avec une grande simplicité, le mari outragé dit à son compagnon d'armes :

« Comme les premiers chrétiens, confessons-nous l'un à l'autre, mon ami; vous n'avez rien pu faire que je ne puisse entendre, et dont je ne puisse vous donner l'absolution ! »

C'est là une situation magistrale; mais, comme l'a dit un très grand écrivain, il eût fallu deux actes de préparation pour amener ce

Lecomte dans *Anne de Kervilles*.

dénouement, dont l'intensité même exigeait de plus longs développements. Le tableau était trop grand pour le cadre...

J'aimais beaucoup cette pièce; et, comme j'ai toujours gardé à son auteur un sentiment de profonde reconnaissance (car, je lui dois beaucoup), l'ouvrage, en disparaissant de l'affiche, m'a laissé un profond regret.

1880

16 février.

Première de *Daniel Rochat*, 4 actes de Sardou, pour les débuts de Mlle Bartet, qui nous arrivait du Vaudeville, où elle avait été très remarquée et très remarquable, dans *l'Arlésienne* et *Dora*.

Cette frêle artiste devait donner, dans la suite, ce qu'elle promettait, en ce moment, c'est-à-dire une comédienne correcte, discrète, d'un goût parfait, d'une diction impeccable. Elle eut la bonne fortune, il est vrai, et je l'en félicite, de voir tomber devant elle deux obstacles sérieux, Sarah Bernhardt et Croizette.

C'était beaucoup; mais, si les événements servirent heureusement Mlle Bartet, il faut reconnaître aussi que, de son côté, elle fit en sorte de se *faire pardonner son bonheur*, par un travail incessant, persévérant...

Toujours prête... Que de fois l'ai-je vue, malade, faire son service, sans se plaindre, sans faire valoir ses efforts consciencieux...

Elle tient, à cette heure, une place légitimement conquise; et, si elle n'a pas de Sarah les grands mouvements, les éclairs fiévreux qui secouent une salle, s'il lui manque la violence de tempérament de Croizette, elle a, à force d'art et de travail, remplacé la force par l'expression, la diction et l'articulation.

C'est une fleur exquise qui a poussé à la place de deux chênes disparus.

La première de *Daniel Rochat* fut assez houleuse !

Je jouais un M. Fargis, représentant les idées conservatrices ; Thiron, lui, un libéral accentué.

De sorte que chacune de mes tirades, soulignée par les applaudissements de l'orchestre et des loges, était impitoyablement chutée par le parterre et les galeries supérieures, qui réservaient leurs bravos aux théories violentes de Thiron.

Quand, sur deux personnages en scène, il n'y en a jamais qu'un qui puisse réussir à se faire entendre, sans soulever des cris ou des protestations, c'est déjà difficile ; mais, quand il y en a trois à la fois... c'est augmenter les chances du tumulte.....

Ce qui arriva, dans l'acte joué par Delaunay, Thiron et moi.

Le dénouement, qui aurait pu sauver la situation, n'était malheureusement pas celui qu'attendait le public ; mais, j'en suis bien persuadé, si, à ce moment, Sardou eût fait une concession, en évitant la signature du divorce, ce qui était facile, le succès, sans contredit, eût été celui auquel est habitué, de longue date, l'auteur de *la Haine*.

17 avril.

Première de la reprise de *l'Aventurière*, d'E. Augier. Interprètes : Mmes Sarah Bernhardt, Barretta MM.; Coquelin aîné, Boucher, Martel, Silvain et moi, qui abordais pour la première fois le rôle de Don Fabrice. Sarah, de son côté, s'essayait dans celui de Dona Clorinde... mais, insuffisamment préparée... ne rencontrant pas dès le début le succès auquel elle était habituée, elle se découragea tout de suite... prit peur... on ne sait pourquoi.

Le lendemain, en arrivant au théâtre, nous apprîmes qu'elle avait quitté Paris...

Huit jours après le départ de la belle transfuge, Croizette parut dans ce rôle de Dona Clorinde.

On lui fit fête.

La presse s'était montrée sévère pour Sarah, et la lettre d'Emile Augier, parue dans *le Figaro*, n'était pas faite pour clore pacifiquement l'incident.

Le comité fit un procès à sa fugitive associée, et obtint contre elle un jugement, qui la condamnait à cent mille francs de dommages et intérêts, et à la perte de ses fonds sociaux; mais, comme Sarah n'avait pas fait vingt ans, la Comédie ne tenta pas une nouvelle procédure pour lui interdire de jouer à Paris.

Si, en lui laissant sa liberté d'action, le comité a

fait une faute, le public et les auteurs, en revanche, ont pu bénéficier de cette situation ; la Comédie seule a supporté vaillamment cette perte...

Ainsi qu'au musée de Venise, dans la galerie des Doges, la place qu'occupait Sarah rue Richelieu est recouverte d'un large crêpe de deuil, comme celui dont est recouvert le portrait de Marino Faliero. Ce voile, si léger et si lourd, cependant, seule elle pourrait le soulever... et venir, de nouveau, reprendre une place, qui peut être occupée... sans être remplie... Serait-ce l'intérêt de la Comédie ?... serait-ce celui de Sarah ?... Je ne le crois pas ; car, ce n'est pas en fouillant éternellement dans le passé (si glorieux qu'il soit) qu'on prépare l'avenir !

Fabrice dans *l'Aventurière*.

Coquelin était superbe en Annibal... Notre scène du deuxième acte, bien réglée... faisait grand effet ;

et je garde précieusement la brochure de cet ouvrage, où se trouvent tracés ces mots, de la main du maître :

« A Febvre, à l'incarnation de Fabrice.

« E. AUGIER. »

Depuis la création, qui comptait comme interprètes :

MM. Samson, Regnier, Bouchez ; Mme Anaïs Aubert, on a pu applaudir, dans la suite :

Mme Plessy, qui fut une magistrale Clorinde ;

Mme Sarah Bernhardt ;

MM^{lles} Croizette, Tholer, Pierson, Dudlay, Jane Hading.

Dans le rôle de Fabrice, Geffroy, Bressant, MM. Mounet-Sully, Laroche, Febvre.

Dans celui d'Annibal : MM. Coquelin aîné, Coquelin cadet, Got, Leloir.

L'ouvrage subit nombre de modifications.

Un instant même, Augier avait songé à Mlle Reichemberg pour succéder à Mlle Croizette. Le texte lui-même se devait ressentir de cette interprétation nouvelle ; car, je retrouve ce béquet ajouté par l'auteur, lorsqu'il s'agit, pour Reichemberg, de jouer Clorinde.

FABRICE

Il ne va pas, j'espère, épouser un tendron ?

HORACE

La belle paraît vingt ou trente ans environ.

FABRICE

Comment, elle paraît vingt ou trente ?

HORACE

                          Sans doute
Vingt à qui la regarde, et trente à qui l'écoute.

Puis au quatrième acte, cet autre changement :

FABRICE

Pour nous c'est le courage, et pour vous la pudeur.
Ce que j'admire en vous, c'est que la Providence
Sous ce front d'ingénue, ait mis tant d'impudence.

Quand Got reprit, à son tour, le rôle d'Annibal,
Augier remania, de nouveau, la scène du quatrième
acte, entre Fabrice et le Sacripant, lui ajoutant ces
vers pour sa sortie :

                   Malheur à qui me touche !
Spadassin ! il m'aurait tué comme une mouche.

Ce changement n'étant pas maintenu, quand je
jouais avec Coquelin aîné, j'étais entre deux ver-
sions, variant selon mon partenaire.

Je ne sache pas, dans tout le répertoire moderne,
de texte plus revu et corrigé par son auteur que
celui de *l'Aventurière*.

Aux répétitions de cet ouvrage, je me souviens

d'un bien joli mot d'Augier, qui renferme un grand enseignement pour les artistes :

« Un comédien, me disait-il, retire à son rôle tout ce qu'il n'y ajoute pas ! »

20 *octobre* 1880.

Deux centième anniversaire de la Comédie-Française.

Lettre adressée par M. Hugo à M. E. Perrin :

21 *octobre* 1880. *Paris.*

« Monsieur,

« Je ne pouvais résister à votre noble lettre, écrite au nom de tous les artistes, et où je croyais entendre la voix même de la Comédie-Française.

« Mes quatre-vingts ans ont été saluer vos deux cents ans. Je vous remercie de cette soirée magnifique et cordiale, où la hauteur des talents n'a pu être égalée que par la perfection de l'ensemble, et où j'ai senti la grande fraternité de l'art.

« Je serre votre main, je serre toutes les mains des hommes, et je me mets aux pieds de ces dames.

« Victor Hugo. »

M. E. Perrin avait créé l'abonnement du mardi. Cette heureuse inspiration ramena au Théâtre-

Français toute une société qui n'y venait plus que lorsqu'il y avait un grand succès.

La disparition du Théâtre-Italien, l'incendie de l'Opéra avaient si bien favorisé cette tentative, qu'il fallut ouvrir un nouvel abonnement, celui du jeudi. A partir de ce moment, la fortune de la Comédie-Française était assurée. Aujourd'hui encore, il faut faire un assez long stage, comme abonné du jeudi, pour être admis aux soirées du mardi.

1881

31 *janvier* 1881.

Première de *la Princesse de Bagdad*, 3 actes de Dumas.

Interprètes : Worms, Thiron, Garraud, Silvain. J'eus le plaisir de créer le comte Jean de Hun, aux côtés de Croizette, qui fut admirable dans le rôle de la comtesse Jean de Hun. Une petite fille, morte ces temps derniers, Mlle Aumont, jouait le jeune fils du comte et de la comtesse.

La répétition générale avait eu un grand succès; mais, le soir de la première, il y eut des *tousseurs*... c'est-à-dire de bons amis qui attendent, après le développement d'une période, que l'artiste arrive au mot de valeur, pour couvrir ce mot par une formidable quinte de toux.

« C'est curieux, nous disait Dumas, ce qu'il y a de gens qui s'enrhument à mes premières ! »

La pièce, interrompue, un instant, par l'indisposition d'un de ses interprètes, reprit l'affiche.

Il se fit, alors, un mouvement curieux autour de l'œuvre de Dumas.

Chaque soir, l'effet était considérable et la recette atteignait le maximum ; mais, la malchance voulut que Croizette fût assez souffrante pour nécessiter, de nouveau, le retrait de l'affiche d'un ouvrage qui avait été monté par M. Perrin, avec un soin méticuleux.

1882

9 *mars* 1882.

Convoi de Brindeau, qui, sociétaire de la Comédie-Française, fut le créateur de tout le répertoire d'Alfred de Musset.

Brindeau eut le bonheur et l'honneur d'être M. de Chavigny du *Caprice*, Clavaroche du *Chandelier*, Valentin d'*Il ne faut jurer de rien*, le Comte de *Il faut qu'une porte soit ouverte ou fermée*, le duc, de *Louison*, Octave des *Caprices de Marianne*.

Si l'on n'a pas rendu à Brindeau toute la justice, à laquelle lui donnait droit un talent qui lui valut d'être choisi par Musset, il me semble que la seule bonne fortune d'être le créateur, sur une scène comme celle de la Comédie-Française, de ce merveilleux écrin du *Poète des poètes*, est la preuve la plus éclatante de son incontestable autorité.

Et, puisque je parle de Musset, il me paraît indispensable de mettre fin à une ridicule et odieuse légende, d'après laquelle, au cours des répétitions du *Chandelier*, Brindeau se serait laissé emporter jusqu'à se livrer à des voies de fait incompatibles avec le respect et l'admiration que professait l'artiste pour l'auteur, à qui il devait tant.

Il y eut bien, en effet, un léger différend entre le poëte et le comédien ; mais, après quelques mots assez vifs échangés le lendemain matin, Brindeau vit entrer chez lui Musset, qui lui dit simplement :

« Ma mère, qui est au courant de ce qui s'est passé hier, m'a donné tort, et je viens, de sa part, vous tendre la main ! »

Je tiens ces détails (*absolument authentiques*) de M. Guillard, alors archiviste de la Comédie-Française, et qui était le témoin constitué par Brindeau.

Puisse cette loyale et sincère rectification mettre fin à un racontar de foyer ; d'autant plus que le mot de Musset fait à la fois l'éloge de l'auteur et de son interprète.

14 septembre.

Première des *Corbeaux*, 5 actes de M. Henri Becque.

Mmes Pauline Granger, Reichemberg, Barretta, Llyod, Martin, Amel; MM. Thiron, Barré, de Féraudy, Coquelin cadet, Martel, et moi, qui jouais

Clavaroche dans *le Chandelier*.

le *notaire Bourdon* : tels étaient les interprètes de cette œuvre forte, mais, un peu noire, au gré des spectateurs.

M. Emile Perrin, qui avait monté la pièce avec soin, mais, sans enthousiasme, disait, un jour, à l'auteur, au cours des répétitions de son ouvrage :

« Ce n'est pas, Dieu, possible ! Cette famille, à elle

seule, a plus de malheurs
que tous les habitants
réunis d'un même quar-
tier. »

Quant à moi, j'avoue
que, malgré l'odieux de
mon personnage, j'ai-
mais *les Corbeaux*. —
C'est si amusant le dan-
ger !

J'avais composé ce
rôle du notaire Bour-
don, avec autant de plai-
sir que s'il se fût agi de
la création la plus bril-
lante, la plus sympa-
thique.

Mais, hélas! il est des
courants qu'il est difficile

Bourdon
dans *Les Corbeaux*.

de remonter; et, si bon nageur que fut M. Becque,
il ne put gagner l'autre rive... celle du succès,
sans qu'il puisse accuser de son infortune la bonne
volonté de ses interprètes... Ajoutez à cela que
M. Becque, ayant toujours donné les preuves d'une
grande indépendance de caractère, devait fatalement voir réunis, ce soir-là, tous ceux à qui il avait
prodigué si courageusement la vérité, et vous com-

prendrez, alors, qu'avec un sujet pénible, malgré tout le talent déployé par lui, l'auteur devait rencontrer un auditoire peu disposé à l'indulgence.

Ses ennemis, d'ailleurs, ne souffrirent pas longtemps; car, le 22 novembre, nous donnâmes la première représentation du *Roi s'amuse*, de Victor Hugo.

La pièce était admirablement montée :

Mmes Bartet, et cette pauvre Samary ;

MM. Got, Maubant, Mounet-Sully. *Saltabadil* m'était échu.

Tous les rôles de second plan avaient été confiés à des artistes qui avaient accepté, avec dévouement, une tâche ingrate. Voilà pour l'interprétation. Cinq décorations nouvelles, de la musique de Léo Delibes — musique qui est restée au répertoire des concerts classiques : telles étaient les forces mises au service du Maître.

Je me souviens d'un mot, qui me fut dit par Ligier, créateur de Triboulet, alors que j'avais l'honneur de jouer avec lui, à l'Odéon, *les Grands Vassaux*, de Victor Séjour :

« Il est bien heureux pour moi que *le Roi s'amuse* ait été interdit par la censure... Je n'aurais jamais pu jouer ce rôle quatre fois de suite... Il faudrait pour cela des forces surhumaines ! »

M. E. Perrin se trompa, en confiant ce terrible rôle à un comédien de talent, mais, qui devait fatalement chercher à ramener aux proportions de la vérité un personnage plus grand que nature; il y aurait eu de quoi compromettre une réputation légitimement acquise, si trente ans de succès, qu'avait par devers lui cet artiste, ne l'eussent placé au-dessus d'une erreur de distribution.

Le rôle de Saltabadil est un des personnages de Hugo, qui ait le plus d'esprit. Le succès que j'eus le bonheur d'y obtenir, fut exactement le même que celui obtenu par le créateur, M. Beauvallet, bien que ma composition fût tout autre que la sienne.

Saltabadil dans *Le Roi s'amuse*.

Avec l'assentiment de M. Hugo, au lieu d'un sinistre bandit, j'en avais fait un *aimable négociant en crimes.*

En me félicitant de mes loques pittoresques,

M. E. Perrin me dit, au moment d'entrer en scène :

« En vous regardant, j'ai des envies folles de me gratter ; ce n'est pas un costume, c'est une démangeaison. »

Après la répétition générale, le grand poète eut un mot bien amusant.

Comme M. Perrin lui présentait Léo Delibes, en lui disant :

— « Mon cher maître, M. Delibes, l'auteur de la musique de scène que vous venez d'entendre » ; et, pendant que le compositeur, trop tôt disparu, ajoutait en s'inclinant :

— Je serais bien heureux, cher et illustre maître, de savoir si cette musique vous a plu ; le cher maître répondit, avec un doux sourire :

« Elle ne me gêne pas ! »

A propos du *Roi s'amuse*, je trouve, dans un numéro de journal, à la date d'avril 1843 :

« Le roi a nommé Victor Hugo pair de France.....
Le Roi s'amuse !

Malgré tout, la pièce se maintint assez longtemps sur l'affiche.

A la cinquantième représentation, on offrit à Hugo, à l'Hôtel Continental, un grand banquet pour fêter l'anniversaire de la première (1832). Il y eut des discours.

Le maître prononça quelques mots qui firent sensation ! Je n'avais jamais eu l'honneur de m'asseoir à la même table que le grand Poète, et j'avoue que je suis resté émerveillé de la puissance de ses facultés digestives.

Il eût pu me répondre, une fois encore, que les dieux eux-mêmes n'étaient pas à l'abri de ces misères !

. . . .

La Comédie-Française eut sa place aux funérailles du poète national, et nous pûmes suivre le modeste corbillard des pauvres, de l'Arc de Triomphe au Panthéon !

1883

7 mars 1883.

Première de la reprise des *Effrontés*, d'E. Augier, MM. Got, Delaunay, Barré, Leloir, Laroche. Mmes Tholer, Reichemberg, E. Riquier.

Je jouais *Vernouillet*, créé par Régnier.

La belle comédie d'Augier eut un énorme succès et répara un peu les pertes de l'année précédente.

Il arriva, au cours des répétitions de cet ouvrage, un incident qui n'était, hélas ! que le prologue d'un grand malheur. Je veux parler de la mort de l'auteur de *la Ciguë* (1889). Augier venait de se lever pour indiquer à l'un de nous un jeu de scène ; tout à coup, il chancela, et vint tomber dans mes bras. Je le transportai dans mon cabinet de semainier.

Une fois étendu, la tête exposée à l'air, les pieds recouverts d'une chaude enveloppe, il me dit :

« Ce n'est rien !... ce sont des vertiges, laissez-moi là quelques instants ; tout à l'heure vous me reconduirez chez moi ! »

Pendant le trajet de la rue Richelieu à son domicile, il m'avoua être sujet à ces malaises, qui n'étaient autres que des vertiges de l'estomac, lui donnant la sensation du vide.

Il avait tellement fumé, dans sa jeunesse, qu'il était complètement intoxiqué.

J'appris par lui ce détail curieux, qu'alors qu'il écrivait *le Gendre de M. Poirier*, il chargeait, d'avance une douzaine de pipes. A la dernière, lorsque sa langue était à vif — pour pouvoir recommencer, il la *graissait*, grâce à un petit pot de beurre placé sur sa table de travail.

Les Japonais, dont les supplices sont aussi nombreux que variés, n'ont pas encore songé à ce nouveau moyen de torture.

Pauvre Augier ! si doux, si bienveillant, si simple... il consentait, disait-il naïvement à son médecin, à faire des sacrifices, c'est-à-dire à ne plus fumer d'une manière aussi excessive.

« Inutile, lui avait répondu le célèbre praticien, pour l'effrayer et le forcer à n'être plus le propre bourreau de son corps, dans un an, vous serez mort, ne vous gênez donc pas ! A quoi bon vous priver ?... Fumez tant qu'il vous plaira ! »

Un peu surpris de ce funèbre pronostic, il brisa ses pipes. Mais alors, me disait-il, commença pour lui un supplice intolérable : l'habitude était si forte, qu'après ses repas, il tournait pendant une heure, cherchant vaguement ce qui lui manquait.

Dans la rue, il lui arrivait de suivre un promeneur fumant un bon cigare, comme on suit une jolie femme. Trop tard, hélas ! le mal était fait, et la sage résolution qu'il avait prise de renoncer au tabac ne put lui épargner une mort accompagnée d'horribles souffrances.

Il a laissé le souvenir impérissable d'un galant homme, doublé d'un poète, d'un homme de bon sens, dont le répertoire restera éternellement une des forces vives de la Comédie-Française.

Augier me fait songer à un autre glorieux disparu. Je veux parler de Labiche, son ami.

On m'a raconté sur lui une bien spirituelle répartie.

Il était à son lit de mort ; son fils, qui lui-même venait d'être cruellement éprouvé par la perte de sa femme, était près de lui. Dans un mouvement de douleur irréfléchie :

« Puisque tu vas la revoir, dit-il à son père, en lui parlant de sa femme, dis-lui que je l'aime tou-jours. »

Alors, Labiche, entr'ouvrant un œil, répondit :

— « Dis donc, si tu faisais ta commission toi-même ! »

C'est encore Labiche, qui faisant visite à son fils, nouvellement marié, et frappé de la largeur du lit des nouveaux époux, lui disait en souriant :

— « Est-ce que vous comptez recevoir ? »

1884

24 janvier 1884.

Première de *Smilis*, 4 actes de M. Jean Aicard, joués par Mlle Reichemberg, MM. Got, Worms, Laroche et moi, à qui était échue la glorieuse et lourde tâche de jouer l'amiral.

De l'avis d'un célèbre écrivain, il eût été préférable que M. Aicard, plus soucieux de ses intérêts, fît une inversion, c'est-à-dire qu'il écrivît *Smilis* en vers, et plus tard, le *Père Lebonnard* en prose.

Le lyrisme excessif de l'amiral eût fourni au poète l'occasion de ces merveilleux vers, qui ont

L'amiral dans *Smilis*.

assuré, à si juste titre, le succès de ses derniers ouvrages.

D'un autre côté, les malheurs conjugaux d'un petit horloger de province eussent été plus librement et plus justement exprimés dans une solide prose, que dans la langue des Dieux. Un autre reproche, adressé à l'auteur, a été celui d'avoir fait se suicider un amiral de France, un gentilhomme, un Breton, c'est-à-dire un double croyant.

Ce qui est certain, c'est que, dans cette pièce que j'aimais, ce personnage avec lequel j'ai vécu, m'a trompé comme la plus infidèle maîtresse... je lui en veux encore de son lâche abandon. Mais, sans pouvoir m'en défendre, malgré tous ses torts, je lui ai conservé, dans un coin de mon cœur, le souvenir que l'on garde aux amours des plus jeunes années. Henri Maréchal avait écrit deux morceaux exquis, que soupirait, avec beaucoup de charme, Mlle Reichemberg (*Smilis*).

1er *octobre.*

DEUXIÈME CENTENAIRE DE CORNEILLE

Invitée à cette touchante cérémonie par M. le curé de Saint-Roch, la Comédie-Française tout entière, touchée de la courageuse initiative du vénérable pasteur, assista à cette solennité.

Un sermon remarquable fut prononcé ; pour la première fois, on put entendre, sous les voûtes de la vieille église, parler de Corneille et de son *Théâtre*...

Je retrouve, dans des notes biographiques, que le convoi de l'auteur du *Cid* avait coûté à sa famille cinquante et quelques sols parisis.

Le convoi du plus obscur vaudevilliste de notre temps revient plus cher à la caisse de la société des auteurs.

Il faut reconnaître que, pour les artistes de la Comédie-Française, il y a loin du sermon du curé de Saint-Roch au souvenir du convoi de Crébillon.

« Après sa mort, les comédiens français cherchèrent une église en dehors de la juridiction de l'archevêché de Paris pour enterrer leur auteur ; ils ne purent (disent les notes de l'époque) trouver que Saint-Jean de Latran, placé sous le protectorat de Malte. »

On fit à Crébillon des obsèques splendides. Cela fit quelque tapage, et le curé de Saint-Jean de Latran fut condamné à payer, comme amende, le même chiffre qu'il avait touché des comédiens, plus à un séjour de trois mois au séminaire !

21 octobre.

Première de la reprise des *Pattes de mouche*, 3 actes de V. Sardou.

La pièce, montée avec soin et mise admirablement en scène par l'auteur lui-même, était jouée par MM. Coquelin aîné, Coquelin cadet, Garraud, Samary. Le rôle du bon Hollandais Van Hove m'avait été distribué ;

Mmes Pauline Granger, Broisat, Pierson, telles étaient les interprètes de cet intéressant ouvrage, qui fit de très belles recettes.

1885

Pendant la maladie de M. Perrin, nous montâmes *Antoinette Rigaud*, 3 actes de mon cher et regretté ami Raymond Deslandes.

Première représentation, le 7 *septembre* 1885.

Interprètes : Worms, Laroche, Baillet, Roger ;

Mmes Baretta, Reichemberg, Marie Durand, qui devait devenir plus tard Mme Laguerre.

La pièce, assez intéressante, avait surtout un troisième acte très solidement charpenté, avec une belle scène, jouée par mon excellent camarade Vorms et moi, qui représentais un général.

Le lendemain de la première, j'allai, le matin même, rendre visite à M. Perrin, qui était déjà très mal, à ce moment.

« J'ai su votre succès d'hier soir, me dit-il d'une voix faible ; vous êtes, à ce qu'il paraît, un général très chic. Si vous étiez bien aimable, vous viendriez me voir avec votre costume. »

Je le lui promis bien volontiers ; mais la mort, ne me donna pas le temps de tenir ma promesse.

Le matin même, où il rendit le dernier soupir, j'avais eu le plaisir de le voir et de m'entretenir avec lui du seul sujet qui l'intéressât, sa chère Comédie-Française !

— Il m'avait demandé quelle avait été la recette de la veille !!... C'est une belle maison qu'il faut aimer et servir, dit-il. Adieu, mon cher Febvre...

— Non pas adieu, monsieur Perrin, à demain !

— Adieu, murmura-t-il ; puis, d'une voix très faible :

— Qui est semainier ? fit-il d'un ton singulier.

— C'est moi, mon cher administrateur.

— Ah!... et, après un regard... Adieu, répéta-t-il,
une dernière fois.

Lorsque j'étais semainier, et que m'incombait la
triste mission de représenter l'administrateur ou la
Comédie, à quelque funèbre
cérémonie :

« Je suis tranquille avec
vous, me disait M. Perrin,
vous êtes très correct en ces
matières, et vous avez raison :
il faut bien enterrer nos morts.
Tout ce qui touche au théâtre
n'a pas une très grande réputation d'orthodoxie... et, puisqu'un certain monde persiste
à croire que nous vivons mal,
prouvons-lui, du moins, que
nous savons bien mourir. »

En me souvenant de ces
paroles, et en les rapprochant
de sa question :

« Qui est semainier ?... » et
du « Ah ! » qui suivit ma ré-

Le général
dans *Antoinette Rigaud.*

ponse, je me suis toujours imaginé, qu'à ce moment, M. Perrin pensait à son propre convoi.

Les enterrements de gens de théâtre m'ont toujours fait l'effet de représentations gratuites, où la foule, dédaigneuse du mort, réserve son attentive et indiscrète curiosité aux vivants.

Les obsèques de M. Emile Perrin, administrateur général de la Comédie-Française, membre de l'Institut, commandeur de la Légion d'honneur, furent, comme il le pensait, ce qu'elles devaient être, c'est-à-dire dignes de lui, et de la maison qu'il avait si brillamment administrée.

En me voyant, pendant le service funèbre, aller et venir, dérangé à tout instant par les maîtres de cérémonie, Madeleine Brohan, m'a-t-on raconté, eut un bien joli mot :

« Febvre doit être content de son mort, » dit-elle à une de ses camarades.

Le règne de M. Perrin, tout en dotant la Comédie-Française d'une longue suite de succès et de prospérités, devait créer une situation, qui rendrait difficile à son successeur la direction de cette belle et noble maison.

On peut, sans manquer à ce qu'on doit à sa mémoire, reconnaître qu'il a fait du théâtre *au jour le jour*. L'avenir étant une de ses moindres préoccupations.

Les auteurs eux-mêmes, sans s'en rendre compte, l'ont poussé dans cette voie ; car, chaque fois que l'un d'eux apportait un nouvel ouvrage, et que M. Perrin lui demandait quelle était la distribution de son choix, l'auteur ne manquait jamais de répondre :

« — Combien faites-vous avec celle de la pièce en cours de représentations ?

« — Sept mille.

« — Donnez-moi les mêmes artistes. »

Et c'est ainsi que, pendant près de quinze années, on vit affichés : Got, Delaunay, Bressant, Coquelin aîné, Worms, Barré, Thiron et Febvre; Mmes Favart, Croizette, Reichemberg, Baretta, etc...

Avec un tel état de choses, il arriva fatalement ceci, c'est qu'à mesure que l'âge ou la retraite créaient des vides dans nos rangs, le public voyait succéder à un nom connu, celui d'un jeune comédien, qu'on avait insuffisamment pris le soin de lui présenter.

« Les talents s'en vont plus vite qu'ils ne viennent, » a dit un célèbre critique.

Le budget, toujours croissant, doit son élévation actuelle à l'entretien d'une troupe considérable d'artistes, dont l'utilité n'est que bien imparfaitement démontrée.

Pour bien faire, il faudrait avoir la raison, et surtout le courage, de se priver des services de ceux dont les débuts n'ont pas été couronnés de succès.

Il y a des artistes que, seul, le caissier peut reconnaître... et encore !...

Dans le temps, un artiste n'était engagé qu'après avoir fait ses débuts : maintenant, c'est le contraire : l'artiste est engagé, d'abord, et débute ensuite (quand il peut débuter !) et, comme il est plus difficile de sortir de la Comédie-Française que d'y entrer, chaque engagement est une charge nouvelle, grevant le budget, non seulement pour le présent, mais, pour l'avenir ; car, il faudra lui servir une pension de retraite, à ce nouveau venu !

Et comment la lui refuser... après que vous l'avez gardé dix ou quinze ans, sans même l'employer ? Dans ce cas, il vous dira, avec un semblant de raison :

« Il fallait me congédier après mes débuts ; mais, maintenant que je vous ai *donné* mes plus belles années ; que j'ai concouru à l'accroissement de la fortune de la société, etc., etc.... Suivent les clichés connus du Comité. »

Dans le décret de Moscou, il est dit : qu'on ne sera engagé qu'après débuts ; les artistes dans cette situation sont même désignés sous le nom de *comédiens à l'essai.*

Ce décret dit encore : que le comité veillera à ce que les acteurs à l'essai soient mis à portée d'exercer leurs talents et de faire juger leurs progrès par le *public;* qu'aucun acteur en chef ne pourra se réserver un ou plusieurs rôles de son emploi; que le comité doit prendre des mesures pour que les doubles soient entendus par le public dans les principaux rôles de leur emploi respectif, *trois ou quatre fois par mois.*

Mais, M. Perrin, qui ne voulait reconnaître aucun droit aux sociétaires, en cette matière, et qui avait horreur d'apporter un changement dans l'affiche, quand il s'agissait de la distribution des rôles, en était arrivé à ce que Thiron (qui n'était doublé dans aucun des personnages de son répertoire) étant malade, on dut supprimer de l'affiche toutes les pièces où paraissait ce spirituel comédien.

Il fallut même que, le 15 janvier, anniversaire de Molière, Barré jouât *le Malade imaginaire,* au pied levé, avec deux raccords.

Même situation pour le répertoire de Delaunay qui, s'il se fût retiré, à ce moment, ou même s'il eût été souffrant, eut fait un vide effroyable.

On mettait de longs mois à monter un ouvrage nouveau, M. Perrin cherchant la perfection; si, par malheur, il tombait sur un insuccès, il restait long-temps avant de prendre une détermination et de parer aux besoins présents; il était tellement habitué au succès, que, dans le naufrage, anéanti, il

regardait couler le navire, sans mettre une cha-
loupe à la mer.

Je parlais de lenteur dans la façon de répéter.
J'appuie ce dire d'un formidable exemple.

Une reprise du *Mariage de Figaro* entraîna
soixante-dix répétitions; les livres sont là!...

Si, après avoir loué sans réserves les hautes
capacités, le travail incessant de M. Perrin, j'ai
énuméré, ci-dessus, les quelques réserves qu'on
peut opposer à sa façon d'administrer, c'est moins
pour le plaisir de critiquer le passé que pour établir dans quelles conditions un nouvel administrateur allait trouver le présent, avec ses lourdes
charges, ses difficultés extérieures et intérieures,
la pénurie d'auteurs et de comédiens, et, surtout, la
nécessité de chercher une forme nouvelle en littérature... Conspué Scribe!... La reprise seule d'*Une
Chaîne* semblait constituer un danger. Le ministre,
en attendant un choix définitif, nomma administrateur provisoire M. Kaempfen, qui entra en fonctions le 8 octobre 1885.

Il y gouverna modestement jusqu'au 20 octobre;
et, je ne sais pourquoi, mais, j'ai comme une vague
idée que ces douze jours suffirent amplement à
l'ambition de ce galant homme!...

Du décret de Moscou à l'année 1833, la Comédie-
Française fut dirigée par un commissaire du gou-

vernement représentant l'autorité, avec deux semainiers chargés des détails de service intérieur, du choix du répertoire, de l'exécution des décisions du comité.

1833. M. Jouslin de la Salle, directeur.

1837. M. Videl lui succède.

1840 à 1847. Retour au décret de Moscou et à la forme administrative qui fonctionnait en 1833, avec M. Buloz comme commissaire du gouvernement.

En 1848, M. Lockroy, le créateur du rôle du *Chevalier d'Aubigny*, de *Mademoiselle de Belle-Isle*, père de M. Lockroy, qui fut ministre de l'instruction publique, administra, avec le titre de régisseur général de la société.

1849 (novembre). M. Arsène Houssaye prend la direction.

1er février 1856. Il est remplacé par M. Empis, qui conserve sa situation jusqu'à l'arrivée de M. E. Thierry.

1er février 1856. Ce dernier se retire, le 9 juillet 1871, faisant place à M. E. Perrin.

8 octobre 1885. Mort de M. Perrin.

M. Kaempfen fait l'intérim jusqu'au 20 octobre, où M. J. Claretie est nommé administrateur général.

20 *octobre.*

M. Claretie succède officiellement à M. Emile Perrin.

Le budget qui, en 1872, était de 1.150.000 francs, était arrivé au chiffre de 1.500.000 francs.

Dans les dernières années de l'administration de M. Perrin, faisant partie, avec Got, de la commission des comptes, je me souviens que, plus d'une fois, alors que nous suppliions l'administrateur d'introduire de sages modifications dans les dépenses, faisant observer à nos collègues que, s'il survenait une épidémie, une guerre... une catastrophe imprévue, ce serait la ruine... après nous avoir laissé développer toutes les conclusions de notre rapport... Messieurs, répondait-il au comité, un peu décontenancé par nos prévoyantes alarmes : Messieurs, le partage, cette année, sera de 30.000 francs, pour chaque sociétaire à la part entière... Alors, adieu sages avis... M. Perrin avait trouvé un *sans dot* sans réplique.

J'ai dit, plus haut, dans quelles conditions M. Claretie, qui n'avait jamais administré aucune scène, succédait à M. E. Perrin, l'heureux directeur de l'Opéra-Comique et de l'Opéra, rue Le Peletier.

Le nouvel administrateur apportait, avec sa haute compétence en matière de critique théâtrale, la réputation d'un parfait honnête homme, d'un homme de lettres plein de courtoisie; et, si ses amis avaient à redouter quelque chose pour lui, c'était sa trop grande bienveillance.

Le public ne peut s'imaginer ce qu'est délicate, difficile, la situation de l'administrateur général de la Comédie-Française. Il lui faut réussir, tou-jours... quand même!... et cette belle maison, c'est triste à dire, compte tant d'ennemis, que tout l'art diplomatique de M. de Talleyrand ne serait pas de trop pour mener à bon port cet esquif, battu par tant de flots et de vents contraires.

Il lui faut, d'abord, compter avec certains auteurs qui trouvent désobligeant, pour ne pas dire plus, de lire leur ouvrage à un comité composé de comédiens;..... avec ceux qu'on refuse, ceux qu'on n'y joue pas assez, ceux qu'on n'y joue pas du tout, et, un comble! quelquefois même, avec ceux qu'on joue trop !

Ajoutez à cela les malveillants de parti pris, une certaine presse hostile à celui-ci, pour être favorable à celui-là, d'autres encore, qui réclament à grands cris un changement de direction, et, pour arriver à leurs fins, harcèlent, chaque jour, le malheureux administrateur en titre, en critiquant,

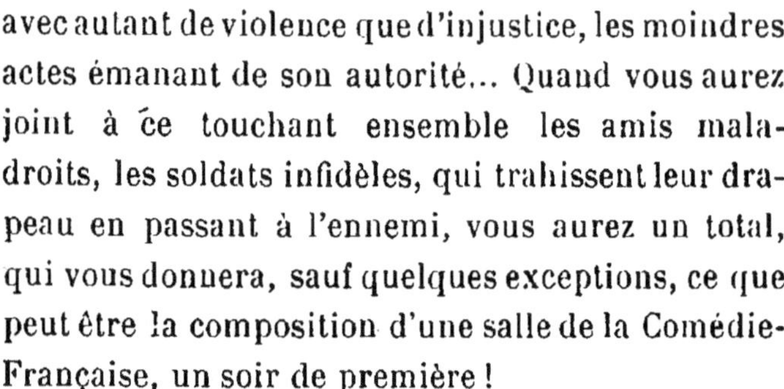

avec autant de violence que d'injustice, les moindres actes émanant de son autorité... Quand vous aurez joint à ce touchant ensemble les amis maladroits, les soldats infidèles, qui trahissent leur drapeau en passant à l'ennemi, vous aurez un total, qui vous donnera, sauf quelques exceptions, ce que peut être la composition d'une salle de la Comédie-Française, un soir de première !

Et cependant, malgré tout cela, plus forte que l'envie, au-dessus de la calomnie, dédaigneuse de ses détracteurs, elle est toujours debout, vaillante, après bien des pertes cruelles; discutée par ceux-ci, défendue par ceux-là, *et partout supérieure aux événements*, comme dit Figaro, elle conservera longtemps encore la faveur du public, et, à la première occasion, elle offrira son concours généreux, s'il est nécessaire, à l'un de ceux qui l'auront le plus vivement attaquée.

En matière de charité, la Comédie-Française a prouvé, depuis longtemps, qu'elle n'a pas plus d'opinion politique que de rancune pour ses adversaires déclarés.

Quand le public va dans certains théâtres, il a coutume de dire : « Je vais entendre Dupuis, ou Mme Chaumont, » et, quand il doit se rendre rue de Richelieu, il dit simplement : « Je vais, ce

soir, à la Comédie-Française. » Il y a là une nuance
tout à fait à l'avantage de ce théâtre... Pas besoin
d'étoiles, de mouton à cinq pattes !...

Un répertoire de chefs-d'œuvre, une troupe d'ensemble : voilà sa force, sa supériorité incontestable.

Et puis, il faut bien le reconnaître, il existe dans
cette maison une chose qui m'a souvent frappé.

Les relations des comédiens entre eux peuvent
être tendues, à certains moments, et il est bien
difficile qu'il en soit autrement dans une profession où la compétition est incessante ; dans un art,
où la personne même est en jeu ; mais, quand il
s'agit de l'interprétation, on reste surpris de voir
ces mêmes comédiens de valeur se donner entre
eux et recevoir des conseils, comme de jeunes
débutants ; et, l'on peut hardiment affirmer que, si
les sociétaires sont divisés, parfois, sur certaines
questions, ils sont unanimes et solidaires, quand il
s'agit du drapeau de la maison.

Dans ces derniers temps, on leur a reproché de
vivre un peu en dehors du mouvement naturaliste ;
mais, est-ce bien leur faute ?

Leur éducation première, le répertoire classique,
dont ils ont le lourd dépôt, tout cela n'est-il pas
déjà un obstacle à ces manifestations d'un art nouveau, qui, lui-même, cherche une forme nouvelle:
et, d'ailleurs, il suffit d'entendre les derniers ou

vrages créés sur la scène de la rue de Richelieu, pour être convaincu qu'ils ont le souci de ne pas rester en arrière, sans cependant s'aventurer, d'une façon téméraire, dans une voie, [où le public les suivrait avec peine, et même avec déplaisir.

A mon avis, une des causes de la crise que traverse en ce moment le théâtre, et qui est d'une extrême importance, est le trop grand nombre de professeurs de déclamation, à Paris.

Cet abus n'existe pas à l'étranger.

On peut être un mauvais comédien, dit-on souvent, et, cependant, donner d'excellentes leçons.

Je ne suis pas parfaitement convaincu de la vérité de cette singulière maxime; et, ce qui me donne à penser que je pourrais bien ne pas avoir tort, c'est que je connais des comédiens, qui, dans ce cas, n'ont aucune excuse de ne pas produire de meilleurs élèves.

Tel professeur, qu'il me serait pénible de nommer ici, croit leur apprendre, *dans le jour*, comment il faut jouer, et, pour donner, sans doute, plus de force à sa démonstration, comment il ne le faut pas, en exerçant, *le soir*, devant eux.

Le Conservatoire que, en 1763, on nommait un *magasin à élèves*, et dont Mlle Clairon fut l'ingénieuse inspiratrice, le Conservatoire, dis-je, a subi, dans

ces derniers temps, quelques modifications dans
son règlement.

En parcourant la liste des premiers professeurs, on peut se rendre compte de l'importance
qu'on attachait, alors, au choix des maîtres : Sar-
nette, Directeur, Dugazon, Monvel, le père de
Mlle Mars, le créateur de l'abbé de l'Epée, Fleury,
Dazincourt, Talma, Lafon !

Quels élèves n'était-on pas en droit d'attendre
d'un tel ensemble d'enseignement !

Je sais bien que, de leur temps, on ne prenait pas
le théâtre comme un rhume, et qu'en se destinant
à cet art, dont le dernier mot n'est jamais dit, on
obéissait, alors, à une vocation, au lieu d'exercer,
comme maintenant, une profession.

Pendant le cours des séances de la commission
chargée de reviser les règlements du Conservatoire,
je fis part à mes honorables collègues des quelques
réflexions qui m'étaient venues, à propos de l'enseignement.

Pourquoi n'existerait-il pas une sorte de conseil
de revision, chargé d'écarter ceux des élèves pour
lesquels la nature se serait montrée trop inclé-
mente.

N'y a-t-il pas, vraiment, conscience de laisser
s'engager dans la carrière des jeunes gens que

leur physique empêchera toujours de parvenir, les exposant, même, à de cruels déboires, à de dures et pénibles appréciations!

Il serait toujours loisible à ce jury, à ce conseil de revision, d'établir des exceptions en faveur de ceux qui feraient oublier le peu de charme de leur aspect extérieur, par une intelligence hors ligne!

Il n'est pas nécessaire, bien entendu, d'être un bellâtre. La beauté d'un homme, au théâtre, à défaut de mieux, peut consister dans une taille moyenne, des manières élégantes, sans raideur, une voix agréable, en un mot, dans un ensemble correct et sympathique.

Ce conseil répondrait, alors, au monsieur disgracié de la nature : « Non, monsieur, nous ne nous associerons pas à ce que vous croyez être une vocation, et qui n'est qu'une dangereuse résolution ; nous ne voulons pas endosser la dure responsabilité de jeter un malheureux de plus dans le monde théâtral... Jouez où il vous plaira ! mais, quant à nous, nous vous refusons l'entrée du Conservatoire... »

Et d'un autre côté pourquoi n'y aurait-il pas un degré de *situation, de talent,* donnant droit à une sorte de diplôme, qui seul permettrait d'enseigner aux autres ce que l'on sait, ou que l'on croit savoir.

Quand on voit que M. X..., Mlle Z..., qui peuvent à peine dire quelques mots en scène, et auxquels les *auteurs vivants* se gardent bien de confier un rôle, si mince qu'il soit, ont un cours de *déclamation ou de diction*, on reste stupéfait.

Je résume donc ces quelques observations.

Je ne crois pas avoir trouvé un remède définitif au mal que je signale : je n'ai pas cette prétention ; mais, j'ai essayé, du moins, d'indiquer un moyen pratique de le combattre.

D'autres viendront après moi, prendront de mon idée ce qu'elle peut avoir de bon, en y apportant les améliorations nécessaires : c'est ainsi que se fait le progrès ; mais, j'insiste, comme j'ai insisté, particulièrement à la commission du Conservatoire : 1° sur le déplorable résultat que peut donner un professorat médiocre, se rapprochant plus d'une sorte de détournement moral de mineur que de l'enseignement ; 2° sur la nécessité, pour ces professeurs, d'un examen à passer devant une commission, nommée par le ministre ou le directeur des beaux-arts, qui, par un diplôme, conférerait, seul le droit d'enseignement en dehors du Conservatoire.

Les élèves apprendraient, par la voie du *Journal Officiel*, les noms des professeurs agréés par l'autorité supérieure, et s'adresseraient à ceux-ci de préférence.

Dans cette vaste usine de l'enseignement, prodi-

gué par les premiers et même les derniers venus,
en dehors des classes de la rue Poissonnière, je
vois bien ce que cette coupable industrie peut
rapporter au professeur, sans
découvrir en quoi elle peut
être utile à l'élève.

1886

Si j'ai bonne mémoire, le
premier ouvrage, monté par
M. J. Claretie, fut *Chamillac*,
5 actes d'Octave Feuillet,
dont la première fut donnée,
le 9 avril 1886. Je ne parle pas
d'un petit acte de M. Renan :
1807, sorte d'à-propos en un
acte, en vers, où je représentais Diderot, joué le 26 février
de la même année.

Chamillac avait une belle
distribution : Mmes Bartet,
Tholer, Samary, Durand, Pier-

Le général
dans *Chamillac*.

son, Martin, MM. Coquelin aîné, Coquelin cadet,
Laroche, H. Samary, Febvre, voilà pour les principaux personnages.

C'était encore un rôle de vieux général qui

m'était échu. Venant de jouer celui d'*Antoinette
Rigaud*, j'étais un peu embarrassé : l'aspect des
vieux généraux offrant peu de variété.

J'eus le bonheur de me tirer heureusement de
cette difficile épreuve.

La pièce fit plaisir, et tint l'affiche quelque
temps. Le départ de Coquelin fit passer le rôle de
Chamillac aux mains de Worms.

24 mai.

J'avais lu un article de Johnson, correspondant
du journal *le Figaro*, en Angleterre, dans lequel il
contait à ses lecteurs, la lugubre fin d'un jeune
comédien qui avait appartenu au Théâtre-Français ;
aussitôt, il me vint la pensée d'une fondation, qui
assurerait, au moins, à nos malheureux compatriotes, un lit pour mourir en paix dans cette
grande ville, où la misère est plus horrible que
partout ailleurs.

J'écrivis de suite à Johnson, à ce sujet ; et, nous
tombâmes d'accord qu'outre une souscription, que
j'allais ouvrir tout de suite à Paris, une représentation donnée à Londres était de la plus rigoureuse
nécessité.

Mais il nous fallait un clou ; ce fut la belle et
bonne Mme Langtry qui se chargea de le dorer, en
nous prêtant son double concours, comme direc-

trice du Princ's Theatre, et son remarquable talent
de comédienne, mis au service des *Brebis de
Panurge*, de Meilhac et Halévy, qu'elle joua *en français*, avec moi et une sympathique artiste, applau-
die, depuis, à l'Odéon : j'ai nommé Mlle Gerfaut.
Mme Febvre et moi jouions un proverbe. Mme Tre-
belli se fit applaudir dans une partie musicale, où
l'on entendit Saint-Saens, Sarasate, Mme Lassère,
Tosti, Scovel et Cor de Las.

Son Altesse Monseigneur le prince de Galles
voulut bien rehausser encore l'éclat de cette représentation, en nous honorant de sa présence.

Grâce à la recette, qui fut très productive, et à la
souscription, qui avait pleinement réussi à Paris,
le 25 mai, je comptais en espèces sonnantes,
20,000 francs à l'hôpital. Moyennant cette somme,
je fus mis en possession d'un titre bien en règle,
dont trois doubles furent déposés, l'un à l'ambassade de France, le second à la Société des artistes
dramatiques, à Paris, le troisième aux archives
de la Comédie-Française.

L'original figure en tête d'un album, entre mes
mains, qui contient le nom de tous les généreux
souscripteurs.

Parmi ces noms, je relève celui de Dennery, le
célèbre dramaturge. Je l'avais menacé de tout dire
à Drumont, s'il ne souscrivait pas.

Non seulement il m'envoya son offrande, mais, il y joignit ce mot spirituel :

« Quant à Drumont, la preuve que je suis meilleur chrétien que lui, c'est que je lui pardonne. »

Dans un feuilleton que me consacra, avec la plus parfaite bienveillance, Sarcey, je relève ce passage que, depuis, j'ai relu bien souvent, pour me consoler du peu de gratitude des gens de notre monde, alors même qu'on fait tout pour les mettre à l'abri de la misère, et qu'on cherche à adoucir les derniers jours d'une carrière dont, le plus souvent, la misère est le point final :

« Et, tandis que Febvre, avec sa verve endiablée, me développait ses plans, je ne pouvais me défendre d'une certaine admiration pour ce brio de charité. Febvre a le goût de ces sortes de choses; il s'en tirera à son honneur, il en a le talent. Il faut lui savoir gré du service qu'il va rendre à l'art dramatique. — F. SARCEY. »

Hélas! mon cher Sarcey, votre feuilleton est le seul encouragement que j'ai trouvé; il est vrai que, par la notoriété du signataire, je me suis senti largement récompensé de la peine que j'ai été si heureux de prendre, et que je prendrais encore, s'il était nécessaire !...

Comme une bonne action trouve toujours sa

récompense, dit le proverbe, Mme Langtry, dans le
rôle créé par Mme Fargueil, fit merveille, et, je suis
sûr qu'il dut lui paraître singulier, le lendemain, de
jouer en anglais; car, la langue française, la veille
encore, semblait être vraiment sa langue maternelle.

Le 27 mai, en présence des artistes qui avaient
bien voulu s'associer à cette bonne œuvre et de tout
le personnel de l'hôpital Français, l'excellent
docteur Vintras me fit les honneurs de l'installation.

Une surprise bien douce m'attendait. Au lieu du
simple lit dont nous étions convenus, ces messieurs
nous conduisirent jusqu'au seuil d'une petite
chambre, bien proprette, bien gaie, ornée de fleurs;
et, sur ma demande, on inscrivit sur une plaque de
marbre, au-dessus de la porte :

« Lit de la Comédie-Française. »

J'ai su, depuis, que le premier occupant avait été
un malheureux chef d'orchestre, atteint d'une
maladie de poitrine, et que les hôpitaux refusaient
d'admettre.

Le docteur Vintras m'écrivit :

« Grâce à votre charitable pensée, vous avez pu
prolonger, de onze mois, les jours de ce pauvre jeune
homme, qui vous a béni jusqu'à sa dernière heure. »

Certes, cette fondation m'a donné bien du tourment, bien de la peine ; je me souviens que, pour répéter avec Mme Langtry, nous faisions tous deux la moitié du chemin ; n'étant libre que le dimanche, elle avait la bonté de venir de Londres à Boulogne ; moi, de Paris à Boulogne ; et, dans une chambre d'hôtel, nous répétions *les Brebis de Panurge* ; après dîner, elle remontait en bateau, moi en chemin de fer, et en voilà jusqu'au dimanche suivant.

Je n'ai pas écrit (pour la souscription ouverte à Paris) moins de quatre à cinq cents lettres.

Aujourd'hui, toute fatigue est oubliée, l'œuvre est accomplie, et je n'hésite pas à dire que c'est la meilleure *de mes créations*, surtout la plus durable.

Le lendemain de la représentation, M. Waddington, alors ambassadeur de France à Londres, donna un dîner, en l'honneur du succès obtenu la veille. Dîner suivi de réception du corps diplomatique.

L'ambassadeur, dans sa haute bienveillance, avait, paraît-il, espéré me faire une grande surprise ; mais, il s'était heurté, je le crains, au souvenir qu'avait laissé ma présence aux obsèques du Prince impérial...

Et, cependant, cette présence eût dû être moins remarquée que l'absence de quelques-uns, dont je préfère ne pas citer les noms...

1887

La situation de la Comédie était un peu tendue,
en ce moment, et le besoin d'un grand succès se
faisait sentir; aussi, M. Jules Claretie, sans hésiter,
eut l'heureuse inspiration de s'adresser à Dumas,
qui, pour nous venir en aide, voulut bien se mettre
de suite à l'œuvre et nous livrer, très peu de *jours*
après, sa *Francillon*, venue au monde, comme une
belle et forte fille, sans secousse, sans efforts, tout
heureuse de vivre !

17 janvier 1887.

Première de *Francillon*, 3 actes de Dumas, jouée
par MM. Worms, Laroche, Truffier, Prudhon,
Coquelin cadet, Febvre, Mmes Bartet, Reichemberg,
Pierson, Kalb.

La répétion générale eut un immense succès. La
première fut éclatante; pas le plus petit tousseur :
l'effet de la répétition n'aurait pu qu'aggraver leurs
souffrances; bien renseignés, sans doute, ils avaient
préféré s'abstenir.

Je me souviens, encore, qu'après le premier acte,
ce pauvre Augier me demanda où était Dumas.

« — Sur la scène, cher Maître.

« — Conduisez-moi à lui. »

Une fois en présence : « Ah mon ami, lui dit Augier, jamais vous n'avez eu plus d'esprit et, surtout, d'aussi belle et bonne humeur ; cette exposition est une merveille... et, comme c'est joué ! » Puis, se tournant vers moi, et appuyant sa main sur mon épaule : En voilà un qui a été remarquable... fit-il...

« Oh ce n'est rien, répondit Dumas en souriant, il faut le voir au 2e acte, quand il passe dans les cerceaux de papier ! »

Il y avait, en effet, au second acte, un diable de monologue muet, qui n'était pas d'une exécution facile.

A la lecture, Dumas s'était contenté de l'indiquer par ces mots : « Ici, il y a un monologue, dont Febvre fera son affaire. »

C'était, évidemment, tout ce qu'il y a de plus flatteur qu'un mot comme celui-là, venant de Dumas ; et, j'avoue, qu'en le lui entendant dire, j'en rougis de plaisir.

Je fus assez heureux pour trouver l'idée de la fausse sortie, coupant une scène muette en deux : ce qui ne s'était jamais fait... une fois ce détail acquis, la cigarette jetée, la pincette..... tout le reste se composa facilement. Le tout était d'établir le caractère flottant, indécis de ce clubman en *son*, comme a dit l'auteur lui-même.

Dumas était content de moi... et moi, plus encore, d'avoir pu rendre fidèlement sa pensée.....

Claretie avait été bien inspiré, en s'adressant à Dumas; la Comédie tenait un grand succès.

De tous les rôles, qu'il m'a été donné d'interpréter, j'estime que le plus difficile, le plus périlleux était, sans conteste, celui de Lucien de Riverolles.

Le soir de la première, Dumas, plus ému qu'il ne voulait le laisser paraître, se tenait dans la coulisse. Au moment de mon entrée, il me dit :

« Allons, mon cher Febvre, le sort de la bataille est entre vos mains, soyez prudent; car, un peu trop à gauche, ou un peu trop à droite, de chaque côté, vous côtoyez un précipice.

« Soyez sans crainte, lui répondis-je ; que j'atteigne sans encombre la fin du premier acte ; que je gagne mon fameux « *Eugène* », et je suis sauvé !... »

Ceux qui se souviennent encore de l'effet d'hilarité provoqué par ce mot, que Dumas a écrit sur ma brochure comme dédicace, ceux-là peuvent témoigner qu'à partir du deuxième acte, Lucien de Riverolles ne courait plus aucun danger.

Je conserve comme un titre précieux la préface de *Francillon*. Voici les quelques lignes que l'auteur a bien voulu me faire l'honneur de me consacrer :

« Il faut être un comédien consommé comme

Febvre pour donner de la consistance et du relief à un personnage aussi plat que M. de Riverolles.

« Ce simple serin, comme l'appelle son père, est de la famille du duc de Septmonts, quelques degrés plus bas; c'est une fausse couche qui a vécu.

« Ce personnage découpé dans le gris, est en demi-tons; il a reçu de Febvre une allure, une réalité, que Febvre seul pouvait lui donner.

« Febvre joint à son grand talent de comédien, la très bonne habitude de vivre, le plus possible, dans le commerce des gens du monde, où sa grande finesse d'observation a de quoi s'exercer. Les modèles à suivre, en créant ce personnage, ne lui manquaient pas; aussi, l'a-t-il rendu en perfection. Quand un homme a cette voix sonore et chaude, ces épaules larges, ces pectoraux bombés, il laisse dans l'esprit, dans les sens, et jusque dans le cœur de la jeune fille qu'il a épousée, des frémissements qui ne s'effacent jamais; cette action est indéniable, et Febvre la faisait sentir tout le temps; c'est là que le comédien ajoute à l'œuvre, en faisant entendre tout ce que l'auteur n'a pas pu dire. »

« DUMAS. »

Je demande pardon à mes lecteurs d'avoir reproduit, ici, un éloge aussi flatteur; mais, on me rendra cette justice, que si, dans ces souvenirs, j'ai évité, autant que je l'ai pú, de m'étendre sur les rôles où j'ai eu le bonheur de réussir, il m'était bien difficile de résister à ce petit mouvement de vanité, excusable chez un parvenu, qui se voit conférer, tout à' coup, des titres de noblesse.

Car, pour nous autres, une semblable appréciation, dans une préface signée de Dumas, outre qu'elle nous tire de l'oubli pour l'avenir, constitue un véritable parchemin.

Jamais, je crois, je n'eus une presse aussi unanimement bienveillante, et le souvenir de *Francillon* est un des meilleurs de ma longue carrière.

Au cours des répétitions, on raconta force historiettes. J'ai retenu celle-ci, où il y a un mot, que n'eût pas dédaigné l'auteur de *Tartuffe* lui-même.

Nous avions, au foyer, un vieil abonné, qui passait volontiers ses soirées à bavarder avec nous ; c'était un très bon homme, un peu naïf, ancien parfumeur, je crois.

Un soir, il nous arriva tout bouleversé :

Rentrant à l'improviste chez lui, il avait eu le spectacle du flagrant délit le plus terrible, le plus complet que puisse imaginer le plus trompé des parfumeurs. ,

« — Qu'avez-vous fait ?

« — Je'suis allé de suite chez mon avoué, qui m'a

posé cette question : Qui de vous deux a la fortune ?

« — C'est elle.

« — Alors ne plaidez pas; vous serez ridicule :
l'avocat de votre femme s'égaiera sur votre infortune conjugale... ne plaidez pas...

« — Que faire alors ?

« — Une chose bien simple. Rentrez chez vous,
comme si rien ne s'était passé, emmenez votre
femme dîner au restaurant et conduisez-la au
théâtre ! Le reste vous regarde !

« — Mais je ne peux pas..... répondit notre ami :
Ils m'ont vu. »

N'est-ce pas exquis ? Et ce mot serait-il déplacé
dans la bouche d'un Georges Dandin ou d'un Sga-
narelle ?

Un mot assez drôle du bon gros Laurent, ce comique qui fit les délices des habitués de l'Ambigu.

Il était très souffrant, et, croyant sa fin prochaine,
il me dit gravement :

« Je crois que je vais m'en aller dans un endroit
où, à la sortie, on ne donne pas de contre-marque ! »

Un grand ami de la maison, qui a laissé au Palais
le souvenir d'un président de cour bien spirituel,
Ch. Desmazes, conseiller à la cour, nous amusa
bien, en nous contant ceci :

« J'étais allé chez moi, nous dit-il, à Saint-Quentin, passer les vacances. Je descendais, un matin, la route, en flânant, quand je vis venir de loin un homme, qu'il me sembla reconnaître pour l'avoir fait condamner, jadis, à dix ans de travaux forcés.

« Plus il avançait, plus le doute ne m'était plus permis ; c'était bien lui, grand, robuste, redoutable ; moi seul, sur le grand chemin, petit, faible, sans armes : il fallait trouver un moyen de doubler ce terrible cap.

Le père Noël dans *Raymonde*.

Alors, sans hésiter, je m'avançai droit à sa rencontre, et le regardant bien en face, je lui dis avec fermeté :

« — Continuez à vous bien conduire ! »

« L'homme, après m'avoir regardé, baissa la tête, et continua son chemin, en hâtant le pas. Moi aussi, d'ailleurs ! »

« O puissance de la justice, ô souvenir du passé, que vous m'avez tiré là d'un mauvais pas !... »

28 *mars* 1887.

Première de *Raymonde*, 3 actes de MM. André Theuriet et Morand. Interprètes : MM. Lebargy, de Féraudy, Dupont-Vernon, Febvre ; Mmes Baretta, Céline Montaland, Llyod. Je jouais le *Père Noël*.

J'avais eu grand plaisir à monter cet ouvrage et, si le succès ne répondit pas complètement à ce que nous pouvions attendre, le travail de chaque jour m'a laissé le souvenir charmant des heures trop courtes passées en la compagnie de deux auteurs aussi courtois que sympathiques.

29 *mars* 1887.

Je suis nommé chevalier de la Légion d'honneur.

1888

29 *mai*.

Je reprends, après mon camarade Delaunay, le rôle du duc de Richelieu, dans *Mademoiselle de Belle-Isle*. Mlle Bartet joue Gabrielle ; Mme Broisat, Mme de Prie : Mlle Kalb, Mariette ; M. Albert Lambert, celui du chevalier Daubigny.

Soit dans Daubigny, soit dans Richelieu, en ai-je vu des *Mademoiselle de Belle-Isle !*

Madeleine Brohan, à mes débuts ; puis, successi_
vement, Mlle Favart, Mme Lafontaine, Mlle Sarah
Bernhardt, Mme Broisat, Mlle Bartet, Mlle du Minil ;
j'en passe, peut-être, mais, non des meilleures.

Quant aux Mme de Prie, il y en a eu, aussi, un
chiffre respectable :

Augustine Brohan, à mes débuts ; ensuite, Edile
Riquier, Croizette, Mme Ponsin, Mlle Pierson,
Mme Broisat.

Les Mariette ont été moins nombreuses.

A mes débuts, Mlle Bonval ; puis, Mmes Ponsin,
Dinah Félix, Kalb.

Les Richelieu, qui m'avaient précédé, peuvent se
compter :

Firmin, le créateur, Menjaud, Brindeau, Leroux,
Bressant, Delaunay, Garraud.

Les Daubigny sont presque en nombre égal :

Lockroy, le créateur, Maillart, Lafontaine, Garraud, Laroche, Albert Lambert, Febvre.

Dans les derniers temps, où ce pauvre Bressant,
déjà très souffrant, jouait Richelieu, je me souviens
qu'un soir, au quatrième acte, à la fameuse partie,
dont la vie d'un des joueurs est l'enjeu, un des dés
alla rouler et se perdre sous le tapis.

Supposant que mon partenaire comprendrait
qu'il était nécessaire de dédoubler le chiffre amené

au lieu de 5, j'amenai 4; naturellement M. de Richelieu ne pouvait plus abattre que 6, au lieu du onze triomphal.

Mais, déjà fatigué, distrait, Bressant prend le seul dé qui nous restait et après l'avoir secoué dans le cornet, me dit tranquillement : *onze* !

Certes, M. de Richelieu avait de la chance ; mais, amener onze avec un dé, dépasse les proportions permises à la veine la plus obstinée.

Je me contentai de lui répondre : Six, monsieur le duc ; et, c'est assez pour que je perde !...

Le Duc de Richelieu
dans *Mlle de Belle-Isle*.

Le premier soir où je jouai Daubigny, en compagnie de Sarah Bernhardt, à la fin du troisième acte, alors que le chevalier, ivre de colère et de jalousie, repousse sa fiancée, en lui disant :

« Mais moi, je ne vous pardonnerai jamais. »

oublieux des délicates proportions de ma nouvelle partenaire, je fis un mouvement qui l'envoya trébucher dans la coulisse. J'avais négligé de mesurer ma colère aux formes sveltes de l'infortunée Gabrielle.

Ce rôle de Daubigny me remet en mémoire un curieux lapsus d'un de mes prédécesseurs qui, se trompant, dit un soir à Mlle de Belle-Isle, avec une douce gravité :

« Mon père est mort, en me mettant au monde ; ma mère a été tuée à la bataille de Denain ! »

Le duc de Richelieu
dans *Mlle de Belle-Isle.*

Quel chapitre amusant on pourrait écrire, sous ce titre : « Les lapsus au théâtre. »

Ainsi, un soir, il m'échappa celui-ci, dans *Bataille de dames* ;

« Monsieur le babon est bien rond. »

Jamais je ne pus trouver : monsieur le baron est bien bon !... et, dans *Mademoiselle de la Seiglière,*

Mlle Favart faillit pouffer de rire, en m'entendant lui dire, avec passion :

« Mademoiselle, je vous vernis, je vous bénère, pour : je vous bénis, je vous vénère. »

Un autre qui est resté légendaire à la Comédie : Leroux, ce comédien distingué, déjà atteint du mal qui devait l'emporter, dit, à une représentation du *Mariage de Figaro*, dans lequel il jouait le comte Almaviva :

« On suspendra tout, Marceline, jusqu'à l'examen de vos tripes, qui aura lieu dans la grande salle du château ! »

Tripes pour *titres :* c'était grave !

Heureusement, le mot ne fut entendu ou compris que par les artistes en scène avec Leroux.

30 septembre.

Reprise des *Brebis de Panurge*, comédie en 1 acte de MM. Meilhac et Halévy.

Mlle Bartet joue le rôle de Mlle Fargueil, et moi celui de Jacques Durand, que j'avais créé au théâtre du Vaudeville de la place de la Bourse. Mlle Ludwig remplit celui de Gabrielle Darcey.

La pièce fit plaisir ; elle est restée, d'ailleurs, au répertoire.

31 décembre.

Première représentation de *Pepa*, comédie en 3 actes, en prose, de MM. Meilhac et Ganderax.

Mmes Reichemberg, Bartet, Ludwig, MM. de Féraudy, Lebargy, Febvre, tels étaient les artistes chargés de présenter au public cette œuvre aimable, originale.

Le duc de Guise
dans *Henri III et sa cour*.

Dès le second acte, après la charmante scène entre M. de Chambrun et sa femme, le succès était assuré.

J'ai eu le plaisir de jouer cette pièce à Vienne, à Pétersbourg ; et, partout, elle a trouvé l'accueil le plus flatteur, le plus empressé.

1889

5 janvier.

La comédie donne la première de la reprise d'*Henri III et sa cour*.

Après une assez longue absence, et un séjour prolongé sur tant de scènes diverses, le drame si intéressant de Dumas reprenait possession de son ancienne demeure, comme un gentilhomme rentrant chez lui, après s'être quelque peu attardé au cabaret.

C'est moi, et j'en suis fier, qui, le premier, ai eu l'idée de remettre à la scène cette œuvre si curieuse.

M. Claretie m'avait chargé de la mise en scène.

Pendant que, de son côté, l'administrateur s'occupait des costumes, je suivais les études; en vingt-deux jours, c'était prêt ! Ce qui prouve que, quand on le veut bien, on peut aller vite. J'avais demandé une distribution digne de l'auteur, mais, en même temps, des artistes zélés, comprenant le besoin que nous avions de marcher rapidement en besogne.

Duc de Guise
dans *Henri III et sa cour.*

MM. Worms, Mounet-Sully, Silvain, Febvre ;

Mmes Brandès, Pierson, Bertiny : voilà pour les principaux rôles.

Tous les rôles secondaires étaient interprétés par des premiers sujets : voilà avec quelles forces nous nous présentâmes devant le public. Le succès dépassa nos espérances et la pièce tint l'affiche pendant longtemps.

En y réfléchissant, quel chemin parcouru, depuis l'*Henri III* repris, à la Gaîté, avec Frédérick, Laferrière et Mme Naptal Arnaud, alors que je jouais, aux côtés de ces grands artistes, le duc d'Epernon (1855-56), et cette soirée du 5 janvier 1889, où m'était échu ce rôle du Balafré ; en trente-trois années, que d'événements !

Et, malgré toute la satisfaction que j'éprouvais d'avoir réussi dans ce redoutable rôle, en remontant dans ma loge, après le dernier acte, en

Le duc de Guise
dans *Henri III et sa cour.*

me souvenant de tout ce passé si lointain et si près, cependant... je me demandais :

De combien de larmes se compose un succès !

1890.

18 janvier.

Première de *Margot*, comédie en 3 actes de M. H. Meilhac, jouée par Mmes Reichemberg, C. Montaland, Bertiny, Fayolle, R. Boyer, Nancy Martel; MM. Worms, Coquelin cadet, Lebargy. J'avais la bonne fortune de représenter un personnage tout à fait sympathique, le bon M. Boisvillette.

C'était une manière de prélude au rôle du *Père Prodigue*. Adieu, cheveux noirs; adieu beaux ténébreux ! J'abordais les têtes blanches... et voyais poindre au loin la canne des oncles, tourmentés par leurs coquins de neveux !

Si Meilhac eût consenti à modifier son dénouement, le succès eût été plus grand encore.

« Il fallait, a dit un de ses confrères les plus autorisés, que Margot se mît à aimer ce Boisvillette, avec qui elle eût été parfaitement heureuse; ou bien, alors, il fallait le rendre d'un caractère moins séduisant; mais, lui voir préférer un rustre... un garde-chasse... jamais !

Reichemberg faisant la popote de ce brutal, qui lui laisse entrevoir la perspective de fortes raclées ; non, c'était impossible ; ce sentiment était pénible au public et nuisit à la complète réussite d'un ouvrage dont les deux premiers actes avaient été un succès aussi franc, aussi complet qu'on le pouvait souhaiter.

— Ce malaise éprouvé par le public, en présence d'un dénouement qui déroutait toutes ses secrètes espérances, j'en ai retrouvé la trace partout où j'ai joué la pièce, en France comme à l'étranger.

Un jour, j'en suis sûr, Meilhac modifiera son troisième acte... Hélas! je ne serai plus ce Boisvillette, que j'ai tant aimé ; mais, il me restera, au moins, la douce compensation d'applaudir l'auteur de tant de petites merveilles et le comédien qui aura le bonheur de me succéder dans cet ouvrage si original, je ne dis pas spirituel ; quand il s'agit de Meilhac, parler d'esprit serait une sorte de pléonasme.

31 mars.

Reprise du *Demi-Monde*, 5 actes de Dumas. Je succède à Delaunay, dans le rôle d'Olivier de Jalin.

Mlle Marsy reprend celui de la baronne d'Ange ; M. Worms, Raymond de Nanjac ; M. Laroche, de Thonnerins, M. de Féraudy, Richond ; C. Monta-

land, Mme de Vernières; Baretta, Marcelle; Mlle Kalb,
Mme de Santis.

Tout en mettant en scène la belle pièce de Dumas,
je lui propose quelques coupures. Sous M. Perrin,
on commençait *le Demi-Monde*, à 8 heures, pour
finir à minuit moins cinq.

Quand il s'agit de couper, Dumas est toujours
prêt. Aujourd'hui, les 5 actes allégés permettent de
commencer à 8 heures et demie et de finir avant
minuit.

Avec les mœurs modernes, le rideau se lèverait
à 9 heures et demie, qu'il y aurait encore des retardataires.

On dîne trop tard, maintenant; et, comme la
table est généralement servie copieusement, tout
le monde n'étant pas aussi sobre que Sarcey, dit
l'herbivore de la rue de Douai, la plupart du temps,
les spectateurs voient se dérouler sous leurs yeux
une pièce, dont il leur est impossible de suivre
compréhensiblement les développements, n'ayant
pas entendu l'exposition.

Le rôle si complexe de la baronne d'Ange avait
été l'occasion d'un beau succès pour Mlle Croizette.

Mlle Tholer, qui lui avait succédé, sans avoir la
grande allure de sa devancière, apportait, en
revanche, des qualités de discrétion, d'élégante

bourgeoisie, propres à encourager l'erreur de M. de Nanjac.

Mlle Marsy, sans tenir compte de ces deux procédés si différents, prêtait au rôle de Suzanne sa fière tournure, cette articulation merveilleuse, qui mettait si bien en relief tous les mots, tous les traits de caractère, dont Dumas a si généreusement doté ce personnage, sans parler de sa beauté, qui rendait excusable, à tous les points de vue, la plus inconsciente mésalliance que puisse commettre un gentilhomme de bonne maison. Ce rôle, en un mot, fournit, à celle qui devait être l'idéale des *Mégères apprivoisées*, l'occasion d'un grand et légitime succès.

En épousant Croizette d'Ange, Nanjac semblait obéir à un mouvement des sens, que lui pardonnaient bien volontiers, d'ailleurs, tous ceux qui, en voyant la femme, eussent commis la même faute. Avec Mlle Tholer, il devenait vraisemblable que, rassuré par l'esprit tranquille, presque placide de cette Suzanne frottée de bourgeoisie, Nanjac puisse espérer trouver, grâce à cette union, un intérieur en rapport avec ses goûts et sa fortune.

Avec Mlle Marsy, c'était la seule chose qui ne se discute pas, qui échappe à toute analyse, c'était le coup de foudre.

Et, puisque je parle de cette artiste sympathique, qu'il me soit permis de dire ici quel travail charmant a été celui des répétitions de la Mégère apprivoisée.

C'est en mettant la pièce en scène, que j'ai pu apprécier de quels dons la nature l'a douée.

Elle possède une qualité bien rare, celle du comique. Souvenez-vous, au deuxième acte, de ses physionomies attendries et désespérées, en voyant disparaître les plats, sans y pouvoir toucher.

Rappelez-vous l'entrée du troisième acte, les vêtements souillés de boue, et tout imprégnés de la pluie, de ce chapeau, qui, tout en étant de la plus haute cocasserie, la rendait plus piquante encore..... et vous conviendrez avec moi qu'une jeune femme, qui possède tant de qualités, quand elle joint à cela la jeunesse, est appelée à un brillant avenir ; et, c'est ce que lui souhaite, dans son amour de la Comédie-Française, son vieux camarade.

Le rôle d'Olivier de Jalin semble devenir, à chaque nouvelle reprise de l'œuvre de Dumas, plus difficile à faire accepter.

Il y a surtout, au troisième acte, la terrible scène, où Mme d'Ange étant absente, Olivier, laisse sur la table les lettres qu'il rapportait à la baronne. Alors, toujours la même question revient à l'ordre du jour et se pose de nouveau :

En agissant comme il le fait, de Jalin commet-il, oui ou non, une indélicatesse ?

Oui certainement, si son action était préméditée ; mais, en somme, il n'obéit qu'à un mouvement de vivacité bien excusable, et ce n'est qu'après avoir épuisé, avec Nanjac, tous les moyens, dont peut disposer un homme de cœur, doublé d'un homme d'esprit, que pour empêcher un brave garçon de commettre une sottise, las de se voir incompris, il finit par lui dire :

« Mme d'Ange est sortie. Je dépose ces papiers sur cette table, pour qu'elle les y trouve en rentrant, et je viendrai dans une demi-heure savoir si elle les a trouvés ! Adieu, ou au revoir ! »

Mais, pour éviter dans l'esprit du spectateur tout soupçon de délation, il faut que le comédien accuse, très ouvertement, le mouvement d'impatience qui le fait agir.

Il faut surtout ne pas détailler, et que toute la scène soit jouée, comme s'il y avait dans le texte :

Voilà une heure que je me donne la peine de vous faire entendre, à demi-mot, ce qu'il m'est interdit de vous dire ouvertement ; vous ne voulez pas comprendre, vous êtes par trop naïf et, comme je ne puis, sans manquer aux lois convenues de l'honneur, vous en dire plus long, adieu !...

C'est cette façon d'interpréter la scène qui m'a permis, en contentant Dumas, de faire accepter la situation.

Je me souviens, aussi, de ce mot de l'auteur, me disant : « J'espère que vous n'allez pas me chanter l'*air des Pêches*; ce fragment, ajoutait-il, est devenu une sorte de *morceau de bravoure*, appartenant plus, par la façon dont il est détaillé, au répertoire lyrique qu'à l'art dramatique ; c'est, tout simplement une comparaison démontrant à Nanjac le milieu bizarre dans lequel le hasard l'a placé. »

Pour satisfaire à ce désir bien légitime de Dumas, je n'eus qu'à supposer la phrase ainsi conçue :

« Comment, diable, vous expliquer tout cela... Ah ! une idée... aimez-vous les pêches ?... »

Si l'attaque du couplet a été faite dans ce sens on évite, alors, de faire d'un morceau écrit avec une grande justesse d'expression, une période prétentieuse, diamétralement opposée à la pensée de l'auteur.

29 décembre.

Première de *Une Conversion*, comédie en un acte, en prose, de M. Charles de Courcy.

J'avais pour partenaires Mmes Baretta et Ludwig

et M. Falconnier, chargé de représenter un maître d'hôtel, personnage muet.

Je fus assez heureux pour indiquer, à mon ami de Courcy, un dénouement qui se faisait par la pantomime. Ce baisser de rideau eut un grand succès, et j'eus le double bonheur de constater que l'auteur ne m'en avait pas gardé rancune.

1891

20 mars.

Première de *Un Mariage blanc*, drame en trois actes, de M. Jules Lemaître.

Je suis chargé de monter cet ouvrage, et, je dois le dire, jamais travail ne m'amusa autant. J'adorais cette pièce curieuse, si peu prévue, écrite dans cette belle langue qui a placé son auteur au premier rang des écrivains et des critiques.

Les artistes choisis étaient Mmes Reichemberg, Marsy, Pierson, M. Laroche et moi, chargé du rôle si périlleux de Jacques de Thièvre.

Voici, à propos de cette pièce, quelques lignes de Sarcey, dans son feuilleton du *Temps* :

« C'est, dit-on, la dernière création de Febvre, qui va prendre sa retraite. Il s'en va donc sur un triomphe, après avoir parcouru une des plus brillantes carrières qu'ait fournie un comédien.

« — Est-ce bien votre dernière création ? Vous le dites ; on le dit autour de vous. Je suis comme le condamné par persuasion. J'ai de l'espoir.

« La comédie ne perdrait pas seulement en vous un comédien de premier ordre, elle perdrait encore un metteur en scène incomparable. C'est vous qui avez été chargé par Claretie de monter la pièce ; vous avez réussi à corriger la monotonie d'une action triste, par la variété des évolutions, des jeux de scène et des attitudes.

« Vous avez su garder, dans le mouvement, cette discrétion que réclamait impérieusement le sujet.

« FRANCISQUE SARCEY. »

Lundi 23 mars 1891.

De son côté, voici ce qu'écrivait M. Jules Lemaître, dans son feuilleton du *Journal des Débats :*

« Quant à M. Frédéric Febvre... celui-là, je le retrouverai. Tout ce que je puis vous dire, aujourd'hui, c'est qu'il a mis ma pièce en scène avec une fertilité d'invention expressive et pittoresque, un sentiment de l'élégance, et, en même temps, de la vérité, une abondance d'idées dont j'ai été émerveillé. C'est qu'en montant la pièce de cette façon, il y a très réellement collaboré. Il a aimé ma pièce, il y a cru, il l'a soutenue à la première, sur ses robustes épaules. Je lui en garde une profonde reconnaissance, et j'espère la lui exprimer mieux, une autre fois.

« JULES LEMAITRE. »

23 mars 1891.

Rien, à mon sens, n'est plus intéressant que de mettre en mouvement les personnages d'une comédie, de les bien encadrer, dans le décor, le meuble, l'attitude qui leur convient.

La pièce de Jules Lemaître se prêtait merveilleusement à toutes les combinaisons les plus pittoresques.

Le lieu de l'action, la situation de l'ouvrage, tout me venait en aide, et jamais besogne ne me parut plus facile, plus agréable.

Ajoutez que j'avais affaire à la plus adroite comédienne que j'aie rencontré, Mlle Reichemberg...

Le personnage de Mlle Marsy était une longue suite de difficultés, dont elle triompha avec succès.

Comme pour *Smilis*, le dénouement était un obstacle à la pleine réussite de cette œuvre si hardie.

Et, qu'il y eût eu peu de chose à faire, cependant! La pauvre petite malade ne pouvait finir autrement que par la mort : c'est bien évident ; mais, ce qui avait déplu au public, c'était qu'elle mourût désespérée ! Imaginez, je suppose, que, au lieu d'entendre son mari accepter le rendez-vous offert par sa sœur, elle eût surpris un dialogue dont le sens eût été celui-ci :

« — Oui, aurait dit M. de Thièvre, je sais que je vais vous paraître bien ridicule, bien romance ; mais, cette enfant, qui, d'abord, ne m'avait inspiré qu'un sentiment de pitié... s'est emparée de mon cœur... Et maintenant, souriez, si vous voulez, ce n'est plus de l'intérêt... c'est de l'amour !... Oui, je l'aime !... »

— A la fin de ce couplet, dont je ne donne que le monstre, bien entendu, il apercevait la petite Simonne étendue à ses pieds, la transportait sur le canapé... Alors, la malade l'entourait de ses bras et le baisant au front, lui disait en mourant : Merci !...

Si j'ai indiqué ce respectueux *tripatouillage*, qui eût changé, je le crois, la fortune de la pièce de M. Lemaître, c'est que l'expérience de *Smilis* et de *Margot* m'avait suggéré cette modification.

Mon devoir était de la soumettre à l'auteur, puisque son œuvre était ma plus constante préoccupation.

Lui, tenait à sa donnée première. Je le connais bien, il y tient encore... et je ne puis l'en blâmer... tout en regrettant de n'avoir pu le convaincre.

Pendant mon congé, je fis en compagnie de

Mlle Reichemberg, un voyage artistique en Autriche et en Russie.

Je ne puis mieux faire, pour en raconter les péripéties, que de reproduire, ici, la lettre que j'écrivis, à ce sujet, à mon honorable administrateur, M. J. Claretie :

Cher monsieur Claretie,

Partis de Paris, le 26 juin, par l'Orient Express, à 6 h. 30 du soir, nous arrivions à Vienne, le 28, pour donner, au Carl Theater, des représentations de *Pepa, Margot, l'Ami Fritz*, et d'un spectacle coupé.

C'est une charmante ville que Vienne ; mais, plus charmants encore sont ses habitants.

Grâce à de hautes et puissantes recommandations, nous avons trouvé, dans cette capitale, un protecteur, un ami des arts et des artistes, M. le baron Alfred Springer, qui s'est multiplié pour nous faire une salle de première, un *tout-Vienne*, digne de la maison à laquelle ma gracieuse camarade, Mlle Reichemberg et moi, avons l'honneur d'appartenir ; et, ce n'était pas chose facile, à cette époque de l'année, où toute l'aristocratie est dans ses terres, où la cour est dans le haut Tyrol ou en Hongrie.

Malgré cette difficulté, M. le baron Springer, à

coups de télégrammes, de téléphone, de démarches,
réussit à nous composer une brillante assemblée.
J'étais porteur pour le baron d'une lettre de mon
ami Albert Wolff, se terminant par ce trait, qui
mérite d'être rapporté :

« Mon cher Baron,

« Vous avez été toujours si aimable pour moi
« que je désespérais pouvoir jamais, sinon m'acquit-
« ter, du moins vous donner des preuves de ma gra-
« titude.

« Le hasard me vient en aide. Je vous adresse
« Reichemberg et Febvre ; c'est vous qui me redevez.

« ALBERT WOLFF. »

Pepa, qui ouvrait le feu, eut un gros succès et, à
l'issue de la représentation, ma gentille partenaire
fut accablée de fleurs. Je reçus, moi-même, une
immense couronne aux couleurs de France.

Après quatre fructueuses représentations, nous
partons pour Odessa, où nous attendait une surprise moins qu'agréable.

A Cracovie, au moment où le train se mettait en
marche, j'aperçois nos malles sur le quai ! .. Vous
voyez d'ici la situation... Que faire ?... télégraphier ?... mais cela ne se pouvait qu'à la station
suivante... C'était notre unique ressource..... Mais,

quand arriverions-nous, maintenant ? Songez que
nous débutions par *l'Ami Fritz*, le lendemain soir,
au théâtre Seytoff, à Odessa.

J'avais une lettre très pressante pour le directeur général des douanes à la frontière russe.

Nous arrivons... par un orage épouvantable,
comme je n'en avais alors jamais vu !

Je me présente à Son Excellence le général X...,
directeur général des douanes, qui me dit aussitôt :

« — Oui... oui, je sais... on m'a télégraphié de
« Paris. Je vous connais... je vous ai applaudi, il y a
« quinze jours, à la Comédie-Française, dans *le Demi-*
« *Monde*; j'ai votre portrait chez moi. Que puis-je ?...
« Vous abréger les formalités de visite de vos
« bagages ?... est-ce bien cela ?

« — Merci, général ; mais, notre situation est plus
« grave que ne le pense Votre Excellence... Nous
« n'avons plus de bagages ! Ils sont à Cracovie.

« Le général, un peu surpris, me regarda :

« — Et pourquoi sont-ils à Cracovie ?

« — On a oublié de les faire enregistrer.

« — Mais, c'est donc mauvais pour vous cela, mon
cher ?

« — Très mauvais ; d'autant plus que nous jouons,
demain soir à Odessa.

« — Non.

« — Comment non ? mais, nous sommes affichés.

« — Impossible... vous n'aurez vos bagages qu'après-demain matin, 11 heures...

« — Alors, rien à faire ?

« — Rien... Demain matin, je surveillerai moi-même l'expédition ; mais, voilà déjà votre train qui va partir, adieu.

« — Adieu et merci, Excellence. »

Et, au milieu de cet ouragan indescriptible, qui avait transformé la voie en véritable lac, nous remontâmes en wagon.

Le lendemain matin, nous arrivons à Odessa, à 11 heures, par un soleil radieux... mais, quelle nuit !... le sifflet d'alarme ne cessa de se faire entendre... Impossible de dormir... Et nos malles, où étaient-elles ?..... A notre arrivée, nous trouvons sur le quai de la gare, une députation française, qui nous souhaite la bienvenue, bouquets en mains.

— Il y a, nous dit-on, une fort belle location..... Que faire ?... ne pas jouer... ou jouer, avec des costumes improvisés. Il me vient l'idée de donner Fritz, avec des costumes russes. Tout l'après-midi se passe à leur recherche. Enfin, je vous passe les détails : à 8 heures, le rideau se lève. J'entre en scène, revêtu d'un costume de petit Russien, et, après les trois saluts, je prononce le discours suivant :

« Mesdames, Messieurs,

« Le costume, dans lequel j'ai l'honneur de me
« présenter, pour la première fois, devant vous, ne
« doit vous étonner qu'à demi, étant donnée ma
« qualité de Français.

« Nos malles se sont égarées et n'arriveront que
« demain... Que devions-nous faire?... Ne pas jouer,
« c'est-à-dire avoir dérangé toute une foule d'amis
« inconnus et nous priver de l'honneur de leurs
« bravos ; ou jouer, vêtus d'une manière quelcon-
« que... Je vous l'avoue, mesdames, messieurs,
« nous nous sommes laissés séduire à la vue de ce
« costume russe, qui nous a paru être celui le mieux
« en rapport avec le sentiment de notre respec-
« tueuse sympathie, » etc., etc. Je n'ai pas le *texte
exact* de cette annonce ; mais, les lignes ci-dessus
vous en donnent le sens.

La stupéfaction d'un public peu familiarisé avec
notre langue, vous la voyez d'ici..... Reichemberg
ressemblait, dans son accoutrement singulier, à une
Ophélie de province. Comme il avait été impossible
de me procurer des cheveux blonds, j'avais une per-
ruque d'un noir féroce, qui me donnait l'aspect d'un
Louis XI, récureur d'égout... et, quelles bottes ?...

Christel, Hanezo, Frédéric, le Rabin, tous des
bottes... l'apothéose de la cordonnerie !

Et il se trouva une plume malveillante, pour insinuer que l'histoire des bagages perdus était une fable, et que c'était dans l'espoir d'attirer le public que nous avions paru devant lui avec des costumes de Petits Russiens...

« La représentation de *l'Ami Fritz*, un peu froide au premier acte, s'acheva dans de meilleures conditions... Le succès était d'autant plus flatteur que la sobriété de la mise en scène et la simplicité de nos accoutrements n'y pouvait rien prétendre.

En cette saison, Odessa pouvait fournir deux belles représentations. On en donna cinq ; c'était une faute !

Je ne veux pas quitter Odessa, sans vous raconter un petit épisode assez caractéristique.

Un soir, après la représentation, nous étions allés respirer un peu à la *petite fontaine*, endroit exquis, plein d'ombrages, le jour, de mystère, la nuit.

Il avait fait, dans la journée, près de 42 degrés ; nous étions dans ce petit coin délicieux, buvant le champagne, parlant de la France, *à la pâle clarté de l'astre de la nuit*, quand nous aperçûmes une ombre, qui se laissait doucement bercer par les flots.

« — Monsieur... êtes-vous Français ? cria l'un de nous au baigneur mystérieux.

« — Non, je suis Russe.

« — Alors, vive la Russie !

« — Vive la France ! répondit la voix.

« — Vive l'Empereur !

« —Vive Carnot! répartit, sans hésiter, l'inconnu. »

Je bats la mesure : une, deux, trois, quatre, et nous entonnons, Reichemberg, nos amis et moi, l'*Hymne national russe*. Une seconde de silence... et la voix qui semble se rapprocher, nous répond par : *Allons, enfants de la Patrie...* Poème correct... mélodie douteuse... mais, l'intention y était. Nous applaudissons.

« — Monsieur, venez boire un verre de champagne avec nous, cela vous réchauffera.

« Quelques instants après, un grand et beau jeune homme prenait place à notre table. Après les salutations, il me dit :

« — J'ai entendu prononcer votre nom, monsieur, et j'ai pensé que vos gracieuses camarades étaient avec vous. »

C'était un capitaine de la garde impériale.

Nous bûmes à la France, à la Russie, à la Comédie-Française; que sais-je ? Mais, le vent fraîchissait, il fallait partir; nous rentrâmes à Odessa, au jour naissant.

Merveilleuse nuit... souvenir charmant...

A Kiew la sainte, nous donnâmes deux représentations. Ce voyage avait été préparé d'une si singulière manière, que nous brûlons Moscou ; et, ce second incendie, je dois l'avouer, nous fut aussi fatal que celui dont les flammes servirent à éclairer l'Empereur, rédigeant le décret qui régit imparfaitement la maison de Molière.

C'était à Moscou qu'il fallait jouer deux fois, et non à Kiew. Mais enfin, cela nous avait permis de faire une visite aux catacombes et aux églises, qui, à elles seules, valent le voyage.

Nous arrivons, enfin, à Saint-Pétersbourg. Ici commence avec le public une partie de cache-cache des plus extraordinaires : pas d'annonces dans les journaux, pas même de bureaux de location en ville ; quand nous jouions à Pawloski, nous étions annoncés à Peterhoff ; on nous désignait sous le nom de la *troupe invisible*.

Cette situation ne pouvait se prolonger plus longtemps. J'allai trouver Son Altesse Impériale Monseigneur le Grand-Duc Wladimir, qui me reçut avec la plus parfaite courtoisie, et, s'intéressant à notre fâcheuse position, m'adressa à M. Raoul Gunsbourg, qui se mit de suite à notre disposition, avec un empressement que je n'ai jamais oublié.

Notre bonne étoile nous avait fait rencontrer à Saint-Pétersbourg, M. le comte de Kératry, chargé d'une mission près du gouvernement russe.

Grâce à ces hautes et puissantes recommandations, après un repos de trois jours, laissant à la
presse le temps d'indiquer, enfin, au public le
théâtre où il pourrait nous rencontrer, nous re-
prîmes le cours de nos représentations. Jusqu'à
notre départ, la petite troupe, placée sous la direction de M. Gunsbourg, joua devant des salles
combles : à Pawlowsky, au camp de Krasnoë,
devant Leurs Altesses Impériales, le Grand-Duc
et la Grande-Duchesse Wladimir, et le Grand-Duc
héritier, et enfin à Peterhoff, devant la famille
impériale.

Leurs Majestés avaient choisi *Margot*.

Dans l'entr'acte du deuxième au troisième acte,
l'Empereur nous fit demander, Mlle Reichemberg,
Mme Febvre et moi. Nous suivîmes M. Gunsbourg,
qui nous remit aux mains du chambellan de service. Pendant vingt minutes, j'eus l'honneur de
m'entretenir avec Alexandre III. De son côté, l'Impératrice se faisait présenter ces dames.

« — J'aime beaucoup cette pièce, voulut bien me
dire l'Empereur ; et, comme Sa Majesté regardait
ma boutonnière, parée des ordres de *Saint-Stanislas
de Russie*, du *Danebrog de Danemark* et de la
Légion d'honneur :

« — Qui vous a donné Saint-Stanislas ? me
demanda l'Empereur.

« — Le père de Votre Majesté, pour mon ouvrage sur la Comédie-Française, répondis-je. C'est
Son Excellence le prince Orloff, ambassadeur à
Paris, qui a bien voulu me remettre le brevet
et les insignes.

« — Et le Danebrog?

« — C'est la mère de la femme de Votre Majesté.

« — Ah! fit l'Empereur en souriant, je vois,
monsieur, que nous sommes en famille sur votre
poitrine. Êtes-vous content de votre séjour en
Russie?

« — Ce soir, au delà de mes vœux.

« — J'ai su tous les malheurs qui vous sont arrivés dans l'Empire...

« — Une soirée comme celle-ci, fis-je, en m'inclinant, suffit pour effacer les plus tristes souvenirs. »

Après avoir été présenté, de mon côté, à Sa Gracieuse Majesté l'Impératrice, nous prîmes congé.

Son Altesse le Grand-Duc Wladimir, après avoir
entendu *Margot* plusieurs fois, soit à Paris, soit à
Pétersbourg, voulut bien me charger de ses compliments à Meilhac; et, c'est avec joie que je
m'acquitterai au retour de cette douce mission.

Je me souviens d'une très vive impression,
lorsque l'Empereur vint à moi du fond de sa loge.
Quand je vis s'avancer ce colosse, vous comprendrez sans peine, mon cher administrateur, le

sentiment de respectueuse crainte, dont je fus saisi.
J'étais fort troublé, je l'avoue... mais, quand j'entendis cette voix sonore, quand je vis ce regard si clair, si doux et si ferme à la fois, je fus vite rassuré.

« — C'est une âme de cristal, me disait un de ceux qui ont le bonheur et l'honneur d'approcher, chaque jour, le souverain ; cet homme est tellement bon, ajoutait-il, tellement honnête, que je le mets au défi... vous entendez bien... au défi d'avoir une mauvaise pensée ; quand on a été assez heureux pour le voir et l'entendre, on reste frappé de l'ensemble autoritaire et familial de celui qui tient entre ses puissantes mains le sort de tant de nations. »

La veille de notre départ, nous donnâmes une dernière représentation au camp de Krasnoë. Le spectacle se composait du *Baiser*, de Banville, du *Cas de conscience*, de Feuillet et de l'*Histoire du Vieux temps*, de Guy de Maupassant.

Son Altesse le Grand-Duc vint sur la scène et nous dit : « Voyez, j'ai pleuré. » Grand succès, aussi, pour *le Baiser* et Mlle Reichemberg.

La Grande-Duchesse, pour nous complimenter, nous fit demander dans le salon contigu à sa loge.

Son Altesse Impériale le Czarewitch, pour assister à cette dernière soirée, était venu à cheval de

Tsarkoe-Selo, où il faisait des manœuvres de cavale-
rie ; il avait fait ce voyage par une pluie battante.

J'eus l'honneur de lui être présenté.

Comme je lui exprimais le regret que j'éprouvais, à la pensée qu'après le spectacle, il lui faudrait rejoindre son régiment, par cet abominable
temps ; avec beaucoup de bonne grâce, Son Altesse
me répondit en parfait français :

« — Pour passer une soirée comme celle-ci,
Monsieur, je me ferais mouiller, tous les soirs. »

J'aurais le droit de me montrer très orgueilleux
d'un semblable accueil, si une secrète pensée ne
me disait, tout bas, que toutes ces galanteries
s'adressaient plus encore à ma qualité de Français
qu'à mon titre de sociétaire.

Voilà en quelques lignes, mon cher administrateur, le récit rapide, mais, scrupuleusement exact,
de notre voyage, pendant lequel nous n'avons
trouvé que des gens aimables et hospitaliers.

Une seule chose pouvait me préoccuper, au
milieu de tant d'incidents divers, c'était la dignité
de la maison à laquelle nous avons l'honneur d'appartenir ; et, j'ai la conviction et la satisfaction de
penser que j'ai fait tout ce qui était en mon pouvoir
pour la bien sauvegarder.

Si la situation a pu être tendue, un moment, en
sortir, grâce à la haute protection du Grand-Duc

Waldimir, est un honneur, et ce qui me comble de joie, c'est de penser que je suis assez heureux pour être son obligé.

Voilà la vérité, malgré bien des racontars ; n'en doutez pas plus, mon cher administrateur, que vous ne pouvez douter de mes sentiments les plus affectueux et les plus dévoués.

« Frédéric Febvre. »

1892

27 *mars* 1892.

Reprise de *Mademoiselle de la Seiglière*.

Je joue, pour la première fois, le rôle du Marquis; Mlle Baretta, celui d'Hélène ; Mlle Pierson, la Marquise; Worms, Bernard; Coquelin cadet, Destournelles ; Boucher, M. de Vaubert ; Roger, Jasmin.

« Le Marquis de la Seiglière a été admirablement joué par Samson, et par Thiron, après lui; il faut bien le dire, aucun d'eux n'était l'homme du rôle.

« Febvre, avec ses robustes épaules, son aspect solide, sa tête énergique, sa diction âpre et mordante, semble avoir été taillé pour représenter ce marquis, grand chasseur, grand buveur, tête à l'évent, mais, cœur impétueux, une de ces figures les plus curieusement fouillées de notre théâtre.

« FRANCISQUE SARCEY. ».

Voilà, on l'avouera, de quoi décider le plus hésitant ; et, c'est ce qui me donna le courage, à la veille de mon départ, de faire cette étude si intéressante.

En citant Samson, le créateur, et Thiron, son successeur, Sarcey a oublié M. Régnier, qui reprit le rôle, à mes débuts, en 1866, abandonnant celui de Destournelles, dans lequel il était, tout simplement, la perfection.

J'ai dit assez ce que je pensais au sujet de la composition du rôle du Marquis, en parlant de

Le Marquis
dans *Le Marquis de la Seiglière.*

la pièce, à mes débuts, pour ne pas insister davantage sur ce sujet.

Ce qui est certain, c'est que c'est à tort qu'on

en fait un niais, une oie prétentieuse, un dindon en colère; c'est, tout simplement, un égoïste... un excellent homme... un très bon père... un serviteur fidèle de son Roy... mais, un profond égoïste.

Si mon cœur s'est partagé jadis, entre beaucoup de Mlle de Belle-Isle, le nombre de mes Hélène n'est pas moindre.

En 1866, Mlle Favart, Marie Royer ; puis, Croizette, Broisat ; à Vienne, Mlle Bartet, Mlle Du Minil et, enfin, Mme Worms Baretta.

Cette pièce, qui a toujours la faveur du public, est un des rares ouvrages où, tout en remuant assez violemment ce terrain brûlant de la politique, les auteurs aient trouvé le moyen de ne blesser aucune conviction.

Monarchie, Empire, Tiers-Etat sont en présence ; cependant..... et, chose curieuse, pas un mot, pas un trait de caractère n'est de nature à blesser le spectateur le plus susceptible. C'est un fait assez curieux, ce me semble, pour qu'il me soit permis de le souligner.

2 décembre.

Reprise du *Père Prodigue.*

Je joue, pour la première fois, le rôle du *Comte de la Rivonnière.*

J'aurais eu le dangereux honneur de succéder à

Lafont, si Dupuis n'eût jeté un pont, qui me rendait la traverse un peu moins périlleuse.

Loin de moi la pensée de chercher à diminuer le souvenir de Dupuis, pour le talent duquel je professais une grande estime..... mais, venir immédiatement après le créateur, qui avait été si parfait, si grand seigneur, eût été courir au-devant d'un échec.

Il fallait trouver un juste milieu entre mes deux devanciers, c'est-à-dire appuyer sur certains côtés laissés par eux dans une demi-lumière. C'est à cela que, avec les précieux conseils de Dumas, je mis tous mes soins.

On ne pouvait prétendre à être un gentilhomme d'aussi correcte allure que Lafont; mais, le côté paternel, la note attendrie... on pouvait lui donner un plus grand développement.

« C'est là qu'il vous faut viser, » me répétait l'auteur, pendant le travail des répétitions.

Il ne m'appartient pas de dire si j'y ai réussi ; mais, j'ai contenté Dumas : il me l'a dit, il me l'a écrit ; j'ai rencontré, dans la critique, de précieux encouragements... je me tiens donc pour satisfait, me souvenant du vieux dicton :

On ne peut contenter tout le monde et son père !

Le Marquis de la Seiglière, comme le Père Prodigue, exige, avant tout, un comédien de taille moyenne, plutôt rondelet que maigre, pas trop petit, mais, surtout, pas trop grand, quelque chose comme une moyenne entre MM. Samson et Thiron. Avec un si bel estomac, et un organisme aussi remarquable, la maigreur, chez le marquis de la Seiglière, semble presque une invraisemblance.

Lafont, qui était de belle taille, joignait à ses autres qualités physiques, le précieux avantage de n'être ni trop gras, ni trop maigre, et, s'il fallait tomber dans un de ces deux extrêmes, on accepterait plutôt, encore, un marquis de la Seiglière, un comte de la Rivonnière, se rapprochant du duc d'Aléria, de Villemer, tel que l'a dépeint M*me* Sand, que de la silhouette d'un long et triste échassier, se balançant sans grâce, au gré du vent.

L'année précédente, j'avais, déjà, prié mes collègues de vouloir bien accepter ma démission.

L'aimable insistance du comité et celle de mon ami et administrateur m'avaient fait revenir sur cette détermination. Si un autre motif m'avait poussé à cette dernière résolution, c'était bien certainement l'espoir de créer, avant mon départ, cette *Route de Thèbes*, de Dumas, que j'ai attendue deux ans, avec une impatience partagée par tous les admirateurs de l'auteur de *Denise*.

« Songer à vous retirer, me disait-on, de tous

côtés..... quand vous avez devant vous tant de choses intéressantes à faire, c'est folie ! » Mais, depuis longtemps, j'étais hanté de cette idée, que disparaître dans le succès, avant que l'heure de la retraite ne s'imposât comme une pénible nécessité, était, au contraire, à mon avis, une preuve de sagesse.

. L'art du théâtre... est fait de jeunesse et de passion. A mesure que les années se succèdent, il y a beaucoup de chance, pour le comédien, de ne plus donner au public (même le plus indulgent) que les preuves d'un affaiblissement des moyens physiques .

Et puis, est-il quelque chose de plus triste, de plus pénible que la vue d'un vieillard en scène : toute preuve de fatigue extérieure, chez l'artiste, est une souffrance pour le spectateur, qui ne veut pas que son plaisir soit gâté par la pensée que ce vieux monsieur, qui se démène devant lui, serait bien mieux dans son lit que sur les planches.

Si, à la sortie du théâtre, certains comédiens, qui ne partagent pas ma façon de voir, pouvaient entendre ce que l'on dit de leur présent, en le comparant à leur passé, ils se rangeraient à mon avis ; et, rentrés chez eux, avant même de céder au sommeil, ils écriraient, au plus vite, les quelques lignes propres à leur assurer un repos aussi impérieux que nécessaire.

· Laisser derrière soi des regrets, au lieu d'un

soupir de soulagement... était chose faite pour me tenter.

Ah ! certes, ce n'est pas sans un certain déchirement de cœur qu'on prend une telle résolution... et, il m'a fallu du courage; mais, aujourd'hui, ma seule ambition est d'assister et d'applaudir, longtemps encore, mes jeunes et vaillants successeurs et de voir prospérer cette belle maison, qui honore ceux qui ont eu le bonheur de la bien servir.

Le ministre lui-même essaya de combattre ma résolution, par les propositions les plus flatteuses; mais, j'avais bien réfléchi...

Il fut donc convenu que, pendant le voyage de la Comédie-Française à Vienne, je dirigerais la troupe, dont le déplacement, n'étant pas officiel, n'obligeait en rien M. Claretie à quitter Paris, il fut convenu, en outre, qu'après avoir accompagné, l'an prochain, mes camarades à Londres, je recouvrerais ma liberté et que ma représentation de retraite aurait lieu le 24 mai 1893.

VOYAGE A VIENNE

Les représentations devant commencer, le mardi 24 mai, après m'être mis d'accord avec M. Claretie et avoir arrêté, avec M. le baron de Bourgoing, le répertoire, je partis en éclaireur, le 17 mai, pour préparer les logements et me rendre compte de l'état du théâtre sur lequel nous allions paraître.

Le répertoire, choisi par Mme la princesse de Metternich et M. le baron de Bourgoing, était celui-ci :

PREMIER SPECTACLE

Les Femmes savantes. — *La Nuit d'octobre.*

DEUXIÈME SPECTACLE

Il ne faut jurer de rien. — *Le Bonhomme jadis.*

TROISIEME SPECTACLE

Mademoiselle de la Seiglière. — *Le Dépit amoureux.*

QUATRIÈME SPECTACLE

Mademoiselle de Belle-Isle.

CINQUIÈME SPECTACLE

Le Médecin malgré lui. — *Le Jeu de l'amour
et du hasard.*

SIXIÈME SPECTACLE

Adrienne Lecouvreur.

SEPTIÈME SPECTACLE

Denise.

DERNIER SPECTACLE

Pépa.

La troupe se composait de : Mmes Reichemberg, Bartet, Pierson, Fayolle, Kalb, Du Minil, Cécile Daubray ;

« De MM. Got, Febvre, Prud'hon, Boucher, Leloir, A. Lambert, Jolliet, Falconnier.

' Il restait à Paris les artistes dont les noms suivent :

MM. Mounet-Sully, La Roche, Worms, Coquelin, Coquelin cadet, Silvain, Baillet, Le Bargy, de Féraudy, Paul Mounet, Garraud, Samary, Martel, Dupont-Vernon, Roger, Villain, Clerh, Hamel, Gravollet, Laugier, Beer, Leitner, Dehelly, Royer ;

Mmes Barretta, Broisat, P. Granger, Dudlay, Muller, Marsy, Llyod, Frémaux, Amel, Persoons, Hadamard, Ludwig, R. Boyer, Nancy Martel, Bertiny, Lynnès, Malk, Moreno, Brunzer.

Soit 42 artistes.

On voit que le répertoire pouvait encore offrir des chances d'intérêt au point de vue de l'interprétation.

Quel théâtre, en effet, pourrait jamais, en permettant le déplacement de 16 artistes, offrir un tel tableau de troupe.

Les feuilletons de Sarcey ont tenu le public assez au courant de notre séjour à Vienne, pour que je risque une appréciation quelconque.

Mais, en dehors du domaine de la critique, je puis raconter, ici, quelques particularités de cette campagne, qui assura au théâtre de l'Exposition, des recettes qui le firent rentrer dans les pertes

causées par les représentations du théâtre allemand.

Sur ma requête pressante, appuyée par Son
Excellence Monseigneur le Prince de Hohenlohe,
grand-maréchal de la cour, j'obtins de S. M. l'Empereur François-Joseph, la promesse qu'il voudrait
bien honorer de sa présence l'une de nos représentations.

Je devais avoir la réponse à ma supplique, au
Garden Party, qui était donné en l'honneur de la
Comédie-Française, le 30 mai, sous la présidence
de Mme la princesse de Metternich, fête à laquelle
avait été conviés la presse et les principaux
artistes des théâtres impériaux de Vienne. Un peu
avant la fin de cette belle journée, la princesse fit
photographier artistes autrichiens et français, réunis deux par deux, Got et Sonnenthal, Lewinski et
moi, etc., etc... puis, comme bouquet, la princesse
prit place au milieu d'un groupe composé de Got,
de moi, de Mmes Reichemberg, Bartet, Pierson, nous
disant ce mot charmant :

« Sociétaire de la Comédie-Française ! plus heureuse que Michonnet, mon rêve est satisfait. »

Ici, se place le souvenir d'un incident, qui fournit
encore à la princesse un mot bien typique.

Notre camarade Falconnier, qui est un très

habile tireur, avait apporté sa carabine, avec laquelle il proposait à la princesse de découper, sous ses yeux, un as de trèfle, placé au-dessus de la tête de celui qui voudrait bien se prêter à cette réédition de la scène de Guillaume Tell.

Albert Lambert s'offrit de très bonne grâce. Alors, la princesse, me tirant à l'écart, me dit ce mot exquis :

— « Dites donc, mon cher monsieur Febvre, si on choisissait plutôt un artiste qui ne joue pas ce soir. »

Le coup partit, l'as était découpé ; et, Albert Lambert joua, le soir, avec un très grand succès, *Denise*, devant l'Empereur : car, on venait de m'apporter l'heureuse nouvelle : Sa Majesté consentait.

Je dus donc me trouver en grande tenue, à huit heures moins dix, pour recevoir François-Joseph et lui faire les honneurs de la soirée.

A 8 heures, moins quelques minutes, l'Empereur descendait, ou plutôt, sautait de sa voiture comme un jeune homme. Après avoir jeté sa capote sur les coussins, il gravit rapidement les marches qui conduisaient, par un escalier particulier, à sa loge.

Une fois arrivé... en m'apercevant, François Joseph s'arrêta — et le chambellan, M. le comte Boos de Waldeck, me présenta :

— M. Frédéric Febvre, Vice-doyen, Directeur, à

Vienne, de la troupe des artistes de la Comédie-Française.

Si j'ai bonne mémoire, vous m'avez déjà été présenté, Monsieur, me dit l'Empereur, dans le plus parfait français, en 1867, aux Tuileries, par Napoléon III ; vous jouiez, ce soir·là, un petit proverbe de M. Legouvé, je crois, et vous aviez pour partenaire une admirable comédienne, Mme Plessy.

Je m'inclinai, et, tout en admirant la fidélité des souvenirs de Sa Majesté, je me souvins du mot du général Fleury.

« C'est le métier des souverains d'avoir de la mémoire. »

— Je me promets une très bonne soirée, ajouta l'Empereur ; est-ce commencé ?

— Non, sire ; on attend Votre Majesté.

— En ce cas, veuillez donner les ordres nécessaires ; j'ai l'habitude de ne jamais me faire attendre... à bientôt, monsieur. Tout cela fut dit avec un ton et une allure de grand seigneur, dont Sa Majesté est le plus parfait modèle.

Denise, que l'Empereur avait fait jouer au théâtre de la Burg (car, la Censure avait mis le veto sur l'œuvre de Dumas), *Denise*, dis-je, eut un succès de larmes.

L'Empereur, qui a l'habitude de se reposer de bonne heure, étant le plus matinal de son royaume, resta jusqu'à la fin du troisième acte. Quand je le reconduisis à sa voiture :

— Quelle belle langue que cette langue française, me dit Sa Majesté, et quel merveilleux ensemble ! J'avais espéré une belle représentation, et vos camarades, monsieur, ont fait qu'elle a été au-dessus de mes espérances. Quelle superbe pièce... quel style simple, concis ! Je suis très content de ma soirée.

— Votre Majesté me permet-elle de reporter à mes camarades les paroles flatteuses qu'elle vient de prononcer ?

— Je ne vous le permets pas, monsieur ; je vous en prie ! Mais, il est tard, et je retourne à Schœn-brunn. Bonsoir, monsieur... et encore tous mes compliments, répéta l'Empereur en remontant dans sa voiture, qui disparut emportée par ses magni-fiques trotteurs.

Après le dernier acte, j'eus l'honneur de recon-duire également à sa voiture la princesse Stéphanie qui, me montrant ses yeux rougis de larmes, me dit :

— Voyez dans quel état m'a mis M. Dumas... tous mes compliments à vos camarades.

Après Son Altesse, l'archiduc Louis-Victor et celui qu'on nomme le Prince Héritier, voulurent bien me tenir le même langage. Belle et glorieuse soirée pour Dumas et la Comédie-Française.

La présence de Sa Majesté au théâtre de l'Exposition, m'a fait reléguer au second plan une fête, qui, cependant, revêtit la forme d'une sorte de démonstration des plus flatteuses pour la France, et dont la Comédie-Française, assistant à la Bataille des Fleurs (qui fut donnée le 28 mai 1892) ne fut que le prélude.

Dix voitures aux couleurs de France, étaient venues nous prendre au Continental Hôtel, pour nous conduire au Prater. Sur notre parcours, nous n'entendîmes que les cris répétés de : Vive la France ! Vive la Comédie-Française !

Première voiture : Mlles Reichemberg et Bartet.

Deuxième voiture : MM. Got et Febvre.

Troisième voiture : Mlles Pierson et Fayolle.

Quatrième voiture : MM. Prud'hon et Boucher.

Cinquième voiture : Mlles Kalb, Du Minil.

Sixième voiture : MM. Leloir, Truffier.

Septième voiture : Mlle Daubray et M. Alb. Lambert.

Huitième voiture : MM. Joliet et Falconnier.

Neuvième voiture : Mme Febvre et la fille de Mlle Reichemberg.

Dixième voiture : M. Gaillard et la mère de Mlle Du Minil.

INCIDENT DE PRAGUE

Je ne suis pas fâché de trouver, ici, une occasion qui me permette de réduire, à ses modestes proportions, ce que l'on a nommé, un peu pompeusement, l'Incident de Prague ; il est tout entier dans cette lettre adressée, par moi, à M. Claretie, reproduite par le *Figaro*, et dans la réponse de M. Claretie, qui avait pris la peine de couper lui-même les ailes de ce perfide canard.

« Cher monsieur Claretie,

« Le 1er juin, à 9 heures du soir, ayant mis en chemin de fer les artistes de la Comédie-Française, placée sous ma direction provisoire, n'ayant plus aucun mandat à remplir et muni de votre autorisation spéciale, mon camarade M. Boucher, Mlle Bartet, moi et M. Lencht Dorval, notre impresario, devions donner un spectacle dans chacune des villes ci-après : Gratz, Pesth, Prague, Brün, Zurich et Bâle. Pesth n'étant pas possible, le 3, nous avons joué à Gratz. Dans cette ville, nous avons eu la bonne fortune de rencontrer un compatriote, qui nous a mis au courant d'une situation, que nous étions loin de soupçonner. Immédiatement, et avant

même de recevoir aucune défense administrative,
nous avons déclaré à M. Lencht Dorval, que nous
n'irions pas à Prague.

« Nous vous l'avons télégraphié de suite. La
journée du 4 a été employée à voyager de Gratz à
Vienne, de Vienne à Brun, où nous jouons ce soir.

« Demain, nous partons pour Zurich.

« Le 6, représentation à Zurich, le 7 ou le 8 à Bâle,
et le 9, au soir, nous serons à Paris, très surpris
d'un incident que la distance n'a pu que grossir et
aggraver.

« Nous comptons sur votre amitié pour donner
à cette lettre la publicité la plus rapide. Merci
d'avance et bien affectueusement à vous.

« Pour mes camarades et moi,

« F. FEBVRE. »

« Mon cher Febvre,

« Avant toute chose, j'ai déclaré que toute cette
histoire était impossible ; que le correspondant
avait été mal informé. Je vous ai autorisé, vous,
Boucher et Mlle Bartet à vous arrêter à Gratz, Pesth,
Prague, Zurich, Bâle, où la colonie française de
ces villes a dû vous préparer, je le sais, un sympathique et cordial accueil.

« J'ai garanti et assuré, à ceux des journalistes
qui m'ont questionné à cet égard, que la repré-

sentation de Prague n'avait pas eu lieu ; que c'était là une affaire de tact et de cœur, et que j'étais bien tranquille, comme je le suis encore. »

« Les journaux d'hier considèrent l'incident comme étant clos.

« Bien vous,

« CLARETIE. »

Texte de notre dépêche du 4 juin, Brun.

« Protestons énergiquement contre annonce de représentation donnée à Prague. De notre propre mouvement, quand nous avons connu la situation du théâtre de Prague, avons renoncé à paraître dans cette ville, *où aucun de nous n'a mis les pieds.* »

Quand je relis, maintenant, les dépêches échangées pour cette sotte histoire, et que je vois que des artistes français peuvent aller tranquillement à Berlin, sans que la presse en prenne autrement souci, j'ai le droit de penser que nous n'avons vraiment pas eu de chance.

Tout, dans cette malheureuse affaire, semblait avoir conspiré contre nous : le parti pris des uns, la malveillance des autres, et jusqu'à une de nos charmantes camarades, presque retirée, qui, par un oubli, qu'elle a dû bien regretter, depuis, laissait échapper ces mots cruels, dans un interview, que j'ai sous les yeux :

« J'ai toujours estimé que notre voyage devait se borner au déplacement de Vienne. J'ai donc *tenu bon*, lorsqu'on est venu me proposer de jouer à Gratz, Brun, Prague, Zurich, Bàle, *le Cas de conscience, livre III, chapitre Ier* et les *Espérances*. Ce n'était plus la Comédie-Française ; il me semblait naturel qu'étant partis ensemble, nous devions rentrer ensemble à Paris.

« Quelques-uns de mes camarades n'ont pas pensé comme moi. Je le regrette pour eux, surtout s'ils ont joué sur le théâtre de Prague, qui est immense, les modestes pièces, que je viens de vous dire, et dont une seule appartient au répertoire du Théâtre-Français. »

Avouez qu'il dut nous paraître dur, au retour, de nous voir accablés de la sorte, à moi surtout, qui possède la lettre de l'oublieuse artiste qui consentit à jouer ces *modestes* pièces et à ne pas *revenir* avec *la Comédie-Française*, moyennant la forte somme...

Comme elle le dit elle-même, *elle tint bon*. M. Lenclit Dorval aussi, d'ailleurs, et l'affaire ne se fit pas, avec elle du moins, mais bien, avec une éminente artiste, qui eut un immense succès.

Quant à moi, j'ai toujours été convaincu que la pensée de notre chère camarade avait été mal traduite ; car, elle a trop d'esprit pour s'être mise, aussi ouvertement, en contradiction avec elle-même, en exprimant, un peu tardivement, des scrupules aussi nouveaux que peu justifiés.

REPRÉSENTATION DE RETRAITE

24 mai 1893.

Le spectacle se composait du : *Dîner de Pierrot*, joué par Mlle Bertiny et M. Truffier.

Cinquième acte de l'*Etrangère* : Mmes Barretta Worms, Pierson, Brandès ; MM. Prud'hon, Lebargy, Leloir, Alb. Lambert, Samary, Hamel et Falconnier. Je jouais Clarkson.

Deuxième acte de la *Mégère apprivoisée* : Mmes Marie-Louise Marsy et Muller ; MM. Coquelin aîné, Coquelin cadet, Laugier, Leitner, Berr.

Troisième acte de *Ruy Blas* : Mlle Bartet ; MM. Alb. Lambert, Febvre, *Don Saluste*.

Les Précieuses Ridicules : Mlles Marsy, Legault, Alb. Lavigne, du Palais-Royal ; MM. Coquelin aîné, Dailly, de l'Odéon ; Galipeaux, du Vaudeville ; Lebargy, Boucher : Un Porteur, Silvain ; 2e Porteur, Paul Mounet.

Troisième acte de l'*Ami Fritz* : Mlles Reichemberg,

Pauline Granger ; MM. Got (Febvre, *Fritz*) et MM. Coquelin cadet et Jean Coquelin.

Intermèdes : Mmes Yvette Guilbert, Thuillier, Leloir, Amel.

Pièce de vers, d'Armand Silvestre, dite par Mlle Bartet, devant tout le personnel de la Comédie-Française.

C'est toujours une cérémonie un peu triste que celle d'une représentation d'adieu, une sorte de prologue de l'oubli, ce *second linceul des morts*, comme dit Dumas, dans *Antony*, et qui évoque, dans ma pensée, le souvenir de ce mot si navrant de Mlle Mars, le soir de sa représentation de retraite.

Après que le rideau se fût levé et baissé une dizaine de fois, alors qu'il retombait lentement, pour la dernière fois, la grande artiste, quoique à moitié morte d'émotion, eut la force de se tourner vers ses camarades et de leur dire :

« Eh bien ! mes bonnes amies, il me semble que cela peut passer pour un *convoi de 1re classe ?* »

La Comédie-Française garde encore le souvenir respectueux de la représentation de retraite de Montrose père. Ce soir-là, l'illustre Scapin jouait le *Barbier de Séville;* mais, son état de santé avait exigé que le docteur Blanche l'assistât toute la soirée.

Duprez, le créateur de *Guillaume Tell*, avait voulu chanter dans la coulisse la romance de Lindor, pour donner à son vieux camarade une preuve de ses affectueux sentiments.

Car, il existait, à cette époque, une camaraderie, disparue depuis... On s'estimait, on s'admirait même... On peut lire, dans les souvenirs du vieux temps, que Saint-Prix suivait Lekain à l'entrée et à la sortie du théâtre, et qu'il posait avec soin ses pieds, là où celui qui fut son modèle avait déjà posé les siens. On pouvait dire de lui, dans le sens précis du mot, qu'il avait marché sur les traces de son illustre devancier.

Plusieurs sociétaires, en ces derniers temps, renoncèrent à leur représentation : les uns, empê-chés par la maladie, les autres, par un sentiment que l'on s'explique, quand on a passé par cette terrible épreuve.

Mmes Croizette, Madeleine Brohan, Nathalie, Jouassain, E. Riquier, Dinah Félix se sont dérobées à cette pénible émotion.

MM. Thiron, Barré ont quitté la comédie, sans donner au public la satisfaction de les applaudir une dernière fois. Bressant étant très malade, ce fut le comité qui organisa sa soirée d'adieu. Le résultat fut beau ; mais, il l'eût été plus encore, si celui pour qui se donnait la fête avait pu prendre part à la représentation, regrettant surtout de ne pouvoir plus mettre sur l'affiche :

Comédien ordinaire de l'Empereur.

Ce titre, auquel il tenait tant et qui remonte à la date du 3 juillet 1804, ne disparut que vers 1815. La dernière soirée où Napoléon Ier vint à la Comédie-Française, le spectacle se composait d'*Athalie*.

Je reviens à la représentation du 24 mai 1893.

Pendant que ma charmante camarade, Mlle Bartet, de sa voix si pénétrante, prononçait l'*Absoute*, d'*Armand Silvestre*, je me mordais les lèvres, dans mon coin, pour ne pas éclater en sanglots...

ADIEUX A FEBVRE

D'ARMAND SILVESTRE

dits par Mlle Bartet.

I

Pour laisser au public sa mémoire sans tache,
Léguer à l'avenir un nom du temps vainqueur,
L'artiste, quand le jour vient d'achever sa tâche,
La mesure à sa gloire et non pas à son cœur.

Si contre le repos son courage réclame,
Avant qu'un souffle amer l'expose à défaillir,

De son propre génie il étouffe la flamme,
Pareil aux dieux qui n'ont pas le droit de vieillir !

Il laisse s'obstiner, à leurs travaux sans gloire,
Ceux qui de l'idéal ignorent le chemin,   !
Renonçant au combat plutôt qu'à la victoire,
Ne voulant qu'un laurier verdoyant dans sa main.

C'est notre honnenr, à nous, que le vulgaire envie,
D'avoir le sacrifice à la fin du devoir,
De renoncer à vivre encore pleins de vie,
De cesser de vouloir avant que de pouvoir.

II

Cet honneur est le tien, toi qui fuis, avant l'heure
Et dans l'éclat viril de ta maturité,
Ami, cette maison qui t'aimait et te pleure,
Où de nouveaux succès t'attendait la fierté.

Le travail te paya d'honneurs : vous êtes quittes ;
Du pacte, nul des deux ne se doit repentir.
A compter nos regrets, si trop tôt tu nous quittes :
A compter tes succès, hélas ! tu peux partir !

Epris de ton art seul, ignorant la fatigue,
Sur un labeur sans trève érigeant tes succès,
Tu payas ton écot, sans compter, en prodigue,
A l'antique renom du Théâtre-Français.

Tu nous étais venu chargé de renommée,
A la ruche nouvelle apportant ton butin,

Abeille au vol sonore, et qu'avait acclamée
La Gaité, l'Odéon, la Porte-Saint-Martin,

Le Vaudeville enfin, où préludaient en gloire
Augier, Meilhac, Feuillet, Sardou, bientôt fameux.
C'est ta voix qui sonna leur première victoire ;
Tu leur restas fidèle, en grandissant comme eux !

III

Pour toi comme pour eux, la maison de Molière
S'ouvrit, mêlant encor vos destins éclatants,
Pleine du juste orgueil de t'être hospitalière ;
Et tu fus son honneur, pendant près de trente ans !

Ton talent souple et fin, généreux et robuste,
Aborda plus d'emplois qu'un autre n'en rêva,
Aujourd'hui l'Ami Fritz et demain don Salluste.
Lafemas avant-hier et hier Almaviva !

Ton pouvoir de Protée, en toi seul, apparente
Clavaroche à Roswen, Fabrice à de Jalin ;
Pour le seul Marivaux tu fus deux fois Dorante
Et Tartuffe et Damis pour le grand Poquelin.

Pour le second Dumas, tu combattis sans trève,
De son œuvre subtil ouvrier sans repos,
Et tu n'as de regrets qu'à renoncer au rêve
De combattre une fois encore sous ses drapeaux.

Tu quittes le théâtre, ayant créé cent rôles,
— Chiffre que nul de nous ne lit sans s'effrayer. —

Leur fardeau caressait tes vaillantes épaules,
Comme un manteau royal, sans les faire ployer.

Pour ton amour de l'art, tâche légère encore,
De tout ce qui le sert, serviteur éperdu,
Ce travail de la scène, obscur et qu'on ignore,
Pour d'autres tu le fis, et leur succès t'est dû !

Le public t'applaudit en eux, sans te connnaitre ;
Dans l'artiste qui part, il regrette un plaisir ;
Dans l'ami qui s'en va, nous regrettons un maitre,
Que nos efforts, en vain, ont voulu retenir !

IV

Quel orgueil de tomber debout, dans la bataille,
De la victoire encor te fermer le chemin ?
O Febvre, ces succès que tu fis à ta taille,
Ces bravos ne seront qu'un souvenir demain !

De ton front seulement le masque auguste tombe,
Les héros resteront que tu fis triomphants ;
D'autres voix les viendront réveiller dans leur tombe...
C'est toi qu'ils chercheront, tes glorieux enfants.

Comme le voyageur, au revers de sa route,
Avant la lassitude, étant venu s'asseoir,
Prête l'oreille encore au bruit du monde. Ecoute
Cette clameur du jour monter dans l'air du soir.

Ecoute encor ton nom répété par la foule,
Où vibre la tristesse immense des adieux ;

Et regarde passer, dans le fleuve qui coule,
De tes grands souvenirs le spectre radieux !

O Febvre, écoute encor la foule qui t'acclame,
Cette vibrante mer tressaillant à ta voix !
Les savoures-tu donc, sans un remords dans l'âme,
Ces bravos entendus pour la dernière fois !

Ils sonnent dans nos cœurs, comme un glas d'agonie,
Et tes derniers lauriers sont pour nous des cyprès.
A compter tes succès, oui, ta tâche est finie ;
Tu pars trop tôt, pourtant, à compter nos regrets.

A. SILVESTRE.

En écoutant Mlle Bartet prononcer les dernières prières, que de choses, durant cette minute si longue et si courte; que de doux et tristes souvenirs!.. J'avoue, pourtant, que je serais bien embarrassé de dire si ma pensée, en ce moment, se reportait plus volontiers en arrière, sur tout ce long chemin parcouru, ou si elle me montrait le présent, c'est-à-dire la liberté de suivre, désormais, en paix, une route dont le but est bien près d'être atteint...

Ce serait de l'ingratitude de passer sous silence la lettre suivante, qui me fut adressée par les ouvriers machinistes et employés du théâtre :

Les ouvriers machinistes et employés soussignés attachés au Théâtre-Français, à M. Frédéric Febvre, Sociétaire de la maison de Molière.

« Monsieur Febvre,

« Après une carrière laborieusement remplie, vous allez nous quitter ; nous perdons, en vous, un défenseur, qui soutenait le droit de la justice, en protégeant les petits.

« Avec ces sentiments innés en vous, monsieur, vous nous inspiriez à tous le respect, l'estime, la reconnaissance, que mérite l'homme de bien.

« Permettez-nous de vous exprimer, collectivement, tous nos regrets d'une séparation bien pénible.

« Puisse, dans l'avenir, la personne autorisée à vous succéder s'inspirer de vos bons sentiments à notre égard.

« Salutations très respectueuses de vos reconnaissants et dévoués. »

(Suivent les signatures.)

De tous les témoignages de regrets qui m'ont été adressés, celui-là n'est pas le moins précieux !

Pendant la représentation, Dumas vint me serrer la main ; et, c'est avec une vive émotion que je vis M. Doucet monter à ma loge.

Dans un long embrassement, il me fut enfin permis de donner à celui à qui je dois tant, pour ne pas dire tout, l'expression de mon inaltérable reconnaissance.

La salle était des plus brillantes ; et, les preuves de sympathie, que voulurent bien me témoigner les spectateurs et les artistes, m'ont laissé un souvenir que je conserve précieusement.

Quand je pense qu'il y a eu des sociétaires qui ont donné plusieurs soirées de ce genre... j'admire, sans l'envier, cette force de caractère, ce peu de nervosité.

Le public ne se doutera jamais des émotions, de la peur effroyable, éprouvée par Mlle Lavigne et ce bon Dailly, aux répétitions et à la représentation des *Précieuses Ridicules*.

Mlle Yvette Guilbert, elle-même, ne put se retrouver qu'à sa seconde chanson.

Galipeaux essayait de faire bonne contenance ; mais, dit-on, les poltrons chantent, quand ils ont peur.

Il est vrai que, quand ils chantent, même dans ces conditions, comme Mme Thuillier-Leloir, le public a peine à croire à cette terreur des artistes... lui, surtout, qui les couvre de ses bravos !.....

Mon vieux camarade Coquelin était venu, tout exprès, à Paris pour me prêter son précieux concours.

Mercredi 7 juin.

Banquet organisé par mes camarades, réunissant toute la Comédie-Française chez Ledoyen.

Le menu avait été agrémenté très spirituellement, par Alb. Lambert, d'un portrait de moi dans la Seiglière, rôle du marquis. Truffier avait composé des vers coquets et pimpants comme leur auteur.

En dehors de la comédie, il n'y avait que Mme Febvre, MM. A. Silvestre, Maréchal, Cadol, mes deux vieux amis.

Le menu se composait de :

Casserolettes de riz de veau à la Diderot.
Filets d'agneau à la Richelieu.
Poulardes Don Salluste.
Langoustes à la Clarkson.
Petits pois de Séville.
Haricots verts.
Bombe à la de Guise.
Gauffrettes.
Cerises de l'Ami Fritz.
Corbeilles de fruits, etc., etc...

Au dessert, ce fut M. Claretie qui prit la parole et voulut bien m'adresser le discours que je reproduis ici :

« Mon cher sociétaire,

« On a beau dire que les adieux sont touchants, émouvants, inoubliables, ils sont toujours tristes ; c'est pourquoi je ne veux pas, une minute, penser que nous sommes réunis ici pour ajouter une émotion ; et, puisque nous allons à Londres, dans quatre jours, un *Farewell* à votre éclatante représentation de retraite !

« Je me dis, simplement, que vos camarades se sont groupés autour de vous, pour vous donner un témoignage d'affection et de regrets. Je lève mon verre, en leur nom, pour porter votre santé. C'est, je crois, ce qu'il y a de moins triste, de plus consolant et de plus cordial.

« Vous avez été, pour la maison de Molière, un collaborateur précieux ; aujourd'hui, vous êtes son hôte. Un long discours ressemblerait à ces harangues académiques, où dans l'éloge le plus convaincu, se glisse toujours quelque chose de funèbre ; c'est pourquoi, mon cher sociétaire, je veux éviter tout ce qui pourrait donner à ce toast d'un jour d'été, une apparence de discours ; et, si j'avais cédé à ma simple inspiration, je vous aurais tout uniment dit un grand et profond merci, dans un affectueux serrement de main.

« Mais non, ce ne serait pas assez ; nous avons

beau être en famille, autour d'une table, dont la
nappe blanche ne ressemble guère au tapis vert du
comité, l'administrateur ne peut pas oublier qu'il
parle à l'artiste éminent, à qui le théâtre doit vingt-
sept années de glorieux services, et qu'il parle d'un
comédien hors de pair à des nouveaux venus, dont
votre existence d'art et de labeur doit servir
d'exemple.

« Vous m'avez souvent dit que vous étiez fort
ému, lorsque vos succès du dehors vous ouvrirent
les portes de ce grand théâtre, où veulent entrer
tous ceux qui n'y sont pas et où, parfois, se plaignent
de rester ceux qui y sont.

« On peut dire de ceux-ci qu'ils se plaignent
que la mariée soit trop belle, j'entends que la
comédie soit trop bonne; vous aviez devant vous,
en 1866, au moment de vos débuts, Leroux, Delaunay, Bressant, Lafontaine, et M. Garraud, votre
vieux camarade du Havre, à qui j'envoie de loin un
souvenir qui lui ira au cœur.

« Vous avez attendu, vous avez patienté, vous
avez travaillé.

« Une de vos camarades vous disait d'un ton
narquois, aux premières répétitions : « Nous ne
« sommes plus ici au Vaudeville, monsieur »; vous
vous contentiez de sourire; et, comme plus d'un ou
plus d'une, que j'aperçois ici, vous prouviez tout

doucement que la vérité, la simplicité, le pittoresque élégant, la vie moderne sont aussi du domaine de la Comédie-Française.

« J'ai eu un grand plaisir, hier, en relisant les articles, que je vous consacrais, en ce temps-là : je n'ai pas été mauvais prophète. Toujours je louais, dans la 'multiplicité et la variété de vos rôles, l'art des transformations uni à la conscience de vos recherches ; et, à chaque feuilleton, les mêmes mots revenaient sous ma plume : perfection, vérité, simplicité dans les moyens, puissance dans les résultats.

« Je ne savais pas encore, qu'à tous ces dons de nature, vous ajoutiez, à un degré admirable, un autre don de volonté, celui du travail ; on n'est pas un comédien de la Comédie-Française, sans travailler infiniment, sans travailler sans cesse.

« Là encore, vous avez été un exemple pour les jeunes acteurs qui vous ont suivi ; j'en sais beaucoup qui vous envient. Je voudrais en trouver quelques-uns qui vous imitent.

« Les jeunes gens, qu'ils me permettent de le leur dire, n'ont pas mangé d'un mets très coriace, mais très sain, qu'on ne nous a pas servi, aujourd'hui, et dont nous avons eu notre portion, autrefois, je veux dire la vache enragée ! La vache enragée n'est pas une nourriture ; mais, c'est un apéritif ; elle donne, à la fois, pour plus tard, l'appétit et du talent.

«Vous en avez eu votre part et vous l'avez gaiement dévorée, avec cet esprit alerte et résistant, que vous avez apporté à toutes vos entreprises.

« Et c'est ainsi qu'à un âge, où l'on reste militant, vous pouvez vous retirer, ayant joué près de trois cent rôles, c'est-à-dire plus de mille actes, interprété quatre-vingt-seize auteurs, et appartenu à onze théâtres, sous dix-neuf directeurs.

« De ces directeurs-là, c'est le dernier qui est resté votre administrateur, après avoir été votre critique, et qui vous remercie, au nom de l'art dramatique et au nom de la Comédie-Française. Vous êtes las, dites-vous de tant d'années de labeur, et vous avez des appétits de repos et de voyage. Vous avez voulu reprendre votre liberté, jouir d'une indépendance bien gagnée !... J'ai fait de mon mieux pour vous retenir, et je n'oublierai jamais quel collaborateur précieux vous avez été sur la scène, et à l'avant-scène; vous aviez le goût, la curiosité, le sens de la vie, et cette qualité, qui semble secondaire au théâtre, et qui est une vertu, la ponctualité.

« Être un grand artiste à ses heures, c'est bien ; être un grand artiste, à heure fixe, c'est inappréciable ! Vous aviez aussi une qualité qui me plaisait : la sympathie pour les petits.

«Moi seul puis savoir combien de fois vous avez plaidé, auprès de moi, la cause de vos plus humbles collaborateurs. Vous en ont-ils tous su gré ?.. Je veux le croire. Dans tous les cas, après le plaisir de faire le bien, il y en a un autre un peu plus amer, mais, délicieux aussi, c'est celui de faire des ingrats.

« Ingrat vous ne l'avez jamais été pour cette grande maison, qui vous a donné la gloire, mais, à qui vous avez donné, vous, vingt-sept ans de votre talent supérieur et de votre labeur vaillant. ›

« Vous lui devez bien quelque chose, sans doute; mais, elle vous doit beaucoup et c'est en son nom que je salue, avec tristesse, votre départ prématuré.

« Ce n'est pas sans une profonde mélancolie que je vois s'éloigner de la scène, qu'ils ont illustrée, les meilleurs et les plus glorieux. Je sais bien que le public se crée à lui-même des auteurs et des acteurs nouveaux; mais, ce ne sont pas les nôtres, ce ne sont pas ceux de notre jeunesse.

« On a toujours une tendresse pour les pièces et les comédiens de ses vingt ans.

« Il ne faut pas, du reste, tomber dans le défaut que nous reprochions à nos aînés et croire ou dire que tout finit avec nous; chaque année nouvelle a son printemps. Il y a des printemps aigres, des printemps frileux, des printemps glacés; mais, c'est le printemps ! Et ces printemps-là auront leur moisson à l'automne.

« Vous avez, mon cher Febvre, la coquetterie de

quitter le champ avant l'hiver, vous comptez une jolie gerbe de succès; mais, vous avez voulu acquérir et emporter nos regrets. Vous aviez tant de succès encore à nous donner, avant de nous dire adieu ! Mais, encore une fois, je ne veux pas attrister ce matin de fête, et je vois encore Mme Febvre, pleurer d'émotion aux vers touchants de mon ami Silvestre. Nous ne sommes pas ici pour verser d'autres larmes que celles du champagne. Je crois bien que vous regretterez, plus d'une fois, la maison ; votre Administrateur vous regrettera toujours. Si j'insistais, nous nous attendririons et je ne veux que porter votre santé, au nom de tous.

« Au nom de tous, je bois à vous et au souvenir des vingt-sept années que vous avez données à la Comédie-Française.

« J. CLARETIE. »

Après ce discours, qui m'avait vivement ému, et dont je remercie encore mon cher administrateur et ami Claretie, je me levai, à mon tour, et répondis en ces termes :

« Mesdames, messieurs, chers camarades,

« Je ne saurais vous dire combien je suis flatté, et doucement ému, en voyant réunie cette brillante assemblée d'artistes, dont j'ai eu si souvent l'honneur d'être le collaborateur.

« Merci, d'abord, à notre cher administrateur, des touchantes paroles qu'il vient de m'adresser, et dont je conserverai toujours le souvenir.

« Merci à vous tous, chers camarades, d'être venus me serrer la main, une dernière fois, le soir de ma représentation de retraite.

« Ce serait, vraiment, trop d'ingratitude, si j'oubliais de remercier, aussi, mon ami Silvestre, qui, en écrivant les vers qui m'ont tant ému, a fourni à ma gracieuse camarade, Mlle Bartet, l'occasion d'un succès nouveau.

« En me reportant à mes débuts, il me semble que c'était hier ; je constate, avec tristesse, que beaucoup de ceux qui ont bien voulu m'accueillir, à l'arrivée, sont absents, hélas ! à l'heure du départ.

« Que de belles soirées ; que de travaux intéressants, pendant le cours de ces trop rapides vingt-sept années ! Chaque fois qu'un de nos illustres camarades disparaissait, quelque grand que soit le vide qu'il laissait après lui, on serrait les rangs, et telle est la force de vitalité de notre chère maison (où nul n'est indispensable !) qu'elle continuait sa route glorieuse, fière du passé, honorant ses morts, mais, ouvrant aux jeunes tous les chemins de l'avenir !

« Ce n'est pas sans regrets, croyez-le bien, mes chers camarades, ce n'est pas d'un cœur léger, que je me sépare de vous; mais, il faut bien se l'avouer, dans cet art tout de jeunesse et de passion, alors qu'il est si difficile de conserver une réputation intacte, alors qu'on sent, avec les années, que si la conception est plus sûre, les moyens d'exécution ne sont pas toujours à la hauteur de la volonté, ou réfléchit mûrement, et, soucieux de sa dignité, on se dit qu'il est sage de préférer entendre dire : Déjà... que ce mot cruel : Enfin !...

« Quelqu'un a dit, en parlant de moi, *un parvenu !* Oui, messieurs, un parvenu... et j'en suis doublement fier; car, parvenir, dans cette noble maison, c'est réussir deux fois !

« Je ne veux pas dire, cependant, que si ma carrière était à recommencer, je suivrais la même route; non certes !

« Car, prendre par le théâtre Beaumarchais pour arriver rue Richelieu, n'est pas le chemin le plus court et le plus facile... et, si les années passées, dans onze théâtres, à jouer de pâles et jeunes seigneurs sans importance, je les eusse employées à faire mes études au Conservatoire, j'y aurais appris, de bonne heure, cette grammaire de l'art, que rien ne saurait remplacer; car, seule, elle donne au comédien cette qualité maîtresse : le style !...

« Mais, grâce à la haute bienveillance de M. Camiile Doucet, auquel je suis heureux d'adresser ici l'expression de ma profonde gratitude, il m'était donné d'entrer dans ce beau théâtre, auquel je n'avais jamais osé songer, et d'y apprendre au contact des maîtres, dans un travail de chaque jour, ce qui me restait à apprendre... c'est-à-dire *tout !*

« Je termine, messieurs.

« Je vous suis reconnaissant d'avoir fait revivre cette bonne et fraternelle tradition, qui consiste à ne pas se séparer, après tant d'années passées ensemble, sans se serrer la main et se dire un dernier adieu !

« Grâce à cette réunion familiale, il m'est permis d'emporter, dans la retraite, le souvenir de cette heure inoubliable, où, en vous disant encore merci du meilleur de mon cœur, je puis vous assurer de mes sentiments les plus affectueux et les plus dévoués.

« Je bois à la Comédie-Française, à ses succès, à sa prospérité, à notre cher administrateur, à notre éminent doyen, à mes belles camarades, et à vous tous mes chers amis.

« F. FEBVRE. »

Enfin, pour éviter, comme le disait M. Claretie, de tomber dans une note trop attendrie, mon cher camarade Coquelin cadet prononça le petit discours que voici :

« Mon cher Febvre,

« C'est comme médaillé militaire, au nom de l'armée française, que je demande à te porter un toast tout spécial, pour la façon, remarquablement pittoresque, dont tu as joué les colonels et généraux à la Comédie-Française.

« Tu as toujours réussi dans ces rôles, où tu étais parfait, ce qui ne t'empêchait pas d'être excellent dans les autres : élégance, bonhomie, finesse, émotion, bravoure, tu avais tout, et, à chaque bataille des premières, tu as toujours mérité d'être porté à l'ordre du soir. On ne pouvait pas dire de toi : « mort au champ d'honneur », mais, « vécu au champ d'honneur », ce qui vaut mieux.

« Après t'avoir applaudi, dans tes soldats si charmants et si vrais, tous les spectateurs demandaient l'Annuaire au café du Théâtre... ça, c'est le succès !

« Je te devais donc ce toast militaire, mon cher Febvre. Je porte mon verre devant toi, comme on porte les armes à un victorieux.

« Et tu me permettras de terminer par un de ces jeux de mots, que tu as tant cultivés et tant aimés.

« M. Carnot pouvait dire, quand tu jouais un rôle de soldat : « Allons, je suis tranquille, l'honneur de

« l'armée sera bien représenté, ce soir, au Théâtre-
« Français : *le* général *Febvre y est.* »

« Je bois à toi, mon ami Febvre.

« CADET. »

Quatre jours après, nous partions pour Londres, où la Comédie donna des représentations au Drury-Lane, sous la direction de M. Grau et de sir Augustus Harris.

Le 1er juillet, je n'appartenais plus au Théâtre-Français. Le prince de Galles eut la bonté de me recevoir en audience privée : ce qui me permit, en prenant congé de Son Altesse, de l'assurer de nouveau de ma gratitude pour toutes les marques de haute bienveillance que j'avais reçues de lui.

Laissant, après moi, la Comédie continuer ses représentations, je rentrai à Paris ; car, avant de prendre un repos bien gagné, il me fallait encore préparer le travail d'une tournée d'Europe, que je devais entreprendre, le 12 octobre de cette année.

La dernière représentation, où j'aurai eu l'honneur de paraître avec la Comédie-Française, aura été *le Marquis de la Seiglière* sur la scène de Drury-Lane.

Le nombre des ministres que, comme membre du comité, il m'aura été donné de saluer, à chaque

nouvel an, est si considérable que, pour les compter, j'avais imaginé de déposer, après chaque visite,
un de mes gants dans une caisse. J'ai dû renoncer
à ce moyen, pour deux raisons : la boîte devenait
insuffisante, et mes appointements y eussent passé.

L'une de ces éphémères Excellences déplorait,
un jour, devant moi, l'abus des représentations
données en province par certains sociétaires.

— De tout temps, lui répondis-je, cet abus a
existé ; seulement, autrefois, il n'y avait pas de
chemin de fer, et certaines escapades qu'on voit se
produire, maintenant, se seraient trouvées empêchées, jadis, par la difficulté des distances à parcourir... mais, aujourd'hui, que voulez-vous faire ?

—Quand un sociétaire a répété jusqu'à 4 heures,
et, qu'en quittant son théâtre, il prend un train qui
le conduit à Rouen, je suppose, où il donne une
représentation en courant, le lendemain, il est à son
poste, à heure fixe... L'administrateur général ne
peut cependant pas attacher un gendarme à la
personne de ces quelques artistes poussant, plus
loin qu'il ne convient, l'amour de la locomotion.

En dehors du succès, que va donc chercher ce
comédien en déplacement continuel ? — l'argent.
Mais, si le Théâtre-Français payait ses comédiens
comme il convient, c'est-à-dire si ces sociétaires,
dont le sort est si envié, et dont la véritable situa-

tion est inconnue du public, au lieu de travailler pour nourrir une nuée de parasites, dont le nom n'a aucune signification sur l'affiche et qui ne doivent d'appartenir à la maison, ou de s'y maintenir, que grâce à de banales sentimentalités ou de hautes protections; si ces sociétaires formaient une compagnie ne comprenant que des associés, c'est-à-dire supprimant les pensionnaires; si on n'admettait plus que des intéressés, tous les petits emplois seraient tenus, à tour de rôle, par des artistes de talent, ayant tout intérêt d'offrir, aux auteurs et au public, une belle et bonne distribution.

Le résultat, alors, est facile à prévoir, puisqu'il permettrait de diminuer un budget, qui est arrivé au chiffre rondelet de *dix-sept cent mille francs,* chiffre où les pensionnaires, au nombre de vingt-neuf, figuraient, au 1er janvier 1886, pour une somme de *deux cent douze mille sept cent trente-trois francs.*

Mme Léonide Leblanc y était inscrite pour six mille francs; mais, il est bien évident que l'engagement de cette artiste est une fantaisie, dont on ne peut rendre l'administrateur responsable...

En 1887, pensionnaires, *cent soixante-douze mille francs.*

En 1888, *cent cinquante mille francs.*

Si le chiffre diminue, c'est grâce à l'entrée dans la société de certains pensionnaires, devenus sociétaires.

Vingt-huit sociétaires touchaient, de leur côté, 232.000 francs, ce qui donnait le total respectable de *trois cent quatre-vingt-deux mille francs*. Je passe sur le chapitre indemnités, toilettes des dames, qui est arrivé tout doucement à *96.463 francs*.

Et tout cela tient à une seule raison, l'encombrement excessif des cadres.

Notez que je me suis arrêté à l'année 1888 et que, depuis, l'administrateur, débordé par les recommandations de ceux-ci, les protections de ceux-là, voit avec stupeur la troupe s'augmenter sans cesse, pendant que s'accroît la rotondité d'un budget, qui est un danger permanent, en face des fluctuations de la politique et de l'imprévu des événements.

Il est aisé de se rendre compte qu'alors que la Comédie n'aurait plus, pour la servir, que des co-associés, c'est-à-dire des intéressés à ses succès, à sa prospérité, il deviendrait beaucoup plus difficile, à *ceux qui protègent sans bourse délier*, de faire admettre leurs protégés comme sociétaires qu'au titre de pensionnaires.

Et la pension, me dira-t-on ?... Mais, puisque, depuis quelques années, par une tolérance dont l'usage semble avoir constitué un droit, les pensionnaires touchent également une pension, de ce côté, il n'y aurait rien de changé que ceci : l'observation du décret de Moscou.

L'intérêt particulier primé par l'intérêt général, voilà quel devrait être le mobile de cette république aristocratique; mais, hélas! si le résultat, à la fin de l'année, peut paraître un peu minime à certains, d'autres, plus habiles, grâce à l'exploitation de congés prolongés... ayant prévu ce maigre résultat, se sont assuré des bénéfices, qui leur rendent très *supportable* l'audition du rapport de fin d'année. — De là, une certaine indifférence en matière administrative... *Ils laissent faire...* et, à mesure que le nombre des artistes grossit le tableau de troupe et augmente les frais, les sociétaires consciencieux, les vrais serviteurs de la maison, voient les bénéfices devenir, pour eux, de plus en plus aléatoires...

Si la besogne se faisait en commun, il serait bien plus difficile aux irréguliers de s'échapper, de courir la province ou l'étranger, étant retenus par un service qui rendrait nécessaire la présence de presque tous les artistes, n'ayant plus derrière eux de pensionnaires pour les suppléer.

Ce qui ne supprimerait pas, pour cela, les congés réguliers, qui seraient donnés, mais, *à tour de rôle,* sans que le service puisse en souffrir, ou que le public soit exposé à certaines distributions, que seul le soleil peut faire éclore !

Dans ce nouveau mode gouvernemental, l'administrateur serait délivré de cette responsabilité des engagements, se trouvant en face de son comité, et, par cela même, pouvant se soustraire à toutes les influences.

En relatant, ici, ce projet de réformes, je n'ai aucune illusion ; mais, peut-être, les *jeunes* qui, bientôt, vont être les maîtres, comprendront-ils qu'il est temps de faire passer l'intérêt de la maison avant le leur. Je le souhaite. Ils sont sur un terrain qu'il faut ensemencer de nouveau et où il ne faut pas que les jeunes pousses vivaces s'étiolent à l'ombre de ce *qui a été* ou qui est bien près de n'être plus...

Le temps est passé, où Mlle Clairon reparaissait à la Comédie, quarante années après sa sortie du théâtre ; et, comme je l'ai dit, ce n'est pas en fouillant éternellement dans le passé, si *glorieux qu'il soit*, que l'on préparera l'avenir.

Avant de clore ces souvenirs par un tracé rapide de mon voyage en Europe, j'éprouve le besoin de dire quelques mots de ce foyer de la Comédie-Française, que tant de grandes et nobles figures, de hautes personnalités ont honoré de leur présence.

Autrefois, pour être admis dans ce salon, il fallait être présenté par l'administrateur ou le semainier de service. Tout cela a bien changé, avec les abonnements du mardi et du jeudi! Autrefois, le visiteur ne se présentait jamais qu'en habit... Les mœurs démocratiques ont amené un certain relâchement dans la tenue des familiers de la maison, et c'est grand dommage !

Car, il faut bien le dire, les comédiens qui nous ont précédés ont été plus favorisés que nous.

Ils avaient sous les yeux des modèles de tenue et de correction, dont l'enseignement manque à la génération actuelle; et j'imagine, sans être excessif, que les soirs où MM. de Richelieu, de Duras, d'Aiguillon, etc., etc... j'en passe et d'illustres! que les soirs où ces grands seigneurs rendaient visite aux comédiens, ceux-ci ne pouvaient que gagner à cette aristocratique fréquentation.

Maintenant, sauf quelques exceptions, il faut que l'artiste reconstruise *de chic*, comme on dit à l'atelier, ce que pouvait être un grand seigneur, au siècle dernier.

Un soir, pendant les plus dangereux moments de la Terreur, un vieux gentilhomme, qui adorait le foyer de la Comédie et qui risquait sa vie pour y venir passer quelques instants, choqué de voir un des artistes lui parler le chapeau sur la tête, et du ton de la plus mauvaise compagnie, lui dit ce mot exquis :

« Pardon, monsieur ; mais, je ne saurais supporter que vous me parliez ainsi, *maintenant que tous les hommes sont égaux !* »

Je me souviens d'avoir fait les honneurs de ce foyer à Sa Majesté l'empereur Alexandre, le père du souverain, que pleure, en ce moment, l'Europe entière.

— J'ai en Russie, me dit Sa Majesté, un beau théâtre ; j'ai de bons artistes… puisqu'ils viennent de France ! mais, un salon comme celui-ci… je l'avoue… je ne l'ai pas !

Alors, montrant au Czar les portraits qui nous entouraient, je répondis :

— Ce qui fait, Sire, que ce foyer est unique, et que cette galerie de portraits est notre gloire : c'est qu'en regardant les copies, nous avons l'orgueil de penser que la Comédie a possédé les originaux.

— C'est juste, monsieur, répondit l'Empereur ; et, comme il me priait de le faire sortir, en évitant la foule des curieux, je le fis descendre par l'escalier de l'administration.

Pendant qu'on allait chercher un simple fiacre, Sa Majesté entra chez Mme Bray, alors concierge. Voyant que l'Empereur avait tiré de sa poche un

cigare, la pauvre femme avait vivement allumé une
bougie, qu'elle tendit au souverain...

Mais, trop émue... son bras, agité de mouvements
nerveux, rendait inutiles ses bons offices.

Le Czar, en souriant, prit lui-même le flambeau
et, après qu'il eut allumé son cigare et donné un
double louis à la malheureuse femme, désolée de
sa trop respectueuse maladresse, il me remercia et
s'engouffra dans le modeste véhicule...

J'eus l'honneur de servir de chevalier, dans ce
même foyer, à Sa Majesté la reine de Danemark, et
à Son Altesse la princesse de Galles, à l'archiduc
Maximilien, à don Pedro, empereur du Brésil, aux
grands-ducs héritiers de Russie, au prince d'Hohen
lohe, alors ambassadeur à Paris, à toute la légation
de Chine, au grand-duc de Saxe-Weimar, à Lord
Lytton, ambassadeur d'Angleterre, à la marquise
de Salisbury, à M. de Nigra, ambassadeur d'Italie,
à M. Carnot... et, ne voulant pas être irrespectueux,
je n'ose ajouter *et cætera*.

Parmi les compositeurs de musique, nous avions
la bonne fortune de compter, au nombre de nos
fidèles, MM. Auber et Gounod.

Je me souviens que, le jour du convoi de Rossini,
on donnait *Mademoiselle de Belle-Isle;* M. Auber

s'était tenu toute la journée debout ; aussi, le voyant descendre sur la scène, je fis signe à l'huissier d'approcher un fauteuil.

— Merci, me répondit-il.

— Mais, vous devez être fatigué, cher maître.

— Moi, pas du tout ; et, il ajouta : *Je recommencerais tout de suite !*

Le matin, pendant la cérémonie, il avait dit à M. Perrin :

— Dites donc, Perrin, c'est moi qui suis le plus vieux de tout ce monde-là... Je crains fort d'être venu ici pour la dernière fois... *en amateur !*

Ce à quoi M. Perrin avait répondu :

— Oh ! maintenant que vous n'êtes pas mort... vous n'avez plus de raisons pour mourir... Dieu vous a oublié...

— En pareil cas, c'est le seul de qui l'oubli soit un bienfait... c'est égal... je suis bien vieux !...

Mais, tout à coup, regardant autour de lui, il ajouta :

— Ambroise Thomas a bien mauvaise mine !

— C'est vrai, répondit M. Perrin, il me paraît changé !

— Oh ! il a toujours été changé, repartit l'auteur du *Domino noir...*

Quand on vint annoncer à Auber la mort de

Meyerbeer, après un instant de silence, il murmura :

— Grande perte !... il avait *un frère* qui faisait de bien mauvais opéras-comiques !... Allons ! c'est le tour de ce pauvre Rossini !

C'est encore lui qui, sollicité d'entendre une jeune pianiste, et s'étant endormi pendant qu'elle jouait une interminable symphonie, disait en s'éveillant :

— C'est très bien, mademoiselle ; mais, vous avez joué la première partie avec beaucoup plus de brio et de force que la seconde.

Et, comme le papa de la jeune virtuose essayait de protester :

— Mon Dieu, cela s'explique, ajouta M. Auber, elle était bien plus jeune pendant la première partie !...

C'est au foyer de la Comédie que j'ai entendu raconter ce mot charmant de Rossini à Meyerbeer :

Tous deux se promenaient dans les couloirs de l'Opéra, on donnait *Robert le Diable*. Tout en marchant, Meyerbeer prêtait une oreille complaisante aux sonorités de l'orchestre.

Comme il se plaignait à Rossini d'être mal portant, l'auteur du *Barbier*, qui avait remarqué les distractions de son illustre collègue, lui répondit :

« Je crois que vous vous écoutez trop ! »

M. Aubert demandait, un soir, à la Comédie-Française, à un jeune prix de Rome, de mes amis :

— Etes-vous républicain ?

— Mon Dieu, cher maître, répondit le lauréat, qui allait partir pour la ville éternelle, je n'ai pas d'opinion politique !...

— Ah !... Eh bien, fit l'auteur de *la Muette*, il ne faut pas être républicain ; l'art est d'essence absolument aristocratique : et puis, sous la République, les subventions sont toujours menacées...

A propos de subventions, je lis, dans des notes du temps, ce passage assez curieux :

La suppression des jeux dans les maisons publiques (21 décembre 1837) a privé les théâtres royaux d'une partie de leurs subventions. On prélevait sur la somme de *1.160.000 francs*, un douzième pour les théâtres et l'administration de l'hospice des Quinze-Vingts.

Dans ces mêmes notes, je transcris, également, ce renseignement :

12 janvier 1790, la municipalité de Paris ordonne qu'on n'entrera plus au théâtre de la Nation avec cannes, parapluies, bâtons, épées.

Le premier vestiaire de la Comédie-Française fut confié à Mᵐᵉ Seveste, la mère d'Edmond et Jules

Seveste, directeurs des théâtres de la banlieue de
Paris, et parente de ce pauvre Seveste, l'artiste de
la Comédie-Française, blessé mortellement en
1870, et qui mourut dans ce foyer de la Comédie-
Française, jetant un long et triste regard sur la
croix de la Légion d'honneur que lui avait méritée
sa belle conduite, et que la main de ses camarades
avait pieusement attachée au pied de son lit.

Un soir, M. de Rémusat nous conta ceci :

Les comédiens français avaient prié M. de Rémusat de se plaindre à l'Empereur de l'abus des
entrées de faveur des fonctionnaires.

Napoléon Ier répondit en s'inscrivant pour
12.000 francs, en augmentation du prix de sa loge,
donna l'ordre que toutes les personnes attachées
au gouvernement eussent à imiter proportionnel-
lement son exemple. La recette éprouva une élévation de 80,000 francs par année.

Si M. le président de la République, dans sa
sollicitude, voulait un jour parcourir la liste des
personnages officiels qui jouissent gratuitement
du plaisir d'applaudir les comédiens de la rue
Richelieu, peut-être le souvenir de Napoléon lui
inspirerait-il un généreux mouvement.....

Peut-être aussi les ministres, de leur côté, suivraient-ils cet exemple, qui amènerait une sage et utile réforme.

On ne parlait jamais politique au foyer; on y jouait aux échecs..... La politique, sauf de rares exceptions, est un terrain peu profitable aux comédiens qui ont voulu manier cette arme à deux tranchants.

Que de fois ne m'a-t-on pas raconté que Michelot, un célèbre sociétaire, ayant posé sa canditature au club des artistes, comme candidat à l'Assemblée nationale, un journaliste de l'époque imprima : *On ne dit pas pour quel emploi.*

Pendant les derniers jours de l'Empire, nous avions un vieil habitué qui faisait notre bonheur, en nous racontant toutes sortes d'anecdotes, et qui savait beaucoup de choses relatives au théâtre.

C'est par lui que j'ai appris que le premier transparent, moyen de publication si fort en vogue de nos jours, avait été inauguré par l'Ambigu, en octobre 1834, avec un drame dont le titre était *le Juif-Errant!*

C'est ce même amateur qui, au lendemain du succès d'une pièce, qu'il eût mieux valu que la Comédie-Française ne jouât pas, me mettait sous les yeux ces quelques lignes d'un célèbre critique :

« Un succès, obtenu à la Comédie-Française, contre les principes, est pour la littérature une calamité publique.

« Le plaisir est resserré dans les entraves de la vraisemblance. L'art exerce une police sévère sur toutes les jouissances qu'on éprouve, et l'on ne doit s'y livrer aux mouvements les plus violents du cœur qu'avec l'approbation de la raison et du bon sens. »

Mais, mon Dieu, qu'il serait donc difficile de faire admettre cette théorie à l'auteur qui fait le maximum, alors même que son ouvrage serait une calamité publique !

Je demandais, un jour, à M. Perrin, qui, le matin même, avait eu une violente discussion avec une artiste, dont le talent est de beaucoup supérieur à l'esprit :

— Mais, pendant qu'elle vous accablait d'injures, que faisiez-vous, cher administrateur ?

— Je la regardais vieillir, me répondit-il !

Le docteur Ricord venait, quelquefois, bavarder avec nous, pendant les entr'actes ; et, puisque je parle du célèbre spécialiste, un jour, voyant entrer dans son cabinet un vieillard âgé de plus de quatre-vingts ans :

— Et d'abord, avant tout, monsieur, mes compliments!!! dit-il au visiteur.

Comme il se rendait, un soir, à une fête où il était
prié, le domestique qui lui retirait son pardessus
dit au docteur, le prenant pour un artiste, grâce à
son visage soigneusement rasé comme celui d'un
comédien :

— Monsieur vient pour la soirée ?

— Naturellement !

— Monsieur joue dans la petite pièce ?

Comprenant l'erreur du valet :

— Non, mon ami, répondit-il, je ne joue
pas ce soir, moi ! Je n'interprète jamais qu'une
seule et même pièce : *Le jeu de l'amour et du
hasard !*

Parmi les hôtes assidus de ce foyer, venait
quelquefois un général très en vue, qui, entre deux
entrées, nous en contait *une bonne*, comme disait
Villemessant !

Ce galant militaire avait pour amie une demi-
mondaine très jalouse ; rencontrant son ami le
duc de G..., il lui fait part de son embarras et de
ses craintes :

— Oh! je suis bien ennuyé, mon cher duc...
donne-moi un conseil... Quand la petite va savoir

que ma femme est dans un état intéressant, que lui dire ?

— Dis-lui que c'est de moi ! répondit le duc.

C'est ce même général qui, doué d'une rare philosophie, en matière de fidélité conjugale, proclamant lui-même ses infortunes, disait, un soir, en soupant, à un de ses collègues du club :

— Mais, dis donc, toi aussi, tu as été l'amant de ma femme ?... Inutile de nier, je le sais.

— En tout cas, répondit l'ami, je l'ai su avant toi, et je ne t'en ai jamais parlé, moi !

Parmi les amis de la maison, un médecin de talent, doublé d'un excellent homme, le docteur Firmin, ne venait jamais nous dire bonsoir, sans nous apporter une anecdote, un trait de caractère, ou une répartie amusante.

C'est lui qui nous contait cette particularité, que Léon Pillet, alors qu'il était directeur de l'Opéra, avait acheté à Richard Wagner le livret du *Vaisseau fantôme*, mais qu'il avait confié le soin d'en écrire la musique à Dietch !

Ce souvenir de l'Opéra me ramène à un de nos plus fidèles, Gounod.

Quand il venait, on manquait toutes les entrées;

s'il se mettait au piano, les entr'actes duraient plus longtemps que les actes ; quel charmeur !

Le vrai bonheur, c'est quand il montait dans ma loge, fumer sa pipe, tout en causant :

Quelle joie de l'entendre parler de Mozart, son Dieu ! Quelle facilité d'élocution ! Une fois bien parti dans son sujet, c'était exquis de l'écouter... Jamais une tournure de phrase banale, jamais un lieu commun.

C'est lui qui me racontait ce mot bien curieux :

— Je demandais, un jour, à Rossini, s'il avait connu Beethoven.....

— Je l'ai connu, répondit l'auteur du *Barbier*.

— Quel homme était-ce ?

— C'était un homme... qui n'aimait pas ma mousique ! Il était vieux, pauvre, complètement sourd, et habitait un faubourg de Vienne. Je fus le voir ; il me reçut mal... il n'aimait pas ma mousique !... Ah ! quel homme ! le premier mousicien !

— Le premier, fit Gounod, un peu surpris... et Mozart ?

— Oh ! celui-là..... C'est le seul ! ajouta Rossini.

Pendant la représentation de *Cinq-Mars*, à l'Opéra-Comique, un soir que je reconduisais Gounod, qui demeurait, à cette époque, rue La Rochefoucauld, nous eûmes un entretien qui nous mena jusqu'à

2 heures du matin, moi le ramenant à sa porte, lui me redescendant jusqu'au boulevard.....

— Il y a, surtout, disais-je au maître, un détail d'orchestre bien curieux, à l'acte de la chasse, pendant que les jeunes seigneurs conspirent contre le Cardinal, et que le père Joseph les observe... vos cors sonnent... sol sol sol fa sol la sol fa sol la sol et les contrebasses font ré bémol... Ré ré ! Je ne peux pas vous dire l'effet que m'a fait votre ré bémol !

— Vous l'avez remarqué, répondit Gounod, c'est gentil, c'est d'un ami ! Voyez-vous, mon cher Febvre, il fait beau soleil, tous ces jeunes gens ont vingt ans !... Ils sont en sol... mais, pendant qu'ils chantent sol sol sol sol fa sol la sol, l'autre, dans son coin, dit: allez, jeunes gens, cons pirez... moi, le ré bémol, je suis là, je vous guette ; il ne faut pas s'y fier à mon ré bémol, c'est un mouchard !

Pour peindre sa pensée, il avait quelquefois des images bien amusantes : c'est lui qui, un soir, dans un salon, enfoui dans un fauteuil, silencieux depuis quelques instants, se leva tout à coup, et, au milieu du silence, s'écria :

— Il n'y a pas d'erreur possible ! Dieu est en ut !

Quand il était à Rome — me contait-il, un soir,
au foyer — de la terrasse de l'académie, il restait
des heures à contempler le coucher du soleil.
admirant ces lueurs magiques, *cette poudre de béati-
tude écrasée?*

Un autre fervent, disparu aussi, hélas !... Trélat,
le grand chirurgien, nous raconta ceci :

Un monsieur, qui lui était recommandé, était
venu le consulter; il souffrait de brûlures intérieures; en un mot, il avait une violente inflamma-
tion de l'estomac :

— Je lui avais conseillé, nous dit-il, peu d'ali-
ments, pas de légumes, pas de café, encore moins
de liqueurs, et un *seul* cigare après son repas.

Au bout de quinze jours, il vint me trouver:

— Eh bien ! comment vous sentez-vous ?

— Bien, bien, docteur; il n'y a qu'une chose à
laquelle je ne peux m'habituer, et qui me donne
de violentes nausées : c'est ce diable de cigare !

— Vous ne fumez donc pas ?...

— Je n'ai jamais fumé !

Parler des habitués du foyer de la Comédie-
Française, sans dire un mot de mon pauvre ami le
comte Lepic, serait un fâcheux oubli.

Long, mince, serré dans son éternel habit bleu

à boutons d'or, d'une politesse excessive, d'une obligeance à toute épreuve, aimable convive, causeur intéressant, toujours la main ouverte pour donner... tel était l'ami que je regrette et auquel j'emprunte le récit suivant :

Un célèbre sociétaire de la Comédie-Française avait demandé et obtenu de l'empereur Napoléon III la faveur d'une audience particulière.

Il s'agissait d'un jeune homme, que la publication d'un pamphlet, d'une extrême violence, avait fait condamner à la déportation, et c'est pour ce malheureux que le comédien venait implorer la clémence impériale.

— Quel âge a-t-il ? demanda l'Empereur ?

— Vingt ans, sire.

— ... Une mère !

— Une mère désolée, et dont il était l'unique soutien.

— Du talent ?

— Oui, Sire... beaucoup de talent !

— Quel malheur de ne pas l'employer plutôt à faire une belle pièce, un beau livre. Le théâtre de M. Hugo sera plus durable que les *Châtiments*.

Et, comme l'artiste avait placé sous les yeux de l'Empereur, avec une supplique de la pauvre mère, une sorte de petit dossier, que Napoléon parcourait attentivement...

— Veuillez attendre un instant, monsieur, dit-il
à l'artiste ; je vais vous donner une lettre, que vous
allez porter vous-même au ministère de la
marine.....

La lettre achevée et cachetée, l'Empereur la tendit au sociétaire qui, après avoir chaudement
remercié le souverain, salua et prit congé... Comme
il était sur le seuil de la porte, Napoléon III, avec
une extrême douceur, ajouta ces mots :

— Mais qu'il n'en fasse plus !...

La lettre autographe du souverain, remise au
ministre lui-même, parut plonger ce dernier dans
un profond étonnement.

— Après que les sonneries électriques eurent
mis en mouvement un nombre respectable de chefs
de bureau :

— C'est fait, monsieur, dit-il à l'artiste ; les
ordres de Sa Majesté sont exécutés.

— Serait-ce indiscret, Excellence, ajouta timidement le comédien, de vous demander ce que contenait la lettre de l'Empereur ?

— Il ne vous a rien dit ?

— Non, monsieur le ministre.

— Eh bien ! voici ce qu'elle contenait : l'ordre
de télégraphier immédiatement à Toulon qu'on
mette en liberté votre protégé, et, dans le cas où
le bateau, qui emporte le condamné, serait parti,

d'envoyer de suite un aviso à sa recherche, afin de le ramener, sain et sauf, à Toulon.

Tout fut fait comme l'avait voulu Napoléon.

Le poète se sera-t-il laissé toucher par tant de générosité, ou aura-t-il ajouté son nom à la liste de tant d'autres ingrats??... Je ne sais ; on nous a dit qu'il touchait une pension, comme les victimes du 2 décembre... Tout est possible... mais, c'est égal... s'il en est ainsi... c'est d'une gaîté macabre !

Ce serait un coupable oubli, en terminant ce chapitre sur le foyer de la Comédie-Française, de ne pas citer au nombre de ses familiers, le prince de Sagan qui, de concert avec M. E. Perrin, eut l'idée géniale de l'abonnement des mardis et des jeudis.

Le prince est un grand ami de la maison ; chaque fois qu'il a pu être utile ou agréable aux artistes, on l'a toujours trouvé. Il est d'une active obligeance... et c'est une des rares physionomies vraiment originales de notre époque. Son élégance, il ne la doit pas à la mode ; la mode, c'est lui qui l'impose... et c'est elle, au contraire, qui subit docilement son caprice, qui obéit à ses ordres.

VOYAGE D'EUROPE

Départ de Paris, le jeudi 12 octobre 1893.

La troupe se composait de quinze artistes.

Le répertoire comprenait : *le Demi-Monde, le Père prodigue, l'Ami Fritz, Julie, Tartuffe,* et un spectacle de petites pièces.

Itinéraire : Versailles, Le Havre, Rouen, Abbeville, Lille, Bruxelles, Charleroy, Ostende, Anvers, Verviers, Metz.

A Metz, nous donnions *Tartuffe* et *l'Ami Fritz.* Par une faveur inexplicable, *Tartuffe,* qui était interdit, m'était rendu, et j'avais l'autorisation de jouer *l'Ami Fritz,* sans coupures. C'était d'une grande amabilité, ou d'un profond dédain !

Les officiers allemands occupaient les deux avant-scènes de droite et de gauche. Les Français avaient loué presque toute la salle, qui était comble.

J'avais le cœur serré; dans la journée, j'avais rencontré quelques dames françaises, reconnaissables aux vêtements de deuil qu'elles n'ont jamais quittés depuis l'annexion ; et, tout en les saluant, il m'avait été donné de comprendre, dans un regard, tout ce qu'il eût été imprudent de se dire. Le lendemain matin, nous prîmes une voiture et nous fîmes conduire au cimetière français.

Nous passâmes sous les yeux de la sentinelle, qui, très intriguée, nous regardait, de loin, déposer sur la tombe des officiers et des soldats français les couronnes et les bouquets que j'avais reçus, la veille, pendant la représentation.

Le lendemain, nous jouions à Louvain, et le voyage se continuait par Amsterdam, Namur.

A Namur, l'hôtel d'Arscamp mérite une mention.

C'est la comtesse d'Arscamp qui a légué son hôtel à ses successeurs, à la condition qu'il deviendrait un hôtel pour voyageurs et qu'il y aurait toujours 40.000 bouteilles de vin en cave.

Huy, Liège, La Haye, Arnheim, Hambourg, Copenhague.

En arrivant au théâtre, on me remet une carte et un délicieux bouquet aux rubans tricolores.

C'est une charmante intention de la princesse Marie de Waldemar, la fille du duc de Chartres, qui ne peut assister, à son grand regret, à ma représentation, attendant chez elle la venue d'un petit prince, auquel je souhaite bonheur et santé.

Dimanche 19 novembre.

Matinée à Malmœ.

Le soir, à Helsingbord, nous donnons *Tartuffe*. De là, nous nous dirigeons sur Gothenbourg, Christiana, Upsala.

D'Upsala à Stockolm.

Visite à M. Millet, notre ambassadeur. Déjeuner, le lendemain, à l'ambassade, et audience de Sa Majesté le Roi, qui ne manque pas une de mes représentations et veut bien m'accueillir avec la plus haute bienveillance.

Mardi 28.

Départ, après le spectacle, sur le bateau qui doit nous conduire à Obo.

Arrivée, à 6 heures du soir, dans le port d'Obo éclairé à l'électricité, notre navire, armé d'un fort éperon, fend la glace pour se frayer un passage ; à la descente du bateau, de petits traîneaux nous attendent pour nous conduire en ville, à l'hôtel. 80 centimètres de neige...

Jeudi 30.

Arrivée à Elsingfords : quarante heures de bateau ! A travers les grands fiords, grâce à la neige, il nous semble voir un paysage découpé dans de la dentelle! Souper offert par l'Alliance Française, où une demoiselle *Verneuil*, qui habite le pays, a pris la peine, avant notre arrivée, de faire des lectures conférences sur les ouvrages que nous devons interpréter. A ce souper, j'ai l'honneur de me rencontrer avec le grand veneur de Sa Majesté l'Empereur de Russie.

Dimanche 3.

Arrivée à Viborg, d'où, après avoir joué, nous repartons pour Saint-Pétersbourg, où nous arri- le 4, à 10 heures 1/2.

Départ de Pétersbourg, le 10, pour arriver à Moscou, le lundi 11, à 8 heures du matin.

Près du Kremlin, vu le carrosse de la Vierge qui, attelé de six chevaux, se tient en permanence, prêt à se rendre chez les malades et les mourants!

Personne, hors la Vierge, ne peut avoir six chevaux à sa voiture.

Vu la chambre où a été signé le décret de Moscou, souvenir qui m'inspire de singulières réflexions...

Jeudi 14.

Inauguration du grand bazar; déjeuner à la table du regretté consul de France, M. de Kerkaradec; Mme Febvre est la seule dame présente à ce

banquet : on boit à une *dame française !...* Une
cérémonie religieuse avait eu lieu, le matin, à
laquelle assistaient le grand-duc Serge et la grande-
duchesse !

Dimanche 17.

Départ de Moscou pour Kiew.

Le *samedi* 23, on m'offre, en scène, une splendide
couronne d'argent massif et un vase de vermeil.

Cette petite cérémonie mérite d'être contée en
détail.

C'était le soir de ma représentation d'adieux ; au
moment où j'entre en scène, une nuée de petits
papiers tricolores partent du cintre (*à la Comédie-
Française ; à Febvre, son illustre représentant ; à
un artiste français,* etc., etc....), je me baisse, en
ramasse un et le place sur ma poitrine, en saluant.
Ce mouvement est accueilli par trois salves
d'applaudissements ; au même moment, je vois, en
scène, la porte de droite donner passage à mon ami
et excellent collègue Soulvzoff, artiste et directeur,
qui, une immense couronne à la main, s'approche
de moi et me dit, en russe, une foule de choses que
j'ai tout lieu de supposer très aimables. A peine
sa harangue est-elle terminée, que sa femme,
Mme Soulvzoff Klébowa, une artiste de grand talent,
entre, à son tour, et m'adresse un autre compli-

ment, toujours en russe. Puis tous deux se rapprochent, et à la grande joie des spectateurs, nous nous livrons à une forte embrassade. Il me faut, c'est la coutume, adresser quelques mots au public. Je m'acquitte, le mieux possible, de cette délicate épreuve ; mais, j'étais, je l'avoue, si sincèment ému, que je serais bien embarrassé de reproduire, ici, cette improvisation...

A Saint-Pétersbourg, il y a un public aimable. A Moscou, on est tout à la France. La capitale de toutes les Russies personnifie la tête, et Moscou et Kiew le cœur !

Dimanche 24.

Départ, à 6 heures du soir, pour Odessa ; tous les artistes, de même qu'à Moscou, nous attendent à la gare, pour nous dire adieu.

Lundi 25.

Arrivée à Odessa, à 10 heures du matin.

Plus de bateau pour Constantinople ; choléra, quarantaine.

Vendredi 29.

Départ d'Odessa, à minuit, pour Jassy, après avoir entendu à l'Opéra, dans la loge de M. Casarinoff, le plus aimable des préfets, l'opéra de Pouschkine, *La Dame de Pique.*

Arrivée à Jassy, à 5 heures après midi.

Vu, le soir, *les Surprises du Divorce*, en roumain étrange ! ! !

1er *janvier* 1894.

Jassy. Un jour de l'an dans la neige, par 18 degrés de froid lugubre !

Jeudi 4.

Départ, à 6 heures du matin, pour Galatz.

Samedi 6.

Départ de Galatz pour Buccarest, à 10 heures et demie du soir ; le lendemain matin, arrivée à Djiorgevo.

Là, nous apprenons que le Danube, qui n'est pas assez pris pour le traverser en traîneau, en revanche, charie d'énormes banquises de glace. Il nous faut, si nous trouvons des gens assez hardis pour cela, nous faire passer sur une péniche ; nous descendons avec nos traîneaux au bord du fleuve jusqu'à Smorda et là, dans un petit poste de douaniers, moitié bulgares turcs ou roumains, nous parlementons pour effectuer notre traversée. On nous demande 600 francs ; pour 300 l'affaire se conclue. La première barque prend à son bord douze artistes, et nous embarquons avec sept hommes d'équipe, qui,

armés de pics de fer, avec une adresse merveilleuse, écartent les blocs de glace, en se frayant un
chenal, où glisse lentement le bateau.

Nous avons couru de grands dangers ; mais nous
ne l'avons appris que le lendemain ; et, d'ailleurs,
nous étions tous si transis de froid, que nous
n'avions aucune conscience de ce qui se passait
autour de nous.

La barque, après nous avoir déposés, repart
pour aller prendre nos bagages.

Sur le bord du fleuve, qui est loin d'être *bleu*,
nous trouvons des traîneaux qui nous conduisent
à Islan Hôtel, un bouge !

Là, nouvelle tuile ! Nous apprenons que la ligne
de Varna est bloquée. Que faire ? Je vais chez le
consul de France, qui me confirme la nouvelle, et
m'apprend que c'est grâce à nous qu'il a reçu le
courrier, qui ne lui parvenait plus, depuis six
jours.

— Quand mon domestique, me dit le consul, est
venu, hier, pour me signaler une barque se disposant à traverser le fleuve, je ne l'ai cru que lorsque,
avec ma lorgnette, j'ai pu constater qu'il m'avait dit
vrai ; et, ne sachant pas que c'était vous, je me suis
écrié : « Quels sont les imbéciles ou les fous qui
peuvent ainsi courir au-devant de la mort ! »

Le lendemain, quand on apprit au consul de

Roumanie que j'étais à Routchouk, voici ce qu'il répondit :

— Pourquoi me dire cela ! suis-je une bête?

Très curieux Routchouk, quand on y passe un jour; on sent qu'il n'y a pas encore bien long-temps que les Turcs en étaient les maîtres; mais, quand il faut l'habiter près d'une semaine, c'est sévère !

Enfin, la voie est libre et nous traversons ces fameux Balkans, dont la presse nous a tant entre-tenus, pendant la guerre de 1877.

Passé à Choumla, où Skobeleff livra de si san-glantes batailles à Osman Pacha, pendant la der-nière guerre des Russes et des Turcs... Varna! enfin!

Là, nous nous croyons sauvés ; ah ! bien, oui ! grâce au choléra, il n'y aura pas de bateau pour Constantinople avant samedi ou dimanche!!!

Samedi 13.

Nous avons organisé une représentation à Varna : trois petites pièces et des récitations; salle archi-comble; mais, un seul ennui : sauf les consuls, per-sonne ne nous comprenant; le public se met à causer de ses petites affaires.

Détail curieux : tous les hôteliers étant au théâtre, à partir de 8 heures, les hôtels ont été fermés. Quant à l'aspect de la salle? ça ne se raconte pas. Bien bizarre le *Tout Varna!...*

Enfin, on nous donne l'espoir d'un départ de bateau, le *Panormos*, compagnie Curjis, qui partira pour Constantinople, le lundi 15, à 6 heures du soir ; mais, on nous recommande de nous armer d'une grande philosophie, au point de vue du confortable, ce petit bâtiment emportant un chargement de 2.000 volailles!

Nous ne faisons pas de façons ; nous nous em-barquons et, le soir, à 8 heures, le *Panormos* lève l'ancre.

Parmi nos compagnons de voyage, un jeune couple grec! Le nouveau marié se livrait à un pin-çage de guitare féroce, même à table...

Le soir, on eut toutes les peines du monde à per-suader à ce jeune dilettante, qu'une couchette à bord, dans un salon commun, ne pouvait, ne devait contenir qu'une seule personne ; il est vrai... qu'il se dédommagea toute la nuit en tourmentant les cordes de son instrument, et ses mélodies, tristes, plaintives, nous peignirent fidèlement l'état de son âme...

Ah! que la musique grecque exprime bien ce qu'éprouve un homme amoureux, qui souffre de la solitude et de l'étroitesse des cabines à bord!

Mardi 16.

8 heures du matin.

— Montez vite sur le pont, me crie-t-on, nous entrons dans le Bosphore...

A cette vue, j'avoue que le souvenir du Danube, de Routchouk, de Varna, des 2.000 volailles, de l'enragé guitariste, tout fut vite oublié... Quelle merveille... à droite, tous les palais et résidences d'été... à gauche, la côte d'Asie... Scutari — que sais-je encore! un enchantement!

Je conserve une impression trop vive, une admiration trop sincère de cette féerie, pour essayer même d'en faire une description. Je laisse ce soin à des plumes plus autorisées que la mienne...

Visite à M. Cambon, notre ambassadeur, au prince Mavrocordado, ambassadeur de Grèce, que j'avais eu l'honneur de connaître à Paris.

Le lendemain, visite à Sainte-Sophie. Malgré les babouches trop larges dont on a recouvert mes chaussures, et que je perds à tout moment, je suis resté quelques instants avant de pouvoir parler, saisi de la grandeur imposante de ce temple, unique au monde.

Vu la Sublime Porte, et promenade au bazar.

Vendredi 19.

Le Salonick.

Grâce à l'extrême obligeance de M. Cambon, nous sommes admirablement placés à une fenêtre de l'entre-sol du palais, pour voir passer et saluer Sa Hautesse le Sultan, qui nous envoie un aide de camp nous souhaiter la bienvenue dans son empire.

Le Sultan daigna se souvenir qu'alors qu'il était prince, j'avais eu l'honneur de lui être présenté, en 1867, aux Tuileries par l'empereur Napoléon III.

Je ne veux pas essayer de décrire, ici, le cérémonial qui précède l'entrée de Sa Hautesse à la mosquée; cela se voit, ça ne se raconte pas...

Au moment où le souverain passait sous notre fenêtre, ayant dans sa voiture Osman Pacha le Gazir (le Victorieux), je m'inclinai respectueusement... Le Sultan, qui sait d'avance quels seront les étrangers assistant à la cérémonie, leva les yeux et voulut bien répondre à mon salut par un léger mouvement de tête. Après la cérémonie, l'aide de camp revint pour me dire que Sa Majesté serait heureuse si, avant mon départ, elle pouvait organiser une soirée à son palais; et l'officier ajouta :

Sa Majesté, en rentrant dans ses appartements, a dit à Chakir Pacha qui lui parlait de vous : « Je l'ai reconnu; mais, comme il a blanchi. »

— Mes cheveux ont blanchi, il est vrai, répondis-je: mais, quand ils étaient noirs, le Sultan n'était que prince héritier... et j'aurais pu ajouter le commencement de la tirade de Saint-Vallier, du *Roi s'amuse* : « Nous avons tous deux, sire, une couronne !... »

Lundi 22.

La police interdit *Tartuffe !*...

On va voir si, avec quelques coupures, on peut autoriser la représentation de cet ouvrage...

Après deux jours employés en de vaines démarches, *Tartuffe* est bien interdit. Un officier de Sa Majesté est détaché pour nous servir de guide dans la visite des palais, et un caïque à trois paires de rameurs a été mis à notre disposition pour nous promener sur le Bosphore.

Visite au vieux sérail, dont les jardins donnent sur la mer de Marmara. On nous sert une collation : confitures de rosés, café, etc.

Visite au Trésor impérial, où se trouve une collection de turbans, qui rendrait rêveur Mounet-Sully lui-même !...

Visite à Beylar-Bey, palais habité par l'impératrice Eugénie, lors de son voyage en Turquie.

Mardi 23.

Déjeuner donné en notre honneur, par S. E.
M. Cambon, auquel assistaient S. E. l'ambassadeur
de Russie et sa femme, M. et Mme de Nelidoff, S. E.
Munir Bey, secrétaire des affaires étrangères, et tous
les attachés de l'ambassade et du consulat de France.

Le Sultan ne pourra, me dit-on, me recevoir que
le vendredi suivant ; mais, hélas ! nous partons le
jeudi, par le bateau russe, qui nous conduira à
Odessa, pour regagner Buccarest, où nous sommes
affichés.

Je fais présenter à Sa Majesté mes excuses et
mes regrets ; à 5 heures, un envoyé de Sa Hautesse
me remet, en son nom, les insignes de commandeur
du Metjidié, en me faisant dire qu'il regrette, de
son côté, ce départ trop précipité, qui me prive
d'une faveur tout à fait exceptionnelle, celle d'être
reçu en audience privée, après la soirée ! Mais
il faut partir ; et, après avoir remercié le souverain
de sa haute bienveillance, je prends congé de son
aimable envoyé.

Avant mon départ, j'eus l'honneur d'organiser,
dans les salons de l'ambassade, une matinée au
profit de la caisse pour la propagation de la langue
française, œuvre des plus intéressantes, et à laquelle
S. E. M. Cambon porte un vif intérêt.

Cette petite fête, presque improvisée, produisit une recette de mille livres turques, soit près de 20.000 francs.

Trop heureux de donner à notre ambassadeur une preuve de ma gratitude, pour l'accueil plein de courtoisie que j'avais trouvé à Constantinople, sous le drapeau français.

Qu'il me permette ici de lui renouveler l'assurance de mes sentiments, aussi reconnaissants que dévoués.

Par une délicate attention, très remarquée, d'ailleurs, le Sultan s'était fait représenter à la matinée de l'ambassade, par le ministre de sa liste civile.

Jeudi 25

Départ de Constantinople, à 2 heures trois quarts, par *le Tchekatchoff*, bâtiment russe, se rendant à Odessa.

Vendredi 26.

Arrivée à Odessa, à 9 h. et demie du soir ; coucher à bord, les navires n'entrant jamais dans un port russe après le coucher du soleil.

Samedi 27.

Représentation du *Demi-Monde*. Départ, à minuit, après le théâtre.

Lundi 29.

Arrivée à Buccarest, que nous revoyons pour la seconde fois... (Quel voyage !)

Visite au consul.

Mardi 30.

Visite à M. Lahovary, ministre de la guerre.

Samedi 3.

Déjeuner chez le ministre de la guerre, avec son frère, le ministre des affaires étrangères.

Dimanche 4.

Visite au palais du roi, Sa Majesté souffre de l'influenza ; audience du prince héritier.

Soirée chez les Catarjis : représentation du *Cas de conscience*.

Lundi 5.

Déjeuner à l'ambassade de France, chez M. de Coutouly, un de nos représentants à l'étranger. les plus courtois, les plus hospitaliers.

Mercredi 27.

Visite au Palais; organisation d'une représentation, qui sera donnée, demain soir, devant Sa Majesté.

Jeudi 8.

Représentation au palais.

Hier soir, au théâtre, pendant le spectacle, le ministre de l'instruction publique est venu m'annoncer que Sa Majesté, voulant me donner une marque de sa haute bienveillance, m'avait nommé commandeur de l'ordre de la Couronne de Roumanie et que Mme Febvre recevait, des mains de Sa Majesté, la médaille de première classe du *Bene merenti*.

Ce matin, M. de Coutouly, ministre de France, est venu nous confirmer les bonnes nouvelles de la veille.

A 9 heures du soir, le Roi nous reçoit en audience privée et daigne s'entretenir, près d'une demi-heure, avec nous. Sa Majesté me remet les insignes de commandeur, et c'est elle-même qui veut bien prendre la peine d'attacher sur la poitrine de Mme Febvre la nouvelle distinction qui lui est échue.

Nous jouons *Histoire du Vieux Temps*, de Maupassant. Grand effet; pas un mot ne passe sans être compris et souligné de murmures flatteurs.

Après la pièce, défilé dans le salon, qui nous sert de foyer, de personnages officiels, venant nous apporter leurs félicitations et leurs compliments.

Le prince héritier lui-même vient nous serrer la main et prendre congé de nous.

Vendredi 9.

Départ de Buccarest pour Crayova.

Dimanche 11.

Départ pour Seggedine.
Arrivée à 10 heures du matin.

Lundi 12.

Se souvenant que j'avais eu l'honneur d'être un des organisateurs de la représentation qui avait été donnée à l'Opéra, lors de la terrible inondation de cette ville, le préfet envoie à la gare sa voiture pour nous conduire à l'hôtel, chargeant de nous faire les honneurs de Seggedine un professeur du Lycée, représentant, en outre, la presse.

Le soir, au moment où le rideau se levait sur le premier acte du *Demi-Monde*, je fus l'objet d'une manifestation des plus flatteuses.

Et, comme après avoir salué, je regagnais ma place, un léger bruit me fit lever la tête.

C'était une immense couronne, où les couleurs de

France étaient entrelacées à celles de Hongrie, qui descendait lentement sur ma tête.

Sur le ruban, cette inscription :

A FRÉDÉRIC FEBVRE

LA VILLE DE SEGGEDINE RECONNAISSANTE.

Mardi 13.

C'est la voiture du maire, qui, cette fois, nous reconduit au chemin de fer.

Arrivée à Pesth, à 1 heure et demie.

Départ, le soir même, pour Agram, à 9 heures du soir.

Mercredi 14.

Arrivée à Agram, capitale de la Croatie, un des coins les plus pittoresques de ce long voyage.

Vendredi 16.

Départ, à 8 heures du matin, pour Gratz; arrivée, à 4 h. 20 du soir.

Départ, après le spectacle, pour Fiume.

Après la représentation, souper offert par le cercle français. Les Tziganes jouent la *Marseillaise ;* pendant le spectacle, le cercle m'avait fait passer en scène un bijou d'un goût exquis, en souvenir de la soirée *où ils avaient eu le bonheur, trop rare, d'entendre parler français.*

Lundi 19.

Excursion à Abbazia, la Nice autrichienne, une merveille !

Mardi 20.

Départ de Fiume pour Trieste, où nous arrivons à 9 heures du soir.

Mercredi 21.

Visite au consul, M. Chollet.

Vendredi 23.

Excursion à Miramar, un des plus beaux châteaux que j'aie vus, comme situation, sur l'Adriatique.

J'avais fait, autrefois, les honneurs de la Comédie-Française à ce martyr de la politique, l'empereur Maximilien; aussi, cette visite m'a-t-elle causé une vive impression.

Lundi 26.

Départ de Trieste pour Venise. Arrivée à Venise, à 2 h. 25 du soir. Juste le temps de se précipiter sur la place Saint-Marc et de revoir son église.

Mardi 27.

Départ de Venise pour Milan, à 8 h. 45. Arrivée à Milan, à 2 heures et demie, après avoir déjeuné à Vérone.

Vendredi 2 mars.

Départ de Milan, à 2 h. 54 matin, pour Turin. Arrivée à Turin, à 1 h. 30 du soir... Visite au consul, comte de Diesbach.

Lundi 5.

Départ de Turin, à 9 h. 15, pour San-Rémo ; arrivée à San-Rémo, à 5 heures soir.

Mardi 6.

Départ de San-Rémo pour Nice, à 8 h. 55 matin. Arrivée à Nice pour déjeuner.

Jeudi 8.

Départ de Nice pour Cannes. Joué en matinée. Départ le soir, 11 h. 15, pour Nîmes.

Vendredi 9.

Arrivée à Nîmes, à 7 heures du matin.

Dimanche 11.

Départ de Nîmes pour Valence, à 8 h. 15. Arrivée à Valence, à 3 heures.

Lundi 12.

Départ de Valence, à 8 h. 10 du matin; arrivée à Grenoble, à 11 h. 10.

Mardi 13.

Départ de Grenoble pour Chambéry, à 8 h. 10. Arrivée à Chambéry, à 2 heures. Excursion à Aix-les-Bains.

Mercredi 14.

Départ de Chambéry, à 10 heures, pour Lyon. Arrivée à Lyon, à 2 heures.

Vendredi 16.

Départ de Lyon, à 12 h. 58, pour Roanne. Arrivée à Roanne, à 4 heures et demie.

Samedi 17.

Partis de Roanne, à 9 h. 55 matin, pour Chalon-sur-Saône. Arrivée à Chalon, à 2 heures soir.

Partis de Chalon, après le spectacle, à 1 h. 55 matin.

Arrivée à Paris, le dimanche 18 mars, à 11 heures du matin.

Maintenant que le lecteur a pu se rendre compte de ce qu'on peut faire de parcours en cinq mois et demi, il convient de relater, ici, au point de vue artistique, l'effet produit par ces représentations devant tant de peuples divers.

Il m'a été donné de constater la mauvaise impression laissée derrière eux, par certains artistes qui, s'emparant du titre de pensionnaire de la Comédie-Française, deviennent un obstacle à la réussite des représentations données par ceux qui ont véritablement le droit de se réclamer de la grande et noble maison.

Cette sorte de contrebande artistique devrait être poursuivie et punie sévèrement; car elle fait un tort très préjudiciable, non seulement aux intérêts des comédiens autorisés à se déplacer, mais encore, à ceux du Théâtre-Français, qui semble envoyer à l'étranger, sous le couvert de sa haute marque, des comédiens, et surtout des comédiennes, de troisième et quatrième ordre.

Je me souviens d'avoir rencontré, au fond de la Russie, sur les bords de la mer Noire, des affiches portant le nom d'une artiste, se disant de la Comédie-Française, et qui, réellement, n'avait appartenu à ce théâtre que le temps d'y figurer dans des rôles où elle était d'une médiocrité très appréciable.

Il est vrai que cette aimable personne, pendant son séjour rue Richelieu, fournissait, à certain journal, de la copie, où ses camarades étaient traités par elle de telle sorte que l'on n'a gardé de cette aigre mégère qu'un bon souvenir : celui du jour de son départ !

Il est bien évident que les directeurs des théâtres de province, ayant à lutter, déjà, contre la pénurie de comédiens; privés, en outre, du droit de jouer des ouvrages nouveaux, restant toute la saison l'arme au bras, avec une troupe immobilisée, ne pouvant plus donner au public, comme nouveauté, que *la Tour de Nesle* ou la *Closerié des Genêts*, sont bien forcés de se rabattre sur les troupes nomades, *privilégiées* ; oui, mais alors, plus de répertoire..... Le public, en attendant le passage de la tournée, qui doit lui amener le dernier succès parisien, se précipite au *beuglant*, pendant que le malheureux administrateur voit poindre la faillite à l'horizon.

Quand on se souvient du nombre d'artistes qui se sont fait une place à Paris, venant de la province, comme Félix, Geoffroy, et tant d'autres, on reste frappé d'une situation que l'avenir ne semble pas devoir améliorer.....

En 1850, comme on a pu le voir au début de ce journal, quand j'étais au Havre, j'avais comme camarades Dumaine, Garraud, Butant, tous disparus, hélas ! mais dont les noms sont restés dans la mémoire des amateurs de théâtre.

Et, cependant, que de villes où il y a encore de

véritables connaisseurs, où la presse ne demande qu'une occasion d'encourager les artistes d'avenir.

Mais, comment voulez-vous, au lendemain d'une représentation, comme celle dont je parle, présenter au public un ouvrage qui a été monté en huit jours, c'est-à-dire à peine le temps que réclame la mémoire la plus exercée et la plus fidèle.

A l'étranger, c'est autre chose ; on a en outre à lutter contre les événements du jour, le choix du répertoire et le nombre restreint de ceux qui comprennent la langue française... et encore ?

J'ai vu des soirs, où la salle se composait de quelques spectateurs qui parlent notre langue, de ceux qui, sans la parler, la comprennent, de ceux qui ne la comprennent pas, mais qui désirent faire croire qu'elle leur est familière.

Certains ouvrages ayant eu cette bonne ou mauvaise fortune, comme on voudra, d'être traduits dans la langue du pays, quand vous donnez cette pièce en sa langue maternelle, les effets peuvent se déplacer, le traducteur étant passé à côté du trait, sans pouvoir lui restituer sa forme première ; mais, en somme, la donnée générale de l'ouvrage est comprise... les détails peuvent souffrir... mais, l'ensemble offre au public l'audition d'une œuvre qu'il a déjà entendue, et à laquelle il peut prendre une certaine dose de plaisir, puisque, sans entendre, il comprend.

La pièce qui n'a pas eu de traducteur, au contraire, est un supplice pour l'auditeur et le comédien.

Le Demi-Monde a été compris et apprécié, partout où j'ai eu le bonheur de le jouer.

Le Père Prodigue, comme traduction, est moins populaire.

Très curieux l'effet de ces deux ouvrages de Dumas. Dans certaines villes, c'est *le Père Prodigue* qui tenait la corde, tandis que, dans d'autres, *le Demi-Monde* recueillait tous les suffrages.

L'Ami Fritz a été, partout, un succès. Le roman ayant été traduit dans toutes les langues et la pièce offrant aux yeux des spectateurs une suite de petits tableaux pittoresques ; ajoutez à cela la bonne réputation de l'œuvre d'Erckmann-Chatrian, qui permet l'audition de cette idylle aux jeunes filles, et vous aurez l'explication de la popularité de ces trois actes, qu'un farouche critique avait baptisés de ce nom : « Amour et charcuterie ».

Tartuffe, lui, est aussi populaire en Finlande, en Courlande, où vous voudrez, qu'à Paris.

Pendant ce voyage, j'ai rencontré des publics qui pouvaient me faire croire que je n'avais pas quitté la France : à La Haye, Amsterdam, Copenhague, Stockholm, Hambourg. Je ne parle pas de Péters-bourg, bien entendu; mais, à Moscou, Odessa, Buccarest, Constantinople, le parisianisme de ces capitales est incroyable!

Quant à la presse, partout je l'ai trouvée empres-sée, courtoise, et pleine d'une bienveillance dont je suis heureux de lui adresser, ici, une nouvelle marque de ma gratitude.

A Buccarest, M. Vacaresco, ce parisien roumain, était persuadé qu'on avait acheté des meubles nou-veaux pour la mise en scène du *Demi-Monde*. Quand je lui eus prouvé qu'il se trompait, il se rendit compte, alors, de ce qu'on peut faire, du parti que l'on peut tirer de la disposition du mo-bilier en scène.

Cette disposition inusitée des meubles et acces-soires était, pour l'aimable critique, d'un arrange-ment tellement nouveau qu'il n'avait pas reconnu le vieux matériel, auquel rien n'avait été changé.

La mise en état, comme on dit au théâtre, est un art presque inconnu à l'étranger, que le respect du style de certaines époques semble ne préoccuper que faiblement.

Le siècle de Louis XIV, surtout; quant au Louis XV, il se confond dans leur pensée, comme décors, meubles et accessoires, avec le Louis XVI.

L'époque qui lui serait encore le plus familière, serait le moyen âge, ou l'empire.....

Il n'y a de vrais décors qu'en France, au point de vue du goût et du coloris, et surtout, de la plantation.

Il m'a été donné d'entendre, en Italie, la *Manon* de Puccini. Je ne dirai rien de la partition, ne voulant pas blesser la modestie de Massenet; mais, les costumes!... les décors!... Imaginez une palette brutalement préparée... où les tons, les plus violents, les plus criards, dansent la farandole, en piétinant sur le bon goût et l'harmonie.

Avec la moitié de ce qu'a pu coûter, là-bas, cet ouvrage, à Paris, on ferait quelque chose d'exquis.

Voyez les décors et les costumes de *Werther*, à l'Opéra-Comique.

A Londres, les décorateurs font, quelquefois, des plantations originales, ingénieuses, pittoresques; mais, c'est la couleur qui fait défaut... il y a de certains tons qui ne se produisent que de l'autre côté de la Manche.

Dans la lettre-préface, qui ouvre le second volume de mes souvenirs — Dumas m'avait prié de me rendre à Jérémie, et de rechercher dans les Mornes de la Guinaudée les souvenirs qui pourraient encore se rattacher à la mémoire de son aïeule — Tiénette

Dumas, mère du général Dumas et grand'mère de l'auteur d'*Antony*.

Le lecteur, je l'espère, prendra, peut-être, quelque intérêt au récit de ce pèlerinage, accompli le 9 avril 1895 — et qui se trouve relaté dans la lettre ci-dessous, que j'adressai, de Jérémie, à l'auteur de *Francillon* :

« Mon cher Dumas,

« Le mardi, 9 avril 1895, un peu avant le lever du soleil, après avoir traversé la Grand'Rivière, gravi les mornes, passé à gué la source Madère, franchi bien des obstacles, une soixantaine de cavaliers sont arrivés enfin à la Haute Guinaudée, sur l'emplacement de la grande case.

« C'est bien là, au côté ouest de la partie française, qu'au mois de mai de l'année 1762, Tiénette Dumas mettait au monde celui qui devait être un jour le général Dumas.

« Venu de Port-au-Prince à Jérémie, pour tenir la promesse faite à l'auteur du *Demi-Monde* de me rendre à la Guinaudée, j'ai trouvé, pour accomplir ce pèlerinage, le concours le plus empressé, le plus courtois, le plus fraternel des personnes dont les signatures suivent :

« Docteur et Mc. C. Van Waterschoud, MM. Louis Goubault, général Kerlegand, Pressoir Jérôme, Numa Laraque,

V. Villedouin, Dr. C. Gaveau, Saint-Justé. U. Duvivier,
G. Gaveau, C. Chassagne, D. Clérié, Dr. L. Margon, A.
A. Blanchet, C. Lavaud, Ph. Laraque, Oths. Duvivier,
Fouchard Martineau, Léonce Duvivier, Dumas Rigault,
Th. Degraffe, G. Laveau, Drufréné Pamphile, L.-A.
Timotée, François-Etienne, Castan, A. Régies, H. Ville-
douin, P.-L. Laraque, Albertini, Lysias Jean Pierre,
Pamphile jeune, J.-H. Lanoue, Jeannot, M. Desquiron,
Th. Blanchet, Volney, Gostalle, M. et Mme Febvre.

« Hélas ! de ce qui fut, autrefois, une grande habitation, il ne reste plus que les débris d'un vieux
moulin.

« Là, où la petite esclave devait donner la vie à
cette lignée de géants qui ont illustré leur pays,
avec tant d'honneur et de gloire, soit par la plume,
soit par l'épée — je n'ai trouvé que quelques
pierres noircies, quelques fleurettes et une modeste
cabane... mais, quels horizons ! aussi vastes, aussi
profonds que profondément demeurera dans l'avenir ce glorieux nom des Dumas.

. . . .

« Deux heures après, toute la petite troupe s'est
remise en marche, sous un soleil brûlant, pour
venir déjeuner à la case d'Antoine.

« Le bon Pamphile nous servait de guide au
milieu de ce labyrinthe tout en fleurs.

« Déjeuner charmant, plein d'entrain. Les provisions avaient été expédiées, dans la nuit, à dos de mulets.

« Et tout cela me faisait songer au convoi de votre cher et regretté père, à Villers-Cotterets.

« Là encore, comme aujourd'hui, le soleil était de la partie, et ses chauds rayons semblaient vouloir que chaque convive écartàt de son esprit tout sentiment de tristesse,... car, pour tous les vôtres, mon cher ami, le soleil qui fête leur venue en ce monde dissipe encore, après leur mort, l'ombre, la douleur et l'oubli.

« Après ce petit repas si cordial, si pittoresque, plusieurs de nous ont pris la parole pour chanter *Tienette* et ses illustres enfants.

« On a bien parlé du général, de votre père et de vous, mon cher Dumas ; aussi, je vous adresse, de suite, ce souvenir encore tiède d'une naïve et sincère émotion.

« Puis, nous sommes descendus à la cascade, où se baignait votre glorieux grand'père, quand il était enfant. Si, aujourd'hui, celui qui se plonge dans cette belle eau claire et limpide ne risque plus d'y rencontrer le légendaire caïman qui faillit dévorer le brave général, dans ses ébats nautiques, en revanche, l'endroit est resté merveilleux, plein d'ombre, de fraîcheur et de mystère.

« Connaissant votre horreur des longueurs, je

vous mets, à la poste de Jérémie, ce procès-verbal rapide d'une journée qui restera inoubliable ; et mes aimables compagnes et compagnons de route y joignent, avec l'expression de leur admiration, celle de leurs plus affectueux sentiments.

« Et, pendant qu'on sellait nos montures, j'ai cueilli ces petites fleurs qui vous parviendront d'esséchées : elles ont poussé là-haut, sur le sommet des Mornes, que nous avons redescendus lentement, pendant que la lune éclairait de sa discrète lumière ce lieu si bruyant, tout à l'heure encore, si calme, si profondément silencieux, maintenant.

« Votre bien affectionné,

« FRÉDÉRIC FEBVRE.

« Jérémie, 10 avril 95. »

Avant de clore le dernier chapitre de ce journal, il m'a paru intéressant de placer sous les yeux du lecteur quelques lettres, reçues à l'occasion de ma représentation de retraite.

Voici, d'abord, celle du plus affable des ambassadeurs: j'ai nommé M. le baron de Morenheim, ministre de Russie en France.

« Cher Monsieur,

« Un deuil trop cruel et trop récent ne me permet malheureusement pas de fréquenter encore les théâtres et j'éprouve un véritable chagrin d'être, ainsi, privé de la possibilité de prendre ma part de cœur à votre triomphe.

« Ce sera une grande et noble date dans l'histoire de l'art, et un impérissable souvenir pour tous ceux auxquels n'aura pas été refusée l'heureuse chance de venir vous apporter le tribut de leur admiration et de leur reconnaissance.

« Le mot d'adieu est bien le plus cruel de la langue humaine; aussi, ne veux-je pas le prononcer.

« Au revoir donc, malgré tout; vous nous quittez trop tôt pour qu'il ne soit pas permis de compter sur l'avenir, qui peut nous ménager encore d'heureuses surprises. C'est en y comptant que je viens vous prier de me réserver un petit souvenir dans un coin de votre mémoire, en retour de celui que ne cessera de vous garder

> « Votre affectueusement dévoué,
>
> « Baron de Morenheim. »

« Mon cher Febvre,

« Votre lettre m'a profondément touché ; je l'ai lue, je l'ai relue, et je l'ai serrée dans le tiroir, où je garde les lettres que j'ai l'intention de garder toujours.

« Toutes les pièces de moi, que vous citez, ne sont pas des chefs-d'œuvre, hélas ! Elles vous ont, du moins, fourni l'occasion d'être applaudi, et bien applaudi. Je regrette, à cause de cela, que la liste n'en soit pas plus longue.

« Adieu, mon cher Febvre, ou au revoir, ce qui vaudrait mieux ; vous pouvez, aujourd'hui et toujours, compter sur la vieille affection de celui qui ne fut pas assez souvent votre auteur.

« H. MEILHAC. »

« Mon cher Febvre,

« Votre cœur a trop de mémoire.

« J'en profite, avec plaisir, et je m'empresse de vous en remercier.

« Ce sera l'honneur de ma vie heureuse d'avoir été à même de reconnaître souvent, et de seconder, parfois, dans le domaine des arts et des lettres, de jeunes talents, dont le succès a été, pour moi, une bien douce récompense.

« Vous êtes de ceux-là, mon cher Febvre, et depuis vingt-sept ans, en effet, j'ai suivi, avec une vive sympathie, avec un peu de fierté, même, le développement continu de votre brillante carrière.

« Vous l'abandonnez trop tôt. C'est le premier reproche que vous me forcez à vous adresser.

« A mercredi donc ; nous serons tous là, pour applaudir, une fois encore, l'ami qui me remerciait, hier encore, de lui avoir ouvert, jadis, les portes de la grande maison. Que ne puis-je empêcher son départ, en les lui fermant aujourd'hui.

« Merci encore de votre bonne lettre, mon cher Febvre, avec la nouvelle assurance de mon trop vieux dévouement.

« Camille Doucet. »

« Cher monsieur Febvre,

« Les adieux sont toujours pour moi chose triste, et votre retraite faisant disparaître un des derniers représentants de la vieille tradition, si précieuse à la Comédie-Française, est pour moi un véritable chagrin.

« Ai-je besoin de vous dire ce que nos déjà si anciennes relations personnelles ajoutent à mes regrets de perdre le bénéfice de votre talent.

« Croyez, mon cher monsieur Febvre, à l'expres-sion de mes sentiments les plus distingués.

« De Vogüé. »

« Mon cher monsieur Febvre,

« Je vous dirai, comme tous vos amis et admira-teurs, que je suis désolé de la décision que vous venez de prendre de vous retirer.

« Ce qui est certain, c'est que vous ne serez ni oublié ni remplacé.

« Croyez, mon cher monsieur Febvre, à mes sentiments les meilleurs.

« Chevalier DE STUERS. »

« Mon cher vice-Doyen,

« Vous avez bien jugé mon cœur et ma reconnaissance ; oui, je veux aller applaudir celui qui a
honoré la Comédie-Française et a si longtemps
réjoui ma fibre littéraire.

« Nous avons vieilli ensemble, vous, comme
charmeur, moi, comme charmé ; merci.

« A vous cordialement,

« G. BERGER. »

« Monsieur,

« M. le président de la République me charge de
vous faire connaître que, désireux de vous applaudir une dernière fois, il occupera la loge d'avant-
scène, à la représentation de retraite que vous donnez, le 24 mai prochain, à la Comédie-Française.

« Veuillez agréer, monsieur, l'assurance de ma
considération distinguée.

« *Le Général secrétaire de la Présidence,*

« VOISIN. »

« Monsieur,

« Bien que je ne sois pas absolument sûr d'être
libre le 24 mai au soir, je serai très heureux de

m'inscrire parmi ceux qui vous témoignent le regret de vous entendre pour la dernière fois.

« De BROGLIE. »

« Mon cher monsieur Febvre,

« Madame de Morny et moi serons très heureux de vous applaudir encore le 24 mai, avec le ferme espoir, cependant, que ce ne sera pas la dernière fois.

« Si vous pouvez me faire obtenir une avant-scène, j'en serai enchanté et je promets de la remplir des plus enthousiastes de votre talent.

« Croyez, mon cher monsieur Febvre, à l'expression de mes sentiments les meilleurs, et recevez l'assurance de mon admiration très sincère.

« MORNY. »

« Monsieur,

« Pourquoi des adieux ? Pourquoi partir, quitter ce théâtre et un public qui vous aime et vous regrettera ?

« C'est trop tôt vraiment : on a déjà dû vous le dire ; mais, je veux aussi vous le répéter, avec l'assurance de mes regrets personnels et celle de mes sentiments bien distingués.

« Duc de MOUCHY. »

« Mon cher monsieur Febvre,

« Je comprends, malgré mes regrets, vos soifs de
repos.

« Nous avons eu des carrières pareilles : la foule
et la mer sont houleuses toutes deux ; mais, le
talent est le plus puissant de tous les brise-lames,
et vous n'emporterez dans votre retraite que des
souvenirs de triomphe, avec le respect et l'estime
de tous ceux qui y ont contribué.

« Je vous serre affectueusement la main,

« Fitz James. »

« Mon cher ami,

« Sans aucun doute, je serai là...

« Ah ! que je voudrais vous voir longtemps nous
rester... soit comme régisseur de la scène, où nous
avons tant besoin de vous... à l'occasion, vous joue-
riez un rôle, en manière d'extra...

« Je vous serre affectueusement la main,

« Francisque Sarcey. »

« Monsieur et maître,

« Je regrette bien sincèrement votre départ : vous
allez laisser à la Comédie-Erançaise un grand vide,
et qui sera difficilement comblé. Je m'associe de
tout cœur à tous ceux qui vous regretteront.

« Recevez, Monsieur et Maître, l'expression de ma bien vive et profonde admiration.

« Fidès Devriès-Adler. »

« Cher Monsieur Febvre.

« Je suis ravi que vous donniez un acte de la *Mégère*, à votre représentation de retraite.

« C'est un de mes plus charmants souvenirs, que celui des répétitions de la *Mégère*, et vous me faites grand plaisir de l'évoquer; mais, quel chagrin de vous voir, en plein talent, deux fois incomparable, comme artiste et metteur en scène, quitter une scène, où tant de belles soirées vous étaient réservées encore.

« Voyons ; il y aura bien un veau gras pour vous ! Croyez à ma reconnaissance pour ce que je vous ai dû, et à ma vive et sincère sympathie.

« Paul Delair. »

« Cher Monsieur,

« Je suis vraiment flattée de l'honneur que vous me faites de joindre mon nom à ceux de vos camarades pour votre représentation de retraite.

« Je n'ai peur que d'une chose, c'est de ne pas être à la hauteur du rôle que vous voulez bien me confier.

« Recevez, cher monsieur Febvre, l'expression de mes sentiments respectueux et distingués.

« Alice Lavigne. »

« A Monsieur Frédéric Febvre,
          sociétaire de la Comédie-Française.

« On m'a conseillé de ne pas trop vous tourmenter, en ce moment, parce que tous vos instants étaient pris par la mise en scène de *la Reine Juana*.

« J'ai vu M. Marck, qui m'a dit vous avoir répondu favorablement. Cependant, tout en vous remerciant de l'insigne honneur que vous me faites, et des hautes marques de sympathie que vous daignez m'accorder, je crois devoir vous avouer (pardonnez-moi !) que je ne connais rien du répertoire.

« Cet aveu fait, je ressens une grande joie de votre distinction et j'accepte, de grand cœur, de paraître sur notre première scène française, aux côtés des maîtres de l'art, desquels je vous prie d'obtenir une grande indulgence à mon égard.

« Jamais, non, jamais je n'avais songé et ne songerai encore à pareille gloire.

« Je vais donc apprendre, et me tiendrai à votre disposition, pour les répétitions et conseils, dont j'aurai le plus grand besoin, et pour lesquels je vous prie de ne pas m'abandonner.

« Je le répète, Monsieur, je vous remercie mille

fois de votre bonne pensée, et n'oublierai jamais ce que vous venez de faire pour moi.

« Veuillez donc agréer l'expression de gratitude de votre reconnaissant admirateur.

« J. DAILLY. »

« Cher grand artiste,

« Comment vous exprimer toute ma reconnaissance ?

« Je suis très touchée de votre aimable démarche et serai des vôtres avec joie, non seulement pour le plaisir d'être agréable au grand artiste que vous êtes, mais à l'homme sympathique que chacun sait.

« Merci encore d'avoir pensé à moi.

« Votre sincère

« Yvette GUILBERT. »

Enfin, voici une lettre de mon excellent camarade Coquelin, qui, pour me donner une preuve de son amitié, fit le voyage de Valenciennes à Paris, me permettant, ainsi, d'ajouter l'attrait de son nom à celui des éminents artistes qui voulaient bien me prêter leur concours.

« Mon cher Febvre,

« Que penserais-tu des *Précieuses*, avec une distribution comme celle-ci :

« Sarah et Réjane ? ou, en cas d'empêchement,
Marsy et Hading.

« Chaumont dans Marotte, toi dans le Violon,
Baron dans Gorgibus, les amoureux par n'importe
qui, ça ne fait rien, les porteurs, selon la tradition, par les tragédiens.

« Rumine ! et écris-moi.

« Ton vieux camarade

« COQUELIN. »

Avouez, chers lecteurs, qu'il était bien difficile
de renoncer à la publication de lettres aussi flatteuses.

Tout en m'excusant, auprès des signataires, de ce
jeu des petits papiers, j'ai obéi, ce me semble, à un
sentiment bien naturel, en donnant un dernier et
respectueux souvenir à tous ces illustres protec-
teurs, à tous ces amis, dont la sympathie m'a fait
escorte jusqu'à la dernière heure.

D'ailleurs, n'était-il pas de mon devoir d'artiste de mettre au grand jour tous ces parchemins, qui ne peuvent qu'honorer notre profession.

Et, puisque mon cher maître et ami Dumas a
bien voulu me faire l'honneur d'écrire la première
page de ce volume, c'est à lui, tout naturellement,
qu'il appartient de le fermer.

Mais, avant de livrer au lecteur cette précieuse

lettre, que le maître et l'ami veuillent bien recevoir l'assurance de ma profonde admiration et celle
de mes sentiments les plus affectueusement
dévoués.

« Mon cher Febvre,

« Vous vous retirez en pleine santé, en plein
talent, en plein succès : c'est d'une grande philosophie ; et, malgré tout ce que j'y perds personnellement, je ne vous dirai pas que je le désapprouve.
Quel que soit le charme des applaudissements,
la lutte a bien des ennuis, la dignité a bien des
droits, et le repos et la liberté de soi-même sont
bien tentantes. C'est à ces raisons-là que je me
rends, depuis deux ans, en n'écrivant pas les derniers mots de cette *Route de Thèbes*, où j'aurais eu si
grand besoin de vous. Je vous dis donc adieu,
comme à un compagnon d'armes avec qui on a fait
la guerre, quand il vous quitte sur la route pour
rentrer chez lui, et que l'on continue son chemin.
« Je vous remercie de m'avoir mêlé à votre dernier triomphe, et vous serre bien tendrement la
main.

« A. DUMAS. »

On dit que les lignes qui portent la signature
d'un artiste ont, pour le public, un attrait particu-

lier : je voudrais le croire ; mais, dans le doute, c'est à mes deux parrains que je confie le soin de présenter aux auteurs, à la presse, au public, aux artistes, l'expression des sentiments reconnaissants et émus que je leur garde, comme je conserverai toujours le souvenir de l'honneur, qui m'a été fait, de pouvoir finir ma longue carrière en signant ici

Frédéric FEBVRE,

Ex-vice-Doyen de la Comédie-Française.

ÉVREUX, IMPRIMERIE DE CHARLES HÉRISSEY.

9 782329 435237

VIRGINIE DEMONT-BRETON

LES MAISONS QUE J'AI CONNUES

★ ★ ★

PEINTRES ET SAVANTS

L'AUDITION COLORÉE

PARIS

LIBRAIRIE PLON

LES PETITS-FILS DE PLON ET NOURRIT

IMPRIMEURS-ÉDITEURS — 8, RUE GARANCIÈRE, 6ᵉ

Tous droits réservés

Il a été tiré de cet ouvrage

25 exemplaires sur papier pur fil Lafuma, numérotés de 1 à 25.

LES MAISONS QUE J'AI CONNUES

★ ★ ★

PEINTRES ET SAVANTS

L'AUDITION COLORÉE

VIRGINIE DEMONT-BRETON

LES MAISONS QUE J'AI CONNUES

★ ★ ★

PEINTRES ET SAVANTS

L'AUDITION COLORÉE

PARIS

LIBRAIRIE PLON

LES PETITS-FILS DE PLON ET NOURRIT

IMPRIMEURS-ÉDITEURS — 8, RUE GARANCIÈRE, 6ᵉ

Tous droits réservés

A

ADRIENNE BALL-DEMONT

NOTRE FILLE

*qui représente la cinquième génération de peintres
dans notre famille.*

LES MAISONS
QUE J'AI CONNUES

PEINTRES ET SAVANTS

I

LE CHATEAU DE CARIEUL
A SOUCHEZ

Les printemps d'autrefois. — La famille du comte de Servins d'Héricourt. — Le culte des aïeux. — L'abbé Vandrival. — Les vieux villages d'Artois. — Les blasons. — Le lièvreteau de Léontine. — La défense héroïque. — La rivière coule toujours.

Communiqué des journaux (début d'octobre 1915) :
« Nos troupes se sont emparées du château de Carieul transformé par l'ennemi en un formidable bastion. »

I

Ce nom de Carieul pour tous ceux qui le virent si souvent répété dans les communiqués, pendant la guerre, ne peut qu'évoquer l'idée d'une citadelle terrible, un sentiment d'admiration pour son héroïque résistance à l'ennemi qui l'avait d'abord occupé et fortifié, un sentiment d'horreur pour les affreux combats dont le choc épouvantable renversa ses murailles et éparpilla dans l'herbe les pierres grises dont il était bâti.

Ce nom, pour moi, évoque toute une symphonie de sons et de parfums printaniers, une vision de couleurs tendres et gaies, de fleurs, de jeunes verdures surgissant des bourgeons entr'ouverts. C'était un châtelet mignon, datant du dix-huitième siècle, et qui semblait se faire illusion à lui-même, en érigeant sa tourelle ronde coiffée d'un petit toit pointu en ardoise tapissé de lichen jaune, miniature des grands châteaux forts, avec son portique de grès taillé où se devinaient encore des armes usées par le temps, les pluies et les branches d'arbres qui les frôlaient. Quand je me le représente, je songe à un enfant joyeux qui jouerait au preux chevalier en se coiffant du casque d'un ancêtre.

A l'âge que j'avais alors, on prête aux choses inanimées les sensations que l'on éprouve soi-même, car plus on est petit, plus on se sent rayonner sur son entourage, aussi ce châtelet était-il à mes yeux souverainement lumineux et gai.

Il avait un haut toit d'ardoise sur les arêtes duquel des pigeons blancs et gris-irisés faisaient perpétuellement des exercices d'équilibre et de vol circulaire avec des roucoulements incessants. Il était bâti sur une rivière, c'est-à-dire en partie sur l'arche d'un pont, en sorte que la salle à manger se trouvait suspendue sur l'eau et que l'on pouvait, tranquillement assis près de la fenêtre, dans un fauteuil, y pêcher à la ligne. Tous les printemps, mes parents et moi allions y passer quelques jours, invités par ses châtelains, la famille des Servins d'Héricourt, nos excellents amis. Nous logions à l'étage dans une chambre dont les meubles, datant pour la plupart de l'époque de Louis XIV et de Louis XV, avaient gagné en aspect vénérable ce qu'ils avaient perdu en fraîcheur, leur velours cramoisi et leur soie azurée étant élimés et déteints.

Comme il arrive généralement dans les domaines occupés depuis toujours par la même famille, les habitants de ce châtelet étaient en parfaite harmonie avec le logis. Je n'ai qu'un vague souvenir du père, le comte Achmet de Servins d'Héricourt (né en 1819 et mort en 1871), car ses travaux archéologiques et ses fonctions de correspondant de la Société des antiquaires et du ministère de l'Instruction publique, l'appelaient et le retenaient souvent à Paris où il logeait, comme nous, à l'hôtel du Borysthène. J'ai su par mon père que c'était un homme franc, très communicatif, joyeux et bon vivant, recherchant la société des artistes. Il avait publié des ouvrages très estimés : *Les Sièges d'Arras*, *l'Histoire des Seigneurs de Carency*, *les Douze vertus de noblesse*, etc..., qui avaient fait sa réputation.

Les personnages qui, dans mon souvenir, se meuvent dans ce cadre ancien, sont : la vieille maman d'Héricourt, son épouse, petite femme courte et ronde, très aimable, visage souriant dont le profil au front fuyant, au nez aquilin, rappelait celui de Louis XVI, ressemblance que complétait deux rouleaux de cheveux blancs sur chaque tempe. Elle portait généralement des robes de soie brochée noire à grands ramages, à revers de dentelles jaunies, et faisait des broderies et des guipures, assise près de sa fenêtre ou de sa cheminée, comme les châtelaines de l'ancien temps. Elle avait une fille aînée, Marie, religieuse dans un couvent et que je n'ai jamais vue, et une autre fille, Léontine, qui ne la quittait pas et dirigeait tout dans la maison. Léontine était grande, brune, hâlée par le soleil, énergique et très croyante, nature excellente et décidée. Sans aucun souci de la mode ni de l'élégance, elle portait des costumes simples, sans ornements, s'occupait de bonnes œuvres pieuses, lisait ou brodait dans ses moments perdus qui étaient rares. Elle était bien la petite fille des aïeux en armure, plus vaillants que beaux, dont les effigies, entourées d'armoiries dorées, jaunissaient dans leurs cadres de bois sculpté et ornaient les murs des salles et des chambres. Le marquisat datait de l'époque de Louis XV et l'un de ces portraits représentait un marquis d'Héricourt qui s'était rendu illustre dans la campagne d'Italie de 1734.

Si sa mère rappelait le gracieux dix-huitième siècle, Léontine, elle, semblait faire revivre une époque beaucoup plus ancienne, bien antérieure à celle de son blason, l'héroïque et austère douzième siècle, temps de croisades, d'idéal religieux obstiné, de saint entêtement porté jusqu'à l'excès, mais elle savait réprimer ses révoltes contre les idées modernes afin d'éviter toute discussion. On la sentait convaincue et inébranlable sans même qu'elle eût parlé. Charles d'Héricourt, son frère, le fils de la maison, seul héritier mâle du nom, était un jeune savant élevé par son père dans l'atmosphère des antiques parchemins, consacré, comme lui, à l'étude des temps disparus et absolument absorbé par ses constantes recherches de documents nouveaux. Les origines des blasons l'occupaient beaucoup à ce moment et si l'histoire des provinces et des familles de France l'intéressait tant, on comprend que celle de sa province natale et de sa propre famille le passionnait tout particulièrement. Il parlait de ses aïeux les plus reculés comme s'il les eût connus ; par le zèle vraiment touchant de son amour filial, il parvenait à faire sortir du brouillard et de la nuit des temps ces figures dont il était issu. Elles rayonnaient à ses yeux. Il redonnait une vie à ceux à qui il demeurait reconnaissant de devoir la vie.

C'est là le côté le plus respectable de la noblesse, un côté que notre démocratie, dans sa juste préoccupation des nécessités du présent, a certainement trop négligé. Le culte des aïeux devrait être perpétué dans toutes les familles. L'histoire de chaque génération devrait être écrite pour être enseignée aux enfants. Est-ce une raison parce que nos pères n'eurent point d'armoiries pour qu'au quatrième ou cinquième degré, nous ne sachions plus le métier ou l'art qu'il exerçaient, le rôle qu'ils jouaient dans leur ville ou dans leur village et même parfois jusqu'au nom qu'ils portaient, quand il s'agit d'ancêtres du côté maternel?

La naïve enseigne qui, au quinzième siècle, se balança au-dessus de l'humble boutique d'un artisan n'est-elle pas aussi intéressante, aussi poétique pour ses descendants, que le pompeux

blason d'un grand-duc? La grand'mère qui mit
tout son dévouement à élever ses enfants, qui,
après les avoir nourris de son lait, sut les diriger
dans leur carrière, ne mérite-t-elle pas que son nom
soit connu de ses arrière-descendants autant et
plus que celui de la grande dame qui brilla à la
cour d'Henri IV ou de Louis XIV? Si chacun de
nous prenait la peine de noter ce qu'il sait des
grands-pères qu'il a connus et transmettait à son
fils ce livre de la famille avec mission de le continuer, que de faits curieux seraient recueillis!
Et la préoccupation d'avoir une belle page dans
cette histoire ne serait-elle pas un encouragement
au bien et une garantie contre les entraînements
néfastes?

II

Tout autour du châtelet s'étendait le parc où
s'étalaient, des deux côtés de la rivière qui le traversait, des pelouses toutes fleuries de pâquerettes
et de boutons d'or. Ce n'étaient pas des gazons
soignés et rasés comme ceux des squares, c'étaient
de bonnes prairies plantureuses que l'on fauchait
en juin et dans lesquelles, en toute saison, il était
permis de courir. Je ne m'en privais pas et, à
travers les hautes herbes, j'apercevais le grand
parasol blanc de mon père faisant une étude de
paysage et, plus près, sous les pommiers en fleurs,
je voyais passer et repasser la silhouette noire et
familière de l'abbé Vandrival, ami de la maison,
qui lisait son bréviaire, dans un perpétuel mouve-

ment de va-et-vient, chassant devant lui les folles sauterelles. Pour mieux s'harmoniser avec le frais printemps, il mettait une fleur à son chapeau de vieux prêtre.

Au milieu des bourdonnements de mouches et des gazouillis d'oiseaux, à midi, une petite cloche grêle et sentimentale, comme celle d'un pardon breton, nous appelait pour le dîner dans cette délicieuse salle à manger bâtie sur la rivière même et dont les deux fenêtres, se faisant face, s'ouvraient sur l'eau, comme celles d'un bateau. La table était servie selon les anciens usages. Les quatre plats qui composaient le repas y figuraient à la fois, placés sur des réchauds en argent. Je vois encore de quel air satisfait de toutes choses et de lui-même, l'abbé Vandrival, s'asseyait à cette table et dépliait sa serviette. Sa constante préoccupation, quand il se trouvait en société, était d'être distingué et cela donnait à sa conversation, d'ailleurs intéressante car il était très instruit, une sorte d'onction pleine d'afféterie. Il semblait déguster chaque parole qu'il prononçait comme il le faisait d'une lampée de vin fin. C'est ainsi qu'il prononçait : *Moutchon* pour *mouton*, madame la *comtchesse* pour comtesse. Et tout en parlant, un éternel sourire sur les lèvres, même quand il évoquait les choses les moins gaies, il se frottait les mains, de petites mains courtes et roses aux ongles luisants. Il louait l'*excellenche* de chaque mets, la *succulenche* de chaque fruit mûri dans la *propriétché*. Il était grand amateur d'archéologie et aussi de bonne chère : il appréciait également les vieux bouquins de la bibliothèque du château et les bouteilles d'ancien bourgogne de sa cave, choses respectables que recouvrait la même poussière grise au parfum moisi. Il disait : « C'est une actchion de grâche à la djivinithé que de chavourer les bonnes choses que le bon Djieu nous djonne. »

Il bénissait le père Noé d'avoir inventé le vin et approuvait fort la colère divine de s'être « abattchue sur Cham pour avoir manquché du respect filial dû a un si grand bienfaictcheur de l'humanitché. »

Bref, l'abbé Vandrival, chanoine du chapitre d'Arras, semblait conservé sans altération de l'époque du dix-huitième siècle : c'était bien l'aimable et souriant confident d'une noble dame, plus gracieux que vénérable, avec ses cheveux blancs, soyeux, encadrant un visage rond et rose. Un jour qu'il était assis à table entre Léontine d'Héricourt et une autre demoiselle, papa Breton lui dit :

— Ah ! vous voilà bien placé, monsieur l'abbé, entre deux jeunes filles !

Il répondit :

— Oui, chertainement, monschieur Bretchon, j'en appréchie l'honneur... mais vous savez, nous authres, nous sommes limithés !

Il ne semblait pas se croire de même limité en toutes choses : la méditation des évangiles n'avait pas réussi à le détacher complètement des biens et des ambitions de ce monde. Témoin une longue lettre qu'il écrivit un jour à mon père et à la première page de laquelle il lui annonçait qu'il allait l'entretenir d'une chose assurément fort grave ! Dans l'enchevêtrement de phrases élégantes d'une fine écriture, il n'arrivait au fait qu'à la quatrième page et ce fait était qu'il avait eu la flatteuse satisfaction de se voir proposé pour la croix de la Légion d'honneur au sujet de ses travaux archéologiques. Il demandait à mon père de lui écrire une lettre intime dans laquelle ses mérites de savant seraient énumérés comme par hasard. Je ne me rappelle plus si la porte du paradis des légionnaires lui fut ouverte mais je sais qu'à côté de ce rêve rouge, il eut un rêve violet : il fut proposé pour être nommé évêque et, prenant déjà les espérances pour des réalités, l'une de ses pénitentes de marque, Mme de Clercq, châtelaine d'Oignies, lui fit faire un somptueux habit couleur de violette qu'il n'eut jamais la joie de revêtir. Mais revenons, pour y savourer le dessert, à la cordiale table de Carieul. Bien qu'on fût limité, on y contait de bonnes histoires et chacun riait de son rire spécial : la bonne comtesse riait aux larmes et s'épongeait les yeux avec sa serviette ; le doux abbé élargissait son sourire habituel dans un épanouissement réjouissant à voir ; Charles avait un rire nerveux, bruyant, aboutissant à un hoquet qui rendait sa parole inintelligible ; Léontine maîtrisait son rire un peu rêveur. Comment riaient mes parents? je ne sais pas, on n'observe bien que ce qu'on n'a pas l'occasion de voir journellement.

Après dîner, on attelait le cheval à une rustique carriole à banquettes et l'on partait en excursion. Je ressens encore les soubresauts des roues sur nos chemins d'Artois aux ornières profondes. Je m'y crois encore, j'y suis. L'abbé ne nous accompagne pas, c'est dimanche. Mon père regarde les effets de nature, observe, compare les valeurs et les tons, il admire et nous fait admirer les vieux chaumes, les grands arbres enveloppés du chaud rayonnement du soleil.

Charles d'Héricourt nous raconte l'histoire de ce pays qu'il connaît jusque dans ses plus intimes recoins, il évoque les époques reculées, il vit plus dans les siècles écoulés que dans le présent. En l'écoutant j'ai la sensation que, sur chaque pierre, un personnage illustre s'est assis jadis; aussi, chaque pierre m'apparaît auguste. Léontine s'assombrit tout à coup : elle a vu un homme casser des cailloux sur le bord de la route... et... c'est dimanche! Elle n'ose rien lui dire, mais ce soir elle priera tout particulièrement pour ce pécheur afin que le Seigneur lui pardonne, car elle sait que c'est un père de famille méritant. Moi, je regarde et j'écoute. Je sens confusément les impressions si différentes que les mêmes objets vus à la même heure peuvent produire sur les esprits diversement doués et diversement éduqués. Je nage entre ces influences : les exclamations admiratives de mon père me communiquent leur enthousiasme. Les récits de Charles m'intéressent au plus haut point. Je l'interroge. Il est gentil, il me répond et ne se moque pas de moi quand je lui fais des questions qui montrent ma complète ignorance des choses dont il parle. Il m'explique le sens des mots employés en langage héraldique. Il me dit que la robe de ma mère est de *sinople* et de *sable* et la mienne d'*azur*, et que la fleur de mon chapeau est de *gueule*, ce qui m'amuse énormément. Je trouve délicieux que *blanc* se dise *hermine* mais je ne veux pas admettre que *sable* signifie *noir*, moi qui connais les sables blonds et pailletés de mica des plages bretonnes, je juge que noir devrait s'appeler

plutôt *charbon*. Charles m'applaudit et me déclare
que je parle comme un dictionnaire étymologique
étant donné que si le sable vulgaire des grèves
vient du latin *sabulum* (même sens), le noble sable
des écussons vient du latin *carbo* (charbon). Je suis
ravie d'être si innocemment savante.

On passe par des chemins creux, ombreux, les
branches des ormes et des saules fraîchement
feuillus nous effleurent la joue. On effarouche des
bandes de canards et de poules sortis des cours de
fermes, on traverse de vieux villages, encore primitifs, bâtis en argile blanchie, aux toits moussus.
Le grand chien de chasse de Carieul, qui se nomme
Orange, poursuit la volaille et les pourceaux et
provoque de grands tumultes. Il nous vient des
bouffées d'odeurs mélangées d'aubépines blanches
fleuries et de fumier doré. Mon père assure que
ces deux parfums sont également poétiques : si
le premier rappelle Anacréon et Ronsard, le
second évoque les Bucoliques. La mission de
l'artiste est de souligner et de dégager cette poésie
divine dont la présence réelle est partout. Pour lui,
Dieu et Poésie ne font qu'un.

Charles d'Héricourt approuve, car ses profondes
convictions religieuses n'ont rien de mesquin et
il a médité les poèmes de Victor Hugo qui ne sont
pas en désaccord avec les principes évangéliques
bien que d'une libre philosophie. Mon père développe sa thèse favorite : Ce qu'il y a de plus beau
au monde se trouve partout. Le soleil qui auréole
cette pauvre masure de paysan au milieu de son
petit champ de choux bleus, est aussi magnifique
que celui qui illumine les forums de la campagne
romaine, il l'a senti mieux que jamais à son retour

d'Italie. On sent que s'il l'osait il ajouterait : « Le Beau est partout... et surtout dans mon pays natal. »

On descend de voiture. On entre dans l'une de ces fermes d'Artois qui sont en même temps des cabarets. Ici c'est un mélange d'odeur de bière et de lait battu, Gambrinus et Virgile communient. L'intérieur est sombre et frais. Mon père cause avec le rustique maître du logis qui nous offre des chaises de paille.

A peine entré, Charles se précipite à quatre pattes pour examiner de près une vieille dalle gravée qu'il a déjà remarquée une autre fois, là, près de la grande cheminée. Il tire de sa poche un morceau de papier métallique qu'il applique sur la dalle et qu'il tamponne avec son mouchoir pour en prendre l'empreinte.

Absorbé par ce travail délicat, il ne s'occupe pas de ce qui se passe et se dit autour de lui et ne remarque pas le geste du paysan qui le montre à mon père avec un haussement d'épaule et une expression de pitié dont la signification doit être : « Voyez-vous, ce grand enfant, à quoi il s'amuse ! » Car le comte Charles d'Héricourt, qui a coutume de marcher d'un pas distrait, le regard fixé, non sur les objets quelconques qui l'entourent, mais sur l'idée qu'il poursuit, sa grande et originale intelligence fascinée par cette idée, la bouche entr'ouverte sur de longues dents, son chapeau de feutre mou mis n'importe comment, sa cravate nouée à la diable, a l'air d'un hypnotisé et passe dans le pays pour un bon garçon « qui n'a pas tout ». C'est ainsi que le jugent ceux qui ont tout et le paysan en question est de ceux-là, ce qui fait que c'est en vain que mon père, qui s'est levé pour aller voir le jardin avec le fermier, cherche à lui faire comprendre qu'il se trompe, que ce grand enfant est un savant apprécié et appelé à de hautes destinées (il fut plus tard consul de France), le rustique continue à hocher la tête d'un air incrédule.

On revient vers le soir. Les étoiles s'allument une à une. Charles, qui s'y connaît dans les constellations presque aussi bien que dans les figures symboliques des blasons, nous dit le nom de chaque point lumineux qui apparaît au-dessus de nos têtes. Nous rentrons. Nous retrouvons la maman d'Héricourt et l'abbé Vandrival en causerie souriante, assis de chaque côté de la cheminée où flambe une belle bûche, car les soirées sont encore fraîches au printemps. Charles exhibe son empreinte de vieille dalle qui fait l'admiration de l'abbé ; la date est bien visible, c'est très curieux, cela doit venir de tel seigneur et ce document examiné à la lueur de la lampe, éclaire un coin obscur d'histoire locale.

Après le souper, Charles monte à sa tour qui renferme sa précieuse collection. Il en rapporte de vieux parchemins, des médailles et aussi des toiles d'araignées accrochées à ses cheveux. Les têtes, vieilles et jeunes, se rapprochent pour examiner les curiosités étalées sur la table.

Mes parents s'intéressaient vivement à tout ce qui avait trait au moyen âge. Ils y avaient été initiés de jeunesse : mon père, comme élève de mon grand-père Félix de Vigne, archéologue distingué en même temps que peintre, avait étudié tout particulièrement cette époque. Ma mère avait aidé son père lorsqu'il préparait ses livres historiques et c'était elle qui, étant jeune fille, était chargée de l'enluminure des gravures pour les volumes de luxe. La conversation était donc, sur ce sujet, intarissable.

Il y eut cependant un soir où Godefroy de Bouillon, Frédéric Barberousse et le prince d'Orange ne furent pas seuls à charmer nos loisirs. Un personnage imprévu surgit soudain du giron de Léontine au moment où on enlevait la nappe du souper. C'était un jeune lièvre que son jardinier avait pris au gîte, dans le parc, et qu'elle avait nourri au biberon avec une tendresse toute maternelle, un lièvre des bois au pelage fauve doré comme celui d'un Lion de Flandre. Il ne regarda pas l'assemblée qui lui faisait fête de cet œil ahuri, grand ouvert, que tout chasseur connaît. C'était un lièvre éduqué et sociable, un lièvre de bonne compagnie. Léontine posa devant lui une assiette retournée et il se mit aussitôt à battre le tambour. Cambré sur son séant avec ses pattes levées, ses oreilles dressées et sa toison d'or, il avait vraiment l'air d'une bête héraldique. Comme cet exercice m'amusait follement, Léontine alla chercher un petit tambour de basque qu'elle avait acheté à la ducasse de Souchez et l'illusion du joujou vivant fut encore plus complète. J'eus alors une nouvelle preuve de la grande bonté de Léontine qui faisait sa joie de celle des autres : elle me donna son lièvre qu'elle avait élevé avec tant de soins !

Je reste reconnaissante à sa mémoire, après tant d'années, pour cet acte de désintéressement et de tendresse, pour ce geste d'un si cordial élan. Mes parents se réjouissaient de ma joie mais je vis bien que ma mère, dame de maison soigneuse et ordonnée, se préoccupait un peu à l'idée d'avoir, chez elle, ce nouvel hôte imprévu. Cependant tout s'arrangea. Quand mon lièvre, gentiment emballé dans un panier, fit son entrée à Courrières, mon oncle Louis, qui aimait beaucoup les animaux, lui offrit avec grand plaisir l'hospitalité, « bon souper, bon gîte et le reste », dans la cabane à lapins de la brasserie. Il avait de même accueilli, quelques années auparavant, une jeune loutre qui, nourrie par une chienne, était devenue un animal domestique et le suivait partout comme un chien fidèle.

Nous jouions avec mon lièvre et nous lui mettions le dimanche un ruban rose ou bleu autour du cou. On l'exhibait à table quand on avait du monde à dîner et on racontait son histoire de lièvreteau ayant reçu une éducation soignée dans un milieu aristocratique. Il grandit sans rien perdre de ses talents, que nous entretenions par un fréquent exercice, et malgré les préjugés que sa première culture aurait pu imprimer à son esprit, influencé peut-être d'ailleurs par les idées démocratiques de la nouvelle atmosphère dans laquelle il vivait heureux, il ne crut pas déroger de son rang en s'unissant à une simple femelle de lapin et nous eûmes la joie de voir s'élever toute une nichée de léporides.

Tous les fermiers du village vinrent les admirer.

Tels sont les souvenirs qui ont surgi en foule dans mon esprit lorsque j'appris que le castel de Carieul, après avoir héroïquement *tenu* comme les anciens nobles en armure, comme nos poilus qui l'animaient, était tombé de même que ces vaillants

qui, sublimes sauveurs, mouraient en criant :
« Vive la France ! »

Je reste seule survivante des êtres et des choses
dont je viens de parler. Personne, hormis moi, ne
pourrait enregistrer tous ces riens devenus touchants pour moi qui les ai vécus. Sans ces événements tragiques, aurais-je jamais songé à conter
l'infime historiette de mon lièvreteau quasi héraldique qui joua, dans ma vie d'enfant, son petit rôle
d'animal savant ?

Tous les fronts qui se penchaient attentifs sur
les mystérieuses armoiries sont rentrés dans le
grand Mystère.

Toutes les pierres de Carieul se sont émiettées
dans l'herbe. Seule la rivière sur les bords de laquelle se dressaient jadis la gaule du pêcheur à
la ligne et le parasol blanc du paysagiste, continue
son cours paisible entre ses deux berges toujours
fleuries et vibrantes de sauterelles.

Elle a connu la tourmente, elle s'est rougie de
sang, elle a roulé des cadavres et des débris cal-
cinés, puis elle s'est épurée... Les choses les plus
calmes sont, dans la nature, les plus immuablement durables.

Après avoir écrit ce chapitre, j'ai appris que le
fils de Charles d'Héricourt était mort pour la
France.

II

LA MAISON
DES FRÈRES DENNEULIN
A LILLE

La chasse à Courrières. — Les débuts de Carolus Duran. — Le prix Wicar. — La première visite de Jules Denneulin à Courrières. — Son atelier à Lille. — L'abbé de Carne. — Le marabout d'Alfred. — La jambe coupée. — Le docteur Follet. — Le docteur Denneulin. — Soleil couchant à Wimereux. — Les tableaux de Denneulin. — Sa mort au milieu des fleurs.

Je les ai toujours connus, Alfred et Jules Denneulin, ces deux frères si étroitement unis, qu'on les citait comme l'exemple le plus touchant d'amour fraternel qu'on puisse imaginer. Ils étaient amis de ma famille déjà avant ma naissance. Petite fille je les tutoyais et, plus tard, ils me prièrent de garder cette habitude, car ils disaient : « Ne sommes-nous pas tes oncles par l'amitié? »

Oui, je les ai toujours aimés comme des oncles tendres et dévoués : la parenté que crée une intimité basée sur l'estime et l'affection profondes, équivaut parfois aux liens du sang.

Aussi loin que peut me reporter mon souvenir, je les revois à Courrières, chez mon père ou chez mon oncle Louis Breton, après une partie de chasse en plaine ou au marais, séchant devant la cheminée leurs souliers pleins de la boue des labourés, nous groupant — nous les petits — sur leurs genoux, tandis que leurs chiens, haletants de fatigue, se couchaient en rond et dormaient.

On causait. Nous écoutions le récit des hauts faits de la journée et aussi des échecs : le magnifique coup double ou bien le coup raté bêtement, alors *qu'on l'avait si belle!* Nous avions vu vider les carnassières sur la table de la cuisine, lièvres liés ensemble par les pattes, montagnes de perdreaux, car le gibier abondait en ce temps-là, et nous avions éprouvé une curiosité mêlée d'admiration pour l'adresse des chasseurs et de compassion pour les victimes. Les enfants ont peur des coups de feu, aussi les histoires où il en est question prennent-elles pour eux un intérêt impressionnant comme toutes celles où il est parlé de choses redoutables.

Jules Denneulin était alors un passionné chasseur, d'autant plus que la chasse avait pour lui un double attrait, car le peintre humoriste qu'il était veillait toujours : son œil d'observateur mettait en joue des motifs de tableaux de genre qui se gravaient dans son esprit avec les effets de nature qui les complétaient. C'est aux Écoles Académiques de Lille, sa ville natale, qu'il avait appris à peindre. Il y avait eu, entre autres camarades, Salomé qui peignait avec talent des scènes dans des intérieurs, Scouteten, Herlin, peintres de genre également et Charles Durand, devenu depuis le célèbre Carolus Duran.

A propos de ce dernier les souvenirs des frères Denneulin remontaient même plus loin : ils avaient connu le petit Charles au temps où il jouait aux billes sur la place Rihour, en face de l'auberge que tenaient ses parents et qui avait nom : *A l'audience.* C'est là que s'arrêtait jadis la diligence et c'est là que les rouliers dételaient leurs chevaux. Le futur illustre Carolus les aidait à mettre leurs bêtes à l'écurie et, remarquant déjà leurs types et leurs gestes, il crayonnait leurs portraits avec un morceau de charbon sur les murs. Le vieux peintre Souchon s'intéressa à ses croquis et le prit comme élève. Plus tard il obtint le prix Wicar, grâce à mon père qui faisait partie du jury de ce concours. Voici comment :

Tous les juges étaient d'accord pour trouver que Carolus possédait, beaucoup plus que son concurrent Salomé, les vraies qualités fondamentales qui font un peintre, mais en additionnant les points accordés à chaque branche de leurs études, il se trouvait que ce concurrent avait un total supérieur.

Mon père proposa et obtint que l'on augmentât le nombre des points pour les choses principales, couleur, composition, effet et, cette fois, le résultat donna la victoire à Carolus.

Son séjour à Rome fut le point de départ de toute sa magnifique carrière.

Les frères Denneulin étaient excellents camarades et ils prenaient toujours la défense de Carolus lorsque, devant eux, à cause du caractère orgueilleux de ce peintre adulé et de sa passion

pour le luxe et les chevaux, un confrère l'appelait :
Caracolus d'Uranus ou le *Double-six*, parce qu'aux
dominos le double-six pose toujours. Ils disaient :

— Avec nous, Carolus est si simple et si bon
garçon ! Il faut bien qu'il montre aux Américains milliardaires qu'il est *quelqu'un* pour qu'ils
lui commandent leur portrait !

Le fait est que Carolus n'était vraiment poseur
que lorsque son succès au Salon était douteux.
En ces circonstances, il disait de lui-même :

— Cette année, ce n'est plus un succès, c'est un
triomphe !

Quand ses portraits faisaient réellement sensation, quand on courait à lui de toutes parts pour
le féliciter, il répondait modestement :

— Vous êtes bien aimable !

Je me le rappelle au Salon les jours de vernissage, en costume de velours noir, levant sa tête
brune aux larges traits martelés de marques de
petite vérole, promenant sur la foule son regard
intense, lançant à tout venant des « bonjour » !
d'un geste de la main, avec un sourire, comme un
beau prince qu'on acclame.

Il s'étudiait dans ses gestes toujours élégants,
dans sa manière de bien parler et, trouvant que
les Russes roulaient bien les *r* de notre langue française, il les imitait.

L'année où il avait exposé un fort beau portrait
de l'aînée de ses fillettes, Marie-Anne, en le félicitant, je lui dis :

— Comme elle vous ressemble !

— C'est vrrai, me répondit-il, c'est le même
œil de taurreau... moins sévèrre...

Lorsqu'il remporta la médaille d'honneur qui

alors était votée par le jury, il sut que mon père l'avait soutenu avec ardeur et conviction et lui en fut très reconnaissant, car, comme le disaient les Denneulin, il avait très bon cœur.

Cette année-là, on ne fermait pas le Salon à 6 heures du soir, on l'éclairait toute la soirée car on était dans la lune de miel de la lumière électrique.

Il y avait foule comme en plein jour. Nous rencontrâmes Carolus Magnus, le héros de l'année, devant son tableau.

Il sauta au cou de mon père, l'embrassa avec effusion et s'écria, faisant allusion à son prix Wicar :

— Merrci, Jules ! Tu m'avais donné le baptême, aujourrd'hui, tu me donnes la confirmation !

Toute la salle applaudit et l'on vit accourir les visiteurs des salles voisines.

Notre vingtième siècle positiviste ne saurait se représenter ce qu'était l'enthousiasme du public pour les artistes, à cette époque où les arts étaient en honneur.

*
* *

C'était par le chef de musique de Carvin, nommé M. Haÿ, que Jules Denneulin avait fait la connaissance de mes parents. Ce M. Haÿ, client de M. Denneulin père, négociant en draps, lui avait un jour proposé de mener son fils à Courrières, chez Jules Breton. Jules Denneulin reparlait toujours avec une joie émue de cette première visite faite à mon père dont la réputation se répandait déjà car il avait eu à l'Exposition Universelle de 1855 un très grand succès. La vue des tableaux en train lui avait causé une inoubliable impression. Tous les artistes vraiment doués ont eu dans leurs débuts, devant une œuvre réalisant des sensations qu'ils ont éprouvées sans être encore à même de les exprimer, un élan d'enthousiasme où, comme le Corrège, ils se sont dit : « Et moi aussi, je suis un peintre ! » Il aimait à redire que c'était dans l'atelier de Courrières qu'il avait reçu cette fécondante étincelle d'art, si salutaire surtout aux natures modestes, car elle leur donne avec l'espoir de triompher des difficultés à vaincre, le courage et l'audace de les affronter.

Voici un fragment d'une lettre qu'il adressait de Saint-Pol, le 15 mai 1859, à son frère Alfred et où il raconte cette première visite à Courrières :

« ...Moi-même, je n'ai jamais eu si peu de goût pour les voyages d'affaires ! Notre voyage à Paris, l'Exposition de peinture, ma visite aux Breton de Courrières, tout ça fait que le commerce me pèse de plus en plus et que je m'ennuie à périr ! Enfin, espérons des temps meilleurs.

« Mon rêve, le tien aussi, j'en suis sûr, serait de mener l'existence des Breton, mais je me souviens que tu m'as demandé beaucoup de détails sur la visite que je leur ai faite.

« Voici : Je suis arrivé à Courrières vers les 3 heures. C'est la femme de Jules Breton qui est venue m'ouvrir ; elle est très gentille et je comprends qu'il la mette dans beaucoup de ses tableaux. Elle m'a conduit à l'atelier où j'ai trouvé Jules Breton, ses deux frères et leur oncle, les trois Breton en blouse fumant la pipe, l'oncle lisant les journaux parlant de l'Exposition. Jules Breton est venu me serrer la main, m'a engagé à fumer

une pipe avec eux, en un mot m'a parfaitement
reçu. Nous sommes restés une bonne heure à parler
peinture. Il est à peu près certain d'avoir une médaille de première classe cette année, mais il ne
sera pas décoré. M. de Morny l'a fait appeler pour
lui commander un tableau. Je crois qu'il a vendu
son *Calvaire* dix mille francs et sa *Couturière*
deux mille.

« Son frère Émile a quitté le commerce pour ne
s'occuper que de peinture, il a déjà fait quelques
essais. C'est Courbet particulièrement qui lui a
donné ce conseil. Il va commencer par exposer à
Bruxelles l'année prochaine et, dans deux ans, à
Paris.

« Je ne connais pas d'intérieur plus charmant
et ils s'entendent comme nous nous entendons. Ils
sont du reste très bons enfants et on ne peut plus
doux de caractère. Le troisième frère, Louis, est
brasseur et chasseur. Ils sont mariés tous les trois.

« Jules Breton a une vraie tête d'artiste ; j'ai
fait son portrait de mémoire, il ressemble assez,
je te le montrerai en rentrant.

« Nous sommes allés prendre de la bière ensemble jusqu'à 8 heures et je suis rentré à Hénin-
Liétard avec l'oncle. Jules Breton m'a donné
rendez-vous à Boulogne dimanche prochain. Je
lui avais tant vanté le pays qu'il voulait partir
tout de suite. En tout cas, s'il ne vient pas, il m'a
positivement promis qu'il viendrait dîner chez
nous au mois de juillet, pour aller, nous deux,
faire des études du côté d'Emmerin. Enfin, nous
nous sommes quittés les meilleurs amis du monde...

« En attendant de tes chères nouvelles à Boulogne,
où je serai samedi prochain, chez Mottel, hôtel du

Commerce ; surtout, fais comme moi, n'épargne pas les détails... »

J'ai voulu noter cette lettre écrite moins de trois mois avant ma naissance, car elle dépeint, en quelques traits, la belle union et les aspirations artistiques de cette famille Breton où je me préparais à prendre ma petite place. La sympathie qu'elle exprime si simplement avait bien vite amené l'intimité et Jules Denneulin fut pendant bien des années le compagnon d'études sur nature de mon oncle Émile Breton. Ils allaient ensemble travailler dans les Ardennes et dans la Nièvre. Après avoir étudié le paysage, Denneulin s'adonna surtout aux scènes de genre comique qui ont fait sa réputation. Il y donna une note absolument neuve et personnelle. Cette note à la fois spirituelle et attendrie, il la prodiguait dans sa conversation comme dans ses œuvres et il était le conteur le plus charmant qu'on puisse entendre. De même que les personnages sortis de son imagination, il savait faire rire tout en gardant son sérieux, Il avait le bout du nez mobile et, quand il parlait. ce bout de nez remuait presque autant que ses lèvres, ce petit manège m'amusait. Il remarquait le côté typique, drôle ou saisissant de toutes choses et rendait ses impressions avec une simplicité et une clarté qui étaient chez lui un don instinctif.

Expansif et aimant à confier à ceux qui savaient les comprendre ses sentiments et ses idées, il me dit un jour une parole que j'ai retenue comme montrant bien sa belle nature qui avait plus besoin de tendresse que de louanges.

— Je n'ai jamais envié personne au point de vue

ambitieux, mais quand j'étais petit, j'étais jaloux des enfants qui avaient une maman. »

En effet, son frère et lui n'avaient pas eu une enfance heureuse. Ils étaient encore en bas âge lorsque leur mère mourût et leur père, voyageant beaucoup pour ses affaires, fut obligé de les mettre de bonne heure en pension. On sentait qu'ayant souffert de cette privation chacun d'eux s'efforçait de remplacer pour l'autre, cet amour qui leur avait manqué. On le sentait à des attentions, à des inquiétudes réciproques qui étaient plus que fraternelles, à des préoccupations des détails de la vie où l'on devinait une sollicitude tellement tendre qu'elle en arrivait à être presque maternelle et, chaque soir, avant de dormir, comme un enfant se recommande à son ange gardien, Jules demandait à son frère (qui était l'aîné) de lui donner sa bénédiction. Ce trait dénotant une âme demeurée candide malgré les années, pourra faire sourire les sceptiques ; pour ma part je le trouve profondément touchant,

Un Lillois, plein d'esprit, dont je regrette d'avoir oublié le nom a trouvé jadis la formule définitive de cette union fraternelle, il a dit : « Jules Denneulin a deux grands amours : son frère et sa peinture. Alfred Denneulin a également deux grands amours : son frère et la peinture de son frère. »

La nature semblait avoir tenu à rendre, sous tous les rapports, cette harmonie complète : Alfred et Jules, tous deux de taille moyenne, avaient la même couleur des yeux gris-verdâtre, la même teinte de cheveux châtains, la barbiche plantée de même et coupée en pointe, mais Jules, ayant

le teint un peu plus coloré et le nez légèrement
plus aquilin, était le plus beau des deux.

Leur vie s'écoulait dans le calme d'une maison
bâtie par eux selon leurs goûts, rue Saint-Firmin
à Saint-Maurice-lez-Lille. Ils l'avaient ornée de
meubles anciens et de tous les menus bibelots
qu'aiment les artistes et qui participent à tous les
actes de la journée, s'animant pour ainsi dire du
contact de la main qui a coutume de les toucher.
Cette vie était réglée méthodiquement, chaque
heure, chaque minute ayant son emploi de travail
ou de loisir. Leur bonne, qui faisait partie de leur
maison, car ils avaient eu à leur service, avant elle,
sa mère et sa grand'mère, s'occupait des soins du
ménage avec le calme silencieux d'une servante
de presbytère.

Dans ce grand recueillement, Jules peignait,
lisait ou méditait en fumant sa longue pipe de terre
blanche, en hiver auprès de son poêle, en été auprès
de sa fenêtre donnant sur son jardin. Cet atelier,
attenant à une serre de plein air, était meublé
d'anciens bahuts de chêne, de massives chaises
de cuir, de tapis épais aux tons harmonieux.
Dans le fond se dressait, sur sa croix, un grand et
beau Christ en bois datant du seizième siècle
qu'Alfred avait découvert au bureau de vente.
Il avait placé, derrière la tête penchée de ce
Christ, le couvercle d'une vieille bassinoire de
cuivre qui lui faisait une auréole dans le style de
son époque. De curieux bouquins s'échafaudaient
sur les tables, bien rangés, les uns consacrés aux
arts, les autres aux sciences. Alfred s'absorbait
volontiers dans des livres spéciaux et techniques.
Il aimait à se documenter pour se faire une idée

juste en toutes choses. Il étudiait la médecine
comme s'il avait à préparer son doctorat, les
voyages comme s'il eût voulu se faire explorateur,
la science comme s'il eût rêvé de devenir savant,
la théologie comme s'il eût aspiré à la prêtrise.
Son plaisir était de questionner les professionnels
en chaque branche, brusquement, pour que la
réponse fut spontanée, car il disait que toute
parole préparée manque de sincérité. Il interpellait
ainsi le docteur Follet, leur intime ami :

— Croyez-vous à la médecine?

Et s'adressant au savant naturaliste Coren-
winder, il lui demandait des détails précis sur un
insecte dont il venait de découvrir le nom bizarre
dans un dictionnaire de zoologie.

Avec une franchise d'enfant terrible il demandait aux jolies dames un peu mûres :

— Quel cold-cream employez-vous pour cacher
vos rides?

Et aux jeunes filles qu'il voyait pour la première
fois :

— Avez-vous un fiancé?

Il allait à la messe, mais discutait les mystères
religieux. Un jour que nous étions réunis autour
de la table de la rue Saint-Firmin avec quelques
amis parmi lesquels était l'abbé Carnel, peintre
paysagiste d'un certain talent, qui signait : de
Carne, Alfred lui dit, tout haut, à brûle-pourpoint
ou plutôt à brûle-soutane :

— Dites donc ! l'abbé ! croyez-vous en Dieu?

— Alfred, répondit le prêtre, vous dites des
bêtises !

Jules Denneulin, avec son tact parfait, raconta
bien vite une histoire drôle pour changer le cours

de la conversation, après quoi on alla prendre le café dans l'atelier où était placé sur le chevalet, en cours d'exécution, son tableau : *Procession surprise par une bourrasque* qui est maintenant au musée de Lille. Les murs de cet atelier disparaissaient sous les études faites par Jules lors de ses tournées de paysagiste avec mon oncle Émile et mon père. C'étaient des peintures d'une belle exécution solide et approfondie et d'une absolue sincérité. Parmi elles, en bonne place, se voyait un portrait d'Alfred (tête grandeur nature coiffée d'un chapeau de feutre) peint par Carolus Duran et, tout près, une nature morte représentant un petit marabout de fer battu, posé sur de la cendre grise et éclairé par un reflet de flamme. C'était l'unique œuvre picturale d'Alfred. Le jour où il l'avait peinte, son frère Jules lui avait dit :

— Alfred ! tu m'épates ! c'est très, très bien ! tu ne feras jamais mieux !

Cet éloge, loin de faire à l'auteur encore ingénu l'effet d'un encouragement, avait eu le résultat contraire. Alfred, intimidé par l'imprévu de ce premier succès, n'avait plus jamais osé reprendre la palette. Cela paraît bizarre, mais cela prouve que le vrai stimulant en toutes choses, c'est l'espoir dans le progrès.

Pendant que Jules poursuivait des projets nouveaux, aimant à varier ses motifs et ses effets pour acquérir des qualités nouvelles, Alfred se complaisait dans la contemplation de son petit marabout, modeste et recueilli et, comme lui, se contentait du reflet d'une flamme.

Jules Denneulin, peintre réjouissant et gai conteur, était en même temps un stoïque. Il le prouva lors d'une bien dure épreuve qu'il eut à subir : une maladie du pied, survenue à la suite d'une entorse et dont il souffrait depuis longtemps sans jamais se plaindre, nécessita l'amputation de la jambe. Elle eut lieu le jour de Noël 1884.

Lorsqu'il vit le docteur Follet et ses aides en tablier blanc, ayant préparé tous leurs instruments, réunis dans son atelier autour de la table à modèle où lui-même était étendu, au moment où ils allaient l'opérer, il dit tranquillement avec son bon sourire :

— Tiens ! *la Leçon d'anatomie* de Rembrandt !

En cet instant grave, c'était le peintre qui prenait le dessus sur le supplicié, lui donnant du courage par une observation plaisante devenue, dans ces circonstances, simplement héroïque.

Quand l'opération fut terminée, il tendit la main aux chirurgiens avec ce mot :

— Merci, messieurs, vous êtes d'habiles artistes !

Jules Denneulin avait donc une jambe de bois. Ses médecins lui avaient proposé une jambe mécanique faisant illusion, mais il refusa :

— Il n'est pas dans mon caractère de rien dissimuler, dit-il. Je veux une quille de bois comme on en met aux braves garçons qu'on a ramassés, un soir de bataille, avec une jambe en moins.

Alfred redoubla de soins fraternels. Lors de leurs premières sorties de convalescence, alors qu'ils n'avaient plus, comme le disait Jules en riant, que trois jambes pour eux deux, leur groupe apparut dans les rues de Lille, plus uni que jamais, Jules s'appuyant au bras d'Alfred.

Voyant un portefaix qui avait, lui aussi, une jambe de bois et qui, poussant une petite voiture à bras, courait avec une agilité surprenante, Alfred disait à Jules :

— Tu vois à quoi on arrive par l'habitude : ce garçon court comme un lapin ! bientôt tu pourras en faire autant !

Et de fait, par l'exercice et la volonté, il acquit de l'adresse dans la démarche. Il avait la tournure martiale d'un ancien militaire et cela lui allait bien.

L'attachement des deux frères à leur foyer, à leur ville, à leur cercle où ils allaient régulièrement chaque soir, non pour y jouer mais pour *voir jouer* leurs amis, était tel qu'ils ne les quittaient que très rarement. Les Lillois logés sur le parcours qu'ils suivaient, n'avaient pas besoin de montre pour connaître l'heure : lorsqu'on voyait entrer les deux frères au cercle, on savait qu'il était quatre heures précises. Ils le quittaient de manière à être de retour sur Saint-Firmin à huit heures moins sept, ces sept minutes étant le temps exact qu'il leur fallait pour chausser leurs pantoufles et se laver les mains avant le souper fixé à huit heures. Seuls, leur amour de l'art et leur amour de la mer réussissaient à les arracher pour un temps à leurs chères habitudes. Ils allaient voir les salons de Paris en quelques heures et passaient quelques semaines sur une plage peu éloignée où ils louaient un chalet.

Au retour d'un de ces petits séjours, ils nous contèrent une anecdote amusante :

Alfred avait joint à ses multiples occupations, celle de faire de la photographie ; il s'était abonné à des revues traitant de ces procédés et qui, dans son courrier, se mêlaient aux journaux scientifiques et médicaux. Une jeune femme qui habitait un chalet voisin, avait également la passion de tirer des clichés des motifs intéressants, et ayant les mêmes goûts, ils avaient fait connaissance. Leur conversation roulait naturellement sur les questions de bonne mise au point, de lavage des plaques, etc. ; ils allaient l'un chez l'autre pour se montrer les épreuves réussies et prenaient conseil ensemble dans les publications spéciales.

Un matin, dès l'aurore, la bonne de cette dame vint dire à Alfred que sa patronne le priait de venir la voir immédiatement.

Il pensa qu'elle avait besoin d'un renseignement photographique, s'étonna de la savoir si matinale et, toujours obligeant, toujours prêt à rendre service, il se leva bien vite, s'habilla et courut chez sa voisine.

A sa grande surprise, la bonne l'introduisit, non pas dans le salon, mais dans la chambre à coucher de la jeune femme. Il fut stupéfait en voyant qu'elle était au lit... En racontant la chose il disait :

— Je fus sur le point de m'enfuir comme le Joseph de la Bible.

Elle lui tendit les bras en s'écriant :

— Cher docteur ! je souffre ! je vous en prie, auscultez-moi !

— Mais... madame... pardon.... je ne suis pas médecin...

— Cher docteur, je sais bien, vous voulez garder l'incognito, cela se comprend, vous voulez vous reposer, mais faites une exception pour moi, je souffre tant !

— Madame... je vous jure que je ne suis pas docteur...

— Que vous êtes cruel, docteur ! soyez sincère, soyez charitable ! Je vois tous les jours chez vous des journaux médicaux adressés au *docteur Denneulin.*

C'était exact, les secrétaires de ces journaux lui donnaient par erreur ce titre.

Une autre histoire : peu après, alors que, rentrés chez eux, les deux frères étaient dans l'atelier de la rue Saint-Firmin, l'un peignant, l'autre lui faisant à haute voix la lecture des journaux, ils sont surpris de voir entrer deux messieurs qui avec forces salutations respectueuses, leur exposent le but de leur visite : ils s'occupent d'organiser une tombola de bienfaisance et sollicitent le don d'une petite peinture... oh ! toute petite, pour en faire un lot. Jules Denneulin, malgré sa générosité bien connue, est fort ennuyé. Il tient à ses études qui sont des documents précieux pour ses tableaux et il lui est fort désagréable de penser que la peinture qu'il ne peut cependant pas refuser, sera peut-être gagnée par un concierge ou un bourgeois ignorant qui la vendra, à vil prix, au marchand de peaux de lapins du coin de la rue. Avant de dire « oui », promenant un œil attristé sur les toiles épinglées ou clouées au mur, il demande :

— Avez-vous déjà récolté des lots intéressants?

— Oh ! oui, monsieur Denneulin ! Nous sortons de chez votre voisin qui a été bien généreux, il nous a offert une caisse de bougies !

A ce mot de bougies, la lumière qui se fait tout à coup dans l'esprit de Jules, éclaire la situation, et, rayonnant, il dit :

— Eh bien ! messieurs, inscrivez-nous « pour deux caisses de bougies ! »

Alors les deux messieurs, non moins rayonnants :

— Ah ! monsieur Denneulin, merci ! nous n'aurions pas osé vous demander un don pareil ! nous pensions à une petite peinture, oh ! toute petite !

Une année où ils avaient loué un chalet à Wimereux, près de Boulogne, pour la saison chaude, je me rappelle un beau soir d'été où nous allâmes les y surprendre. Au moment où nous arrivions, Adrien, nos enfants et moi sur la plage, elle était déserte malgré l'affluence des baigneurs sur cette côte, car c'était l'heure où les cloches des hôtels rappellent leurs clients autour des tables servies. Le soleil se couchait. Il descendait tout rouge dans une brume grise, et au milieu de l'immense étendue de sable, nous ne voyions qu'un seul être vivant, un homme debout, appuyé de la hanche sur sa canne, immobile, le regard fixé sur l'astre qui semblait se plonger dans la mer. C'était Jules Denneulin.

Il était si absorbé dans sa contemplation qu'il n'entendit point nos pas sur le sable. Adrien, parvenu derrière lui, lui mit tout à coup les deux mains sur les yeux.

Denneulin tressaillit... puis ce fut une explosion de joie :

— Ah ! c'est toi ! c'est vous tous ! Ça c'est gentil ! vous me prenez en flagrant délit d'admirer la nature... Ah ! tu sais, mon cher, il n'y a encore que ça dans la vie, ça et les bons amis ! Mais venez vite au chalet, Alfred sera si content de vous voir ! Il est retourné avant moi, c'est toujours lui qui s'occupe de tout pour m'éviter toutes les corvées. Moi, je me laisse vivre, je regarde, je rêve à ce que je veux peindre, je travaille, j'observe. Cela m'amuse, tous ces types qu'on rencontre ici, je passe inaperçu dans cette foule, on me prend sans doute pour un vieil invalide retraité et je note dans ma mémoire et sur mon calepin, les attitudes et les physionomies.

Ce don d'observation, qu'il avait au suprême degré, a fait de lui un peintre si original qu'il est impossible d'en citer un autre avec lequel il ait eu la moindre ressemblance. C'est aussi pour cela qu'il restera inimitable.

Ses succès, je me les rappelle tous, on s'en réjouissait tant chez nous !

Ce fut d'abord, en 1868 : *le Capitaine des pompiers se faisant photographier* qui eut une vogue de reproduction extraordinaire et fut imprimé jusque sur des mouchoirs en Amérique. Puis *l'Urne électorale*. M. le maire endormi sur une soupière servant d'urne aux rares électeurs d'un petit village.

En 1871, *le Feu sacré*, un paysagiste peignant au milieu de la neige, une des plus charmantes choses qu'on ait faites en ce genre. Denneulin était si modeste que la médaille qu'il avait bien des fois méritée lui causa, lorsqu'elle lui arriva enfin en 1875 la joie que ferait un bonheur imprévu. Voici en quels termes son frère Alfred relate ce souvenir dans une lettre adressée à nous :

« Et cette grande date de 1875 ! Jules ne pouvant parler tant il était heureux, me montrant un télégramme qu'il tenait à la main, un télégramme signé : Jules Breton, Carolus Duran, de

Neuville, disant : « Bravo ! Médaillé, voilà le Beau ! »

La toile qu'il exposait cette année-là représentait des musiciens ambulants jouant au milieu d'une place de village couverte de neige où personne ne les écoute, chaque maison restant égoïstement et frileusement close. Ce beau tableau avait pour titre, chez lui, entre amis, *Pour le roi de Prusse*, mais la guerre de 1870 était encore trop récente pour qu'on pût y faire au catalogue une aussi directe allusion ; il fut donc exposé sous l'appellation de *Triste recette* et fait partie de la galerie du comte de Flandre à Bruxelles.

Ses souvenirs de chasse reparaissent dans un grand nombre de ses œuvres. Il a créé un type de chasseur maigre, vêtu de toile blanche, chaussé de souliers à guêtres de cuir et coiffé d'une casquette à oreillères et à grande visière. On le retrouve dans beaucoup de ses compositions : ici, surpris par la pluie, ayant soin, avant tout, de protéger d'un coin de son vêtement les batteries de son arme contre l'averse ; là, ayant eu la mauvaise fortune de tuer, le prenant pour un lièvre, le pauvre chat d'une paysanne consternée ; là encore, ayant naïvement tiré sur une peau de lapin bourrée de paille par un loustic.

Ses impressions des bords de la mer lui fournirent aussi l'occasion de varier ses motifs. Il fit un certain nombre de marines, entre autres : *la Partie de plaisir* (promeneurs en barque pris de mal de mer), *le Départ* et *le Retour des pêcheurs, le Portrait du mousse*, etc...

Dans le genre qui le fit surtout connaître je veux citer encore : *la Revue des pompiers, l'Ouverture du testament, l'Enterrement de M. le maire*,

Un coup de vent et ce brave curé de campagne qui, se voyant dresser procès-verbal par les gendarmes pour avoir tiré un lièvre au bout de son jardin en temps de neige, s'écrie, les mains jointes et les yeux au ciel : « Que dira Monseigneur ! » Et *les Bustes*, une des plus admirables idées que je connaisse, car elle est à la fois littéraire, plaisante et d'une philosophie profonde. L'œuvre date de 1871 ou 1872. Dans la petite salle d'une mairie de village, le garde champêtre a ouvert l'armoire où dorment rangés en ordre, sur des rayons sous la poussière, les bustes des monarques qui ont régné sur la France : Louis-Philippe, Charles X, Louis XVIII, Napoléon Ier. Il vient d'en retirer la République de 1848 et est en train de l'épousseter pour la remettre en honneur et en lumière, sur le socle où hier encore trônait, majestueux, Napoléon III qui, déchu, va venir se ranger à son tour dans la silencieuse armoire.

Toutes ces compositions ont été reproduites par la gravure et la photographie et éditées par d'importantes maisons, Sedelmeyer Knœdler, Thost, Goupil, etc., et la plupart ont pris place dans de belles collections d'amateurs.

Nous possédions un Denneulin dans notre collection de Douai mais, comme tout ce que contenait notre maison familiale anéantie par les Boches, il fut volé, ou détruit.

Il représentait un vieux gardien de musée d'histoire naturelle en culotte rouge, bas blancs et souliers à boucles de métal et coiffé d'un tricorne, confortablement et profondément endormi dans un fauteuil, les bras et les jambes croisés, au milieu d'une foule de quadrupèdes et de bipèdes empaillés de toutes tailles et de toutes formes. Au-dessus de sa tête une grande autruche allongeait son cou d'un air protecteur. Le profond ennui du pauvre gardien, seul être vivant et condamné à l'inaction parmi ces êtres inertes, était parfaitement rendu.

Tandis que Jules Denneulin vivait loin de tout, sa réputation s'étendait plus qu'il ne le croyait lui-même. Alors que tant d'artistes s'agitent et se tourmentent, s'essoufflant à courir après les honneurs, il se contentait de penser qu'il était apprécié des connaisseurs et que ses tableaux faisaient leur chemin tranquillement et sûrement. Pendant qu'il travaillait dans son atelier de la rue Saint-Firmin, au delà des remparts de Lille, entre son poêle qui ronflait et sa grande horloge qui sonnait des heures paisibles, ses œuvres passaient les mers, allaient se loger dans de riches galeries, se répandaient par la reproduction et, accomplissant cette bonne et honnête propagande, faisaient que son nom était prononcé dans les milieux intellectuels du vieux et du nouveau monde.

De même que les anciens maîtres flamands qui intéresseront toujours à double titre, non seulement à cause de leurs qualités de peintres, mais encore par l'idée précise qu'ils nous donnent de ce qu'étaient la Flandre et ses habitants à leur époque, Jules Denneulin restera un historiographe pictural des mœurs de son pays et de son temps. Il sera pour notre province septentrionale le Desrousseaux de la peinture. Il avait la vraie philosophie, celle qui rend heureux : sachant discerner l'importance ou la vanité des choses, sachant modérer ses aspirations et éviter la fiévreuse poursuite de l'irréalisable, éprouvant plus de joie d'un désir comblé que de tourment d'un espoir déçu ; reconnaissant jusqu'au fond de l'âme de toute bonne intention à son égard et sans amertume contre ceux qui, sous le rapport des distinctions officielles, avaient plus de chance que lui, se réjouissant au contraire de leur réussite, il pratiquait, de même que son frère, cette noble vertu de désintéressement de soi-même qui fait que l'on se crée du bonheur par le bonheur des autres.

A le voir si solide, si jeune pour son âge, on pouvait espérer pour lui de longues années encore. Au Salon de 1904 il avait exposé *le Mérite agricole*, où il avait mis toutes ses qualités de finesse et d'esprit. Le matin de son dernier jour, il peignait comme d'habitude sans prévoir une fin si proche.

La mort est toujours cruelle, mais (cette pensée est consolante pour ses amis) elle l'a traité en enfant aimé en lui évitant l'horreur et les regrets de l'agonie. Il n'a pas senti qu'il quittait son frère, il n'a pas su qu'il ne peindrait plus.

La mort l'a surpris dans la rue, pendant sa promenade journalière. Se sentant troublé, il entra chez un marchand fleuriste et demanda à s'asseoir ; on lui donna une chaise et il mourut là, au milieu des fleurs, sans avoir eu le temps de prononcer une parole.

A ce peintre qui vécut comme un sage, n'ayant d'autre passion que le Bien et le Beau, le destin réservait cette fin poétique et douce. La tristesse du déclin lui fut épargnée afin que sa mémoire demeurât vaillante et souriante dans le souvenir de ceux qui l'ont connu et aimé

La mort l'a surpris aussi spontanément que nous l'avions fait nous-mêmes sur la plage de Wimereux, par ce beau soir d'été où, tout seul et rêveur, il regardait descendre le soleil. Comme la main amie qui ce soir-là se posa doucement sur ses yeux, la mort vint subitement lui cacher la lumière du jour et de la vie, au moment où il contemplait une autre merveille de la nature, les dernières fleurs de l'année.

***

En apprenant à Wissant cette mort subite survenue le mardi 8 novembre 1904, Adrien partit immédiatement pour Lille.

Le jeudi 10 eurent lieu les funérailles où Adrien prononça un discours d'adieu.

Après ces tristes jours, Alfred ne vécut plus que de souvenirs. Il continua seul ses habitudes régulières. Comme il était idéaliste il eut la sensation que l'âme de son frère demeurait attachée à tout ce qu'ils avaient aimé ensemble.

Cela dura dix ans, puis la guerre éclata. Il resta dans sa ville de Lille et y mourut pendant l'occupation ennemie.

III

COROT A DOUAI

Il y a, dans toutes les villes, quelques maisons
qui ont et gardent un caractère particulièrement
intellectuel, des maisons où l'on a l'impression de
respirer un air où les idées naissent, gravitent et
se sentent dans leur élément. Les générations se
succèdent et ce caractère persiste.

Telle était la maison de Paul Dutilleux, la librairie de la rue de Bellain. Comme une salle garde le
parfum des fleurs qu'elle a renfermées après que
ces fleurs se sont effeuillées, la maison Dutilleux
gardait un parfum d'art parce qu'elle avait reçu
jadis, à son foyer familial, de grands et sincères
artistes.

Son toit, semblable pourtant aux autres de la
même rue, avait eu l'honneur d'abriter le grand
peintre Corot dont Constant Dutilleux, chef de
cette famille, avait été l'intime ami. Ils peignaient

souvent côte à côte et échangeaient leurs impressions en toute franchise de cœur et d'esprit. Tous
deux étaient morts lorsque Adrien me conduisit
dans cette maison, mais Paul Dutilleux, qui dirigeait
l'imprimerie et la librairie, professait, ainsi que
ses frères Pierre et Joseph, ses sœurs, ses beaux-
frères Charles de Savary, Alfred Robaut et Émile
Seiter, un tel culte pour leur père Constant et pour
le maître Corot, qu'à l'entendre en parler, je me
figurais les avoir connus.

Cette maison avait été fondée en 1830 par Félix
Robaut, qui sut en faire un établissement de tout
premier ordre. Véritable artiste, il fut l'auteur
d'une foule de portraits en lithographie. Son fils,
Alfred Robaut, lui succéda et grandit la réputation sélecte de cette maison. Il avait épousé l'une
des filles du peintre Constant Dutilleux né à Douai,
qui avait à Arras un commerce analogue. Robaut
n'ayant pas d'enfants, céda jeune cette librairie
à son beau-frère Paul Dutilleux qui en développa
encore l'importance. La librairie Robaut-Dutil-
leux fut de tout temps réellement un centre d'art,
car on pouvait y admirer aux vitrines des tableaux
de peintres connus et aussi de débutants et les
artistes de valeur qui passaient à Douai y recevaient un accueil toujours sympathique.

Paul Dutilleux continua, en même temps que
la tradition des ouvrages précieux et des belles
estampes, une autre tradition qui, malheureusement, devient rare dans certains milieux modernes,
la tradition de la belle famille. De charmants
enfants naquirent sous ce toit.

Lorsque nous entrions chez lui, nous voyions
de gracieuses fillettes, actives et éveillées, passer

dans la librairie, désireuses de s'y rendre utiles et s'intéressant déjà aux publications nouvelles qu'il nous montrait. Lui, tout en nous reparlant du passé, songeait à l'avenir et avec ce sourire paternel qui est la plus touchante expression que l'on puisse voir sur un visage d'homme, il passait sa main dans les cheveux blonds de son petit Paul qui lui venait alors à la taille, et disait :

— Voici le petit gaillard qui me succédera plus tard !

Et cet espoir se réalisa sous tous les rapports. Cet immeuble, peu modifié depuis, était composé d'un grand magasin donnant sur la rue de Bellain ainsi que la porte cochère : à ce magasin attenaient les ateliers et la partie de la maison qui formait le quartier du fond (autrefois occupé par M. et Mme Seiter-Dutilleux) s'ouvrait sur un jardin où Corot avait travaillé lors de ses séjours à Douai. Ce jardin, ombragé de grands arbres, avait un caractère austère dont le style était accentué par la massive tour de l'église Saint-Pierre qui apparaissait entre les branches.

Je n'ai pas, au sujet de Corot, de souvenirs personnels, mais désireuse de consacrer quelques pages au grand paysagiste qui tint une place si importante dans l'École française, je vais emprunter la plume d'Adrien qui, lui, l'a approché de près.

Pendant nos longues fiançailles, mon père avait décrété qu'Adrien ne viendrait à Courrières que tous les quinze jours, un dimanche sur deux, mais qu'entre temps, nous pourrions nous écrire. Je vais donc citer un fragment d'une lettre que mon fiancé m'écrivit dans le courant de l'été de 1877.

Elle montre Camille Corot sous son vrai jour, comme homme au point de vue intime, tel qu'il était lorsqu'il dressait son petit chevalet de campagne au bord des eaux dormantes de nos marais et sous les saules gris du Nord dont il rendait si bien le frisson sur le ciel argentin ; tel qu'il était aussi, dans sa simplicité campagnarde, lorsqu'il fumait sa pipette et chantait sa petite chanson au milieu des bons amis heureux et fiers de le recevoir à leur table familiale.

Voici donc le passage de la lettre d'Adrien :

« ...Comme je te le disais, je viens de passer quelques jours à Arleux pour y faire des études dans ces marais pleins de souvenirs du père Corot. Toutes ces heures, ces journées passées ici avec lui, avec nos si bons amis Desavary d'Arras et Louis Desmarets, me sont revenues à l'esprit. Quel dommage que tu n'aies pas connu cet homme si simple, si bon qu'était Corot et qui avait été à Courrières, chez tes parents, quand tu avais moins d'un an !

« Il avait quitté Paris en 1871 à cause de la Commune et, avec M. et Mme Alfred Robaut, avait loué ici, à Arleux, une petite maison sans étage, avec un petit jardin devant.

« C'est dans cette maison que, les jours de pluie, il a peint ces figures de fillettes auxquelles il faisait endosser, soit un de ses gilets, soit quelque autre oripeau. J'en ai revu de ces figures à Paris, encore dernièrement. Robaut en faisait beaucoup de cas. Pour ma part, je ne mets aucune comparaison avec ses paysages, car je trouve que ses têtes n'ont aucun caractère, aucun charme, on sent qu'elles ont été faites les jours d'ennui, par mauvais temps, quand on est claquemuré dans une installation louée. Rien n'est embêtant comme la pluie dans ces conditions.

« Naturellement, son grand atelier était le marais où, dès le matin, il s'installait, peignant les chaumières au bord de l'eau sous de grands peupliers et, dans les roseaux, les barques amarrées le long du rivage, les unes très enfoncées, encore chargées de tourbe que les gens du pays tirent de ces grands étangs, les autres vides, légères et retenues par leurs longues perches.

« L'après-midi, que de parties de natation nous avons faites en compagnie de Charles Desavary qui, avec sa grande barbe de fleuve, avait, dans l'eau, l'air d'un triton ! Et nous arrivions en nageant dans le motif que peignait Corot et, comme les gamins, nous disions :

« — Dessinez-nous ! Dessinez-nous ! »

« Vie douce et si différente de celle de l'année terrible !

« Sur le pont de la Sensée, à l'endroit de la chute qui fait mouvoir son moulin, le meunier, le père Drocourt, est toujours là, lui qui arrête tout passant par curiosité, pour savoir ce qui se fait et ce qui se dit dans son village. C'est lui qui, ayant appris qu'un grand peintre venait de s'installer à Arleux, l'accosta au moment où il passait sur le pont :

« — Ah ! c'est vous, monsieur Corot, le Corot des journaux, le grand Corot ! on est fier, on est heureux de voir, dans Arleux, des gens conséquents, des gens prononcés !

« Je sais que vous avez eu l'honneur de faire la connaissance de mon fils, mais vous n'avez pas encore eu l'honneur de connaître ses mulets. Les voilà, justement. On les charge de farine, regardez comme ils sont beaux ! C'est avec eux que je fais le faucardement de la rivière. Vous voyez cette petite bâtisse, c'est là que sont les faux en fer. Pour faire le faucardement de la rivière on prend les mulets et trois hommes. Ah ! monsieur Corot ! je vous préviendrai quand on fera le faucardement, c'est beau ! il faut avoir vu ça dans sa vie, etc... »

« Vieil égoïste que ce meunier qui n'aurait pas offert au papa Corot une place dans sa voiture pour aller à Douai, communication difficile, ni, contre argent comptant, des petits pois de son jardin, alors qu'on n'en trouvait pas ailleurs pour accommoder les canards du marais et qu'il en mangeait, lui, heureux propriétaire, tous les jours, disait-il.

« Lorsque le père Corot travaillait aux environs directs de Douai, il logeait chez Paul Dutilleux, ce brave ami toujours si gentil pour moi, et à qui je dois en grande partie mon intimité avec Corot. Dans cet intérieur très artistique sont accrochés partout aux murs de beaux paysages du père si regretté de cette charmante famille, Constant Dutilleux. Il fut le premier amateur qui acheta un Corot.

« Pendant les séjours de Corot à Douai, une voiture venait nous prendre le matin pour nous conduire à l'endroit où il voulait travailler. C'est ainsi que je suis allé peindre sur le chemin qui mène de Waziers à Sin-le-Noble, chaussée qui traverse des cultures maraîchères, choux-fleurs surtout, dont on fait un grand commerce. Le papa Corot a fait là une toile assez importante représentant un grand saule qui ombrage des maisons le long d'une route. J'ai fait à côté de lui la même étude. C'est étonnant comme ce motif est flamand.

« Nous y sommes venus au moins une dizaine de fois et c'était à l'époque des fêtes de Gayant, début de juillet.

« Un jour la propriétaire de la maison qui figurait dans le tableau, la bonne dame (comme disait Corot) est venue nous offrir de la galette et il a fallu accepter. Du reste, elle était délicieuse. Peut-être, dans ce village si près de Douai, fêtait-on aussi Gayant.

« Tu sais qu'à chaque fête il est d'usage de faire partir un ballon, ce qui amène beaucoup de monde de la campagne, aussi, le père Corot a eu l'idée de mystifier ceux qui se rendaient à la fête, en peignant le ballon dans son tableau et si tu savais avec quelle conscience il chercha le ton juste pour mettre son ballon bien dans l'air !

« Les gens étaient ébahis de penser que le ballon, qui d'habitude est si long à s'envoler, était déjà parti, car, tu sais !

« Plaisir de voir monter un ballon ne dure qu'un moment.

« Ennui de voir gonfler un ballon dure tout une après-midi.

« Comme le fredonnait ton père à l'esplanade le jour de Gayant, sur l'air de *Plaisir d'amour*. Le ballon imaginaire s'élevait dans la partie du ciel qui se trouve à gauche du grand saule et, dans ce saule, il y avait un petit oiseau qui nous charmait par son chant délicieux et ses roulades. Chaque jour elles étaient de plus en plus jolies. C'était un rossignol et nous écoutions, attendris, ses trilles.

« Corot dit :

« — Eh bien ! ce petit gaillard-là, on va le récompenser, je vais le mettre dans mon tableau ! »

« Et il y est. Celui qui n'est pas averti peut le prendre pour une feuille de saule, mais il continuera à chanter, tout en haut, tant que le tableau durera.

« Corot aimait toutes les bêtes. Comment du reste ne pas les aimer, quand, paysagiste, on est en contact avec elles et qu'on vit auprès d'elles sans qu'elles se doutent de votre présence. Quand on ne bouge pas, lièvres, lapins viennent près de vous et si l'on admet qu'ils vous aient vu, on pourrait croire qu'ils viennent pour vous causer.

« A ce propos, encore un souvenir :

« Nous faisions, Corot et moi, des études à Canteleu, village près de Rouen, avec Bellon (dont le père a un établissement de confections en face la cathédrale). Pendant que nous étions tous trois au travail, de petites musaraignes venaient trottiner dans nos jambes. Papa Corot, avec son long pinceau de martre qui lui servait à filer ses branches, mit sur la tête d'une de ces petites bêtes un beau ton jaune. La bête ne s'en aperçut pas. Nous avons fait de même avec des tons différents, si bien qu'à chaque séance, nous retrouvions nos compagnons et nous savions reconnaître les nôtres. On leur donnait des colimaçons aussi ont-ils été vite apprivoisés.

« A Canteleu, Corot se donna du mal sur une étude représentant ce village situé sur une colline. Il avait fait son tableau en long, ça ne marchait pas. Tout à coup, il prit une résolution énergique :

« A droite et à gauche, il effaça avec du noir dix centimètres de chaque côté, en disant :

« — Je vais faire ce tableau en hauteur, cela fera mieux !

« Puis tout à coup :

« — A moi, Delacroix !

« Et prenant son plus beau jaune et son plus beau rouge, il esquissa en blague, en quelques touches, sur les deux bandes supprimées, deux compositions, où, avec quelque bonne volonté, on pouvait distinguer à droite une mise en croix, à gauche une mise au tombeau et, riant de sa plaisanterie, il disait :

« — Vous voyez ! ce n'est pas plus difficile que ça ! »

« C'est à Canteleu aussi qu'il fit la vue sur Rouen, où l'on distingue la cathédrale.

« Pendant qu'on peignait, de temps en temps papa Corot allumait sa pipette et, quand il était content de la marche de son étude, il s'écriait :

« — Ah ! Dupré ! mon vieux Dupré ! tu es. enfoncé, enfoncé Dupré !

« Pourquoi disait-il cela, je ne sais, car il aimait Dupré, mais c'était un élan de gaîté et il ajoutait.

« — Plus tard on dira que j'étais un vieux malin. »

« Ce que j'ai remarqué c'est qu'il employait énormément de laque de Gaude et en mettait sur sa palette autant que de blanc, il n'y avait pas un seul ton où il n'en mît pas.

« Il avait aussi dans sa boîte un rasoir. A chaque séance, avant de prendre ses pinceaux, il raclait légèrement tout ce qui était peint pour permettre aux couches de peinture qu'il allait mettre de bien faire corps avec les anciennes et d'enlever ainsi l'excédent d'huile.

« Douce figure de brave homme, toujours mis

proprement avec son chapeau de feutre gris comme
tout son costume, des souliers découverts qui laissaient voir des bas bleus. On aurait pu le prendre
pour un fermier normand cossu, au point qu'un
jour à Granville, à une table d'hôte mondaine, les
belles dames qui étaient à côté de lui, s'écartèrent
jusqu'au moment où, vers le dessert, le préfet de
la Manche, apprenant que l'illustre peintre était
là, vint lui présenter ses hommages. Alors, elles
eurent tant d'amabilités pour ce rustique, qu'il
s'en sentit tout gêné.

« Délicieux homme qui resta toujours jeune. Il
chantait sa petite chanson au dessert (et nous
reprenions au refrain), entre autres cette vieille
complainte paysanne que j'entendis chez Paul
Dutilleux avec tant de plaisir :
— Savez-vous chou qu'y a un?
— Y a qu'un seul Dieu qui règne dans les cieux !
— Savez-vous chou qu'y a deux?
— I a deux testaments, l'ancien et le nouveau.
— Y a qu'un seul Dieu qui règne dans les cieux !
— Savez-vous chou qu'y a trois?
— Y a trois personnes en Dieu, le Père, le Fils
et le Saint-Esprit. Y a deux testaments, l'ancien
et le nouveau.
— Y a qu'un seul Dieu qui règne dans les cieux !
« Ainsi jusqu'à douze en passant par les quatre
évangélistes, les cinq cruches posées aux noces de
Cana en Galilée, les six commandements de l'Église,
les sept péchés capitaux, les huit béatitudes, les
neuf.. m'échappent..., les dix commandements de
Dieu, les onze mille vierges, jusqu'aux douze apôtres
et toujours en continuant à les énumérer. Cette
scie naïve et bien campagnarde l'amusait... Et

quand, se tâtant la joue avec le doigt, il s'apercevait qu'elle était chaude, il cessait de boire du vin.

« Jamais il ne se regardait dans une glace. Il retournait contre le mur celles qui se trouvaient dans la chambre qu'il occupait. Il ne voulait pas se voir vieillir. J'ai remarqué que lorsqu'il travaillait le matin, sur nature, en blouse bleue, il peignait bien ce qu'il voyait, mais l'après-midi, alors que les arbres se détachaient brutalement sur le ciel lumineux, il faisait son petit effet du matin. C'était surtout un grand improvisateur. Chez Paul Dutilleux, rue de Bellain, après son dîner, il faisait un petit somme et ensuite, lorsqu'il ne sortait pas à la campagne, il s'installait dans le jardin. On lui faisait voir diverses toiles neuves, il choisissait le format, et improvisait comme le compositeur improvise au piano.

« Il prenait son fusain, frottait des masses et dans ces masses, se laissant aller à son imagination, il dessinait et disait :

« — Et maintenant je suis le bon Dieu, je crée, ce matin j'étais le petit élève devant la nature. Ah ! un bouquet d'arbres... tiens voilà un fleuve qui serpente... c'est le Nil ! Ah ! nous sommes en Égypte... voilà une fellah qui va puiser de l'eau... »

« Et son fusain accusait ce qu'il disait et l'on voyait sortir du chaos tout un monde. On fixait le fusain et c'était le tour de la couleur. Généralement il frottait son dessin avec de la sienne naturelle, du bleu de cobalt et de la laque. Quand ça devait être plus clair, plus transparent, c'était la laque de Gaude qui remplaçait la sienne naturelle et, peu à peu, tout se colorait dans une harmonie d'ensemble et il répétait :

« — Les valeurs ! Ah ! les valeurs !... »

« Cela avait une grande saveur mais si l'on voulait l'imiter on faisait fade, creux et mou. Ses premiers plans étaient faits de frottis et ses lointains d'une pâte solide.

« Un soir de Gayant, nous étions tous réunis dans le jardin de la maison de la rue de Bellain où l'on fumait et causait, quand on entendit un bruit de musique. On courut au magasin et, du haut des marches, on vit défiler, entourées de la foule, toutes les sociétés musicales qui avaient participé au festival. Toutes les musiques jouaient des airs différents et toutes jouaient en même temps. Rien de plus cocasse, rien de plus hurlant, rien de plus comique aussi, papa Corot riait aux éclats :

« Ces bons rires, il ne devait plus les avoir longtemps car, le 22 février 1875, il mourut à Paris d'un cancer à l'estomac. Tu sais que quelques mois avant les artistes s'étaient cotisés pour lui remettre, dans une grande réception, une médaille d'honneur, distinction que les jurys ne lui avaient jamais décernée.

« Cet homme dont la vie s'était écoulée si calme, si sereine, a eu un enterrement des plus mouvementés. Tu as su la scène pénible qu'un prêtre y provoqua. Je revois Gérôme furieux, quittant l'église suivi de presque tous les artistes et j'entends encore les cris adressés au prédicateur :

« Descendez ! descendez donc ! et déjà l'on escaladait la chaire pour le faire taire, car il disait :

« — Oui ! tous ces artistes passent leur vie à se moquer de la religion, mais, au dernier moment, ils réclament le prêtre, comme l'a fait le peintre Corot. »

« Et cela s'adressait à l'homme le plus charitable qui fût, lui qui soulagea tant de misères, lui qui déposait chez sa concierge des secours pour les malheureux pour qu'ils les aient même quand il était absent !

« Il pleut aujourd'hui. Je n'ai pas pu aller à mon motif. Tout a du bon : j'ai eu ainsi le temps de causer longuement avec toi de tous ces souvenirs. J'aimerais que tu connaisses toute ma vie. »

*
* *

Le tableau que Corot fit à Sin-le-Noble et qu'Adrien a vu peindre est celui qui figure maintenant au musée du Louvre dans la collection Thomy-Thiery. Il avait été tout d'abord acheté pour la somme de dix-huit cents francs par M. Félix Robaut, père d'Alfred Robaut, qui demeurait alors à Douai rue de Bellain.

On peut y voir encore dans le ciel une légère tache grise qui indique l'endroit où fut peint, par plaisanterie, le ballon effacé ensuite.

Le petit rossignol qui chante
est toujours là...

Mon mari a développé ces souvenirs dans son volume : Souvenances, promenades à travers ma vie, publié en 1927.

IV

L'ATELIER
DE JULES BASTIEN-LEPAGE
A PARIS

———

Jeanne d'Arc écoutant les voix. — Petite mendiante de
Londres. — Le prince de Galles. — La faunesse. — Ferveur
et conscience d'artiste. — Marie Baskirtseff. — La mort
cruelle. — Le semeur.

Ce souvenir remonte à la fin de 1879.

Un petit atelier au rez-de-chaussée, donnant sur
un jardinet, dans un calme quartier de Paris,
7 *bis*, impasse du Maine.

Jules Bastien-Lepage est sur le seuil, debout.

C'est un jeune homme d'une trentaine d'années,
nature de blond, taille moyenne, des yeux gris-
bleu intenses et doux, le nez à facettes, la bouche
ferme, la mâchoire carrée indiquant la volonté
tenace. Un sourire illumine cette figure de Meusien
de race. Nous voyant arriver, mon père, ma mère et
moi, il vient à notre rencontre.

— Comme c'est aimable à vous, dit-il en serrant
la main à mon père, d'avoir tenu votre bonne pro-

messe de venir me voir ! Je suis dans un moment
d'inquiétude. L'époque qui précède l'envoi au Salon
est une souffrance pour moi. Vous allez voir ma
Jeanne d'Arc que j'ai peinte dans mon jardin de
Damvillers et que je viens de déballer. Mais le ciel
est bleu aujourd'hui, le jour est froid, vous allez
la trouver bien terne. Il y a des effets par lesquels
les tableaux ont mauvaise mine.

Et mon père qui connaît ces anxiétés pour les
avoir éprouvées cent fois, lui répond :

— Dites-vous bien qu'il n'y a que les vrais
artistes qui se font de ces tourments-là et qui ont
de ces délicatesses d'impressions !

Nous entrons. La grande toile tient presque toute
la largeur du petit atelier. Elle est à peu près finie.
Jeanne est à demi appuyée contre le tronc d'un
pommier. La tête levée, les yeux bleus perdus dans
son rêve, elle froisse, d'une main distraite, une
feuille de l'arbre familier. Sa robe est de la forme
la plus simple, toute droite et de couleur grise.

— C'est très, très bien ! dit mon père, le geste
est à la fois très beau et naturel et l'on sent, quoique
ce soit une vraie paysanne, que l'armure lui ira
bien.

Bastien sourit :

— C'est ce que j'ai voulu. Ah ! comme vous me
comprenez bien ! Mais que pensez-vous de mes
apparitions de saint Michel et des saintes Cathe-
rine et Marguerite? Il faut qu'elles soient impal-
pables et cependant leur rôle est important. Quelqu'un m'a fait la critique que ma Jeanne ne peut
les voir placée comme elle l'est. Mais pour qu'il en
soit autrement j'aurais dû la mettre de dos, à moins
de présenter tous mes personnages de profil, ce qui

eût fait une composition régulière bien défectueuse !

— Ne vous inquiétez donc pas de ce que disent Pierre, Paul et Jacques. Votre arrangement est excellent puisque le sentiment de votre sujet est rendu, tout est là. L'intimité de ce petit verger, ce pommier dont vous avez fait consciencieusement le vrai portrait, cette herbe, ces fleurettes, tout cela ajoute à la poésie de la scène et quant à la chicane des apparitions que la grande Lorraine ne regarde pas, fichez-vous en, mon ami ! et d'abord que dit l'histoire ? « Jehanne a *entendu* des voix. » Or, pour le faire comprendre vous avez dû leur donner une forme qui peut n'être pas visible pour elle. Elle a *entendu*, rien ne dit qu'elle a *vu*. L'important est que vous ayez fait une belle et profonde œuvre d'art.

Bastien est heureux, il dit :

— Vous ne pouvez vous figurer le dégoût que j'ai éprouvé par moments. Lorsque, dans mon jardin, le soleil venait se jouer sur ma toile, j'avais la sensation de peindre avec de la boue. Savez-vous le morceau qui m'a donné le plus de mal ? C'est ce poignet de la main qui froisse la feuille, je l'ai repeint plus de trente fois : il était toujours trop mou ou trop dur, trop gris ou trop coloré sur ce fond de feuillée. Lorsqu'un tableau est exposé, le public qui le regarde ne se doute pas de ce qu'il a fallu de recherches, de luttes, de courage, pour arriver à un résultat qui semble simple. Je vous assure que si je réussis quelquefois, ce n'est jamais par l'effet du hasard !

Sur un autre chevalet se trouve une petite mendiante très jolie, qui vend des fleurs.

Il explique :

— Je l'ai peinte en Angleterre lorsque j'y suis allé faire le portrait du prince de Galles. Ah! ce portrait officiel dans ce salon doré où à chaque instant quelqu'un entrait et faisait tourner la tête à mon auguste modèle, quelle scie! Et puis, il y avait les gosses de la famille royale qui étaient plus insupportables que les gamins des rues et qui se jetaient des oranges par-dessus ma tête, et le prince de Galles trouvait cela très drôle. Pour me reposer des heures passées dans le grand luxe du Palais où j'étais sans cesse dérangé, j'errais dans les quartiers populeux de Londres. J'étais bien plus heureux dans la ruelle déserte, étroite et sombre où je faisais poser ma petite pauvresse, ma petite marchande de fleurs. Le peuple, partout et toujours, m'intéresse et j'ai eu bien plus de plaisir à fixer les traits de cette enfant misérable que ceux de l'héritier du trône d'Angleterre. Le portrait d'un prince est intimidant, pénible, paralysant.

— Allez-vous mettre au Salon cette marchande de fleurs en même temps que votre Jeanne d'Arc? demande mon père.

— Oh! mais non! les critiques d'art sont trop terribles! Ils seraient capables d'exalter les qualités de ma pauvre petite mendiante et de s'en servir pour éreinter ma grande Jeanne! Non, je mettrai comme second envoi un de mes petits portraits. Au Salon, il ne faut pas se faire concurrence à soi-même.

Sur des rayons, au long des murs, des études sont accrochées ou déposées sans ordre, les unes cachant à demi les autres. Quelques toiles, sans châssis, y sont retenues par deux clous.

Parmi ces dernières, je suis attirée par une fil-

lette nue, debout, vue de face, de grandeur naturelle. La tête blonde est d'un type curieux et primitif. Tout autour cinq ou six études, peintures
et dessins de cette même tête, dans la même pose.
On voit que le peintre a été poursuivi par la recherche obstinée de ce caractère.

Il a remarqué que je les regarde et il me dit :

— Cela? C'est une fillette de chez nous qui m'a
intéressé car elle a un type très particulier. Mais je
ne sais pas si je la terminerai. A force de la retra-
vailler, j'en suis saturé. Voyez-vous quelle a été
mon idée quand je l'ai peinte?

Je hasarde :

— Elle ressemble à une chèvre... C'est une petite
faunesse?...

— Justement, c'était mon idée ! Ah ! vous me
faites plaisir ! cela va me redonner le goût de la
finir.

Il décroche deux ou trois esquisses, projets de
tableaux, et les met sur des chaises.

Parmi elles se trouve une toile représentant un
paysan en train d'ensemencer un champ au soleil
couchant : une plaine, un ciel barré d'un long nuage
rouge.

Mon père remarque :

— Votre ciel est trop clair dans son ensemble,
ce qui empêche votre rouge de briller. Montez le
ton autour de votre nuage et vous verrez votre
vermillon pur prendre toute son intensité.

— Oui, je sais bien, répond Bastien pensif, il
faut que j'étudie cet effet nouveau pour moi. Jusqu'à présent, j'ai toujours eu une préférence pour
les plein-airs gris, mais je voudrais tenter d'aborder
du nouveau.

Puis il ajoute avec un accent plein d'énergie :

— Je ne serai pas content tant que je n'aurai pas réalisé mon *Semeur* en grandeur naturelle. Il me poursuit. Il m'obsède !

Après l'avoir quitté, mon père me dit :

— De tous les jeunes qui se consacrent aux *travailleurs de la terre*, Bastien-Lepage est celui en qui j'espère le plus. Il sera l'un de nos maîtres en ce genre. Il joint à ses dons naturels une conscience, une opiniâtreté qui font les talents vraiment durables. Il ne ressemble ni à Millet, ni à Lhermitte, ni à moi. Il est *lui*. Il tient des primitifs par sa sincérité naïve devant la nature dont il dérive directement. Et tu as vu combien il est modeste !

Qui eût prévu que, derrière la porte de cet atelier où se révélait une si magnifique ardeur de création, la mort guettait sournoisement cet admirable artiste qu'elle devait emporter quatre ans plus tard, presque en même temps que la pauvre petite Marie Baskirtseff, son élève, autre espoir de l'école moderne d'alors !

Ils étaient gravement atteints, lui d'un cancer à l'estomac, elle d'une maladie de poitrine et tous deux se savaient perdus. Bastien disait avec un triste sourire à Louise Breslau, qui me l'a raconté :

— Nous ne savons pas lequel de nous survivra à l'autre. Autrefois nous nous communiquions nos projets de tableaux, nos espoirs de progrès et de succès. Maintenant nous ne pouvons plus que constater les progrès de nos maladies et, en fait d'avenir, nous ne pouvons plus causer que de la vie éternelle...

Elle avait vingt-trois ans, il en avait trente-six. Elle était à l'aurore de sa carrière et avait eu un tout premier succès avec un groupe de gamins des fortifs qu'elle intitulait : *Un meeting*, et qui figura quelque temps au Musée du Luxembourg. Lui, il était à l'âge de la production artistique intense, l'âge où l'on a déjà l'expérience et où l'on possède toute la puissance et la fraîcheur d'impression de la jeunesse. Il venait de peindre un petit portrait d'André Theuriet, fini comme un Holbein, un vrai bijou.

La petite faunesse et le grand semeur sont restés irréalisés, il a emporté tous ces rêves...

Qu'aurait-il fait dans le domaine de la mythologie antique jointe à l'étude approfondie de la nature qui s'ébauchait dans cette simple fillette de son village?

Qu'aurait été ce grand semeur s'enlevant sur un vaste ciel de soir et parcourant cette plaine de la Meuse que sa main féconde?

Combien d'œuvres la France a-t-elle perdues en le perdant?

Mais il avait eu le temps de donner sa mesure. Il avait eu son influence sur l'école française de son temps par sa conscience et sa sincérité de primitif. Cette influence se sent encore aujourd'hui chez certains bons peintres nés du même terroir que lui.

Son semeur, bien que n'ayant pu déployer, sur la toile, son geste fécondant, a semé quand même.

V

L'ATELIER
DE CHARLES DROUET
A PARIS

J'ai cité, dans le deuxième tome de cet ouvrage,
parmi les artistes habitués de l'hôtel Vedeler à
Douarnenez, avant 1870, le sculpteur Charles
Drouet. Nous l'y avons en effet connu à cette
époque, mais, d'un caractère calme et modeste,
s'effaçant autour des peintres qu'il admirait, il
joua sans doute un rôle de figurant plutôt que
d'acteur, car je n'ai gardé du jeune homme qu'il
était alors qu'un souvenir confus.

Ce ne fut qu'après 1880, alors que, nouvellement
mariés, nous nous étions fixés, Adrien et moi, à
Montgeron (Seine-et-Oise), que nous fîmes réelle-

63

ment sa connaissance. Il était le camarade de notre excellent ami, le peintre Louis Desmarest.

Il fut bientôt pour nous l'un de ces charmants convives qui venaient le dimanche passer à Montgeron une bonne journée campagnarde et ensoleillée et, selon la saison, cueillaient des violettes ou savouraient les fruits des arbres de notre jardin.

Drouet était dilettante en art, passionné pour les choses du passé. Il possédait une jolie collection de dessins et de gravures qu'il enrichissait constamment et dont il parlait avec fierté.

Comme beaucoup de collectionneurs, il se spécialisait dans l'étude approfondie d'une époque et l'époque qui avait sa préférence était le dix-huitième siècle.

Il habitait, rue des Beaux-Arts, un mignon appartement dont la pièce principale était l'atelier. Il était célibataire. Sa vieille bonne, Eugénie, d'âge canonique et d'une grâce très relative, mais qui avait pour lui une fidélité de caniche, faisait de l'excellente cuisine dans un petit réduit où il y avait à peine place pour son fourneau et ses casseroles.

L'encombrement, d'ailleurs, régnait partout ; les murs disparaissaient sous l'envahissement des estampes encadrées et des objets de toutes sortes.

Sur deux longues tables s'étalaient d'anciens services de porcelaine et de faïence de prix où l'on voyait des plats contenant des fruits en bas-relief, raisins, poires, pommes, citrons ; des soupières en forme de citrouilles, des sucriers en forme d'oranges ou de grenades, des coquetiers imitant des œufs véritables ; des légumiers en forme de choux ou de poules couveuses ; d'autres simulant la botte d'asperges à compléter par les asperges véritables ; des théières en forme de canards au bec entr'ouvert ; des saucières en forme de cygnes dont le cou arrondi faisait l'anse, tout un ménage de zoologie et de culture maraîchère en matière fragile et précieuse.

Drouet les faisait admirer en disant :

— J'ai hérité de cette collection alors que mon atelier était déjà plus qu'encombré. Ces charmants objets sont pratiquement inutiles : s'en servir serait un constant danger de casse. Les entretenir comme doit être entretenu un service dans lequel on mange serait un travail fantastique pour ma pauvre vieille Eugénie, aussi, voyez, ils sont poussiéreux, mais les marquis de leur époque ne se poudraient-ils pas exprès? »

On circulait entre toutes ces pièces de musée avec la crainte de renverser quelque chose en passant.

Devant une belle glace au cadre ouvragé du même temps, une petite table ployait sous un amoncellement de paperasses. C'est là que Drouet écrivait et dessinait. Mais comment parvenait-il à trouver assez de place et de recul pour travailler sa sculpture, c'était un mystère. Comme spécimens de ses œuvres en ce genre, on voyait, dans un coin de cet atelier, une figure nue, debout, d'un beau modelé simple et large, et accroché au mur, un médaillon de bronze, une Cléopâtre rappelant un peu les bas-reliefs assyriens, d'un grand caractère sauvage. Parmi ses principaux ouvrages antérieurs, il nous parlait d'un Géricault sortant de son suaire, tragique apparition dont un plâtre figurait et figure peut-être encore au musée de Rouen, et aussi d'un énorme buste représentant Legros à propos duquel il disait :

— Je l'ai exposé sous le titre : *le Jeune peintre Alphonse Legros*, cela ne me rajeunit pas !

Il avait un regret :

Vers 1858 environ, il y avait eu des pourparlers en vue de réaliser le projet d'exécuter, dans un des rochers de Guernesey, un médaillon colossal de Victor Hugo, dont il aurait été l'auteur, mais, malheureusement, ce projet était resté à l'état de rêve grandiose car, comme il arrive trop souvent, les questions matérielles étaient venues mettre des bâtons dans les roues du char de l'Idéal.

A l'époque où nous l'avons connu, Drouet était le statuaire patriote, tenace et patient, d'une figure qui avait déjà pris une dizaine d'années de sa vie et qui n'était pas encore terminée, une figure qu'il rêvait la plupart du temps et qu'il caressait par moments de la tranche d'un ciseau soigneux et convaincu, car il l'avait fait mouler en plâtre pour la terminer en la ciselant *dans le dur.*

Quel est le peintre ou le sculpteur qui n'a pas fait ou tout au moins rêvé sa *Jeanne d'Arc?*

Paul Baudry, pendant toute sa vie, poursuivit la sienne et en parla tant à ses amis que ceux-ci disaient couramment la *Jeanne d'Arc* de Baudry, bien qu'elle n'ait jamais eu même un commencement d'exécution.

Cette sublime entraîneuse d'hommes continue, à travers les siècles, son geste grandiose et promet, comme jadis, la victoire à ceux qui la suivent.

Drouet était de ceux-là.

Depuis dix ans, au moins, la Pucelle charmait les songes de ce doux célibataire et lui montrait le Salon des artistes français comme théâtre futur et comme champ de bataille de sa gloire.

Mais, quand nous allions partager le bon petit déjeuner fin de la rue des Beaux-Arts (car notre ami était un gourmet), quand nous écoutions avec lui la chanson perlée, harmonieuse comme une source, que débitait complaisamment son aimable armoire à musique du dix-huitième siècle qui jouait du Mozart ; quand nous passions des heures à feuilleter ses vénérables cartons à dessins, car il tenait à nous mettre en extase devant les œuvres de ses maîtres aimés, c'était en vain que nous cherchions des yeux la fameuse pastoure de Domrémy. Drouet nous en avait souvent fait la description en prenant lui-même sa pose et son expression, les yeux au ciel et serrant des deux mains, sur sa poitrine, la croix de son épée. Il cherchait à exprimer en même temps la Foi et le Patriotisme. Il voulait que l'on devinât la vision surnaturelle dans son regard levé et que l'on vît son énergie dans le mouvement de ses mains.

Mais où donc se tenait-elle, cette statue qu'il nous avait dit être de grandeur naturelle? Elle n'était ni dans l'atelier, ni dans la pièce voisine, ni dans la chambre à coucher, ni dans le petit réduit où une fontaine de faïence ancienne nous tendait sa gracieuse conque pour nous inviter à nous laver les mains.

Avec l'aimable sourire de son visage fin qui semblait de l'époque élégante de ses collections (car le physique se moule sur le moral, chez les artistes surtout), il nous disait :

— Vous verrez un jour ma Jeanne d'Arc mais, aujourd'hui, j'ai à vous montrer mes nouvelles trouvailles à l'hôtel Drouot. Elles demandent à être dégustées comme un verre de vieux Musigny ou une symphonie de Mozart et je ne veux pas vous en distraire. Ce sera pour la prochaine fois.

Il avait coutume, quand on frappait à la porte de son atelier, d'ouvrir un petit vasistas et de regarder prudemment à qui il avait affaire avant de laisser entrer.

Un jour qu'il nous avait invités, nous venions de sonner de la façon convenue, à cette porte à la fois si discrète et si hospitalière et nous nous étonnions de ne pas voir apparaître, comme d'habitude, son souriant visage dans ce minuscule encadrement, lorsque sa voix prononça :

— Entrez !

Il était gravement assis à sa petite table et si profondément absorbé que sans bouger, sans même détourner les yeux, il nous dit :

— Asseyez-vous, mes amis, regardez mes curiosités, je serai à vous dans un moment.

Il tirait des lignes sur du papier blanc. Il mesurait au compas. Il mettait des poids pour tenir en respect des feuillets qui, ayant eu l'habitude d'être roulés, mettaient un entêtement énervant à se rouler de nouveau. Il cherchait, en tâtonnant des deux mains, le crayon, le canif ou la gomme élastique qui, malicieusement, se dérobaient sous les paperasses amoncelées, toutes choses souverainement agaçantes, surtout quand on a dit à quelqu'un qui attend : « Je suis à vous, » et cependant il ne perdait pas patience. Évidemment, il devait faire un plan. Nous nous demandions mentalement : le projet du monument Victor Hugo à Guernesey reviendrait-il sur l'eau? ou bien Drouet méditaitil tout simplement quelque gracieux chalet à bâtir à la campagne ou à la mer? et nous ne disions rien pour ne pas le troubler.

Tout à coup, se tournant vers nous, il parla :

— Excusez-moi, je suis très occupé. Je fais le plan de mon tombeau. J'estime qu'il ne faut pas attendre que l'on soit vieux ou malade pour faire ce genre de petit projet et je suis bien aise d'avoir votre avis. Voyez : ce serait une stèle ou pyramide avec un médaillon-portrait que je sculpterai moi-même et une plaque de marbre avec inscription. J'hésite pour cette dernière, que me conseillez-vous?

— Ici repose le statuaire Charles Drouet, qui consacra sa vie à l'amour de l'art.

Ou bien :

« Passant, arrête-toi. Donne une pensée à celui qui repose ici, le statuaire Charles Drouet..., etc. »

Ou bien encore, tout simplement :

« Charles Drouet, statuaire. »

« Ce laconisme est peut-être encore ce qu'il y a de plus digne et de plus éloquent. Oui, décidément, je m'en tiendrai là, je pense. En belles lettres d'or, d'un caractère artistique, cela ferait bien. Est-ce bien votre avis? parlez franchement ! Eh bien, oui, c'est convenu, et maintenant mettons-nous à table. Eugénie ! êtes-vous prête? servez chaud ! et tout en causant nous écouterons *la Flûte enchantée* que va nous jouer mon armoire à musique.

Le déjeuner fut d'autant plus gai que l'entrée en matière de la conversation avait été macabre, et, au dessert, il nous dit enfin :

— Je vais vous montrer ma Jeanne d'Arc.

Lorsque Eugénie eut desservi, il alla soulever un lambeau de tapis étalé dans un coin. Sous ce tapis, se trouvait un amoncellement de morceaux de plâtre ressemblant à des pavés ou à des briques. On eût dit une barricade.

Il les prit un à un, les examina sur toutes leurs faces et se mit en devoir de les échafauder comme font les enfants lorsqu'ils jouent avec un jeu de construction :

Il y eut d'abord un soubassement, puis des pieds nus, puis des jambes, des draperies, la statue montait peu à peu, sous nos yeux, comme un clocher que l'on bâtit.

De temps en temps, l'auteur s'arrêtait, ne trouvant pas le morceau dont il avait besoin. Il cherchait dans tous les coins de l'atelier, disant :

— Qu'ai-je donc fait du genou droit?... et la hanche? ou donc est la hanche? Eugénie! vous ne savez pas où est la hanche droite de Jeanne d'Arc?

Eugénie arrivait en s'essuyant les mains à son tablier.

— La hanche? Non monsieur, je n'ai pas vu la hanche... je n'ai pas épousseté le coin de Jeanne d'Arc cette semaine...

Le genou se retrouva sous un meuble à côté d'un piège à souris, mais la hanche demeura absente.

La statue prenait forme cependant malgré cette lacune, mais, le plus curieux, c'est que les morceaux de plâtre ayant été enduits séparément étaient tous de teintes diverses : il y en avait de gris, de jaunâtres, de bleutés, en sorte que la Pucelle semblait avoir revêtu l'habit du légendaire Arlequin. Enfin fut posé le dernier morceau, la tête sur les épaules.

Que dire de cette Jeanne d'Arc? Elle était touchante de conscience convaincue.

La grande armeuse de bras vengeurs désarmait la critique.

A force d'avoir été retravaillée pendant des années, elle en arrivait à ne plus être finie. Les accents étaient émoussés par la constante poursuite du mieux qui souvent est l'ennemi du bien. Mais en faire la remarque eût été jeter inutilement le trouble dans l'esprit de son auteur. Il procédait par grattages, ciselures et polissages sur une matière dure à laquelle il ne pouvait que retrancher sans ajouter jamais. Ce patient travail dura encore une vingtaine d'années. La Jeanne d'Arc ne parut au Salon que dans les débuts du vingtième siècle.

Mais revenons à 1883, époque à laquelle Drouet se décida à faire un voyage. Il nous écrivit :

— Je pars pour le pays des castagnettes. Il y a longtemps que je projette de visiter l'Espagne. Je compte y faire de la peinture car c'est le pays de la couleur, mais, pour ne pas perdre mon temps, j'emporte le pied gauche de Jeanne d'Arc, je le travaillerai là-bas, les jours de pluie.

Peu de temps après, il nous envoyait le récit de ses impressions.

« Je suis à Saragosse, pays curieux pour un artiste. Je fais des études peintes de vieilles murailles. J'ai fait la connaissance d'un personnage extrêmement intéressant. Je le vois tous les soirs, dans un café. Il me raconte des choses typiques du pays. C'est un bien brave homme, c'est le bourreau de Saragosse chargé de pendre tous les condamnés à mort. Je n'oublie pas mes bons amis et comme il m'a donné de la corde de pendu, je vous en envoie un morceau sous ce pli. Je sais bien que vous n'en avez pas besoin, étant parfaitement heureux, mais son pouvoir comme porte-bonheur doit être puissant, car elle a pendu douze hommes. »

Nous ne sommes pas superstitieux et ce débris tragique, envoyé par notre débonnaire et doux ami, nous fit une impression étrange de répulsion. La suite sembla justifier cette impression, car le hasard fit que nous eûmes une série de tracas, d'accidents et d'ennuis de santé. Drouet l'ignora, son intention avait été si affectueuse qu'il eût été cruel de le lui dire.

Il revint, rapportant quelques études peintes. La plus importante représentait une vieille femme agenouillée devant un mur délabré, vue de dos et pleurant en cachant sa tête dans ses mains. Elle était vêtue de hardes sordides et débraillées et chaussée de gros sabots. Voilà ce que le pays des castagnettes et des paillettes étincelantes avait inspiré à notre ami !

— Vous devinez mon idée, nous dit-il, c'est : *la Mère du condamné.*

Évidemment, les causeries avec le bourreau de Saragosse avaient influencé l'artiste.

— J'ai vu de bien belles Espagnoles, ajouta-t-il avec un soupir, mais la beauté est pour moi difficile à rendre en peinture. Il en est de même des paysages et des ciels, car je suis un sculpteur, un novice pour la couleur, c'est pourquoi j'ai peint une vieille vue de dos, devant un mur, sujet simple et qui cependant évoque un drame.

Cette modestie d'auteur était vraiment touchante. Elle ferait sourire de nos jours ceux qui considèrent que barbouiller une toile comme le ferait un enfant de quatre ans, sans aucune idée et sans aucune connaissance du dessin, est atteindre la suprême expression de l'art.

La muraille décrépite devant laquelle priait la pauvre vieille Espagnole offrait des tons différents par suite des badigeons successifs écaillés par le temps.

Tout à coup, Adrien s'écria :

— Voyez donc, mon cher, dans les taches de votre mur on croit voir des personnages à demi effacés, c'est comme une ancienne fresque ! Accentuez donc dans le sens, mettez-y une Vierge aux pieds du Christ, le grand martyr, cela complétera votre idée !

Ainsi fut fait et *la Mère du condamné* figura au Salon suivant.

Donc, Drouet avait retrouvé son home dix-huitième siècle de la rue des Beaux-Arts. Fatigué de la cuisine à l'huile rance des Espagnols, il appréciait plus que jamais les menus soignés d'Eugénie et le macaroni à l'italienne qui lui rappelait Capri et que souvent il préparait lui-même, mobilisant pour cela les casseroles de tous les calibres.

Il reprenait ses petites habitudes de fervent visiteur du Musée du Louvre et de fureteur en quête de curiosités à l'hôtel Drouot et le long des quais de Paris.

Un nouveau rêve s'ébauchait dans son esprit. Il voulait se créer à lui-même une illusion d'une originalité et d'une délicatesse exquises. Il voulait, au cours d'une soirée, faire revivre sous ses yeux cette époque dont tant de précieux vestiges l'entouraient. Il voulait faire sortir de leurs cadres toutes ces jolies dames poudrées à blanc, une mouche sur la joue, tous ces gracieux seigneurs coiffés de tricornes et souriants, tous ces aimables bergers enguirlandés de chèvrefeuille. Il voulait voir ses amis les plus chers revêtus de ces atours flatteurs et il voulait s'en revêtir lui-même pour que son miroir lui fît l'effet d'une vision d'antan.

Un jour donc, ses amis reçurent une invitation à dîner chez lui avec la condition expresse d'y venir en costume Louis XV et perruques poudrées. Un mois d'avance on fit tous les préparatifs et la fête fut complète.

Le dîner fut servi dans la vaisselle du temps, sur une nappe du temps. Dans les carafes d'eau nageaient de petits poissons rouges afin que les convives fussent obligés de ne se verser que du vin et, derrière le grand paravent Pompadour, un orchestre invisible jouait, sur des instruments de l'époque, de la musique de Grétry et d'Hérold.

Puis, au dessert, on chanta : *O ma tendre musette! Lise chantait dans la prairie*, et autres romances tendres et parfumées.

Pendant quelques heures, on sourit avec Colin et Lisette, on vécut dans l'agreste paradis d'Estelle et de Némorin.

Longtemps après, le maître de céans, en montrant son petit tricorne et sa houlette enrubanée de ce soir-là, disait :

— Je me suis payé cette fantaisie. Elle m'a coûté lourd, c'était beaucoup pour mes moyens de modeste rentier, mais paie-t-on jamais trop cher une heure de sa vie dont le souvenir rayonne sur toutes celles qui suivront?

Charles Drouet, né à Paris, je pense, vers 1837 ou 1838, y est mort le 19 avril 1908. Comme portraits rappelant ses traits, il existe une eau-forte de Wisthler, un fusain de Léon Lhermitte et un petit portrait peint de Carolus Duran. Il n'avait plus de famille ayant perdu son frère, officier, en 1876. Il n'y a donc plus personne pour garder précieusement tel objet provenant de sa collection avec ce respect attendri qu'inspire le souvenir d'un parent aimé. Tous les trésors artistiques qu'il avait réunis sont de nouveau dispersés au hasard et son nom, malgré son talent sérieux et sincère, n'est pas de ceux que la Renommée retient et répète. Il appartient donc à ses amis de rappeler ce nom qui fut intimement lié à ceux de beaucoup de grands artistes de sa génération.

Cette considération m'a suscité l'idée de m'adresser à l'un des plus chers et des plus illustres de ces amis pour compléter ce chapitre. J'ai donc écrit à Léon Lhermitte qui fut pour lui un intime et fidèle camarade d'atelier, l'un de ceux dont il parlait avec le plus d'affection, au cours de nos longues causeries chez lui ou sur les bancs de notre jardin de Montgeron.

Le maître Lhermitte, qui était aussi l'un de nos meilleurs amis, m'a répondu la lettre que voici :

« Comme vous le pensez bien, chère madame et amie, ce qui a trait à Charles Drouet me touche tout particulièrement.

« Je ne l'ai connu qu'après la guerre de 1870 (vers 1872 ou 1873), chez Jules Laurens, peintre lithographe de grand talent, qui recevait un grand nombre d'artistes devenus ses amis. J'ai connu aussi, en même temps que lui, Henner, Cabanel, Gustave Doré, Chapu, Falguière, etc. Nous nous sommes liés rapidement. Son entrain, sa verve facile, l'abondance de ses souvenirs, sa curiosité artistique le rendaient réellement sympathique.

« Et puis, il avait été mêlé à un groupe d'artistes sortant de l'atelier de Lecoq de Boisbaudran où j'avais passé jadis, de 1863 à 1866. Il était lié avec Wisthler, Carolus Duran, Manet, Fantin-Latour, Braquemont, Legros, etc...

« Il avait vécu à Rome, à Naples, à Capri avec certains peintres tels que Hamon, Harpignies et il rappelait des tas d'histoire se rapportant à chacun d'eux.

« Sa peinture, à laquelle il ne se consacra que tard, ne valait pas sa sculpture, mais toutefois je me souviens d'un tableau sinistre représentant une vieille femme à genoux dans un cimetière, sorte de sorcière effroyable mais non sans caractère, tenant un cierge à la main. Cette toile, qui datait de la même époque que sa *Mère du condamné*, ne fut pas exposée.

« Tous ceux qui ont approché Charles Drouet lui étaient attachés et, quant à lui-même, il ne cessait de témoigner à ceux qu'il aimait le plus complet dévouement. Il s'est montré, à l'égard de certains confrères peu fortunés, d'une générosité inépuisable et telle, hélas ! qu'on en a quelquefois abusé. Il était fidèle en amitié comme le meilleur de tous. Les souvenirs que je garde de lui sont inoubliables et certains le montrent tendre, sensible et d'une naïveté touchante. Il était en outre la droiture même.

« Pauvre cher Drouet ! Je le vois encore se campant comme un coq sans perdre un pouce de sa taille qui était petite. A ce propos, il expliquait son célibat impénitent par cette réflexion qu'il n'avait été désireux de se marier qu'avec des jeunes filles beaucoup plus grandes que lui et qu'il trouvait les couples ainsi composés trop grotesques. »

Ce dernier trait, ce croquis à la plume d'un galbe si juste, tracé par un des maîtres de la peinture, me semble particulièrement typique :

Comme il souligne bien l'amour de l'esthétique, le souci de la belle entente, de la bonne composition sculpturale qui était l'une des principales préoccupations de Drouet !

Il se refusa le mariage parce que le groupe qu'il eût formé avec sa compagne eût manqué *d'ensemble* et eût pu paraître ridicule.

Il sacrifia tout, jusqu'aux joies intimes de sa vie privée, à son respect de la belle ligne et du style harmonieux et pur !

VI

LA MAISON
DE ROSA BONHEUR A BY

Nos premières visites : 24 février et 22 juin 1896. — L'atelier
de Rosa. — La critique. — La conscience du peintre. — Le
ruban rouge remis par l'impératrice Eugénie (1865).— La
rosette et la visite de Sadi Carnot (1893). — L'enfance de
Rosa. — Les marchés aux chevaux. — Le costume masculin. — Voyages dans les montagnes. — L'amour des bêtes.
— La mort de la lionne. — La vieille biche au jardin. — Le
cheval du colonel Cody, roi des prairies. — Promenades à
l'aurore. — Les quatre pastels de 1897. — La philosophie de
Rosa. — L'entrée des femmes à l'École des Beaux-Arts. —
Ferdinand Dutert. — Les derniers printemps. — La mort
(25 mai 1899). Vers l'Idéal.

A l'époque de ma toute première enfance, au
temps où le langage des grandes personnes me semblait encore un murmure un peu confus, où quelques
mots, particulièrement clairs à mon esprit ou re-
marquables par leur sonorité, se détachaient de
cet ensemble pour se fixer dans ma mémoire, je me
rappelle que parmi ces mots, résonnait, heureux
et parfumé, ce nom célèbre : *Rosa Bonheur*.

Un peu plus tard, mon père m'apprit que ce

nom représentait la plus grande gloire artistique féminine de ce temps.

J'ai dit, dans le deuxième tome de mes souvenirs, qu'en 1880, après notre mariage, nous nous étions fixés à Montgeron. Nous étions donc presque voisins de la grande artiste qui habitait By (Thomery) près de la forêt de Fontainebleau.

Nous avions une bien naturelle envie de la connaître personnellement et de voir son atelier mais nous la savions si solitaire, si désireuse de n'être pas troublée dans ses travaux, que la crainte d'être indiscrets nous arrêtait.

Nous savions par ses amis qu'elle disait d'elle-même : « Je suis un sauvage des prairies et des forêts. »

Mais en 1896, ayant appris par un peintre qui l'avait accompagnée au Salon (Georges Cain, je crois) qu'elle avait demandé qu'on lui montrât tout d'abord les œuvres des femmes et qu'elle s'était tout spécialement intéressée à mes envois, je saisis la première occasion qui se présenta pour lui écrire.

Quelques mois après avoir été nommée chevalier de la Légion d'honneur, en 1894, j'avais été élue présidente de l'*Union des femmes peintres et sculpteurs* et en février 1896, sur ma proposition, notre comité avait appelé, par acclamation, Rosa Bonheur à la présidence d'honneur de cette société.

J'avais donc à la prier de vouloir bien nous permettre d'inscrire, à notre tête, son nom glorieux.

Je reçus d'elle une lettre d'acceptation dont il m'est impossible de citer ici les termes tant ils sont élogieux pour moi, mais que je garde précieusement pour mes descendants.

Encouragée par cette si sympathique réponse, je lui écrivis de nouveau pour lui exprimer le désir que nous avions, Adrien et moi, d'aller la voir à By, avec mon amie Pauline Delacroix-Garnier, vice-présidente de notre société, et son mari Henri-Eugène Delacroix, peintres tous deux.

Voici sa réponse en date du 13 février :

« ...Je viens de recevoir votre bonne lettre et je suis toute touchée de votre gracieuseté de vouloir me faire visite et vous déranger, et risquer de venir dans mon coin de forêt, ce qui n'est pas très facile à cause des heures des trains.

« Je prends donc de suite la plume pour guider vos pas et ceux de votre digne mari ainsi que de M. et Mme Delacroix-Garnier qui me font l'honneur de vous accompagner. »

Puis, après un paragraphe donnant les heures des trains, elle ajoutait :

« Vous trouverez à Fontainebleau un landau qui vous conduira à By en vingt-cinq ou trente minutes. Maintenant, il me reste à vous dire, chère madame, que je nourrissais l'idée, ainsi que c'était mon devoir, d'aller moi-même vous faire visite et jusqu'à présent, je n'avais pas osé me lancer attendu que, comme les vieux animaux dont je suis le peintre, je combats mon naturel sauvage, et voilà que vous venez, ce qui prouve combien vous êtes bonne et que je vous ai bien devinée, du reste, par tous les bons sentiments dont vous m'honorez, chère madame, et dont, je vous l'ai déjà dit, je vous suis profondément reconnaissante. »

Cette visite à By eut lieu le 24 février. Je retrouve l'annotation que j'ai prise le soir même, au retour :

« Les Delacroix arrivent à onze heures ce matin à Montgeron et déjeunent avec nous. Après déjeuner, Adrien, les Delacroix et moi prenons le train pour Fontainebleau. A la gare un landau à deux chevaux, très grand, de forme très ancienne, peint en bleu et or, conduit par deux cochers en livrée ayant un caractère d'uniforme militaire d'autrefois en drap rouge et bleu à galons dorés défraîchis, envoyé par Rosa Bonheur, nous attend pour nous conduire à By. Cet étrange équipage, qui semble dater du premier Empire, nous amuse.

« Au bout d'une demi-heure, la voiture entre dans une cour carrée. Une bonne nous fait monter un escalier et nous conduit directement dans l'atelier.

« La grande artiste nous y reçoit de la façon la plus cordiale et la plus charmante. Elle est heureuse de faire notre connaissance et nous le témoigne les larmes aux yeux.

« Elle est vêtue en bon paysan normand : pantalon de velours marron, bourgeron de toile bleue brodée de blanc sur les coutures. Son vaste atelier est fort intéressant. Vive et animée, elle nous en fait les honneurs avec une émotion qui semble presque égale à la nôtre, car sincèrement modeste, elle est très touchée des éloges que nous lui adressons ; elle y sent l'accent d'une conviction véritable, sans flatterie. Il y a là des études de chevaux, de moutons, de bœufs, de bisons, de tout premier ordre et, dans les esquisses, quelle richesse de composition, quelle belle imagination féconde, quel don de peintre développé dans la simple et libre nature !

« Rosa a été très belle et cela se voit encore, malgré ses soixante-quatorze ans, à la finesse de ses traits qui gardent la fraîcheur du teint, comme son regard conserve la fraîcheur de l'expression. De beaux chéveux soyeux, jadis noirs, devenus blancs, coupés à la manière d'une crinière de lion, bien plantés, fermes, hardis d'allure, encadrent harmonieusement cette physionomie vive et souriante et la font ressembler, avec une délicatesse féminine en plus, à l'excellente figure d'un autre peintre bien-aimé, le grand Camille Corot, dont, d'ailleurs, elle a adopté le rustique accoutrement. »

Lorsque j'écrivis à mon père, à Courrières, que nous avions vu la grande Rosa, il eut un vif désir d'aller, lui aussi, faire la connaissance de la célèbre artiste pour laquelle il avait toujours eu une profonde estime et une vraie sympathie. Je le lui fis savoir et il fut convenu que nous irions à By le 22 juin 1896. Ce jour-là donc, le même landau bleu et or nous attendait à la gare de Fontaine-bleau. Nous avions emmené avec nous nos fillettes Louise et Adrienne, âgées de dix et de huit ans, désirant que cet instant de la première entrevue de ces deux peintres de la vie rustique, restât dans leur souvenir.

Cette fois, ce fut dans la cour même du petit château campagnard que l'artiste, dès notre arri-vée, nous apparut, étendit vers nous ses deux bras, puis leva en l'air son chapeau de paille en manière de réjouissance. Elle avait fait un brin de toilette :

au lieu du bourgeron bleu qu'elle avait lors de notre première visite, elle portait un élégant complet veston de velours noir où brillait la rosette de la Légion d'honneur. Pendant qu'elle accourait à nous, mon père répétait :

— La voilà ! C'est elle ! elle est bien telle que je me la figurais.

Puis, en descendant de voiture, il l'embrassa sur les deux joues et à grands bras. Tous deux étaient attendris comme de vieux amis qui se retrouveraient après une longue séparation. Tous deux pleuraient et riaient en même temps et elle était touchante, cette accolade de deux peintres qui avaient aimé d'un égal amour les choses de la nature agreste, les beaux travailleurs des champs et les belles bêtes, les chauds rayons, les fraîches rosées, les puissantes végétations, les clairs matins, les mystérieux crépuscules, les douces nuits et les avaient exprimés dans leurs toiles, chacun avec son sentiment personnel, mais avec un égal souci de sincérité, avec un égal enthousiasme pour l'idéal poursuivi.

Et ils ne cessaient de se serrer les mains et, au tout premier abord, ne trouvaient que des exclamations pour exprimer leur joie de se connaître enfin !

— C'est vous ! C'est Breton ! qu'elles étaient belles vos *Glaneuses* de tel Salon !

— C'est vous ! grande Rosa ! illustre Rosa ! auteur du *Marché aux chevaux* que j'ai tant admiré ! Ah ! qu'il y a longtemps ! pourquoi avons-nous attendu que nous soyons vieux pour nous connaître !

— C'est vrai, disait Rosa, nous avons été bêtes ! la vie passe trop vite !

Et je voyais mon mari et ma mère sourire
tout émus, tandis que nos fillettes regardaient
curieusement la joie presque enfantine de ces
deux bons vieillards.

Les cochers galonnés, tenant leurs chevaux, et
les domestiques prêts à nous introduire et debout
sur le seuil, s'arrêtaient avec un air respectueux
et recueilli et les deux grands lévriers gris de la
maison flairaient avec bienveillance des étrangers
qu'ils sentaient être des bienvenus.

Comme la première fois, ce fut dans l'atelier
situé à l'étage, qu'elle nous reçut. Il était très
grand, très haut, éclairé d'une large fenêtre donnant sur le jardin et très encombré comme sont
tous les ateliers de professionnels. En levant les
yeux au plafond, on y voyait d'immenses toiles
d'araignées tendues d'une poutre à l'autre, qui me
faisaient songer aux filets de pêche que l'on déploie
à Douarnenez d'un côté de la rue à l'autre, pour
les faire sécher. Il fallut pour nous faire asseoir
débarrasser les chaises et fauteuils des boîtes, paperasses et objets divers qui les couvraient. Ces
sièges étaient variés, de provenances multiples,
les uns rustiques, les autres luxueux. L'escabeau
de paille du paysan voisinait familièrement avec
le fauteuil de velours de style Louis XIV.

En les époussetant d'un coup de chiffon, Rosa
disait :

— Vous voyez mes tapis d'Orient, ils sont vraiment trop beaux pour cet atelier de piocheuse où
je défends qu'on change la poussière de place à
cause des tableaux pas secs et où, comme moi, les
araignées tendent des toiles. J'ai rapporté ces
splendeurs de ma villa de Nice que j'ai vendue à la

mort de mon amie si dévouée, ma pauvre Micas. »

Sans doute là-bas, dans le Midi, elle avait été amenée à faire du luxe chez elle par un besoin d'harmonie avec ce pays tout ruisselant d'éclat, où la mer est faite de pierreries fluides, où les roses semblent aristocratiques, où le soleil sème des diamants partout, mais, au fond, elle aimait avant tout l'aménagement simplement confortable.

— Pour bien peindre, disait-elle, il ne faut pas avoir peur d'une tache de couleur ou d'huile ! »

D'un pas rapide, elle allait et venait, dénichait dans des coins poudreux de vieilles études qu'elle-même avait presque oubliées et qu'elle prenait plaisir à revoir, car chacune d'elles réveillait dans son esprit un souvenir des temps passés et des pays parcourus. Elle les jugeait elle-même d'un ton bref, n'attendant pas le compliment, ne le cherchant jamais bien qu'elle y fût sensible, comme tous les modestes !

— Celle-ci est bonne, je le sais. Celle-ci est mauvaise, ne la regardez pas... ou plutôt regardez-la pour voir combien on peut être bête, certains jours, même quand on n'est pas un imbécile. Voici des pochades d'après les sauvages, les Peaux-Rouges de Buffalo-Bill et leurs montures. « Ça m'a amusée de me trouver ainsi dans Paris en pleine Amérique. Quel caractère ils avaient, ces grands gaillards vêtus de plumes, le corps bariolé de toutes les couleurs ! »

Puis, écartant les chevalets où se tassaient pêle-mêle des toiles crayonnées et de récentes pochades, elle nous montrait un grand tableau qui couvrait toute la muraille du fond et disait :

— Voyez ! voici ma grande ébauche commencée

depuis si longtemps, des chevaux espagnols, huit
mètres s'il vous plaît ! Il faut que je la finisse pour
l'Exposition universelle que l'on fera en 1900.
Ce que vous m'en dites me remonte. Oh oui ! on
a encore de l'énergie à peindre ! Parbleu ! ça ne
s'éteint qu'avec le souffle, cette énergie-là ! »

Puis elle ouvrait de larges cartons où étaient
serrées les gravures de ses tableaux répandus dans
le monde entier, on sait à quels prix élevés : *le
Marché aux chevaux*, *le Labourage nivernais* (du
Musée du Luxembourg), *la Razzia*, *le Roi de la
forêt*, *la Famille des lions;* toute une série de compositions importantes dont les titres m'échappent
et qu'il serait d'ailleurs trop long de citer.

Elle avait aussi des reproductions de tableaux
de son frère Auguste Bonheur et de sa sœur
Mme Peyrol, ces peintres distingués, morts tous
deux en plein talent.

A propos de chaque gravure, c'étaient de touchants souvenirs de famille qui lui revenaient :

— Ceci est de telle époque, cela vient de tel
pays. »

Tout son passé de peintre était là. Elle se montait, s'animait :

— Quel est donc le sot qui m'a fait bien rire
en écrivant dernièrement, je ne sais plus dans
quel grand journal, que les femmes n'ont pas
d'imagination? Je les trouve admirables, ces critiques qui n'ont jamais rien produit et qui
avancent de ces choses avec tant de désinvolture.
De l'imagination ! j'aurais pu leur en revendre
si cela se vendait... mais je m'en serais bien gardée
à cause du mauvais usage qu'ils en auraient fait. »

A ce propos, mon père cita un mot du peintre

Gérôme au sujet des critiques de profession qui, incapables eux-mêmes, se mêlent de juger les producteurs : « Ils sont eunuques de père en fils et cependant ils se multiplient avec une facilité extraordinaire. »

Et mon père dit encore :

— Dernièrement, le jour du vernissage, je faisais mon tour de Salon avec mon vieux camarade Bouguereau que je connais depuis que tous deux nous étions élèves de l'École des Beaux-Arts. Un journaliste, respectueux et poli, se présenta à nous et s'adressant à Bouguereau lui dit : « Je trouve votre tableau admirable et j'aurai le plaisir de le dire dans les journaux qui m'ont chargé de faire la critique du Salon. L'an dernier, j'ai été un peu dur pour vous, excusez-moi ; je vous ai été certainement bien désagréable, mais je vais cette année réparer amplement l'ennui que je vous ai causé. » Bouguereau, avec un clair et calme sourire, lui répondit :

— Écrivez en paix, cher monsieur, ne vous tourmentez pas. Je n'ai pas lu votre éreintement de l'an dernier ; je ne lirai pas davantage votre éloge de cette année, vous êtes donc absolument libre d'écrire ce qui vous plaira, je n'en saurai rien.

Rosa rit de bon cœur, car toujours son indignation tournait gentiment en plaisanterie.

— Cependant, il faut être juste, ajouta mon père : il y a encore, même à notre époque, des critiques sincères et désintéressés qui ne vendent pas leur plume et ne la trempent pas de parti pris dans le fiel, mais remarquez que ce sont ceux qui ont par eux-mêmes un talent d'écrivain ou de poète. Il n'y a que les impuissants qui ne pardonnent pas la puissance à ceux qu'ils ont la prétention de juger ; il y a, au fond de tout cela, un venin de jalousie : c'est comme certaines femmes laides qui prennent les jolies femmes en aversion et leur cherchent des défauts pour les déprécier.

— Voilà qui est bien juste ! » s'exclama Rosa et, malgré cela, elle avoua qu'elle était sensible à la critique mais seulement au tout premier abord au moment où, doutant d'elle-même, elle se disait : « Et pourtant, si c'était vrai ! » mais bien vite l'élévation du but qu'elle poursuivait la mettait au-dessus de ces préoccupations d'amour-propre mesquines au fond. Que cette critique fût un reproche ou un éloge, elle n'y voulait plus songer et c'était pour éviter tous ces petits tourments et ces petites joies d'orgueil blessé ou caressé qu'elle avait adopté ce mode de travail seule avec le soleil et ses modèles, hors de la fièvre de Paris, et c'est pourquoi, pendant de si longues années, elle n'avait plus pris part aux Salons annuels.

— Quand je travaille, disait-elle, je veux me satisfaire moi-même et je cherche à ce que Dieu, en qui j'ai confiance, ne soit pas trop mécontent de la façon dont je le comprends. C'est ambitieux, n'est-ce pas ? Que voulez-vous ! quand on vit seul avec le Créateur, on a modestement de ces prétentions-là. »

Ambitieuse, elle l'était de la noble préoccupation de bien faire, nullement de celle d'un succès public à remporter. Elle l'était à la façon de tous les vrais artistes, de tous ceux qui sentent qu'ils ont quelque chose dans le cœur et dans le cerveau et qui veulent l'exprimer le plus complètement, le mieux possible. Cette préoccupation ne va pas sans une grande conscience dans l'exécution et cette conscience, qualité profonde et solide, peut cependant quelquefois devenir un écueil. La grande artiste en était arrivée à l'âge où, lorsqu'on a continué comme au temps de sa jeunesse à se mesurer avec la nature, non seulement on garde toutes ses qualités, mais on en acquiert de nouvelles par la faculté que l'on a de jeter un coup d'œil d'ensemble sur sa carrière parcourue et, par cela, de se juger soi-même et de se résumer.

— Ma grande conscience m'a parfois nui, disait-elle, j'ai quelquefois trop fait chaque brin d'herbe. »

Ses dernières œuvres avaient une largeur, une simplicité magistrale qui prouvait que certaines recherches passagères de l'étude du détail et de l'absolu, dont elle se rendait compte, n'avaient en rien compromis la grandeur de sa conception picturale. Cette consciencieuse application un peu exagérée, lui avait même peut-être été salutaire à un moment donné, pour l'empêcher de tomber dans le *lâché*, dans l'indécis, dans l'incorrect qui commençait déjà alors à se répandre et qui, de nos jours, est comme une maladie dont quelques-uns ne guériront pas. Loin de se laisser influencer par l'absurde *mode en art*, elle garda toujours la précision qui était chez elle une grande force, étant appuyée sur une profonde logique.

Son génie était sérieux et fidèle comme l'affection qu'elle gardait à ses amis, une affection reconnaissante pour ceux qui l'avaient bien comprise.

Elle devait son ruban de chevalier de la Légion d'honneur, tant mérité, à une décision de l'impératrice Eugénie qui était venue elle-même le lui remettre dans son atelier de By, en 1865. C'était là un honneur exceptionnel, car aucune femme avant elle, n'en avait été titulaire. Il était convenu qu'on ne décorait pas les femmes.

Elle en avait été profondément touchée et flattée, bien que sa réputation, déjà alors, fût plus grande que celle de beaucoup de légionnaires.

Le souvenir de cette croix des braves qui lui avait été remise là, près de ce canapé, devant ce chevalet, au milieu de toutes ces études, de ces objets familiers, lui était resté comme l'un des plus touchants de sa vie et elle en avait gardé à celle qui avait été heureuse de lui donner cette joie, une profonde reconnaissance que rien n'altéra jamais, ni les lamentables événements de 1870, ni l'exil de l'impératrice détrônée. En dehors de toute idée politique, elle ne considérait que la personne privée et fut émue, en apprenant la mort tragique de la pauvre victime des Zoulous, le jeune prince Louis-Eugène, d'une façon intime, n'y voyant que l'immense douleur de sa mère, comme s'il se fût agi d'un simple enfant du peuple.

Outre la mémorable visite de l'impératrice Eugénie, l'atelier de By avait vu venir, à différentes époques, de grands personnages officiels, l'empereur dom Pedro, le duc d'Aumale, le prince de Galles (qui fut ensuite le roi Édouard VII), la princesse de Battemberg et, en 1893, Sadi-Carnot, alors président de la République, accompagné de Mme Carnot. Bien peu de semaines avant sa mort dramatique, le sympathique président Carnot, qui était l'un de ses grands admirateurs, l'avait, par décret du 3 avril 1894, promue au grade d'officier de la Légion d'honneur. Sa réputation universelle lui avait en outre valu environ une douzaine de décorations étrangères, belge, portugaise, espagnole, etc...

Comment lui était venue l'idée bizarre de s'habiller en homme?

Elle se plaisait à le raconter et c'était charmant de l'entendre, car sa voix, un peu haute de timbre et très douce, avait, quand elle évoquait de vieux souvenirs, des inflexions, par instant, presque enfantines, tour à tour enjouées et attendries.

Elle avait été élevée dans la peinture et un peu comme un garçon par son père Raymond Bonheur. Il l'emmenait au travail avec lui, car il était peintre. Des revers de fortune l'obligeaient à entrevoir la carrière dans laquelle il la guidait à un point de vue tout à fait sérieux. Il ne voulait pas que son sexe fût une entrave à la vocation artistique qu'il sentait en elle et qu'il avait la légitime fierté de lui avoir donnée avec la vie.

A douze ans elle perdit sa mère et son chagrin fut si profond qu'il n'y eut pas un seul jour où cette idée, ce regret d'un bonheur qu'elle avait à peine connu, ne lui revînt comme une ombre triste, même aux plus belles saisons de sa vie d'artiste. C'est avec des larmes dans les yeux qu'elle en parlait. Privée de cette douce influence féminine, elle s'était développée dans un esprit d'indépendance précoce que son goût croissant pour son art n'avait fait qu'accentuer. Concevoir une idée de tableau, acquérir par un travail opiniâtre le moyen d'exprimer cette idée et pour cela, étudier de près ses modèles hennissants et bêlants, vivre au milieu d'eux, avait été de bonne heure son seul but sérieux dans la vie.

Jeune fille, à dix-huit ans, elle allait dans les fermes, fréquentait seule les marchés aux bestiaux, les abattoirs, aimant avant tout cette sauvagerie d'allure qui lui laissait toute liberté de pensée, d'observation et de travail. Mais la jolie fille qui errait ainsi dans l'enthousiasme contenu d'un projet à réaliser, regardant, s'arrêtant, crayonnant, frôlait de bien vulgaires blouses de marchands de chevaux et de bouchers et ces hommes grossiers, sous le charme de sa fraîche jeunesse, lui exprimaient parfois l'impression qu'ils en ressentaient par des paroles peu en rapport avec la délicatesse de ses sentiments et sa dignité de demoiselle bien élevée. Blessée de la liberté qu'ils se permettaient, mais ne voulant à aucun prix renoncer à ses études dans ce milieu qui seul pouvait donner à ses toiles le vrai caractère de la réalité, elle eut cette idée de se déguiser en petit paysan et de couper ses cheveux. Dès lors, tout alla bien. Les maquignons se disaient entre eux

— Tiens, voilà encore le petit qui dessine. »

Et le petit pouvait, sans être aucunement dérangé, ni inquiété, poursuivre ses travaux tout à la joie de pénétrer cette nature rustique qui répondait si bien à ses aspirations d'artiste.

Plus tard, Rosa entreprit de grands voyages dans les montagnes, en Écosse, en Irlande, dans les Pyrénées. Elle y vécut de la vie des bergers, vêtue comme eux, mangeant de leur pain bis comme dans Virgile, passant des nuits sous des cahutes pour surprendre l'instant poétique entre tous, l'instant du réveil du troupeau à l'aurore, le charme ému du premier bêlement d'agneau répondant au premier rayon du levant sur la roche qu'il dore de sa lumière. L'émotion qu'elle en ressentit se retrouve dans un grand nombre de ses œuvres, compositions pleines de grandeur et d'où s'exhale cependant une douceur d'intimité due à l'attitude toujours vraie, toujours observée de l'animal, pris dans la sécurité de sa vie libre en pleine immensité, blotti dans la tiédeur d'un abri familier, mais entre deux montagnes.

Parmi les peintres anciens et modernes qui se sont voués à l'étude des animaux et dans cette voie ont fait d'immortels chefs-d'œuvre, il en est qui ont, par ce moyen, symbolisé pour ainsi dire la vie champêtre, qui, se servant de tous les éléments, soleil, terre, nuées, ont enveloppé leurs personnages de brume et de rayons, enfermant dans un cadre étroit mais agrandi par l'idée, tout une part de la grande nature ; l'animal est là, important par la place qu'il occupe, par sa note vigoureuse ou claire, mais avant tout, ce tableau est un *soir*, un *midi* ou un *matin* poétiquement entrevu et rendu. Ces maîtres-là sont des paysagistes parce qu'ils ont subordonné toujours l'**être** vivant à la grande orchestration générale de l'effet. Mais l'artiste qui pénétra le plus profondément et avec le plus de tendresse et de conscience l'intimité, ce qu'on pourrait appeler le sentiment, l'âme de la bête et l'interpréta en peintre de figure ; celui qui rendit le mieux la candeur d'un regard d'agnelet pressé contre la chaleur de sa mère, la bonté de cette mère nourrice qui l'effleure de son museau tiède, la fierté puissante du mâle,

la relation familiale de ces êtres entre eux ; celui
qui raconta le plus simplement et de la façon la
plus touchante, tous les épisodes de la vie rumi-
nante au soleil, ce fut le peintre qui, à ce moment,
nous dévoilait avec tant d'amical abandon ses
impressions secrètes, ce fut Rosa Bonheur.

Et cela tient avant tout au caractère spécial que
donnait à sa conception des êtres son âme de
femme. Car, en dépit du costume masculin qu'elle
avait adopté, celle-là était bien femme qui s'atten-
drissait sur la souffrance de tous, bêtes et gens,
qui cherchait à la soulager, qui, n'ayant pas été à
même de connaître l'amour maternel, remplissait
sa maison d'êtres frêles auxquels elle prodiguait
ses soins, petites créatures de Dieu qui avaient
besoin de son amour, qui seraient mortes si elle
les eût oubliées un jour, petits oiseaux des îles
à qui, chaque matin, elle donnait à manger, chats
et chiens errants recueillis par charité et qui
déjeunaient avec elle, autant d'enfants gâtés auxquels tout était permis. Les animaux le sentaient
et tous les chats perdus miaulaient à sa porte.

Un peu d'excentricité, de caprice, ce qui est
encore bien une tendance féminine, donnait du
piquant à ses idées. Elle avait eu la fantaisie
d'élever, pour les peindre, deux jeunes lionceaux
mâle et femelle et racontait avec émotion leur
histoire. Cette histoire était navrante. Le lion
était mort le premier, jeune encore, d'une maladie
de la moelle épinière, mais la lionne avait eu le
temps de s'attacher à sa maîtresse.

— Elle était tendre, fidèle comme un chien,
disait Rosa, parfois elle se mettait debout sur ses
pattes de derrière... pardon ! sur ses pieds (cet

animal est trop noble pour qu'on lui donne des pattes) et elle appliquait familièrement ceux de devant sur mes épaules pour mieux me câliner. Mais elle devint malade de la même maladie que son frère. Je la soignais comme une personne humaine, allant la voir, la consoler plusieurs fois tous les jours. Une fois, je la trouvai si faible qu'en remontant à l'atelier, je dis à Georges Cain qui était là : « Ma pauvre lionne ne peut plus même se remuer, elle va mourir. » Quelques instants après, j'entends un pas doux comme du velours, en bas, dans le vestibule. Je vais voir, c'était ma lionne mourante qui avait fait un suprême effort pour me revoir une dernière fois. Elle savait que j'étais montée, elle entendait ma voix et elle se traînait sur l'escalier pour chercher à m'atteindre. Je descendis quelques marches, elle s'arrêta. Quand je fus auprès d'elle, je la pris dans mes bras, je la caressai doucement. Elle s'abandonna, me regarda comme un être qui pense et mourut ainsi en me regardant. Je crois au bon Dieu et à son paradis pour les justes, mais tout ne me plaît pas dans la religion ; ainsi je trouve monstrueux qu'il y soit dit que les animaux n'ont point d'âme. Ma lionne aimait, donc elle avait une âme plus que certaines gens qui n'aiment pas. »

Ce mot me frappa.

Je compris mieux que jamais à quelle flamme il fallait attribuer le rayonnement presque moral qui se dégage du regard de ses humbles personnages velus. Elle croyait fermement à leur âme, c'est pourquoi elle savait nous la faire entrevoir, parfois même nous l'imposer par l'intensité de foi sincère qu'elle avait mise à la saisir. Pourquoi les artistes primitifs donnaient-ils aux visages de saints et d'élus, objets de leur culte, un charme si pur et si touchant? C'est parce qu'ils croyaient à l'auréole dont ils entouraient leurs séraphiques visages.

Il fallait voir avec quelle conviction cordiale Rosa exprimait ses idées philosophiques à propos de ces faits qui, dans sa vie solitaire, faisaient de grands événements; combien il y avait d'affection contenue dans ce cœur qui se donnait si franchement à qui savait répondre à sa tendresse, fût-ce une bête fauve du désert. On sentait à cela quelle épouse, quelle mère eût été cette femme dont les sentiments dévoués s'éparpillaient en caresses et en douces paroles, en pure perte bien souvent.

Regardant nos fillettes qui, déjà vivement intéressées par les œuvres d'art, s'arrêtaient en contemplation devant les études et dessins éparpillés çà et là, elle disait :

— Comme elles sont gentilles ! Comme vous devez en être fiers ! bien plus que de vos tableaux, j'en suis sûre ! Les circonstances ne permettent pas à toutes les femmes d'allier tous les éléments du bonheur. Pour ma part, l'art seul a pris tout mon être, je lui dois les plus grands enchantements et la consolation des peines et j'ai toujours été heureuse de mon sort. Mais personne mieux que moi ne comprend qu'être artiste, épouse et mère, c'est la félicité parfaite. Avoir pu enchaîner son cœur selon son amour, créer des êtres vivants, doux miracle, et garder quand même la liberté de la pensée et des créations de l'esprit, c'est la réalisation, ici-bas, du plus beau de tous les rêves. »

7

Puis, se levant brusquement de sa chaise comme pour échapper à l'inutile mélancolie d'un regret :

— Allons ! assez de peinture ! un peu de nature, maintenant, et ces enfants doivent avoir envie de courir ; venez voir mon jardin, mon pré où je fais poser mes chevaux, mes vaches, mes moutons. »

Sa maison, bien campagnarde, d'un joli goût d'architecture simple, donnait d'un côté sur la cour d'entrée, de l'autre sur un jardin de plusieurs hectares. Ce jardin, près de l'habitation, était assez étroit et très fleuri, puis s'élargissait en pelouse et finissait par un véritable morceau de forêt, de la haute futaie avec de belles éclaircies. En suivant l'allée, tandis que vive et alerte elle se penchait pour cueillir des fleurs qu'elle nous offrait, on allait de surprise en surprise, depuis ces simples plates-bandes de verveines et d'œillets jusqu'à ces chênes magnifiques jetant une grande ombre sur le taillis.

A l'entrée de ce bois, s'élevait une statue de bronze représentant un personnage antique, œuvre de son frère Isidore Bonheur. Plus loin, dans un enclos, entouré de fils de fer, une biche broutait l'herbe rase.

— Ma pauvre biche ! disait Rosa, viens, ma pauvre vieille ! Tu es bien misérable, va ! avec ton abcès sur l'œil gauche et ton rhumatisme dans le gigot droit ! Voyez-la, elle ne peut presque plus marcher, elle traîne un pied crochu et je n'ai pas le courage de la tuer à cause des tableaux que j'ai faits avec elle. J'ai déjà deux fois pris mon fusil pour la délivrer de ses peines, mais elle me regarde avec le seul œil qui lui reste et je remporte mon fusil. Par exemple, j'ai tué son mâle d'une balle

en plein cœur parce qu'il était devenu féroce.
Croyez-vous que ce sont des amis? Ils ont travaillé avec moi, je leur dois la moitié de ce qu'on
veut bien trouver bon dans mes toiles. Aussi il
faut qu'ils deviennent méchants et dangereux
pour que je me décide à les faire mourir et pourtant celle-ci qui souffre me fait pitié. Le métier
d'exécuteur des hautes œuvres me répugne horriblement et, cependant, j'ai dû faire encore une
autre exécution capitale très pénible, voici dans
quelles circonstances : le colonel Cody, le roi des
prairies, Buffalo Bill, m'avait fait cadeau de l'un
de ses chevaux et j'en étais ravie tout d'abord,
mais il était tellement fougueux et la rapidité de
sa course était si folle, qu'il ne m'a pas été possible de m'en servir. Il avait beaucoup de valeur
mais je n'ai pas voulu le vendre car c'eût été une
mauvaise action, il eût certainement fait un
malheur un jour ou l'autre. Alors... que voulez-
vous ! je lui ai tiré dans l'oreille une balle qui l'a
foudroyé.

Elle se recueillit un instant, puis, éloignant ce
macabre souvenir, elle nous conta avec une fami-
liarité charmante comment se passaient ses jours
au milieu de sa ménagerie de poil et de plume, de
ce mélange de bêtes domestiques et de bêtes sauvages qu'elle aimait, les uns pour leur bonhomie,
les autres pour leur beauté ou leur caractère étrange.

— Je me lève de très bonne heure pendant la
belle saison, vers quatre ou cinq heures, et je fais
un tour en forêt. La nature est idéale quand elle
se réveille et c'est ma prière du matin sans paroles
latines, car Dieu est au-dessus des pauvres marmot-
tages de notre humanité infime.

J'enfourche mon délicieux poney Bijou ou bien j'attelle une de mes voitures ; j'en ai une douzaine de toutes formes, c'est encore une de mes manies de collectionneur. En rentrant je me mets au travail et j'ai un régime d'anachorète, c'est à cette vie simple que je dois ma santé. »

A la suite de cette visite je lui écrivis chaque fois que quelque chose pouvait l'intéresser.

Bien que vivant à l'écart, elle se tenait au courant de toutes les manifestations d'art. Elle avait un pied-à-terre à Paris, rue Gay-Lussac, et quand elle y venait, elle reprenait le costume de son sexe. Elle s'intéressait au Salon où elle dénichait les talents nouveaux. Elle se faisait piloter dans les salles par ses amis, tantôt les Cain, tantôt les Tedesco dont le père lui avait acheté son premier tableau : *Moutons dans les Pyrénées*. Elle leur en était restée reconnaissante. Se rappelant la joie qu'elle en avait éprouvée, elle voulait donner cette joie à d'autres, elle achetait aux inconnus qu'elle savait pauvres ; elle suivait les progrès des femmes peintres, distinguait et encourageait celles qui lui semblaient destinées à aller loin.

Elle avait eu en 1855, à l'Exposition universelle, un très grand succès, mais depuis 1867 elle n'avait plus exposé. En juin 1897 elle se décida à montrer dans la galerie Georges Petit, rue de Sèze, quatre pastels, œuvres récentes dans ce procédé nouveau pour elle.

Trois mois auparavant, une dame autrichienne, nommée Carnelia Conant, m'avait écrit qu'elle désirait faire pour des journaux une biographie de Rosa Bonheur et m'avait demandé un mot d'introduction.

Voici la réponse que je reçus de Rosa en date du
26 mars 1897 :

« Chère grande et bonne madame, heureuse
votre vieille confrère de votre bonne lettre et seulement un peu confuse de ne pas avoir répondu à
cause de votre carte trouvée en lettres des dames
ou demoiselles Carnelia de Vienne en Autriche,
car le temps passe si vite !... et je vous déconfie...
mais les biographies m'embêtent et les visites de
personnes que je ne connais pas aussi et par-
dessus le marché me fatiguent. Plus les années
passent, plus j'ai besoin d'être tranquille. Il faut
que vous me pardonniez. Je suis heureuse de
savoir votre santé remise et que vous ayez pu terminer votre Salon. J'aurai donc le plaisir de voir
vos tableaux et aussi ceux de votre mari pour
lequel je partage ma haute sympathie artistique
et mon estime morale.

« Je vous prie de m'excuser auprès de Mlle Carnelia Conant mais qu'elle soit assez bonne pour
avoir pitié de moi.

« J'ai un peu travailloté ces temps-ci, je me
suis payé de terminer des pastels. Ça n'est pas
bien solide, mais ça va vite et c'est bien amusant :
un parc de moutons au clair de la lune, mon ami
Pierrot, dans les Pyrénées ; un cerf clair de lune
et un cerf brouillard. J'espère que vous les verrez
à Paris ou chez moi. »

Tous ceux qui ont vu cette exposition des quatre
pastels se la rappellent : cerf par un effet de nuit ;
biches passant sur la bruyère près de la lisière
d'un bois ; bisons courant dans une plaine de
neige ; troupeau de moutons endormis dans une
forêt, blottis ensemble entre des roches, comme

dans un grand nid, sous un calme rayon lunaire. Le succès fut très grand et, bien qu'habituée aux éloges, Rosa éprouva une vive satisfaction des félicitations chaleureuses qu'elle reçut. Tout attendrie, elle m'en parla en ces termes dans une lettre en date du 13 juillet 1897, de sa grande écriture frisée comme la toison de ses brebis :

. « Je ne fais que remercier depuis trois mois à propos de mes pastels, en sorte que je me suis embrouillée dans toutes les politesses de cœur dont j'étais redevable. »

Elle était heureuse de ce nouveau succès, non seulement pour elle-même, mais aussi pour la cause des femmes artistes en général. Elle aimait à constater qu'elle contribuait à prouver ce dont le sexe réputé faible est capable. Elle était féministe en ce sens qu'elle désirait que le développement des facultés artistiques féminines pût s'effectuer le plus complètement possible.

— Si la force physique est plus grande chez l'homme, disait-elle, c'est parce qu'il est le naturel défenseur de la femme contre les dangers matériels de la vie ; mais pour tout ce qui est moral et intellectuel, elle a autant à faire que lui pour la sécurité et le bonheur de la famille, aussi n'y a-t-il aucune raison pour que son jugement, sa pensée, sa force morale, en un mot, soit inférieure. L'intelligence, en art surtout, n'est-elle pas avant tout dans le cœur? »

Elle déplorait que certaines de ses *sœurs du pinceau*, comme elle les appelait, soient parfois esclaves des nécessités de l'existence au point de voir leur talent en souffrir et quand elle en rencontrait sur son chemin, elle les aidait avec élan

et joie. Mais elle n'était pas féministe à la façon
de celles qui, sous prétexte de faire le bonheur de
la femme en la délivrant de ce qu'elles appellent
le *joug du mari*, voudraient la priver d'une protection salutaire et de tout ce qui fait la joie, la
lumière du foyer ; qui, dans le but de réaliser de
vaines chimères, cherchent à étouffer en elle tout
élan instinctif, toute attraction naturelle. Elle
m'écrivait à propos de nos *collègues de la palette*
qui travaillent sérieusement :

« Elles prouvent que le Créateur a fait de la
femme la noble compagne de l'homme et qu'il n'a
fait la différence entre eux que pour la noble
reproduction des êtres dans ce monde-ci. »

Vivant seule, elle réfléchissait longuement sur
beaucoup de questions, causait avec elle-même et
ne s'ennuyait jamais, car, comme tous les esprits
féconds, elle savait se répondre. Elle ne s'occupait
absolument pas des soins matériels de la vie (pour
lesquels elle se reposait entièrement sur sa fidèle
servante Céline et sur plusieurs autres vieux
domestiques) et par suite avait acquis une grande
largeur de vue à cause de son ignorance des petits
faits journaliers qui amusent les désœuvrés. Elle
se trouvait donc dans les conditions spéciales qui
de tout temps ont fait les philosophes : la fréquentation des simples, la contemplation des grands et
calmes phénomènes naturels et l'éloignement de
toute préoccupation fiévreuse et compliquée. Sa
philosophie était douce comme celle de tous les
solitaires demeurés philanthropes, mais elle était
fataliste et pour les grandes modifications sociales,
elle ne croyait pas à l'efficacité des efforts ayant
pour but de hâter un progrès. Elle rapportait tout

à la volonté, on serait presque tenté de dire, à la fantaisie du Créateur.

J'en eus la preuve à l'époque où je m'occupais activement de la question de l'entrée des femmes à l'École des Beaux-Arts.

Je la tenais au courant des démarches que je faisais comme présidente de l'Union des femmes peintres et sculpteurs pour obtenir qu'il soit permis aux femmes de suivre les cours de la grande École officielle au même titre que les hommes et de prendre part, comme eux, aux concours du grand prix de Rome.

Mes démarches dataient de loin. Dès 1884 (alors que, l'année précédente j'avais été mise hors concours avec mon grand tableau, *la Plage*), je m'en étais entretenue avec Jules Ferry qui, très favorable à cette idée, m'avait répondu :

— Cela arrivera un jour parce que les choses justes arrivent toujours tôt ou tard. »

Et il avait ajouté :

— Comptez sur moi au moment opportun. »

Ensuite en 1890, comme je l'ai raconté en détail dans le deuxième tome de cet ouvrage (pages 196 à 200), j'avais obtenu, avec Mme Léon Bertaux, sculpteur, une audience à l'École des Beaux-Arts auprès d'une commission spéciale composée de Paul Dubois directeur, Charles Garnier, Cavelier, Bailly, Gérôme et Guillaume.

Plus tard, en 1894, alors que je venais d'être décorée de la Légion d'honneur, et que la présidence de la société *l'Union des femmes peintres et sculpteurs* m'était confiée, je continuai mes requêtes auprès des ministères qui se succédaient et chaque fois que notre cause semblait avancer vers le succès, j'étais heureuse d'en aviser par un petit mot mon illustre amie, la solitaire de By, présidente d'honneur de notre association.

Je lui envoyais les articles de journaux dont les auteurs nous étaient sympathiques et ceux que j'écrivais moi-même dans les revues.

Voici, à ce propos, un fragment d'une lettre qu'elle m'envoyait en date du 13 juillet 1897. Après s'être excusée d'un retard à me répondre, elle disait :

« Je dois vous dire que je viens de retrouver la carte que vous m'avez adressée avec un mot de M. Boyer d'Agen, rédacteur en chef de *l'Œuvre d'art*, et de M. Muntz de l'Institut, directeur. Je devais vous en remercier plus tôt mais plus haut je vous l'explique et je vous sais assez bonne pour me pardonner, chère et vaillante collègue.

« Je sais apprécier la générosité de M. Muntz et connais son programme en faveur des droits de la femme en art. Mais pour ma jugeote la force des choses prime tout, loi divine et naturelle, petite rivière peut se détourner mais doit toujours devenir fleuve ; les paroles sont femelles et les actes mâles et l'esprit finira par tuer la lettre. C'est pourquoi je ne m'en inquiète guère, chaque chose venant en son temps de par Dieu.

« Ma chère confrère, vous priant de partager avec votre cher mari notre confrère aussi et des bons, mes sentiments les meilleurs. »

« R. BONHEUR. »

Je respecte cette confiante espérance en la Providence, mais je garde la conviction que même

quand la barque a bon vent, la main du matelot
à la barre lui est nécessaire pour la faire arriver à
bon port. Elle y est enfin parvenue, notre barque
féminine, au rayonnant rivage des grands prix de
Rome, malgré les lenteurs, les doutes, les sommeils
dans les bureaux léthargiques, inertes ports d'attente, les laborieuses remises à flot, les courants
contraires, les sargasses paralysantes des vieux
préjugés routiniers, mais Jules Ferry qui, le premier peut-être, l'encouragea à prendre la mer,
n'était plus là pour applaudir à son heureux
atterrissage.

Nous devons une éternelle reconnaissance aux
hommes éminents qui aidèrent au succès de notre
cause. Parmi ces hommes généreux et dévoués,
je veux citer tout d'abord l'illustre architecte
douaisien Ferdinand Dutert, auteur de la grande
galerie des machines de l'Exposition universelle,
qui, comme inspecteur général de l'enseignement
du dessin, nous prêta son concours avec une
chaleur et une conviction admirables.

Je crois le voir encore dans son austère bureau
du Jardin des Plantes de Paris, sous les reflets
verts des feuillages qui ombrageaient sa fenêtre
ouverte, interrompant ses travaux si importants
pour s'entretenir avec moi de l'avenir de la jeunesse artistique française. Il était déjà bien souffrant, bien pâle et amaigri, son bras gauche trem-
blait, mais il était animé d'une ardeur qui ne se
lassait jamais lorsqu'il s'agissait d'une noble
cause à soutenir, d'un but utile à atteindre.

Ferdinand Dutert et, avec lui, le conseiller
d'État Tétreau dont la haute intelligence fut toute
sa vie consacrée au triomphe de la justice et du

droit ; l'historien d'art Eugène Muntz, membre
de l'École française de Rome et bibliothécaire
de l'École des Beaux-Arts depuis 1878, les ministres Viviani, Léon Bourgeois, Rambaud, Chau-
mié, les statuaires Guillaume et Thomas, et
d'autres encore, nous aidèrent éloquemment à
lutter contre ceux qui s'opposaient systématique-
ment à l'éducation artistique officiellement accor-
dée aux femmes.

On redoutait en haut lieu cet enseignement
mixte que nous demandions et qui justifie, maintenant qu'il est réalisé, nos opiniâtres revendica-
tions car nous avons souvent occasion d'applaudir
à de beaux succès féminins.

Quoi qu'en ait dit Garnier de l'Opéra, le jour
où il joua si comiquement le rôle de prophète de
mauvais augure, la flamme de l'art est un feu
sacré qui n'amène pas de désastres.

Depuis quelques années, Rosa Bonheur ne
quittait presque plus guère sa retraite de By
que pour faire parfois un voyage de quelques
jours dans le Midi ou venir à Paris voir sa famille Bonheur et Peyrol (exclusivement composée,
frère, sœur, beau-frère, neveux, d'artistes très
distingués) et ses amis parmi lesquels Georges
et Henri Cain et les frères Tedesco étaient les plus
intimes.

Toutes les saisons la trouvaient dans sa chère
forêt de Fontainebleau, toujours travaillant, infatigable. Les feuilles poussaient au bois, grandis-
saient, jaunissaient, tombaient et l'artiste notait

tout cela dans de rapides pochades en vue de tableaux projetés.

Chaque printemps, en réveillant les chanteurs dans les arbres, amenait une révolution aussi dans sa volière. Là, des centaines d'oiseaux d'espèces rares, qu'elle collectionnait avec passion, s'émoustillaient vers l'époque des œufs de Pâques. Les mâles captifs devenaient enragés faute d'espace pour l'élan de leurs ailes aventureuses et leur fureur fondait sur les femelles effarées.

A ce propos, elle m'écrivait :

« Je ne sais pas si c'est un signe de beau temps, mais depuis deux ou trois jours, les oiseaux sont en révolution. Je suis en train de séparer les ménages après avoir eu bataille parmi les mâles ; un gredin de Bengali m'a tué un joli petit cordon bleu ciel et un autre petit nonne. Je cherche avec Céline, ma femme de chambre, toutes les cages du grenier et ce n'est pas un petit ouvrage ! »

La grande, la tendre Rosa, bien qu'anxieuse et affairée, prenait à ces soins une joie tout enfantine : elle y voyait l'éternelle poésie du renouveau, la perspective de futures études sur nature et de belles promenades à l'aurore, à travers les bois, avec son cher poney Bijou. Mais cette saison troublante où la sève circule ne lui réussissait pas. Tous les ans, à pareille époque, elle était souffrante de poussées congestives et donnait des inquiétudes à sa famille et à ses amis.

Il était très intéressant à observer, ce caractère et ce tempérament de femme et d'artiste où d'étranges contradictions se remarquaient : précise et volontaire dans son art, opiniâtre dans son travail, dure contre la fatigue, résistante pour l'effort à donner dans un but bien déterminé et cependant demeurée si naïve, si crédule, si défiante de son propre jugement, si confiante en celui d'autrui pour tout ce qui n'était pas sa peinture, si faible, on peut dire, dans les choses de la vie, s'abandonnant au courant de la destinée sans prendre la peine de raisonner, par cette aveugle confiance en Dieu qui créé l'inertie, elle si forte, si librement créatrice dans son art !

A la suite d'un de ces gestes généreux dont j'ai parlé comme de l'un des traits les plus touchants de son caractère, gestes qui la poussaient irrésistiblement à protéger, à aider, à adopter tous les êtres pauvres, errants, infirmes, gens ou bêtes, qui s'arrêtaient, suppliants, devant sa porte, elle subit, tout à la fin de sa vie, une influence étrangère au point de changer ses habitudes, de refuser les conseils de ses amis les plus dévoués et de se laisser isoler de toute sa famille qu'elle déshérita, cette famille qu'elle avait toujours tant aimée et dont elle était si fière lorsqu'elle nous disait :

— Chez nous, les Bonheur, tous artistes ! on a ça dans le sang ! »

Peu de temps après cette modification de sa manière de vivre, elle mourut d'une de ces crises congestives qui tous les printemps la menaçaient. C'était le jeudi 25 mai 1899 en son château de By (Thomery). Elle était dans sa soixante-dix-huitième année. Elle repose au cimetière du Père-Lachaise.

Elle avait exposé à ce Salon de 1899 et sa mort arriva le jour même où son nom devait être porté à l'élection de la médaille d'honneur, candidature que, d'avance, elle avait refusée.

Elle aura sa place marquée dans l'histoire de

.l'art, parmi les noms qui se sont le plus noblement illustrés. La France, dont elle glorifia la glèbe et la faune, lui sourit comme à un enfant dont elle a le droit d'être fière et la génération qui vient vénérera, je l'espère, sa mémoire comme celle d'une tendre aïeule qui resta simple au milieu des succès, cordiale pour ses confrères, bienveillante aux jeunes, applaudissant de tout cœur aux talents récemment révélés.

La destinée lui fut douce, elle lui accorda la santé et le temps souhaités pour réaliser une grande partie de ses projets artistiques... non pas tous, car nos rêves sont infinis et reculent l'horizon de l'espoir au delà des bornes fatales assignées à notre vie toujours trop courte même lorsqu'elle dépasse les trois quarts d'un siècle ; trop courte aussi aux yeux des amis qui la regardaient vivre et travailler comme à trente ans, gardant dans ses yeux vifs et pleins de bonté une inaltérable jeunesse et sur sa palette ensoleillée une éternelle vigueur.

Mourir dans sa soixante-dix-huitième année et laisser sur le chevalet une grande toile ébauchée qu'on rêvait de finir ; interrompre la construction d'un nouvel atelier bâti en vue d'œuvres nouvelles ; avoir à cet âge avancé, où tant d'autres ne désirent plus que le repos, des projets à rompre brutalement comme des liens qu'on déchire parce qu'ils vous retiennent encore à la terre ; savoir que l'on a encore quelque chose à dire après avoir déjà tant dit ; sentir que l'idéal poème qu'on a chanté depuis l'enfance a encore quelques stances à moduler, les plus sublimes peut-être, n'est-ce pas héroïque et touchant ? --

Comme tous ceux qui créent, elle regardait en avant. Elle échafaudait l'avenir sur les fondations qu'elle-même avait contribué à élaborer.

Son rêve était la paix, la liberté, l'égalité pour tous, l'abolition de tout ce qui est rivalité et haine, la fraternité répandue, sans distinction de sexe ni de rang, dans l'humanité tout entière ; le bonheur, la justice même en dehors de l'humanité pour le plus humble des animaux qui ne demande qu'à boire à une source pure et à avoir sa place au bon soleil.

Pour ceux qui, comme elle, connurent l'enchantement que donne l'adoration du Beau et du Bien, la mort n'est pas simplement un arrêt de pulsation, le brutal anéantissement de la force vitale, c'est avant tout le rayonnant et pur dégagement des matérielles entraves à l'élan de l'Idéal.

La mort d'un être d'élite est la glorification de ce qui vibra dans son âme : c'est peut-être la douce arrivée au port bienheureux que cette âme a entrevu par delà le trouble de notre monde confus et brumeux, dans les éclaircies que son cœur et son génie y dégageaient, comme fait le soleil levant lorsqu'il illumine, tout à coup, une terre heureuse et fleurie tout au loin, tout au fond, par delà les vagues de la mer.

VII

LA MAISON DE MON ONCLE LUDOVIC BRETON A CALAIS

I

Cette maison, qui portait le numéro 18 de la rue
Royale, datait de l'époque de Louis XV. Ses hautes
boiseries aux élégantes volutes, aux sculptures
stylisant des fleurs et des conques en faisaient foi.

Elle était le toit familial d'une ancienne lignée
de Calaisiens, mais à l'époque où elle nous devint
familière, elle était devenue la maison d'un savant,
car son propriétaire, M. de Wavrin, ancien maire
de sa ville, s'étant fixé dans un chalet qu'il avait
fait bâtir à Wimereux, l'avait louée à mon oncle
Ludovic Breton, l'ingénieur géologue.

L'ancien maire y avait laissé tous ses meubles,

8

portraits de famille, bibelots de toutes sortes gardant le caractère du second Empire, suffisamment démodés pour avoir pris déjà une certaine poésie de choses surannées, pas encore assez anciennes pour être élevées à la dignité de curiosités.

C'est dans cet intérieur, doucement recueilli, silencieux, un peu mélancolique, que M. et Mme de Wavrin avaient élevé leurs enfants. Ce caractère prêtant à la rêverie influa-t-il sur leur esprit? peut-être, car les premières impressions rayonnent souvent sur toute une carrière. Toujours est-il que l'une de leurs filles, Madeleine, devenue Mme Bommier, est aujourd'hui l'un de nos délicats et charmants poètes du Calaisis.

Dans ce milieu enjolivé d'objets gracieux, le savant Ludovic Breton avait apporté toutes ses pierres, silex, marbres, granits, grès, porphyres, fragments de houilles et par centaines, par milliers de ces pétrifications trouvées au fond des mines et où les siècles morts ont buriné leur histoire avec une si précieuse finesse et une si durable précision, dévoilant ainsi ce qu'était la végétation aux temps préhistoriques.

Ces témoins du passé que mon oncle Ludovic appelait *la Bibliothèque du Bon Dieu*, et qu'il avait patiemment recherchés et découverts lui-même dans les noires profondeurs, emplissaient deux grandes salles où ils étaient classés et étiquetés avec un soin méticuleux. A terre s'allongeait un rondin semblable à un énorme sucre de pommes de l'époque des Géants et que l'on aurait cassé par tronçons : c'était un assemblage de tous les spécimens de couches successives composant le sous-sol du cap Gris-Nez et provenant du sondage qui avait été fait dans le but de chercher le charbon que l'on n'y trouva pas, comme mon oncle l'avait d'ailleurs prédit.

Toutes les fenêtres de cette maison donnaient sur une cour pavée, égayée d'un petit carré de verdure, quelques buissons taillés entourés d'une petite balustrade de pierre.

Au milieu gazouillait un jet d'eau.

Dans ce coin recueilli de la vieille ville, proche du vénérable beffroi, s'épanouissait la gaieté expansive du savant doué du caractère le plus heureux que j'aie connu. Tout était pour lui sujet à explosion de joie. Il avait parfois trois bonheurs par jour et il les triplait encore par le plaisir qu'il prenait à les raconter à ses amis. Quand un ennui, une déception lui arrivait, aussitôt après le tout premier moment de déconvenue, il disait avec une sereine philosophie :

— Qui sait si ce n'est pas pour un bien?

Et il avait cent exemples à citer de faits regrettables dont le résultat final avait été inespérément bon.

Ce merveilleux moral avait pour effet de maintenir la jeunesse dans tout son être physique. Il paraissait quinze ans de moins que son âge et s'en rendait compte : il voyait les amis de sa génération grisonner, perdre leurs cheveux et leurs dents et les années semblaient n'avoir pas de prise sur lui.

Son visage rose, au front large, aux yeux bleus, menton rasé laissant voir une fossette, bouche aimable, dents blanches, moustache blonde, exprimait la bonté et la bienveillance.

Beaucoup plus jeune que mon père et mes oncles Louis et Émile, né d'une autre union, il était, à

l'époque de mon enfance, un élégant jeune homme
qui apparaissait de temps en temps à Courrières
sous le costume de l'École des mines de Saint-
Étienne dont il était un brillant élève.

Un peu plus tard, en 1868, il s'était marié avec
une jeune fille d'Hénin-Liétard, Constance Caullet,
et, les années suivantes, en avait eu deux fils,
Charles et Eugène, qu'il avait dirigés vers les
sciences dont ses travaux leur ouvraient la voie.
Il avait été d'abord directeur des Mines d'Auchy-
aux-Bois et s'était adonné avec passion à l'étude
approfondie (c'est bien le mot) des profonds terrains houillers du Pas-de-Calais et, en même temps,
de tous les terrains de sa province natale qu'il ne
quitta jamais.

Il connaissait l'ossature et les veines de ce sous-
sol comme un chirurgien connaît l'anatomie. Doué
d'une sorte d'intuition que complétaient sa constante observation, son expérience et son esprit
de logique, il trouvait des veines nouvelles comme
un fin limier sent la piste d'un gibier. Et, de même
qu'il connaissait ou devinait ce que nous cache la
croûte terrestre, il pouvait faire par l'imagination
un voyage au fond du détroit du Pas-de-Calais et
c'est ce qui lui valut la mission de directeur de
l'exécution du tunnel sous-marin entre la France
et l'Angleterre dont les travaux furent commencés
le 7 février 1880. C'était précisément le jour de
notre mariage à Courrières, ce qu'il considéra
comme un heureux présage : l'union de deux cœurs
coïncidant avec l'union de deux terres fécondes.
Ce fut à cause de cette mission qu'il vint habiter
Calais avec sa famille afin d'être tout près de
Sangatte où l'on avait creusé l'énorme puits et

installé les formidables machines, vilebrequins gigantesques perforant le sol crayeux.

On en était à 1 847 mètres sous la mer lorsque, tout à coup, en 1883, on apprit que le Parlement anglais se refusait à laisser continuer les travaux.

Ce fut pour l'ingénieur si enthousiaste une pénible désillusion, mais, avec son esprit optimiste, il reprit rapidement le dessus et se replongea dans ses études des terrains houillers du Pas-de-Calais. Il exploita alors les mines d'Hardinghen qu'il appela les Glaneuses et y mit ses fils qui, chaque jour, lui écrivaient pour le tenir au courant, heure par heure, de la marche du travail d'extraction.

Le jour de la Sainte-Barbe, il présidait un banquet champêtre auquel étaient conviés tous les mineurs travaillant sous ses ordres, leurs femmes et leurs enfants. C'était une lumineuse journée pour ces trimeurs accoutumés à la nuit, car la lumière ne leur venait pas seulement du soleil, elle venait aussi de la physionomie toujours joyeuse et de la parole pleine de rayonnante bonhomie du chef qui voyait toute chose en beau.

II

Un jour, comme nous entrions chez lui; Adrien et moi, dans cette calme maison du 18 de la rue Royale, ma tante, venue à notre rencontre dans la cour, nous dit

— Vous allez trouver Ludovic couché, il a souffert horriblement cette nuit d'un accès de goutte.

L'oncle Ludovic couché, l'oncle Ludovic souffrant, c'était invraisemblable ! Mais, en entendant nos pas dans l'escalier, et reconnaissant nos voix avant que nous soyons entrés dans sa chambre, il criait déjà gaiement :

— Eh ! les enfants ! approchez ! quelle joie de vous voir ! Embrassez-moi, mais attention ! ne touchez pas à ma pauvre patte qui m'a bêtement fait souffrir comme si j'étais un rentier désœuvré ayant du temps à perdre !... »

Puis, comme nous nous étions assis, auprès de son lit, il continua :

— Or, comme c'est une maladie de luxe, je la traite avec tous les égards qu'elle mérite et puisqu'elle me défend de bouger, je m'immobilise. En somme, tout bien considéré, c'est une bonne petite maladie car, sans elle, étant données mes occupations habituelles, je n'aurais jamais pris le temps de mettre de l'ordre dans une foule de paperasses qui peut-être eussent attendu éternellement le classement que je leur assigne aujourd'hui. Voyez la belle besogne que j'ai faite depuis ce matin, grâce à ma goutte ! »

En effet, son lit disparaissait sous un amoncellement de brochures, de lettres, de journaux. L'ordre qu'il apportait à toute chose était extraordinaire. Chacune des personnes avec lesquelles il avait été en correspondance avait son dossier, son casier spécial dans les grandes salles aux collections, et ses amis étaient étiquetés comme les pierres de ses sondages.

Il disait :

— Voici ce que m'écrivait un tel il y a trente,

quarante ans... » et il prenait un plaisir malicieux à remettre sous les yeux de ceux qui avaient manqué de franchise ou de suite dans les idées, la preuve écrite, indéniable de leur mauvaise foi ou de leur infidélité à leurs anciennes convictions. C'était pour lui un légitime moyen de défense et de plus, pour surmonter les obstacles, il avait cette force : la douceur ; cette énergie : la patience ; ce réconfort : l'espoir.

Comme Napoléon, il avait dans son ciel une étoile en laquelle il mettait toute sa confiance.

Il ne voulait pas qu'on le plaignît même dans ses plus cruelles épreuves telles que la mort de son fils aîné Charles qu'il aimait si tendrement ! Il se redressait sous le coup de la douleur qu'il gardait pour lui seul. Il voulait qu'on le crût, quoi qu'il arrivât, immuablement heureux.

Il lui était toujours arrivé des aventures amusantes et drôles. En chemin de fer, il causait avec tout le monde et, après une heure d'entretien, il avait un ami de plus. Il se plaisait à questionner les gens rencontrés par hasard, à se rendre compte de ce qu'on pensait de lui, gardant l'incognito pendant son interrogatoire, puis tout à coup, avec une bonhomie bouffonne, dévoilant sa personnalité pour le plaisir de voir la surprise ahurie de son interlocuteur.

Pour ceux qui ne le connaissaient que de nom et par ses travaux scientifiques, il était l'ingénieur Breton, mais pour tous ceux qui l'avaient approché, qui avaient senti la douce chaleur de son cœur affectueux, il était : « Ce bon Ludovic ! »

Ce bon Ludovic ! il allait et venait dans sa bonne ville d'adoption, ce Calais pour lequel il avait quitté sa ville natale Hénin-Liétard. Il allait du port maritime au Musée, du Musée au bureau de vente, toujours en quête de curiosités à étudier, d'observations à noter. Il aimait à répandre son savoir à petites doses à ceux qui voulaient l'écouter, comme d'autres natures généreuses répandent leurs trésors en menue monnaie, et sa plus grande joie était de s'adresser à la jeunesse.

Tous les écoliers le connaissaient bien. Il les emmenait par bandes, garçonnets et fillettes et, comme le bon Topffer dans sa Suisse, leur faisait faire des excursions instructives, à Hardinghen, à la Vallée heureuse, partout où il pouvait leur montrer des spécimens naturels à l'appui de ses théories.

Comme un Anacréon ou un Théocrite, il revenait de ces promenades aux champs, le chapeau de paille tout enguirlandé de fleurs dont les fillettes s'étaient fait une folle joie de l'orner. Il riait et disait en montrant tous ces jeunes visages :

— J'ai leur âge ! Ils m'ont appris beaucoup de choses aujourd'hui.

Ce bon Ludovic ! il se plongeait de plus en plus dans les profondeurs de la terre et le jour où il eut le mémorable bonheur d'être l'un des premiers à serrer la main à Blériot, lors de sa toute première traversée du détroit du Pas de Calais en aéroplane, il eut ce mot charmant :

— Permettez à la taupe de présenter ses félicitations à l'oiseau triomphant.

Tout en poursuivant ses recherches partout où une veine de charbon pouvait se laisser deviner dans le Calaisis, dans l'Artois, en Belgique, il ne perdait pas de vue le grand projet du tunnel sous-marin et, tandis que les bâtiments de brique de Sangatte se détérioraient de plus en plus, ce rêve subsistait, toujours intact dans son esprit.

Il allait de temps en temps y faire une tournée. Il y avait laissé un gardien habitant la partie la moins endommagée et soignant des potées de géraniums et de fuchsias à l'abri des grandes murailles crevassées. L'immense cheminée auprès du puits profond se dressait fière et inutile.

Il espérait toujours la reprise de cet énorme travail et se sentait encore à même d'y apporter son concours, puisqu'il était convenu que l'âge n'avait pas de prise sur sa nature active et robuste. Il avait fait un voyage scientifique en Sibérie avec quelques collègues et y avait été très gravement malade, mais il en était revenu rétabli, plus jeune que jamais.

Ne devant plus faire de lointaines expéditions, il avait songé alors à s'installer définitivement dans un logis à lui et avait acheté une maison située quai du Rhin. Celle de la rue Royale, revendue, était convertie en cinéma.

Son nouveau bureau ouvrait sa large fenêtre sur le quai et pour sa femme, que la culture des fleurs passionnait, il avait une grande serre donnant sur un jardin.

Mais ce joli petit hôtel particulier, très suffisant pour les soins journaliers d'une vie simple, n'était pas assez vaste pour qu'il pût y placer ses innombrables collections. Il loua la maison attenante tout entière pour y loger ses pierres. Là encore, son esprit d'ordre organisa toute chose : à l'étage, quatre chambres ouvraient leurs portes sur le même palier. Chaque porte avait sa pancarte,

mines de ceci, mines de cela, l'une d'elles portait :
Tunnel sous-marin.

La guerre éclata. Les rues et les places de Calais
s'emplirent de malheureux réfugiés. Le bon bouillon réconfortant fut établi en permanence au foyer
de Ludovic Breton. Sa marmite familiale devint
une marmite de secours. La maison aux pierres
devint un abri pour les affolés sans logis.

Il les réconfortait aussi moralement, leur
disant :

— Nous aurons la victoire, c'est sûr et vous
reverrez votre clocher

Et il songeait : après la guerre on fera enfin le
tunnel et les deux grandes nations alliées se donneront la main, sous la mer.

Il croyait toujours à sa bonne étoile.

Mais il y a une fatalité contre laquelle personne
ne peut lutter. Sa santé s'altéra peu à peu malgré
les soins dévoués dont sa femme l'entourait. Il ne
lui fut plus possible d'aller revoir sa chère ruine
de Sangatte et, abandonnée, elle s'effrita de plus
en plus, semant ses pierres dans l'herbe du promontoire. Cependant, la haute cheminée s'élevait
toujours vers le ciel comme la colonne sacrée sou-
tenant son inaltérable espérance.

Comme elle nous apparut lugubre, cette cheminée, le matin de juillet 1916 où nous allions,
en carriole villageoise vers notre pauvre oncle
que nous savions mourant !

On était en pleine guerre et la cheminée de Sangatte avait échappé aux atteintes des bombes
ennemies, mais, comme si la nature se fût associée
à la force brutale des hommes, la foudre l'avait
frappée et elle était là, crevassée du haut en bas

d'une large lézarde, mais debout, telle qu'un soldat blessé, fidèle à son poste.

Tout s'harmonisait avec cette tristesse noire et trouble, un brouillard intense et sombre s'appesantissait sur la mer et sur les plaines désolées ; ce n'était plus la colonne d'espoir montant vers le ciel, c'était le ciel morne et lourd pesant sur elle comme sur une lamentable colonne mortuaire dont il cachait le sommet.

Quelques jours après, notre oncle Ludovic mourait et comme si sa cheminée de Sangatte eût senti que son ultime tâche était terminée, comme si elle n'eût pas voulu servir le rêve d'un autre ingénieur, elle s'était effrondrée et gisait à terre, brisée en trois tronçons.

Et maintenant que la terre natale a repris son savant qui l'a tant étudiée, tant sondée, tant aimée, c'est encore, malgré tous leurs regrets, avec un sourire que ses amis évoquent sa mémoire et qu'ils répètent :

— Ce bon Ludovic !

C'est l'éloge funèbre qu'il eût choisi entre tous.

VIII

FRANCIS TATTEGRAIN
AU CRAN POULET
(PRÈS DU CAP GRIS-NEZ)

Les études sur nature. — Le cabaret Bedlé. — La Vierge des
marins. — La mer ! — L'anachorète. — Le chat. — La vie
primitive. — Le domestique amateur. — Le macchabée. —
La courroie. — Le peintre Lepic. — L'énergie de l'artiste.

De temps en temps, vers l'automne, nous rece-
vions un mot conçu à peu près en ces termes :

« Vieux copain !

« Je vais travailler de mon métier de peintre
tel jour au Cran Poulet. Mettez tous les deux votre
boîte à peindre sur votre dos et venez, ton Blanc-
bonnet et toi, me retrouver. On piochera dur et
on bouffera des vignots de ma récolte chez le
père Bedlé. Allez, oust ! je vous attends. »

Le vieux copain, c'était Adrien et tous les gens
du Nord savent que ton Blanc-bonnet, au village,
signifie : « Ta femme. »

C'était une joie pour nous de répondre à ce cordial rendez-vous.

Nous grimpions dans la petite carriole de Charlemagne, le voiturier de Wissant, et arrêtions devant la rangée de petites maisons basses qui, comme les plantes poussant dans les endroits éventés, semblent craindre de s'aventurer trop haut et se serrent les unes contre les autres pour se prêter mutuellement leur abri et leur chaleur.

Ce hameau, qui s'appelle le *Cran aux œufs*, est situé tout en haut de la falaise et c'est le point terminus pour tout véhicule.

Nous prenions donc alors notre attirail de peintre et c'était à pied que se continuait l'excursion.

Une fois descendus sur la grève de galets, gros comme des œufs, d'où vient le nom de *Cran aux œufs*, après avoir sauté d'une roche à l'autre, nous apercevions, assis sur le penchant de la falaise, tout petit au milieu des gros blocs de grès abrupts, l'ami Tattegrain qui nous faisait de loin un signe de la main, joyeusement, palette en l'air.

Il était toujours vêtu comme les marins, d'une blouse de toile tannée d'un jaune d'amadou sur un gilet de laine bleu et, par les temps de pluie, il recouvrait le tout d'un long pardessus imperméable. Sa coiffure était, suivant le temps et la saison, le sorroi de cuir bouilli des pêcheurs boulonnais ou bien le chapeau de feutre qui n'avait plus de forme à force d'avoir été tiraillé de tous côtés, mouillé par les embruns et tourmenté par le vent du large.

Nous n'allions pas à lui afin de ne pas le déranger et nous cherchions, à notre tour, le motif qui nous donnerait le plus de documents intéressants pour nos tableaux.

Ah ! les belles vagues ! comme elles se ruent contre les récifs de cette anse funeste qui se nomme : *le Tombeau des marins!* Les belles vagues profondes, épaisses à cause de la pente très rapide, avec quelle rage elles fouillent les trous et rejaillissent en écume pour recouvrir le dos des énormes pierres arrondies !

Ces pierres ont glissé du haut de la falaise. On voit encore, par l'empreinte qu'elles ont laissée, la place qu'elles occupaient avant les derniers éboulis. Celles qui restent encore accrochées sont rangées comme des soldats alignés et ressemblent à des personnages égyptiens, le terrain qu'elles retiennent et soutiennent leur faisant des mitres et des casques. Toute cette côte a un caractère sauvage qui inspira à Adrien ses tableaux : *les Danaïdes, le Déluge, l'Enigme* et à moi ma *Grande marée d'équinoxe.*

Francis Tattegrain les étudiait avec autant d'ardeur et de conscience que nous et y mettait des scènes de marins, pêcheurs de crabes ou ramasseurs d'épaves, gros temps, naufrages.

Après le travail, il dégringolait du haut de son promontoire et nous rejoignait sur le bord de la vague.

On s'acheminait alors dans la direction d'Audresselles dont on apercevait de loin les toits bâtis presque sur la plage, sur les bancs de rochers à moules.

Plus on avançait vers le sud, plus les galets étaient petits et rares et peu à peu, on arrivait dans une région sablonneuse.

Nous n'allions pas jusqu'à Audresselles, car à mi-chemin se trouvait le petit cabaret du père Bedlé dont le chien Finot accourait au-devant de nous, ayant flairé de loin des amis et des clients de son maître.

Il nous souhaitait la bienvenue en courant en rond autour de nous.

Le bon père Bedlé et sa femme, en entendant les jappements de Finot, venaient sur le seuil de leur porte et nous faisaient, eux aussi, des signes de bon accueil. Ils vivaient là, isolés, toute l'année devant la mer qui, à marée haute, battait le mur de leur petite cour en terrasse à laquelle on accédait par un roide escalier, fait avec des vieux bois, débris d'épaves.

Ce petit logis était éloigné de toute autre construction et les clients eussent été bien rares s'il n'y eût eu, pour les attirer, que les merveilles naturelles de cette côte sauvage et déchiquetée. Mais, depuis une vingtaine d'années, on y avait créé une autre attraction, comme on dit en termes de festivités. On comptait sur une merveille surnaturelle.

A cent mètres environ du cabaret Bedlé, une source tombant du haut de la falaise a eu la patiente opiniâtreté d'y creuser une mignonne grotte tapissée de mousses semblables à de longs cheveux verts dont les mèches pendantes se terminent par un filet d'eau.

Cette eau formant cascade s'est de tout temps appelée : la *Fontaine Notre-Dame*. Elle est pétrifiante et le nom qu'elle porte lui a fait une réputation d'eau miraculeuse. C'est pourquoi la famille Hamain y a fait placer une statue de la Sainte

Vierge de Lourdes. Le deuxième dimanche du mois d'août, on y fait un pèlerinage.

Francis Tattegrain a rêvé devant cette madone. Malgré la banalité de l'effigie blanche à la ceinture bleue que l'on voit partout, il y a adapté la poésie qu'il avait dans l'esprit. Il a voulu reproduire sur la toile, avec une exactitude scrupuleuse, cette petite grotte abritant la Vierge des marins et les pierres moussues qui l'entourent.

Il s'est attendri sur les petits bouts de bougies que les croyants y ont allumés, et qui ont laissé couler leurs larmes opaques et blanches comme de l'écume sur les galets qui leur servent de chandeliers. Il a lu, sur les cailloux posés en ex-voto aux pieds de Marie, des vœux griffonnés par des mains naïves et convaincues et cette espérance a touché son cœur d'homme tendre et bon.

Ayant vu un jour ce motif par un temps sombre et triste, il a imaginé une scène tragique : des marins ont trouvé un cadavre de naufragé au long de la plage et sont venus le déposer en face de la Sainte Vierge. Un prêtre, debout, lui présente le mort avant de l'ensevelir.

Francis nous a raconté qu'ayant voulu faire de ce motif, pour ce tableau, une étude très poussée, il l'avait préparée sur nature avec l'intention de la reprendre quelques semaines plus tard. Quand il revint et se remit à la place qu'il avait marquée par une entaille dans un rocher, il fut tout étonné de se trouver à un mètre plus bas que le mois précédent, ce qui changeait toutes ses lignes de perspective et tout son premier plan. Une grande marée, survenue depuis, avait ainsi abaissé le niveau du sol en enlevant une épaisse couche de sable. Il dut terminer debout l'étude qu'il avait commencée assis sur son pliant.

Chez Bedlé, on s'attablait dans une toute petite salle attenante au cabaret. On en laissait la porte ouverte afin d'avoir la vue de la mer.

Les jours de grande marée, quand elle était particulièrement belle, il avait des explosions de regret en songeant aux amis absents. A chaque vague qui s'effondrait en échevelant son écume, il s'écriait :

— Montholon ! mon brave Tholon, toi si enthousiaste de la belle et grande nature, que dirais-tu si tu étais ici ! Et toi, Chigot, bon luron, bonne fourchette, tu en perdrais le boire et le manger !

Puis parfois, avec un ton plus grave :

— C'est à faire sortir Lepic de son tombeau !

La mer ! combien il l'aimait, ce brave Francis ! Là, dans ce milieu maritime, il se sentait dans son élément. Il aimait la simplicité de la vie au point de ressembler à ces anachorètes dont parlent les légendes sacrées et qui ne veulent vivre que des produits naturels que la Providence leur offre. Nous apportions des boîtes de conserves, pâtés et confitures, il n'en voulait pas manger. Son menu se composait uniquement des crabes du père Bedlé et des vignots que lui-même avait cueillis sur les rochers. Il s'y connaissait en crabes et savourait surtout ceux qu'on nomme : *plats-pieds*.

A le voir avec sa longue barbe rousse, la tête rasée en brosse, se nourrissant de coquillages et de pain gris, on songeait à ces moines du moyen âge qui trouvaient une jouissance morale dans la privation volontaire des biens superflus. Il sacrifiait à son art comme ces religieux sacrifiaient à

Dieu. Ce qu'il y avait de très spécial dans son caractère c'est qu'à cette austérité il mêlait une gaieté et une drôlerie souvent rabelaisienne et basée sur une profonde érudition, car il avait fait de très sérieuses et brillantes études et était d'une famille aisée. Il était docteur en droit et continuait à s'instruire, car, avant de commencer un tableau d'histoire, il lisait les écrits de l'époque et passait parfois une partie de ses nuits, plongé dans de vénérables et poudreux bouquins.

Les sujets maritimes étaient ceux qui le passionnaient le plus. Quand il parlait de la mer, ses petits yeux gris-bleu s'animaient d'une lueur spéciale. Il se rappelait sa joie le jour où, vers l'âge de douze ans, il avait couché pour la première fois dans le chalet de Berck que ses parents venaient d'acheter. Il racontait :

— Quand le matin, à mon réveil, j'ai entendu le bruit de la vague, quand j'ai senti que la mer venait vers moi en chantant, il m'a semblé que non seulement la maison qui m'abritait était à moi, mais que j'étais le propriétaire de toute cette eau mélodieuse que j'apercevais de mon lit et qui s'étendait au diable jusqu'à l'horizon, ce fut l'une des plus fières sensations de toute ma vie ! »

A propos de son cher Berck, il avait des histoites telles que celle-ci :

— Je n'aime pas les menus banals et mon rêve a toujours été de manger du chat, mais mon Blanc-bonnet ne veut pas en entendre parler. Un jour que j'en avais tué un qui rôdait comme un tigre féroce dans ma garenne, dévorant mes lapereaux, je donnai ordre à mon garde-chasse de lui couper la tête et les pattes et de le dépouiller complètement. Le soir, je dis à ma femme : « Voici un lapin que mon coup de fusil avait tellement abîmé que j'ai dû le faire écorcher. Je le mangerai demain soir. » Le lendemain, je vais, comme d'habitude à mon atelier des dunes et je travaille toute la journée. En revenant, je me répétais, tout joyeux « Ce soir, je vais manger mon chat ! »

J'arrive chez moi et j'y trouve mon neveu et ma nièce nouveaux mariés et ma femme me raconte :

— Ils sont arrivés ce midi, à l'improviste, et je n'avais que peu de chose à leur offrir... Heureusement, ton lapin d'hier est venu bien à propos, il était excellent !

Je m'écriai :

— Malheureux ! Vous avez mangé mon chat !

Quelle déconvenue ! mon coup si ingénieusement préparé était raté ! »

Le vieux ménage Bedlé écoutait ces récits et en riait avec nous. Ces braves gens avaient pour « Monsieur Francis » une véritable amitié.

Lorsqu'il était à Paris, ils avaient ordre de le prévenir toutes les fois qu'il arrivait sur la côte quelque chose de particulier. Si une grande marée s'annonçait terrible, si une épave de bateau importante était venue échouer sur la grève, ils allaient au cap Gris-Nez lui lancer une dépêche et Francis prenait le premier train et arrivait haletant. Il était toujours prêt quand il s'agissait d'aller vers a mer, mais, quand il devait retourner à Paris, il nous écrivait de Berck :

« Il va falloir reprendre les affûtiaux de ville, zut et regrets ! coquine de redingote ! »

Chez Bedlé, c'était la vie primitive qu'il retrouvait avec joie. Il avait fait parfois de bonnes blagues à ces gens naïfs.

Un jour, il arriva chez eux avec un jeune homme et leur dit :

— Cette fois, j'ai amené mon « domestique ».

Ce serviteur était plein de zèle. Il cira les bottes de son patron et alla puiser l'eau nécessaire à la toilette. Il n'y avait qu'une chambre de voyageur chez Bedlé. On arrangea deux lits, pour le maître et le domestique. Une seule cuvette leur servit à tous deux.

Beaucoup plus tard, les cabaretiers apprirent que le serviteur était le fils de M. de Rothschild et que le jeune richissime ne s'était jamais aussi bien amusé.

Il y avait dans le caractère de Francis, à côté de ce goût de la plaisanterie et peut-être par besoin de contraste, une attirance vers les choses terribles et macabres qu'il exprima avec une singulière âpreté dans certains de ses tableaux tels que : *Louis XIV aux dunes, les Bouches inutiles, Sauvetage en pleine mer, l'Epave, Nos hommes sont perdus! les Deuillants, Saint-Quentin pris d'assaut...*, etc.

Il aimait et recherchait tout ce qui émeut fortement de quelque façon que ce soit.

Un jour, en sortant de chez Bedlé, alors que nous descendions ensemble sur la plage, éblouis de soleil et fouettés de grand vent, il nous dit :

— J'ai fait une découverte ce matin. J'ai trouvé un macchabée qui a au moins cent ans de vieux ; c'est admirable ce qu'il est dépouillé et propre, on dirait de l'ivoire, venez le voir.

— Ah ! non ! dit Adrien, j'aime mieux regarder la mer et le ciel.

— Et vous? me demanda Francis.

— Moi? j'y vais avec vous.

Il me guida vers la falaise dont un récent éboulis de sable avait découvert la base et me montra un squelette absolument intact, étendu de son long, les deux bras allongés dans la même direction que le corps.

— Vous voyez, dit Francis, c'est un noyé sans doute que l'on a enterré soigneusement mais sans cercueil à même le sable, il y a bien longtemps. Des éboulements ont dû le recouvrir entièrement et il a eu à supporter un poids de terrain considérable dont la poussée, peu à peu, a déplacé sa mâchoire : les dents du haut ne rencontrent plus celles du bas, mais regardez, c'est touchant, elles y sont toutes et si blanches ! Il était jeune, ce pauvre diable, il était grand, et quel beau front ! Quelle magnifique arcade sourcilière ! Il était d'une belle race !

Tout en parlant ainsi, autant en savant naturaliste qu'en peintre, Francis s'était agenouillé dans le sable sec. Il resta ainsi quelques instants, rêveur. Il se taisait mais je sentais que lui dont la passion artistique était de rechercher les vieilles histoires dans les vieux bouquins, était en train de lire, dans la nature même, un drame qui le remuait.

Il s'attachait à tout ce qu'il avait étudié et disait : « Quand j'ai approfondi une époque, je me figure que je l'ai vécue. »

Jamais peintre d'histoire ne fut plus sincère ni plus consciencieux. Quand il concevait un sujet ayant trait à la vieille France, il se plongeait dans les écrits du temps.

Lorsqu'il exposa son grand tableau (maintenant

placé à l'Hôtel de Ville de Paris) *l'Entrée de Louis XI*, mon père lui dit :

— Mon cher, on dirait que vous avez assisté vous-même à cette fête du quinzième siècle. Ce peuple en liesse, ces petites sirènes naïves et frêles dans leur étroite cuve, cette rue pavoisée, ce ciel joyeux qui est bien un ciel de dimanche d'alors, tout cela semble avoir été vu non seulement par votre imagination, mais par vos yeux. Vous avez rajeuni la peinture d'histoire parce que vous aimez ce que vous peignez. »

Cette sorte de tendresse pour tout ce qui touchait à son travail s'étendait aux moindres choses de sa vie laborieuse, aux moindres outils dont il se servait journellement. Voici, à ce sujet encore, un trait typique :

A l'époque où il préparait son tableau des *Ramasseurs d'épaves*, comme, un jour, le temps était resté couvert en sorte que l'effet de son motif ne s'était pas modifié au cours de la journée, il ne bougea pas de sa place de sept heures du matin à six heures du soir. Il était assis au penchant de la falaise, sur l'herbe, mais ayant eu soin, pour en éviter l'humidité, d'y mettre, comme isolant, un petit morceau de toile caoutchoutée de quarante centimètres carrés qu'il emportait toujours avec lui. Il grignotait de temps à autre, une croûte de pain tirée de sa poche, sans s'inquiéter de l'heure qu'il était.

Pendant ce temps, comme nous parcourions la falaise, Adrien et moi, à la recherche du motif et que nous suivions un étroit sentier frayé plus par les lapins de garenne que par les humains, je trouvai une longue courroie de cuir jaune à boucle de cuivre et je la ramassai.

Revenus les premiers chez Bedlé, nous y attendions Francis pour souper avec lui. J'avais déposé
la courroie sur la table.

En entrant, Francis nous embrassa puis, aussitôt, il aperçut l'objet et leva les deux bras en
l'air :

— Ma courroie ! Ma chère courroie ! Ma bien-
aimée courroie ! Celle qui travaille avec moi depuis tant d'années, celle qui maintient ensemble
ma boîte, ma toile et mon chevalet ! Qui de vous
l'a retrouvée?

— C'est moi ! dis-je en riant.

— O merci ! Je l'ai tant cherchée ! j'en faisais
mon deuil, je croyais l'avoir perdue sur la plage et
je me disais : « La mer me l'aura volée à marée
haute pour me faire une mauvaise blague ! » Ah !
ma petite dame Virginie il faut marquer d'un
souvenir cet événement : vous allez prendre la
plume du papa Bedlé et vous allez écrire sur cette
courroie la date d'aujourd'hui, l'heure exacte et
l'endroit précis où vous avez fait cette trouvaille,
minute bénie ! Et vous allez signer. Ma courroie
sera encore doublée de valeur à mes yeux. J'aime
à m'entourer d'objets qui me rappellent les
bonnes heures et les bons amis. J'en ai aussi de
ce genre qui me viennent de Lepic, ce peintre à la
patte d'enfer qui fut mon premier maître et qui
m'encouragea par sa confiance optimiste. Je travaillais avec lui sur la plage et j'admirais son
habileté étourdissante. Après la séance, pour se
délasser, on s'amusait à dire et à faire des bêtises.
Un jour, pour répondre au désir fantaisiste de deux
jolies Parisiennes, Lepic leur peignit des marines
avec bateaux sur la plante de leurs pieds nus. Cela

les chatouillait, elles riaient et criaient ! Les peintres restent gosses toute leur vie ! »

****

La dernière fois que nous vîmes Francis Tattegrain au Cran Poulet, il était déjà souffrant.

— Je suis un hypertendu, nous disait-il. Mes médecins me traitent par l'électricité et me font des tas de recommandations. Ils me prescrivent des régimes impossibles à suivre, par exemple, le régime du repos. Ils me permettraient encore de peindre en robe de chambre et en pantoufles dans un atelier bien chauffé, mais ils me défendent de travailler dehors. Ah ! ce que je les envoie promener, eux et leurs drogues, quand ils me font de pareilles ordonnances ! Tout de même, je veux bien leur obéir jusqu'à un certain point. Ils m'ont dit : « Évitez le grand vent. » Alors, voici ce que j'ai inventé.

Il ouvrit un petit parapluie de soie noire n'ayant pas plus de quarante centimètres d'envergure avec un long manche, car c'était un parapluie ordinaire qu'il avait fait rapetisser. Il nous dit en le mettant devant sa figure :

— Vous voyez, avec cela, j'arrête le vent. »

Qu'auraient dit les médecins d'une telle interprétation de leurs conseils !

Francis savait bien que l'artério-sclérose dont il souffrait lui jouerait un jour un mauvais tour, mais il tenait avant tout à ce que rien n'entravât son travail et il avait raison. Le malade inactif passe tout son temps à s'étudier, à s'observer, il se tâte le pouls quinze fois par jour, il prend sa température, s'inquiète du moindre signe légèrement anormal, éprouve mille malaises dus surtout à son imagination chagrine.

On dit souvent d'un homme mort prématurément : « Il a succombé à l'excès de travail. » De beaucoup d'autres on pourrait dire : « Il a été victime de l'inertie inquiète, il a perdu la vie de peur de la perdre. »

Le travail qui nous passionne nous réconforte, nous soutient et qui sait? peut-être prolonge-t-il notre vie par la préoccupation de la bien remplir jusqu'au bout.

Francis avait cette volonté superbe.

IX

SON CHALET ET SES ATELIERS DE BERCK

La famille de Francis. — L'atelier du chalet. — Le garde-chasse. — Les voraces victimes. — L'atelier de la dune. — Le frugal déjeuner. — Les modèles des *Bouches inutiles*. — Le bonheur de créer.

Je me rappelle avec plaisir une journée que nous passâmes à Berck, accompagnés de nos fillettes Louise et Adrienne et de notre ami le peintre vosgien Henri Rovel.

Francis Tattegrain nous reçut dans son chalet, 28, rue de l'Entonnoir, qui lui venait de ses parents et dont j'ai parlé au chapitre précédent Il nous y présenta le père et la mère de sa femme, M. et Mme Doudement. Le père faisait de la peinture et était l'élève de son gendre, mais l'interminable plage de Berck, grandiose par son immensité, rien que du sable et de l'eau à l'infini, qui inspirait à Francis de tragiques scènes de naufrages, servait de fond dans les tableaux de son beau-père à de mondaines baigneuses en costume de bain. Francis nous disait tout bas :

— Faites un petit compliment à papa Doudement sur son tableau, c'est un si excellent homme et il sera si content !... Mais pas trop car il voudrait l'envoyer au Salon... Un petit mot d'encouragement, rien que pour entretenir son illusion sur son avenir qui fait tout son bonheur, l'illusion sur l'avenir, c'est nécessaire aux vieux. »

Mme Francis, le gentil Blanc-bonnet, avait le visage calme et doux d'une madone comme on en voit dans les niches arrondies des églises bretonnes. Ils avaient deux filles, Thérèse et Jeanne, que leur père appelait : « *Ma demoisellerie* », et un fils, Robert, qu'il nommait : « *Mon mousse.* » Ils étaient à peu près de l'âge de nos fillettes et leur firent gentiment les honneurs de tout ce qui pouvait les intéresser. C'était, en petit, ce qu'on appelle le tour du propriétaire.

L'intérieur était soigné, bien en ordre, on sentait que la dame de la maison avait l'œil à tout et tenait à une scrupuleuse observation des lois familiales établies, lois immuables, peut-être un peu austères parfois, rappelant celles des couvents.

Francis nous montra son atelier, une pièce énorme très encombrée par un peloton de hauts chevalets supportant des toiles en train, appuyées les unes sur les autres et des tables massives débordantes de paperasses sur lesquelles de gros livres s'échafaudaient. Aucune coquetterie dans la présentation des objets qui, cependant, avaient presque tous de la valeur, vases anciens, cuivres, étains, bibelots, armes de toutes les armées et de toutes les époques, posés ou accrochés comme au hasard.

Tout d'abord, en entrant, on avait l'œil attiré

par une grande pancarte blanche portant ces mots :

« *On ne moisit pas ici.* »

Et plus loin, deuxième pancarte :

« *Le temps, c'est de l'argent.* »

Puis encore :

« *Seules les dames patronnesses de l'Hospice de vieillards de Berck ont le droit de prendre un siège.* »

Ensuite une flèche avec ces mots : « *Par ici la sortie.* »

Et ce même mot : « *Sortie* » en grosses lettres sur la porte du fond.

Voici l'explication de la troisième de ces pancartes : Francis s'occupait activement de l'Hospice dont il était l'un des fondateurs. Tous les ans, il organisait une loterie en sa faveur et tous les pauvres vieux hospitalisés, hommes et femmes, étaient ses amis. Il s'était donné à tâche de faire le portrait demi-nature, en peinture à l'huile, de chaque nouvel entrant dans cet établissement. Il nous montra quelques-unes de ces bonnes têtes rustiques et puis des études faites pour ses tableaux, bateaux, personnages morts ou vivants, épaves, poissons, oiseaux de mer, phoques, têtes de rois de France..., etc..., disant :

— Je ne montre jamais rien aux profanes mais vous, c'est vous. »

Piocheur obstiné et infatigable, une seule chose parvenait à l'intéresser en dehors de sa peinture, c'était d'astiquer, au moyen d'une brosse d'acier, les vieilles armes, lances, sabres, épées, fusils, arbalètes dont il avait une belle collection.

Après le déjeuner, il nous conduisit à son atelier de la dune et, chemin faisant, voulut nous présenter son garde-chasse Fouté, qui habitait une petite maison basse entourée d'osiers gris.

— Voici Fouté, dit : le Rouquin, homme magnifique comme vous voyez, qui m'a souvent servi de modèle. Je le mets à toutes sauces et il en a savouré de drôles : pour mes *Cassellois* et pour mon *Passage du gué d'Étaples* où il avait l'honneur de jouer un rôle important, je l'ai fait asperger de boue liquide, ainsi que ses compagnons d'épreuve, au moyen d'une pompe à incendie. C'est épatant ce que ça faisait bien ! Ils en avaient jusque dans les yeux ! »

On dit parfois à la campagne : « Tel maître, tel valet. » On pourrait dire aussi : « Tel chasseur, tel garde-chasse » Dès l'abord, en voyant celui-là, on comprenait tout de suite que son maître le traitait de façon cordiale et sans manières, en camarade.

A notre arrivée devant son logis, le brave homme se planta en face de nous et nous dévisagea :

— Comme ça, vous v'nez voir l'installation d'monsieur Francis? C'est monsieur Demont, le peintre que Monsieur m'a parlé de lui bien souvent? Et vous, madame, vous êtes sa petite femme gentille qui fait aussi des beaux tableaux?... et monsieur qui est avec vous...

Alors, regardant Henri Rovel :

— Ah çà ! par exemple, madame, faut pas demander qui c'est ! C'est votre frère et il vous ressemble joliment ! C'est tout à fait la même couleur des yeux bleus ! »

Rovel s'amusa de cette erreur et répondit :

— C'est extraordinaire comme vous êtes physionomiste ! Ma sœur et moi sommes ravis de ce que vous ayez si bien deviné ! »

Le bonhomme tout fier affirma :

— Ah ! mais, quand on est garde, c'est qu'on a le coup d'œil ! »

Il prit son fusil à l'épaule (on ne sait jamais... il peut toujours vous partir quelque chose) et nous accompagna jusqu'à l'atelier. Francis, vrai marquis de Carabas, avait là cent hectares de dunes. Chaque année, nous faisions avec lui des échanges de plantations : il nous envoyait des bois-blancs de Berck au feuillage argenté et nous lui adressions des sureaux de Wissant.

Les bois-blancs ont prospéré chez nous, ils sont grands maintenant et nous les nommons *nos Tattegrain*.

En suivant le garde qui marchait d'un bon pas, nous arrivâmes à un endroit absolument dénudé, sable blanc, sans un buisson. Sur une éminence s'élevait un haut bâton au sommet duquel un *émouchet* mort (aigle du pays) pendait lamentablement. Il s'était pris les deux pattes au piège tendu par le garde. Ses deux ailes retombaient comme des draperies sur une colonne funèbre et sa tête au crâne plat allongeait vers le sol son horrible bec crochu.

Tout autour, disposés en rond sur le sable, d'autres victimes plus ou moins anciennes et d'espèces diverses d'émouchets et de hibous, achevaient de se décomposer sous l'ardeur du soleil, les uns encore emplumet, les autres à l'état de squelettes disparaissant à moitié dans le sable.

Le garde triomphant s'écria :

— Encore un qui n'déjeunera plus avec nos p'tits lapins ! »

Et comme, ayant détaché l'animal, il le plaçait à côté des autres, je lui dis :

— Pourquoi n'enterrez-vous pas vos victimes?

— Ah! non! pas si bête! C'est l'odeur de la charogne qui attire les camarades.

Ce mot *camarades*, ce mot si doucement familier dans cette phrase devenait sinistre.

Tandis qu'il retendait son piège vide, je lui demandai :

— Vous retendez sans mettre d'appât?

— C'est pas la peine. Y n'y a pas d'arbres ici, rien qui *bique* dans les environs, un bâton planté ça fait perchoir, vous comprenez, ma p'tite dame, les oiseaux de proie viennent se poser dessus.

Rovel remarqua :

— Les bêtes sont comme les gens : il n'est pas toujours nécessaire de leur offrir un appât pour qu'ils fassent des bêtises... Il leur suffit de vouloir se jucher plus haut que tout le monde..

— Oh! oh! dit Francis, voilà de la philosophie! Et savez-vous que ces bêtes qui sont en train de retourner en poussière comme tout ici-bas (les plus ambitieux comme les autres) m'ont beaucoup servi lorsque je préparais mon tableau : *Louis XIV aux dunes?* C'est sur ces oiseaux et sur un pauvre cadavre de chien rencontré un jour sur la plage que j'ai étudié la façon dont le vent recouvre de sable ces tristes débris pour donner à mes victimes de la bataille des dunes leur aspect naturel et caractéristique... il y a des choses qu'on n'invente pas. »

Continuant à cheminer dans ces sables en évitant de mettre les pieds dans les trous de lapins, terriers parfois très profonds, nous parvînmes à

un endroit moins aride où Francis nous fit admirer
la belle reprise de nos sureaux du Typhonium. Il
les avait fait planter dans les parties les plus basses,
les plus humides, en ayant soin, comme pour ses
plantations de peupliers et de bois blancs, de faire
creuser une tranchée entre chaque rangée, pour y
retenir l'eau de la pluie.

Enfin, à quelque cent mètres se trouvait le terrain relativement plan où s'élevait, tout seul dans
ce désert, son atelier des dunes (qu'il appelait
la Rochelle) l'atelier qui lui était cher, où il était
en intimité absolue avec son tableau et ses modèles,
avec le soleil et la lune et où il n'avait pas besoin
de mettre des pancartes préservatrices de sa tranquillité, car jamais personne ne venait le déranger
dans cette sauvage solitude.

Cet atelier n'avait ni porte ni fenêtres. C'était
comme une immense boîte carrée pleine de toutes
parts et l'on se demandait comment il était possible d'y pénétrer.

Son système d'ouverture, en effet, n'était pas
ordinaire : le mur formant façade, qui était tout
en bois, s'abattait à volonté et, une fois aplati
contre terre, servait de plancher pour le peintre
et son chevalet supportant sa grande toile.

Le mécanisme était très curieux. C'était par
un système de contrepoids, de câbles glissant sur
des poulies comme pour les manœuvres maritimes. Les contrepoids étaient formés de pierres,
de débris de lourds métaux et il y avait même,
parmi ces derniers, un petit canon porte-amarre
en bronze, hors d'usage.

Francis nous raconta qu'un jour il s'était
trouvé suspendu au plafond, les mains crampon-

nées à une poutrelle, alors qu'il voulait remettre en action la roulette d'une poulie qui résistait. Il se trouvait seul et le haut tabouret sur lequel il était monté pour atteindre le plafond s'était renversé les quatre pieds en l'air. Il n'avait plus qu'une ressource : se laisser tomber comme font les acrobates. C'est ce qu'il fit mais en ayant soin de se balancer d'abord afin de prendre un grand élan, à la façon des singes, pour ne pas s'effondrer sur les pieds menaçants du tabouret.

— J'ai eu la frousse, pendant quelques instants disait-il, mais, toute difficulté vaincue, tout danger évité par adresse, laisse toujours un excellent souvenir. Se dire : « Je l'ai échappé belle ! » C'est une joie. Je ne voudrais pas ne pas avoir eu cette émotion. »

Lorsqu'il travaillait à son atelier de la dune, il y restait toute la journée. Sa femme mettait dans son sac de peintre une boîte de sardines, du pain et un pot de confiture, mais ce frugal déjeuner lui prenait encore trop de temps à son gré et il nous disait :

— Quand on peint, les soins qu'on est obligé de prendre de son corps exigeant, sont insupportables. Pour aller plus vite, je mélange sur la même tartine les sardines à l'huile et la gelée de groseille, cela fait un ragoût très original.

C'est dans cet atelier qu'en plein hiver il avait exécuté, entre autres grandes toiles, *les Bouches inutiles* du Salon de 1896. Il faisait poser ses modèles dans la neige et leur disait :

— Faites semblant de grelotter. »

Un vieux lui répondit :

— J'crois qu'j'ai ben la pauv'mine qu'y vous

faut, m'sieur Francis, parce que j'ai diablement froid ! »

Et le peintre se dépêchait de saisir les traits les plus caractéristiques de l'expression qu'il cherchait.

Les personnages de son tableau groupés dans un ravin, vieillards, femmes, enfants, *bouches inutiles*, mouraient de faim. Au premier plan, ces pauvres désespérés, dépeçaient un cadavre et se disputaient pour en dévorer les lambeaux. Une fillette mangeait sa chaussure de cuir.

Francis dit à un gamin qui posait pour l'un de ces misérables :

— Fais semblant de souffrir de la faim. »

Le gosse lui découvrit ses belles dents blanches en ouvrant démesurément la bouche.

— Non ! Ce n'est pas ça ! Tu dois avoir l'air de te tordre de douleur.

Le modèle essayait d'obéir, mais ce n'était pas encore l'expression voulue.

Alors Francis eut une idée : il appliqua sur le ventre du patient un sinapisme de Rigollot. Le résultat fut ce qu'il espérait et il criait au gamin qui, cette fois, se tordait :

— C'est très bien ! Tu y es ! Résiste ! Résiste encore, encore une minute ! »

Ceux qui ne sont pas artistes ne peuvent comprendre ce qu'éprouve le peintre dans les moments où il se sent comme transporté par la passion d'exprimer son idée.

Se sentir loin du monde, oublier complètement que le monde existe, vivre dans le songe que l'on s'est forgé de toutes pièces, ce songe fût-il même un cauchemar ; ne plus attacher aucune importance aux choses matérielles de l'existence, ne plus avoir qu'un but : bien rendre ce que l'on a senti, ce que l'on a entrevu dans son imagination, tendresse, souffrance, joie ou douleur ; engloutir une sardine à la confiture écrasée sur une croûte de pain, distraitement, en regardant, inquiet, vibrant, le morceau de peinture que l'on vient d'ébaucher, voir la qualité qui discrètement s'annonce (quelle douceur !) et le défaut qui hurle (quelle révolte !) ; sauter sur sa palette et, plein d'une colère sacrée, annuler d'un coup de brosse, rageur comme un coup d'épée, la fausse ligne ou la fausse note de couleur, c'est à la fois la torture et la joie suprême pour l'artiste, c'est la vie.

X

SA MAISON DE SENLIS

Le reposoir fleuri. — La douce madone. — Le travailleur
opiniâtre. — Le retour au logis. — Les mondains et les
cipaux. — Les débuts du peintre. — Pochades au Salon. —
Le tour du propriétaire. — Sylvanectum.

Nos fillettes, Louise et Adrienne, sympathisaient
beaucoup avec celles de Francis Tattegrain, Thérèse et Jeanne. Lors de l'un de nos séjours à Paris,
au printemps de 1903, il les invita à passer quelques
jours à Senlis, dans l'exquise maison, 26, rue
Bellon, dont la construction est antérieure à 1660
et qui fut acquise en 1776 par M. de Clastres (de
la garde ordinaire du Roi), bisaïeul des Tattegrain
Francis et George.

Cet ancien logis n'était pas la maison de naissance de Francis. C'est la ville de Péronne (où
son père était président du tribunal civil) qui a
le droit de s'enorgueillir d'avoir vu naître, le
11 octobre 1852, le peintre si intense et si expressif
des drames de la mer et des grands faits de l'histoire de France.

Cette maison de Senlis qu'habitent encore sa

149

veuve et sa plus jeune fille Jeanne, a sa principale façade donnant sur le plus charmant des jardins de province, un de ces jardins dont les bancs verts ombragés d'arbustes et de plantes grimpantes, invitent aux douces lectures et aux calmes travaux, les petits ronds du soleil tamisé par les feuillages mouvants se jouant gaiement sur le livre ou sur la broderie.

Ce qui nous charma tout d'abord en pénétrant dans ce petit paradis intime où nous venions retrouver nos filles en juin 1903, ce fut, au milieu d'un buisson de rosiers fleuris, la statuette toute blanche du petit joueur de flûte antique, celui qui, jambes croisées, dans une attitude si pleine de gracieuse aisance, semble moduler, sur son primitif instrument, le bonheur recueilli des familles unies et accompagner les chants qui entourent les nids de la fauvette et du loriot. Près de ce charmeur, au pied de son socle, les quatre jeunes filles jouaient aux petits jeux. Elles se précipitèrent pour nous embrasser et Mme Francis, occupée à des travaux d'aiguille, nous fit asseoir près d'elle.

Lui, Tattegrain, l'infatigable travailleur, était à Paris, en train de faire des études pour une composition importante, commande de l'État : *la Distribution des récompenses à l'Exposition universelle de* 1900.

Notre conversation avec sa femme roula sur les menus faits de cette vie d'artiste partagée entre les obligations de Paris et la libre existence, laborieuse toujours, dans les sables de Berck.

— Ici, disait-elle, cette maison de Senlis, ce devrait être pour Francis le reposoir, mais il n'a guère le temps d'en jouir, il part dès le matin

travailler à Paris et ne rentre que pour souper le
soir. »

Étant dans ce jardin, on apercevait, émergeant
des frondaisons fleuries, la flèche de la cathédrale
et les deux clochers de l'ancienne église Saint-
Pierre, convertie en marché et toute proche.

Le son des cloches se mêlait au chant des
oiseaux.

Ce mot : *reposoir*, prononcé par cette douce
mère de famille qui, comme je l'ai dit, ressemblait
à une madone de chapelle, rendait merveilleusement le caractère de ce logis, en évoquant ces
autels fleuris en plein air et tout étoilés de cierges
allumés où, à la campagne, la procession de la
Fête-Dieu fait halte.

Tout en causant, elle ne perdait pas de vue ses
préoccupations maternelles. Se tournant vers le
groupe des fillettes qui jouaient à *Pigeon vole!*
ou au *Furet du bois, mesdames*, elle dit à Thérèse :

— Va voir si ton frère travaille.

Robert avait alors environ seize ans. Thé èse
courut à la maison et revint disant :

— Robert est en train de lire.

— Et... que lit-il?

— Je ne sais pas.

— Va voir.

Thérèse courut de nouveau et le renseignement
fut :

— Il lit *les Petites filles modèles* de Mme de
Ségur. »

Dans la crainte des lectures pernicieuses, la
jeunesse adolescente de cette maison en était
encore à la Bibliothèque rose et n'avait pas la
permission de lire les journaux car, dans les jour-

naux, il peut se trouver des faits divers et des feuilletons inconvenants.

Vers le soir, Francis revint de Paris et l'on rentra dans la maison. Il s'affala, les coudes sur la table en proférant un : « Han ! » de satisfaction, le « Han ! » que poussent les travailleurs fatigués, éreintés, fourbus, heureux de retrouver le foyer, la table, la chaise, la femme, les enfants, tout ce qui fait le charme reposant des habitudes familiales.

Et puis, il dit :

— Ah ! ce Paris ! Ce qu'il y fait chaud et poussiéreux et sans air et sans vent ! Ce que tout y est compliqué, bruyant, banal ! L'omnibus, les fiacres, la foule, quelle scie ! Tout de même, aujourd'hui, je n'ai pas fait poser des habits noirs ni des belles dames avec qui il faut causer de choses superficielles et faire la grimace d'un sourire aimable pendant qu'on se donne du mal tout plein et qu'intérieurement on rage en accusant la nature entière de ce que ça ne vient pas comme on voudrait. Je ne suis pas venu au monde pour peindre des habits à queue de pie, des chapeaux en tuyaux de poêle et des Parisiennes emplumées comme le sire de Framboisi. Je n'aurais pas dû accepter cette commande officielle. Enfin, aujourd'hui, je n'ai pas à me plaindre, car j'ai fait poser deux *cipaux* que je mets dans un coin de ma toile (c'est ainsi qu'il désignait les sergents de ville) ; je leur ai dit : « Faites pas attention à moi. J'suis pas un photographe, je ne vais pas vous dire : « Regardez-moi et souriez. » Figurez-vous que vous assistez à la grrrrande cérémonie de la distribution des récompenses de la grrrrandissime Exposition universelle. C'est à cette solennité mémorable que je vous fais l'insigne honneur de vous faire figurer dans mon tableau. » Alors, la préoccupation de bien remplir ce rôle plein de dignité leur a fait prendre une pose tellement roide qu'ils me faisaient penser aux soldats de bois peints à l'huile de mon enfance. J'étais tout déconfit avant de commencer et une autre idée m'est venue. Je leur ai dit : « Eh bien, non ! ne vous figurez rien du tout, causez tous les deux comme si je n'étais pas là, ne pensez pas à la manière de placer vos mains et vos pieds, racontez-vous vos petites affaires. » Tout d'abord, ils avaient l'air tout bêtes, car quand on vous dit : « Causez, » c'est réglé, on ne trouve rien à se dire, et puis, peu à peu, ils ont oublié qu'ils posaient, je leur ai conté des blagues et ça a marché pas mal pour mon tableau. Mais c'est égal, j'aime mieux faire poser les pêcheurs de crabes du Gris-Nez et du Cranaux-œufs ! »

Il aimait à s'entretenir avec les simples et cependant il avait eu une instruction très complète et très raffinée chez ses parents par les leçons particulières d'excellents professeurs. L'amour du dessin était inné en lui et, tout de suite, il en avait fait sérieusement avec cette consciencieuse recherche qui était l'un des caractères de son talent.

Il avait étudié les procédés de l'eau-forte et en faisait déjà alors qu'il préparait son baccalauréat. Lorsque ses parents l'envoyèrent à Paris pour y faire ses hautes études, il entra dans un atelier de peinture, chez Julian, et travaillait son droit... pendant les quarts d'heure de repos.

Menant de front tous ses travaux, il passa quand même brillamment ses examens et fut reçu docteur en droit.

Comme il nous racontait ses impressions de jeunesse, cette lutte entre la passion de l'art et le sentiment du devoir, Adrien en riant lui dit :

— Ce que tu me dis me rappelle un mot qu'en semblable circonstance j'ai dit à mon professeur de jurisprudence qui me reprochait mon peu d'assiduité aux cours :

— Le droit, pour moi, c'est l'agrément ; mais le travail sérieux, c'est la peinture. Mon professeur se mit à rire disant : « C'est la première fois que j'entends un étudiant considérer le droit comme un agrément ! »

Francis poursuivit :

— Ce qui m'a décidé à m'adonner complètement à la peinture ce fut, en 1876, ma rencontre à Berck avec le comte Lepic qui travaillait sur la plage en plein vent et qui, comme je vous l'ai dit bien souvent, m'émerveillait. Il fut mon premier maître. C'est avec lui que j'ai gâché mes premiers jolis petits panneaux de bois. Je me donnais un mal de chien, mais il m'encourageait et me donnait confiance. Je lui en suis bien reconnaissant car, la confiance, c'est la moitié de la réussite. Parfois, quand ma pauvre petite étude était presque finie, un coup de vent subit la remplissait de sable et celle de Lepic du même coup, mais, sans se déconcerter, il disait : « N'y touche pas, malheureux ! En rentrant chez toi, tu n'auras qu'à pomper vigoureusement sur ta peinture, le sable coulera avec l'eau, cela m'est arrivé cent fois ! » J'avais fini mes humanités, comme on dit, je fis alors mes *humanités picturales*, c'est-à-dire mes études de l'être humain avec les excellents maîtres Jules Lefebvre et Gustave Boulanger qui m'ont appris la belle conscience du peintre, la sévérité pour soi-même et l'orthographe de l'art. »

La belle conscience du peintre, cette qualité devenue si rare de nos jours, il l'avait au plus haut degré. Quelques jours avant, exactement le 7 juin, dans l'après-midi, nous l'avions rencontré au Salon, très affairé, faisant rapidement des pochades, des notations de couleurs d'après la foule des visiteurs dans une petite boîte à pouce dissimulée dans le revers de son vaste pardessus.

Il nous dit :

— J'étudie les enfilades des salles et leur atmosphère de poussière et j'observe les tons des toilettes des belles dames qui s'harmonisent le mieux avec ce fond. Il y avait tout à l'heure un chapeau bleu qui faisait mon bonheur, mais, pendant que je le pinçais en toute hâte, un grand imbécile est venu l'entraîner dans une autre salle, j'ai juré un coup ! Je pioche à la dérobée comme si je commettais une mauvaise action. Comme je suis au mieux avec les gardiens du Salon, j'ai obtenu de l'un d'eux qu'il amène une échelle roulante près de l'une des portes qui s'ouvrent sur le pourtour, je grimpe et du haut de mon perchoir, je vois mon motif audessus de la foule, je domine tout et personne ne me regarde, on me prend sans doute pour un ouvrier tapissier en train d'arranger une tenture. »

Se rapportant à cette journée tandis que ce soir

de Senlis nous soupions ensemble dans la salle donnant sur le jardin, il nous disait combien ces rapides pochades d'ensemble lui avaient servi et, à tout instant, revenaient des paroles de gratitude pour les peintres qui s'étaient intéressés à ses premiers travaux :

— C'est le papa Breton, disait-il, qui a attiré surtout mon attention sur ces questions d'atmosphère, je me rappelle souvent ses paroles : avant tout, observez les valeurs, non seulement les clairs et les foncés, mais les chauds et les froids et puis, de l'air, de l'air toujours, mettez bien vos personnages dans l'air ; sans air il n'y a que des couleurs sans harmonie et l'harmonie en peinture, comme en musique et en poésie, c'est tout. »

A ce propos, nous répétions à Francis ce que mon père nous avait dit souvent au sujet de ses envois au Salon : « Ce que j'aime dans Tattegrain c'est la sincérité et la candeur de son exécution. Il est à la fois érudit et naïf. Lorsqu'il traite des sujets de l'ancienne histoire de France, positivement, ses personnages parlent *vieulx françois*. Il entre dans la peau des êtres qu'il met en scène. C'est là une qualité bien rare : il nous met dans l'époque qu'il évoque. »

Quand on se leva de table, Francis nous fit visiter sa maison. Un bougeoir à la main, il nous précédait et prenait comiquement, pour nous présenter chaque objet, le ton sentencieux des boniments des cicerones professionnels :

— Ceci vous représente des meubles Régence du style le plus ordinaire et des lits qui n'ont rien de remarquable mais qui n'ont jamais endormi que de braves gens. Ici, vous voyez une large chaise nommée bergère Louis XVI, très belle et qui porte sous le siège, comme j'ai celui de vous en donner la preuve irrécusable, une étiquette à l'encre sur papier jauni portant : *Pour le service de Madame Élisabeth aux Tuileries, cabinet de l'entresol* n° 108. Les ceusse qui ont la vue basse sont priés de mettre leur lorgnon pour mieux voir. »

Alors, prenant dans un tiroir de secrétaire un petit objet qu'il élevait en l'air, il ajouta :

— Ceci vous représente une des belles trouvailles de chercheur de mon grand-père, le docteur Voillemier : C'est une fibule en or de Jean de Brienne, roi de Jérusalem en 1210, avec cette devise : *Cito mors amorum*, etc., etc. Quant à la ville de Senlis, où sont précieusement conservées ces merveilles, vous saurez, quand je vous l'aurai dit, qu'elle se nommait jadis Sylvanectum, à cause des grands bois qui l'environnaient déjà dans les temps très anciens. C'est pour avoir celui de vous remercier... »

Senlis, Sylvanectum a bien gardé le caractère recueilli des villes d'autrefois et la maison des Tattegrain résumait bien ce caractère.

En la quittant, nous emportâmes, ineffaçable, le souvenir d'un doux reposoir où régnait une discrète madone entourée de deux fillettes pures comme des anges et d'un fils charmant pour lequel elle rêvait un bel avenir sur une route tout unie.

Qui eût pensé alors, tandis qu'elle veillait attentive et souriante sur ce petit monde, que cette madone serait un jour une *Mater dolorosa?*

Ce fils, ce Robert dont elle couvait avec tant de soin prudent et d'excessive sollicitude le cœur et l'esprit, devait, à la grande guerre, mourir pour la patrie, cette patrie si souvent éprouvée et toujours résistante que les tableaux de son père lui avaient appris à aimer.

XI

LA MAISON
DE GEORGE TATTEGRAIN
A AMIENS

Le jury de peinture d'Amiens. — Jules Lefebvre. — Sautai. — Boquet. — Maignan. — Roze. — Les œuvres de George Tattegrain sculpteur. — Sa famille. — Le pâté de canard. — Les poésies de George Tattegrain. — L'atelier. — Les yeux des ancêtres. — Les banquets. — Les poètes patoisants. — Les hortillonnages. — La barque. — L'îlot de Tiot Mile. — Le repas aquatique. — La sirène. — Le docteur Peugniez. — Rochegrosse. — La fête nautique. — La couleur des sons. — La réalité et le rêve.

A partir de l'année 1893, tous les trois ans, la Société des Amis des arts d'Amiens nous demandait, à Adrien et à moi, de faire partie du jury des récompenses de l'Exposition de peinture et de sculpture que cette ville organisait et qui était fort intéressante. Nous acceptions avec d'autant plus de plaisir que c'était une occasion de nous réunir avec un petit groupe de bons peintres qui étaient de bons amis : c'étaient Francis Tattegrain, Jules Lefebvre, Sautai, Boquet, Maignan.

Jules Lefebvre, né à Tournan (Seine-et-Marne) en 1836, était depuis longtemps dans tout l'éclat de sa belle réputation. Il avait été le maître en peinture du prince impérial, fils de Napoléon III, et s'était attaché d'amitié à son élève qui avait, disait-il, de réelles dispositions artistiques. Il en reparlait avec émotion, disant :

— Au moment où je lui apprenais à modeler une pomme sur une assiette, je croyais, comme toute la France, que son avenir était de s'asseoir paisiblement sur le trône doré préparé pour lui, sous la protection du grand aigle. Ce trône s'est effondré l'année suivante et la destinée de ce pauvre enfant était de mourir effroyablement, victime des Zoulous ! »

Sautai, né à Amiens en 1842, aimait à revoir sa magnifique cathédrale. Il était le gendre du très distingué paysagiste Charles Busson, camarade de jeunesse de mon père. Le talent de Sautai était aussi très estimé. Ce peintre doux et fin, jolie figure à barbe blonde, se plaisait à choisir ses motifs dans les anciens cloîtres et à illustrer la vie des saints. Fra Angelico de Fiesole, saint Bonaventure, sainte Élisabeth de Hongrie furent parmi ses personnages de prédilection. Il avait l'air, lui-même, d'un de ces prieurs qui passent toute leur vie dans une calme et rêveuse austérité, pensant beaucoup et parlant peu.

Boquet, qui n'avait jamais quitté sa bonne ville d'Amiens, faisait des tableaux de genre où il rendait avec beaucoup de talent et une grande sincérité, des scènes rustiques se passant dans les pittoresques intérieurs des paysans de la Somme.

Albert Maignan, né à Beaumont (Sarthe) en 1844,

auteur des *Voix du tocsin*, de *Dante et Virgile*
(Musée d'Amiens), de la *Mort de Carpeaux* et autres
grandes compositions qui firent sensation au
Salon, était riche et n'avait pas d'enfants. Il faisait de sa fortune un très noble usage : il avait
créé, dans une propriété qu'il possédait aux environs de Paris, une sorte de petite villa Médicis
dans laquelle il logeait et entretenait plusieurs
jeunes peintres choisis parmi ses élèves et, tandis
qu'il leur enseignait les principes de la grande
peinture d'histoire, il les guidait vers la vie honnête, laborieuse et digne, et fit ainsi de véritables
sauvetages au point de vue moral en tirant ces
jeunes gens de la misère et de la dépravation. Sa
femme l'aidait avec beaucoup de dévouement
dans cette tâche admirable et la continua après la
mort de son mari. Il possédait une collection très
complète d'objets gaulois qu'il légua à la ville
d'Amiens.

Nous avions aussi le plaisir de retrouver, en ces
circonstances, le statuaire amiénois Albert Roze,
homme charmant, visage épanoui de septentrional
ardent et doux, auteur d'œuvres importantes d'un
sentiment humain et profond qui s'imposaient
parmi les meilleures des salons de Paris.

Lors de nos réunions du jury de l'Exposition,
nous étions reçus et logés chez George Tattegrain,
frère aîné de Francis, né comme lui à Péronne,
mais sept ans plus tôt, le 6 novembre 1845.

On entrait d'abord par une large porte cochère
dans une galerie pavée, ornée à droite et à gauche
de fûts supportant des bustes : hommes, femmes,
matelots, paysans, dus à l'ébauchoir du maître
de céans, George Tattegrain, sculpteur de talent

ayant, comme son frère le peintre, de grandes qualités d'observation et de sincérité.

Les deux sculptures les plus importantes avaient les places d'honneur de chaque côté du vaste escalier qui s'ouvrait à droite. La première était le buste du peintre Lepic, bonne figure franche aux yeux noirs dont l'expression intense était bien rendue par les trous profonds qui formaient les prunelles. La barbe et les cheveux étaient frisés comme ceux d'Anacréon. Autour du piédestal s'enroulaient des filets mêlés à d'autres engins de pêche. Nous l'avions déjà vu au Salon de Paris.

L'escalier aboutissait à un vestibule et l'on était introduit, par une gentille soubrette en tablier blanc, dans un élégant salon aux rideaux et portières de soie cerise.

Bientôt arrivaient les charmants amis, George, sa femme et leur fils Roger et l'on était heureux de se revoir et de se témoigner cette joie. Ce salon communiquait avec la grande salle à manger très claire et gaie, car toutes ses portes étaient formées par un assemblage de petits miroirs carrés qui reproduisaient et se renvoyaient l'un à l'autre les fraîches et brillantes couleurs du joli jardin vert et très fleuri sur lequel s'ouvrait sa large baie vitrée.

Mme Tattegrain, active et inquiète maîtresse de maison, allait et venait, affairée, appelant son domestique, sa femme de chambre, sa cuisinière, préoccupée de savoir si tout avait été bien prévu pour que rien ne manquât aux hôtes qu'elle recevait avec tant de plaisir. Son mari cherchait à la calmer par des paroles sages et philosophiques mais elle lui répondait :

— Il faut bien que je surveille ! ils sont si étourdis ! Dès que j'en ai un qui commence à être bien stylé, il me quitte pour aller exercer ailleurs les talents qu'il a acquis grâce à moi !

Pendant ses allées et venues, son grand fils Roger cherchait quelle innocente petite farce il pourrait lui faire.

Un jour, il avisa un magnifique pâté de canards en croûte (spécialité d'Amiens) préparé sur le buffet pour le déjeuner de midi. Il enleva délicatement le contenu le mit sur une assiette qu'il enferma soigneusement et le remplaça par un canard-joujou en laine jaune que le bébé de sa sœur avait laissé traîner et il remit avec soin le couvercle en pâte feuilletée.

Nous avions siégé au jury ce jour-là avec les peintres : Jules Lefebvre qui présidait, Sautai, Boquet, Francis Tattegrain et tous assistaient au déjeuner avec quelques autres amis organisateurs de l'exposition. On avait faim, car on avait été en séance dès huit heures du matin et rien ne creuse l'estomac comme le travail de membre du jury. Francis faisait : niam... niam... niam... et disait : « J'ai des sensations de cannibale. »

A table, on rappelait les incidents de la matinée, on se réjouissait de la médaille d'or ou d'argent que l'on avait décernée à tel ou tel exposant méritant et l'on avait un mot de regret pour ceux qui étaient restés sur le carreau, car, si on avait, avant tout, la préoccupation de la justice dans la répartition des récompenses, on n'oubliait pas qu'une distinction peut parfois être une action charitable quand, par exemple, il s'agit d'un professeur pauvre et chargé de famille et l'on était peiné de penser que quelques-uns auraient une cruelle déception. Jules Lefebvre le comprenait mieux que personne, lui qui avait eu des débuts si durs, si pénibles et qui avait trouvé moyen de faire du grand art quand même bien, qu'ayant élevé neuf enfants ! Il était très bon, très digne, ses élèves l'aimaient et le vénéraient. Il avait un caractère calme et refléchi mais savait s'égayer de l'entrain des autres.

Après trois ou quatre plats succulents arrosés de vieux vins, on arriva au pâté de canard d'Amiens. Tous les yeux se fixèrent sur sa belle croûte dorée.

Au moment où Mme George soulevait, en souriant, le couvercle avec la pointe d'un couteau, le canard-joujou dont le cou flexible avait été comprimé par cette fermeture, se dressa brusquement vers elle et ce furent des rires de tous les convives tandis qu'elle poussait un cri et cette exclamation :

— C'est encore ce fou de Roger ! »

Et le grand garçon embrassa sa mère pour se faire pardonner.

La conversation était toujours très animée à cette belle et abondante table. Au dessert Roger et son oncle Francis se lançaient des boulettes de pain. George Tattegrain, charmant causeur, trouvait quand même moyen de se faire écouter. Il était très mondain sans affectation, bienveillant, très artiste aussi, mais dans un autre genre que son frère.

Physiquement, il était moins grand, moins barbu, aussi blond et le sourire aimable d'une bouche fine et spirituelle était son expression habituelle. Il ne faisait plus beaucoup de sculpture et s'adonnait plutôt à la littérature, surtout à la poésie, mais continuait à parler en sculpteur. Le mot *forme* revenait souvent dans sa conversation, non seulement dans son sens positif, mais aussi dans son sens abstrait.

Pour entretenir sa santé et se maintenir en bonne forme, il allait tous les étés aux eaux. Il y faisait la connaissance de tous les intellectuels qu'il y rencontrait autour des sources et à table d'hôte et, une fois rentré chez lui, à Amiens, il leur adressait des vers genre dix-huitième siècle, madrigaux, sonnets et rondeaux d'une très élégante forme, rappelant les moments agréables passés avec eux. Il avait toujours par hasard quelques strophes qui traînaient dans ses poches mêlées à ses canifs, à ses crayons et il les récitait avec beaucoup de finesse, disant modestement, quand on lui en faisait compliment, qu'il les avait trouvées dans un bonheur-du-jour du temps de Louis XV. Il en composait aussi pour les exquises fêtes septentrionales des Rosati à Fontenay-aux-Roses. Je me rappelle, notamment, un toast aux dames tout à fait gracieux. Comme il était charmant, il ne rencontrait partout que des gens charmants. Leur approbation suffisait à satisfaire son amour-propre et il ne voulut jamais réunir ses poésies en volume, jugeant sans doute que la vulgarisation les eût déflorées. Il avait horreur de la banalité et de la banalisation et supprimait dans sa signature l's convenu de son nom de *George*, disant : « Pourquoi cette consonne inutile? Je ne suis pas pluriel ! »

Il avait fait ses études classiques au lycée d'Amiens et était licencié en droit. Lors de la guerre de 1870-71, il avait fait la campagne comme lieutenant de mobiles. De 1880 à 1906, il avait rempli les fonctions de maire de Devise près de Péronne. Il disait plaisamment : « Cela m'a donné des occasions de *deviser* sur les intérêts du pays. »

Il aimait parler en public et cela se sentait même dans sa conversation courante qu'il cherchait à rendre attrayante par l'esprit qu'il mêlait aux moindres récits. Comme membre de l'Académie d'Amiens, il avait fait des discours qui lui avaient valu de grands succès oratoires. D'abord celui de sa réception : *Sur l'éducation de l'œil et l'art de voir;* puis sa réponse à l'abbé Blandin, nommé membre de cette Académie : *la Conversation en France* et, aux Amis des arts, *l'Artiste*, qui s'adressait aux lauréats de l'Exposition d'Amiens en 1899.

Il parlait en poète dont la poésie était basée sur l'art et la philosophie autant que sur la nature. Son avis était que : lorsqu'on évoque en littérature le soleil, la lune, le vent, la pluie, l'oiseau, il faut que ce soit toujours pour leur faire dire quelque chose. Les journaux étaient les interprètes de ses auditeurs en écrivant : « Les soirées où il parle à l'Académie sont des soirées de gala. »

Ses sculptures avaient été très remarquées au Salon de Paris, notamment sa *Vieille femme picarde*, sa *Moissonneuse*, son *Travailleur* et une quantité de bustes très vivants. En 1892, il avait eu un très grand succès avec le buste du poète Crinon que l'on inaugura à Vraignes au milieu d'une foule d'admirateurs venus de toutes parts.

Mais revenons au déjeuner intime où, au moment où l'on dégustait le café et les liqueurs, il nous récitait ses sonnets inédits avec tant de bonne grâce et de complaisance. Il nous menait ensuite dans son atelier qui se trouvait au bout du jardin. C'était une vaste salle pleine d'objets d'art où il se retirait pour écrire au milieu des études de son frère, généralement des esquisses de ses tableaux, des pochades de Lepic, des gravures de valeur, des portraits de famille. Dans un coin bien éclairé, je remarquai une série de petits panneaux grands comme la paume de la main, représentant un œil peint à l'huile, un œil tout seul avec son sourcil.

George Tattegrain expliquait :

— Voici l'œil droit de mon bisaïeul et, à côté, l'œil gauche de ma bisaïeule. L'histoire en est drôle : un oncle de ma mère, M. Hippolyte Jérosme, reçut un jour la visite d'un peintre... Ah çà ! Comment s'appelait-il ?... Je ne sais plus, car son nom n'est pas resté célèbre ah ! c'était Paquot, je crois ; enfin, peu importe... d'un peintre, dis-je, qui lui proposa de faire son portrait de trois quarts pour quatre-vingts francs (que les temps sont changés !). Mon grand-oncle, très original, trouva que c'était un peu cher et demanda à l'artiste de lui faire, pour vingt francs pièce, le quart de sa figure et de celles de ses parents. Cela revenait au même prix, c'était comme pour la tête de veau chez les charcutiers qui vendent au détail. Il y avait donc trois portraits d'yeux mais celui de mon grand-oncle a été perdu lors de l'incendie de mon atelier en 1900 et c'est une des rares choses qui ont disparu, car presque tout a été sauvé.

Cela nous rappela qu'il y avait au Musée de Douai un panneau analogue représentant l'œil de Marceline Desbordes-Valmore que le peintre avait agrémenté d'une petite couronne de myosotis.

C'était peut-être du même auteur (1).

Pendant que George expliquait ainsi, avec son esprit fin et souvent ironique, chaque objet de son petit musée familial et intime, sa femme s'effarait de ce que son nouveau domestique, non encore suffisamment stylé, n'avait pas bien enlevé la poussière et elle réparait de son mieux ces oublis. Brune et vive comme une gitane, les cheveux abondants tordus en forme de casque d'ébène, elle n'était jamais en repos. Comme elle avait un excellent caractère nullement susceptible, tout le monde dans sa famille la taquinait. George racontait une foule d'anecdotes qui commençaient par : « Ma femme est extraordinaire, » par exemple, celle-ci :

— En 1900, j'étais en traitement aux eaux. Un matin, je reçois une lettre de ma femme remplie de bons conseils : « Tout va bien à la maison, ne te tourmente de rien, soigne-toi bien, tu sais qu'il ne te faut aucune émotion... etc... etc... et puis à la fin de la dernière page : je te quitte bien vite pour ne pas rater le courrier. On vient me dire que le feu prend à ton atelier, j'y cours. » Et pas de *post-scriptum!* »

Tout le monde riait et Mme George reconnaissait gaiement son étourderie et se réjouissait d'être le sujet d'un amusement de ses invités, car, comme son mari, elle désirait, avant tout, être agréable aux autres.

____

(1) L'œil de Marceline a été volé par les Allemands lorsqu'ils occupaient la ville.

*
* *

Un de nos plus exquis souvenirs d'Amiens est celui de 1905.

Nous avions assisté le soir du 6 juin, très nombreux, au banquet offert par George Tattegrain dans une vaste salle. Jules Lefebvre présidait et sa fille Yvonne, vive et sympathique, avait beaucoup causé avec nos fillettes.

Au dessert, les meilleurs poètes patoisants de Picardie, Charles Lamy, Édouard David et leurs satellites, avaient récité des vers de leur cru campagnard que nous avions applaudis avec une ferveur attendrie.

Après les discours en français très pur qu'avaient prononcés les autorités artistiques et municipales, ces récits en patois picard prenaient un caractère tout spécial, d'un pittoresque très attrayant.

Il est à remarquer qu'une chose ordinaire qui, en bon français classique semblerait insignifiante, prend en patois un charme, un fumet tout particulier. Le récit le plus simple, en langage rustique, nous semble poétique. Cela s'explique par les souvenirs que ce bon patois de notre village ou du peuple de notre ville provinciale réveille en nous.

Ce patois, c'est celui que parlait dans notre enfance le gamin qui apportait le bon pain frais tous les matins, chez nos parents. C'est celui de notre bonne qui nous aimait bien. C'est celui du vieux bonhomme, si vieux, si vieux, qu'il savait des masses de choses de l'ancien temps ignorées de tous, si bien que nos parents allaient avec nous le voir, s'asseoir près de lui dans sa cheminée pour qu'il leur parlât de leurs aïeux qu'il avait connus et aimés. En entendant par la voix des poètes patoisants ces mots dont la plupart sont des épaves du vieux français, nous revoyons ces visages autrefois familiers et non seulement ces visages, mais aussi tout ce qui les entourait. La vision du bon vieux qui, le menton branlant, nous parlait de notre *tayon* (1) que « ch'étoit un ben brave homme et de notre *tayonne*, eune bielle fille dans son temps, » s'accompagne de la vision de la cheminée blanchie à la chaux dans laquelle il était assis, de la chaufferette de cuivre où il rallumait sa pipe, du chat ronronnant qu'il caressait d'une main distraite sur ses genoux et ces paroles, pour cette raison, sont plus suggestives, plus émouvantes que celles des beaux messieurs instruits qui parlent *comme dans les livres*, pourquoi? Parce que rien ne vaut la nature simple vue par des yeux d'enfant. C'est d'elle que les plus grands génies se sont inspirés à toutes les époques pour leurs œuvres les plus touchantes.

Le lendemain, toute la matinée avait été consacrée au vote des médailles, et à midi il y avait eu le déjeuner officiel de la Société des Amis des arts d'Amiens. Dans l'après-midi, nous avions fait avec les Tattegrain, une promenade en barque dans les hortillonnages.

Après les fatigants travaux du jury et les banquets, nos amis eurent la charmante idée de nous mener souper dans un cadre original. On s'y rendit à pied, suivant une route ombragée de grands arbres.

(1) Tayon, tayonne : aïeul, aïeule.

Plus la journée a été activement remplie, plus le soir semble calme et reposant. C'était par une tiède fin du jour de cette Picardie primitive, province particulièrement paisible et silencieuse à cause de ses étendues de marécages, prairies et champs aquatiques dont les chemins sont des fossés pleins d'eau où les bateaux plats glissent conduits à la perche et remplacent les voitures, charrettes et brouettes, pour transporter à la ville les foins des prés fauchés et les légumes des jardins maraîchers.

Les frères Tattegrain disaient :

— Nous vous conduisons à une salle de banquet qui ne ressemble pas à celle d'hier soir et de ce midi.

Mme George, prévoyant que le menu du souper serait peut-être un peu sommaire, apportait des boîtes de conserves et le dessert. Elle tenait des deux mains, avec précaution, un paquet soigneusement entouré d'une faveur rose, contenant des gâteaux et friandises achetés chez le confiseur.

On arriva ainsi en face d'un vaste étang semé de quelques îlots boisés de hauts peupliers et de saules penchants. Ce paysage avait le charme d'un tableau de Corot, une légère brume flottait sur les eaux.

Roger, se faisant un porte-voix de ses deux mains, cria :

— Tiot Mile ! Eh là ! Eh ! Tiot Mile !

Et dans le flou du doux crépuscule, on vit se détacher, de l'un des îlots, une barque et l'eau endormie se plissa.

La barque avançait vers nous, elle glissait, précédée d'une vague si l'on peut appeler vague le long plissement d'eau qui vint expirer à nos pieds.

Le nautonier, le célèbre Tiot Mile, nous adressa un : « Bonsoir la compagnie ! » bientôt suivi de cette joyeuse exclamation :

— Ah ! Pardieu ! C'est ces messieurs Tattegrain !

Pour tendre la main à Tiot Mile et monter dans le bateau, Mme George confia son paquet de gâteaux à Roger avec cette recommandation :

— Ne le remue pas ! Il y a des choux à la crème !

Roger, toujours taquin, dans un accès de gaminerie folle, se mit à jongler avec le paquet du pâtissier malgré les exclamations suppliantes et désolées de sa mère. Pouvait-elle gronder? Francis et George se tordaient de rire !

Une fois assise dans la barque, elle fut distraite par une nouvelle inquiétude.

— Je n'ai pas le pied marin, vous savez, Tiot Mile, disait-elle, l'eau me fait toujours peur ! »

Alors Roger, s'étant mis debout et appuyant tour à tour sur l'un et sur l'autre pied, imprimait une oscillation de roulis à l'embarcation en disant :

— Tu sais, maman ! Nous avons ici au moins six mètres de profondeur, n'est-ce pas, Tiot Mile? »

Tiot Mile ne contredisait pas.

Ce grand Roger si espiègle, était cependant destiné à être jugé comme un sage puisqu'il est aujourd'hui, depuis longtemps, le maire aimé et estimé de Devise près de Péronne, comme son père jadis. Il était jeune et gai, la jeunesse et la gaieté étaient en lui, il dépensait ces trésors du début de la vie, il avait raison.

Notre barque coupait la brume qui commençait à se muer en bruine.

Bientôt un choc nous ébranla, nous accostions à l'embarcadère fait de gros madriers auprès duquel s'élevait une toute petite maison basse, vraie hutte de Robinson.

Tiot Mile vivait là avec un compagnon de solitude nommé Ludovic et cette hutte était un cabaret. Ils eurent vite fait de mettre des assiettes sur la table et de s'occuper de nous préparer une friture de poissons pris là, avec le filet carré appuyé contre la porte, un de ces filets comme on en voit dans les vieux tableaux flamands.

Mme George déballa ses provisions et, toujours inquiète et prudente, elle prit soin de stériliser les fourchettes et les cuillers de fer avec une lampe à alcool qu'elle avait apportée dans ce but. On ouvrit le paquet de friandises et comme quatre meringues seulement étaient en miettes et que trois choux à la crème à peine avaient déversé leur contenu sur les babas au rhum, Roger se félicita de son adresse de jongleur.

Dehors, la bruine s'était concentrée et changée en pluie que l'on entendait ruisseler mollement sur les vitres. Cela ajoutait encore au charme de se sentir bien à l'abri, sous ce toit de paille et de roseaux, au milieu de l'eau, loin de la terre ferme, loin de toute civilisation, comme si on en était à des centaines de lieues, environnés de solitude et de silence, car on ne percevait même pas le frôlement des roseaux de la rive, le vent était nul.

Ce repas aquatique parut exquis dans cet intérieur simple et primitif. Nos fillettes disaient :

« On s'amuse comme des dieux ! » et voici que, doucement, s'éleva une voix pure venant de la pièce voisine, la petite cuisine où se tenaient Tiot Mile et Dovic.

Ce n'était pas la voix de l'un de ces rustiques fumeurs de pipes... c'était une voix féminine... une femme était donc là ?...

Nous écoutions ravis... d'autant plus ravis qu'après les premières secondes de méprise, nous comprenions que ce concert nous était donné au moyen d'un des plus merveilleux appareils que les savants eussent réussis jusqu'alors.

Le phonographe que nous avions connu tout au début, nasillard et grésillant, sous la direction d'Alfred Billet (le frère du peintre Pierre Billet), commençait à arriver à la perfection et on n'était pas encore, comme on l'est malheureusement aujourd'hui, blasé de la perfection.

Entendue ainsi, dans ce petit réduit, dans cette solitude aquatique, sous la pluie mais en dehors de son atteinte, blottis comme dans un nid d'oiseau de marais, cette voix de femme prenait pour nous une poésie, un charme inexprimables.

Je songeais à *la Sirène*, cette pièce de théâtre de l'époque de la jeunesse de mon père, dont il me parlait souvent, dont il fredonnait même quelques bribes, parfois, en travaillant :

— Ah ! la Sirène est là !... »

Et il me semblait, à moi aussi, que la Sirène était là.

Quand le chant cessa, la grosse voix de Tiot Mile nous cria :

— Vous avez entendu Lidvine... hein ? dites qu'elle chante comme un ange !

Lidvine était alors l'un des grands succès des théâtres parisiens.

*
* *

Un autre soir d'Amiens qui nous a laissé un souvenir délicieux fut celui du 17 juin 1911.

Après une journée de séances du jury, M. le docteur Peugniez, chirurgien hautement estimé et amateur d'art distingué, nous avait emmenés chez lui pour nous présenter à sa mère, octogénaire qui, étant Douaisienne, avait eu grand plaisir à causer avec Adrien de la chère ville de Gayant.

Le soir, M. Peugniez avait offert un banquet officiel à la commission des Amis des arts (dont il était le président) et au jury qui nous réunissait cette année là avec Rochegrosse que Francis avait amené avec lui de Paris.

Rochegrosse et moi étions exactement de la même génération : nous étions nés la même semaine de l'été de 1859, nous avions débuté en même temps au Salon et y avions eu, aux mêmes années, les mêmes récompenses. A propos de son grand tableau *Astyanax* et de ma *Plage* exposés en 1883, et qui nous avaient mis tous deux hors concours, Olivier Merson avait écrit : « Le succès cette année va aux deux plus jeunes exposants : l'un est une toute jeune femme, l'autre presque un enfant. »

Étant voisins de table, ce soir-là, nous nous amusions à nous rappeler toutes ces coïncidences curieuses. Ce peintre, grand travailleur, faisait à cette époque d'immenses tableaux d'histoire d'une étonnante richesse de composition et d'une peinture généreuse et prodigieusement habile.

Il était très simple dans ses manières et sobre de gestes, mais avait une horreur profonde du convenu. Il me disait que la mode établie la même pour tout le monde était la chose la plus absurde de notre civilisation, l'apothéose de la monotonie. Il eût voulu que chacun adoptât le costume qui s'harmonisait le mieux avec sa profession et son type. L'habit noir que l'on revêt, le même pour une noce et pour un enterrement, l'horripilait. Comme il avait une prédilection spéciale pour le moyen âge, il portait les cheveux coupés nets en franges sur le front et mettait des cravates en drap d'or, mais là s'arrêtait sa fantaisie, à son grand regret, car son rêve eût été d'avoir un vêtement collant mi-partie orange, mi-partie bleu cou-de-paon, des souliers à la poulaine et un manteau drapé rejeté sur l'épaule. Il ajoutait avec le plus grand sérieux, ouvrant tout ronds ses yeux noirs auxquels ses sourcils très relevés donnaient une expression presque continuelle d'interrogation et d'étonnement juvénile et naïf :

— Mais, si je m'habillais comme ça, on me prendrait peut-être pour un poseur ou pour un fou... ou bien pour un de mes modèles... »

Après ce repas charmant, on nous conduisit à une fête nautique qui se donnait dans une partie boisée mêlée d'étangs.

Nous occupions les places réservées avec les autorités municipales, car elles nous étaient offertes par M. Antoine, maire d'Amiens, qui avait assisté au banquet.

J'avais pour voisine la très gracieuse fille de M. Peugniez, jeune artiste qui s'adonnait à la peinture. Nous causions avec animation, car nous venions de découvrir, en parlant des couleurs, que toutes deux nous avions, depuis notre plus petite enfance, la vision de la coloration des mots et il se trouvait que nous étions d'accord sur un grand nombre de points.

Plus tard, elle eut occasion de raconter cette conversation au savant Raphaël Blanchard et c'est alors qu'il m'écrivit à ce sujet et que j'eus avec lui toute une correspondance que je relate au dernier chapitre de cet ouvrage sous le titre : *l'Audition colorée.*

Donc, ce soir-là, la fête des couleurs n'était pas seulement dans notre esprit, elle éblouissait et charmait délicieusement nos yeux :

Sur l'étang, en face de l'estrade où nous étions installés, voguaient des embarcations tout étincelantes de lampions et de lanternes vénitiennes. Le petit lac où se mouvait cette flotte idéale avait une forme arrondie en sorte que les bateaux, gondoles, périssoires et barquettes, se croisaient sans cesse, mariant leurs couleurs qui se reflétaient dans l'eau moirée. De temps en temps, un murmure d'admiration s'exhalait de la foule innombrable, tout Amiens massé derrière nous : c'était lorsqu'un feu de Bengale bleu, rouge ou vert, allumé sur la rive par d'invisibles personnages, teintait tout à coup cette scène, ou bien quand une fusée lancée à l'improviste, éclatait au ciel, bouquet d'étoiles, et retombait dans l'eau.

Et, peu à peu, un demi-sommeil m'envahit. Nous étions partis de Wissant à cinq heures du matin et la journée avait été laborieusement remplie, la fatigue était pardonnable, une de ces fatigues voluptueuses auxquelles on se laisse aller avec délices. Je souhaitais que personne ne me parlât. Mes yeux mi-clos, à la fois alourdis et curieux du rare spectacle, éprouvaient une exquise sensation de vertige, mon esprit rêvait tandis que mes sens veillaient encore. La réalité se confondait avec le rêve au point que, succombant devant cette lutte du vrai et de l'irréel, ma raison se plaisait dans cette confusion et ne cherchait nullement à en sortir.

Était-ce la vie terrestre ou bien le Paradis? Je ne le savais plus et ne voulais pas le savoir.

FRANCIS TATTEGRAIN
A ARRAS SOUS LES BOMBES

En 1914. — Lettre de Francis Tattegrain. — Son projet
de tableau : Arras bombardé. — Au front. — Le commandant Decharbogne. — Le colonel Dieuleveut. — Le château
blanc de Ranville. — La briqueterie. — La mort subite sur
la place d'Arras, 1er janvier 1915.

Combien ces souvenirs d'avant-guerre apparaissent pacifiques et doux, présents à l'esprit à
cause de la précision des détails recueillis dans
notre mémoire et, en même temps, lointains !
Tout a tellement changé dans la vie !

Lorsque éclata cette horrible guerre qui devait
ébranler le monde entier, Francis Tattegrain, le
patriote ardent, historien en peinture de la vieille
France, se sentit animé d'un zèle nouveau, il
voulut faire de l'histoire de France moderne, de
l'histoire vécue. La ville d'Arras était constamment bombardée, il y fit des études, il rêvait
un tableau. Il logeait dans un hôtel dont une
moitié était effondrée. Au bout du couloir, il y
avait une porte sur laquelle il était écrit, à la

craie : *Ne pas ouvrir, danger!* Derrière cette porte, c'était le grand trou, l'abîme creusé par un obus.

« Dire, nous écrivait-il, que je me retrouve ici avec nos collègues de la commission pour le classement et la protection des monuments historiques... et les ruines s'accumulent de plus en plus, quelle ironie ! »

En novembre 1914, alors que nous séjournions à Vierzon (Cher) auprès de notre cher cousin J.-L. Breton, alors député, aujourd'hui sénateur, où nous étions allés, nos gendres étant au front, abriter nos deux filles et leurs cinq enfants dont les aînés avaient quatre ans, nous reçûmes de Francis Tattegrain la lettre que voici :

« Berck, 6 novembre 1914.

« Mon bon ami, mes bons amis, nous vous remercions beaucoup de votre lettre double et des nouvelles de la famille des combattants et de vos combattants.

« Les deux gendres ont dû en voir de « dures », l'un sur le front d'Alsace, l'autre docteur dans les hôpitaux... 1 300 typhiques... c'est abominable. Dès demain, je vais faire envoyer à Robert (165e Verdun) une forte ceinture afin d'essayer d'éviter, si possible, qu'il devienne un client de votre gendre... Douai... aucune nouvelle n'en filtre... doit être, pour le quart d'heure *protégé* par l'occupation !

« Je suis stupéfait d'apprendre que vous avez de l'armée belge, un état-major sans doute seulement, à Wissant. Diable ! Voilà qui n'est pas drôle !... ça doit faire un petit chambardement dans l'atelier !

« Ici aussi, on vit dans l'angoisse constante aiguisée encore par la vue et les discours de tous les pauvres réfugiés et évacués... Tout ce qui, d'Arras, n'est pas à Saint-Pol, est à Berck... Pauvre Arras, quelle situation bizarre ! La ville est assiégée au nord et à l'est depuis plus d'un mois, très défendue, très attaquée, le tout avec acharnement. Les batteries françaises et allemandes se canonnent par-dessus la ville, ce qui fait de la bien belle musique. Les grands coups se donnent la nuit. J'ai pu y aller passer deux jours (commission des sites) aussitôt après le premier bombardement et y travailler. Spectacle extraordinaire et émotions distinguées... quelle misère ! Le 9 et le 10 octobre, Arras a vécu de pains apportés de Berck dans les autos venant chercher les blessés.

« A l'hôtel de l'Univers : — Une chambre? — Oui, monsieur, le n° 18, il lui manque peu de carreaux... surtout, ne tournez pas à gauche, le corridor n'existe plus.

« Depuis plus d'un mois, le préfet et l'ami Gerbore couchent dans la cave de la préfecture : plus un carreau, pas plus dans le cabinet de M. le Préfet que dans sa chambre, et le soir on s'éclaire avec deux lampes « pigeon » dans cet Hôtel de la Commission des sites ! Depuis mon petit séjour là-bas, on a bombardé très sérieusement deux fois et *je grille* d'y retourner, mais je craindrais d'être coupé de ma famille.

« J'ai fini par secouer ma paresse et me suis remis au travail, c'est le moyen de moins penser à la pauvre mère Patrie et au pauvre bonhomme de fils, qui, dans l'active, doit avoir la vie dure autour de Verdun... et ça ne fait que commencer, dit-on ! Que de deuils cuisants, terribles déjà parmi nos bons amis... j'avais bien raison de désirer être crevé avant cette guerre qu'on savait inévitable !

« Toutes mes amitiés de grand-papa pour grand-papa Adrien et nos plus affectueux souvenirs pour les trois dames. »

« F. TATT... »

A partir de ce moment (sept semaines avant sa mort), son désir de faire un tableau d'Arras bombardé devint de plus en plus ardent. Il y alla souvent.

Quand il revenait à Berck, voulant compléter les documents dont il croyait avoir besoin pour l'exécution de son tableau projeté d'Arras martyre et tenace, il essayait de fabriquer, chez lui, des engins explosifs pour en observer les effets. C'était dans son atelier de la dune, la grande boîte dont j'ai parlé, qu'il faisait ses expériences de laboratoire de guerre. Un jour une explosion se produisit et son ami Pierre Vasse, d'Arras, qui l'aidait dans ses manipulations, faillit avoir les yeux brûlés.

Mais Arras sous les bombes ne lui suffisait plus, il voulait voir, de ses yeux de peintre, le front de bataille.

Il obtint du ministre de la Guerre l'autorisation de se rendre dans les tranchées avancées pour observer les éclatements de nos projectiles d'artillerie lourde sur les objectifs ennemis et se rendre compte des effets produits par les obus de 120 et de 155 long. Il fut conduit par le commandant

Henri Decharbogne et l'un de ses capitaines dans les tranchées de Ranville.

A cinq cents mètres de ces ouvrages s'élevait une briqueterie qui tous les jours changeait de propriétaire et était ce jour-là (1er janvier 1915) occupée par les Boches. Nos canons les bombardaient copieusement.

Le commandant Decharbogne a fait dans *la Liberté* du 1er janvier 1917 un récit très émouvant de cette journée dont il avait noté tous les détails sur son carnet de route.

Il y raconte que, tandis qu'accompagné d'un de ses capitaines, il guidait Francis Tattegrain dans le labyrinthe des boyaux, si bas qu'ils devaient se courber pour y circuler, ils croisèrent le colonel Dieuleveut à qui il présenta le peintre.

— Le colonel Dieuleveut ! s'écria Francis, mais... c'est un nom de croisades et toute une philosophie aussi. »

Ils traversèrent alors un endroit très périlleux, une route découverte à quelque cent mètres des Allemands et très surveillée par eux. Ils durent avancer en rampant, les balles des fusils sifflaient au-dessus de leurs têtes. De temps à autre, un obus éclatait. Enfin, ils arrivèrent près du mur d'une grande bâtisse démolie appelée le Château Blanc de Ranville. De là, ils avaient la vue directe sur les positions de l'ennemi.

A la distance de quatre cents mètres, la briqueterie se dressait, grande carcasse déjà trouée, éventrée et, à chaque instant, elle recevait de nouveaux obus chargés en explosifs qui achevaient de la détruire.

Francis regardait comme hypnotisé. Il obser-

vait les geysers de fumées de toutes couleurs pro-
jetant dans les airs des débris de charpentes mêlés
de plâtras et de terre pulvérisés.

Il remplissait ses yeux de toutes ces choses terribles avec une âpre joie s'écriant : « Que c'est
beau ! » sans souci des balles qui, par moments,
pleuvaient aux alentours. Oubliant le danger, tout
à la vision du tableau à faire, il était heureux.
Toutes les fois qu'un obus éclatait il disait, plein
d'enthousiasme, à ses compagnons :

— Merci, messieurs ! grâce à vous, j'emmaga-
sine des trésors de souvenirs. Merci ! merci ! Vous
ne savez pas le service que vous me rendez ! Et
c'est le père autant que le peintre qui vous parle,
car j'ai un fils dans les tranchées : maintenant, je
vois ce qu'il voit, je vis de sa vie. »

Peu après, ils rencontrèrent un tout jeune
soldat, rose et blond, qui avait devancé l'appel de
sa classe, presque un gosse dont la poitrine bleu
horizon était constellée de taches de boue, les unes
sèches, les autres encore humides.

— Comme te voilà bien décoré ! lui dit Francis.

Et le petit, sans comprendre le vrai sens que le
peintre patriote attachait à cette exclamation,
presque honteux de ce dont il aurait eu le droit
d'être fier, répondit :

— C'est que, vous savez, à l'avant, on n'a pas
beaucoup le temps de s'astiquer. »

Maintenant, après avoir, en ce qui précède,
résumé le récit du commandant Decharbogne, je
ne puis mieux faire que de reproduire textuelle-
ment son rapport, car il fut le seul témoin oculaire
qui ait été à même de donner ces détails :

« En face de la petite église de Ranville, nous

retrouvions l'auto qui nous avait conduits et nous pûmes rentrer sans encombre à Arras. Le grand artiste ne savait comment nous exprimer sa gratitude. Comme je voulais qu'il fût des nôtres pour le déjeuner, il me répondit :

« — Oh ! non ! il faut que je me mette immédiatement au travail. Je veux noter tout de suite ce que j'ai vu et achever, sur ma toile, tandis qu'elles sont encore fumantes, les ruines qui avoisinent la grande place. »

« Et, sans même se reposer un instant, il s'en fut rassembler ses brosses et ses toiles et s'installa sur la place, en dépit d'une bise assez mordante.

« Vingt minutes après, comme je regagnais mon gîte, un gendarme me rejoignit dans la rue Saint-Auber.

« — C'est bien vous, mon commandant, qui accompagniez M. Tattegrain ce matin?

« — Oui, pourquoi?

« — Il vient de mourir.

« D'un bond, je courus vers la place, le grand artiste venait en effet d'expirer... Mort ! Ses yeux tout à l'heure encore si brillants, si lumineux, étaient à jamais fermés !

« Rien ne saurait décrire mon émotion à la vue du corps inerte de cet énergique vieillard d'âme et de nom si français !

« Et nul ne contestera que l'illustre peintre Francis Tattegrain soit mort, lui aussi, au champ d'honneur en pleine vigueur artistique et intellectuelle, ce 1er janvier 1915. »

Oui, comme le dit le commandant, cette mort a été héroïque : elle l'a frappé au moment même où il rêvait de glorifier une fois de plus la Patrie par une œuvre nouvelle qu'il espérait plus forte, plus saisissante que toutes les autres, parce que directement inspirée par un drame vu dans la réalité. Elle l'a frappé dans un moment de joie créatrice. Elle l'a frappé avant son fils tué à l'ennemi, elle lui a épargné l'immense douleur de le pleurer.

*
* *

Le commandant Decharbogne, revenu de la guerre, devait, lui aussi mourir brutalement, en quelques instants : il fut tué au mois de septembre 1927, en métro, la tête prise dans une portière trop brusquement refermée. O destinée !

XIII

LE CABARET BEDLÉ
AU CRAN POULET

Retour chez Bedlé. — Vieux souvenirs. — La carte de Francis
à Finot. — L'Hôtel du Pèlerinage.

Il y a quelques années, mon cousin Alphonse
De Vigne, venu chez nous à Wissant, avec sa
famille et Hubert Olyff, le fiancé de Claire, sa fille
aînée, voulut revoir et montrer à ses enfants le
Cran aux œufs et le Cran Poulet, cette côte sauvage dont il avait gardé un si bon souvenir du
temps où son frère Félix et lui, tout jeunes, venaient passer leurs vacances avec nous.

Ce ne fut plus, comme alors, une rustique carriole qui nous y conduisit, mais son auto qui les
avait amenés d'Anvers.

Après qu'on eut exploré les roches, que les
jeunes gens, joyeux et enivrés d'air pur, se fussent
amusés à jeter des galets après un bâton qui flottait sur la mer, après qu'on se fut arrêté un instant devant la Sainte Vierge toujours la même
dans sa niche de mousse, nous voulûmes revoir le
père et la mère Bedlé.

187

Leur petit cabaret n'avait pas changé. Les deux vieillards avaient vieilli mais ils étaient toujours aussi heureux de nous revoir et ils admiraient toute la belle jeunesse qui envahissait gaiement leur humble logis.

Ils l'accueillirent avec ce mot souriant de bienvenue :.

— C'est y beau d'être jeunes ! » tout en disposant les chaises de paille autour de la table de bois blanc où bientôt la bière blonde du pays fut versée dans les épaisses chopes de verre coulé.

L'intérieur était encore tel que nous l'avions connu jadis, les mêmes chromos étaient pendues aux murs et, au-dessus de la porte qui s'ouvrait sur la petite pièce du fond, nous revoyions le portrait du père Bedlé que Tattegrain avait peint un jour de pluie.

On reparla de M. Francis et des bigorneaux et des crabes plat-pieds et de M. de Rothschild et de la courroie perdue et retrouvée, que de souvenirs !

Les bons vieux essuyaient leurs yeux attendris.

— Attendez, nous dit le vieux père, j'crois bien que j'dois encore avoir des lettres qu'il m'écrivait pour me dire : « J'arrive. »

Et il fouilla dans le tiroir de son comptoir où se mélangeaient les vieux bouchons, les ficelles, les clefs, les clous, les porte-plume, les pipes et les autographes.

— Ah ! tenez ! dit-il tout à coup, v'la une carte que M. Francis a envoyée à mon chien, tellement qu'il était farce ! Il paraît que quelqu'un, on n'a jamais su qui, lui avait fait une belle lettre comme si ça serait mon chien qui l'aurait écrite et ça, voyez, c'est la réponse. »

Il nous passa la carte et voici ce que nous lûmes :

Monsieur Finot,
petit chien chez Monsieur Bedlé,
à l'Hôtel du Pèlerinage de la Vierge,

Harengselle, commune d'Audinghen,

par Marquise (Pas-de-Calais.)

« Berck, 12 juin 1912.

« Bieu tiot Finot,

« Tu m'as fait écrire une très chouette lettre, fameusement bien tournée, elle m'a fait beaucoup de bonheur et j'ai failli n'in braire d'attendrissement.

« J'avais bien cru que ton secrétaire c'était gros père Monsieur Demont mais il m'a juré que ce n'était pas lui et que tu ne l'avais chargé de rien. Alors, sais pas qui. En tous cas, remercie-le bien, ton secrétaire !

« Je te charge d'aboyer de ma part des choses fort aimables pour Monsieur et Madame tes grands-patrons et à M. Hamain aussi.

« Sur tes maigres fesses, je donne de petites tapes bien tendres.

« F. TATTEGRAIN. »

Dans cette petite plaisanterie, tout un joyeux passé revivait.

Le père Bedlé voulut bien nous offrir cette carte. Nous la gardons précieusement en souvenir de ces belles heures passées dans l'amour de la nature et de l'art et dans la bonne camaraderie confraternelle.

Combien cette appellation qu'il avait sûrement écrite en riant : *Hôtel du Pèlerinage* prenait de signification grave et touchante alors que, tout émus, nous avions la sensation d'accomplir un pèlerinage à la mémoire de cet ami si cordial et de ce fervent interprète de la nature saine et sauvage et de la douloureuse et glorieuse histoire de son pays, du nôtre, de notre brave France !

CÔTE D'AZUR

XIV

LA BASTIDE
DU BARON JEAN D'ALHEIM
A ANTIBES

Le petit jardin torride. — La source inutile. — L'artiste
indolent. — Jacques, Jacqueline et Astyanax. — Paul
Arène. — La source pleure.

Dans le Nord, c'eût été une maison, mais comme
on était dans le Midi, c'était une bastide. Dans
le Nord, la grande fissure qui la traversait du haut
en bas eût été soigneusement réparée en mortier
plus blanc, plus propre que la façade et c'eût été
comme un serpent grimpant à l'assaut du pignon,
mais comme on était dans les Alpes-Maritimes,
cette fissure allait s'aggravant d'un été à l'autre,
car, dans le Midi les choses se contemplent et se
constatent philosophiquement. On dit : « C'est
la chaleur de notre soleil qui a crevassé le mortier,
il est si beau notre soleil ! » Et cette insouciance
réjouit les lézards gris et verts qui s'y nichent.
Dans le Nord, le petit jardin qui précédait le
logis se fût rempli d'herbe folle qui eût nécessité

la visite hebdomadaire d'un jardinier, mais comme on était à Antibes, le soleil se mettant à l'aise entre ces trois murailles blanches et cette façade couleur de canelle, y concentrait tous ses feux et grillait chaque brin d'herbe qui cherchait à pousser entre les caillloux. Dans le Nord enfin, la source qui sortait de la muraille dans une niche arrondie se fût écoulée sur une fraîche traînée de mousse d'un vert intense, mais ici elle se contentait de faire reluire d'un éclat plus vif les pierres qui la recevaient sur leur dos poli.

Si on l'avait voulu, on eût pu, au moyen de cette source, fertiliser le terrain suffisamment pour y faire prospérer un oranger et un citronnier qui eussent égayé de leur feuillage luisant ce coin torride, ombre précieuse où leurs fruits reflétés eussent brillé comme de joyeuses lanternes vénitiennes ; mais il eût fallu pour cela modifier l'inclinaison du terrain et dans le Midi, la bêche et la pioche poudreuses n'entreprennent pas de pareils travaux d'Hercule. Aussi l'eau de la source, au sortir de la vasque où elle se livrait à son éternel jeu de clapotis, fuyait-elle le long du mur pour se précipiter follement dans une goulotte de plomb pratiquée à sa base. Elle allait retrouver le vulgaire et fangeux ruisseau de la rue comme un enfant gâté qui se sauve vers la liberté après avoir, de mauvaise grâce, exécuté les petites singeries qu'on a exigées de lui pour amuser une société.

Telles sont les réflexions que je me fis lorsque, à l'âge de seize ans, je vis cette bastide, au moment où je franchis la porte de ce jardinet que gardaient, comme deux sentinelles armées, deux aloès gris aux piques menaçantes et dressées vers le ciel bleu.

Vous croyez sans doute qu'un Méridional habitait cette bastide? Eh bien, non ! le maître de céans était un plus que du Nord, c'était un Russe. C'était le baron Jean d'Alheim, un peintre né dans les froids brumeux, mais délicieusement ébloui de lumière provençale. Un grand et solide gaillard, excellent garçon, une sorte de phoque à la moustache rude, à l'œil bleu et doux. Son indolence était proverbiale, c'était un rêveur de profession, peintre dans ses moments perdus. Ses enthousiasmes d'artiste étaient tellement contenus que, quoique très profonds et très sincères, c'était mollement qu'ils se manifestaient. Arrêté devant le panorama de la baie des Anges qu'enferme la chaîne immaculée des Alpes neigeuses, il disait en prenant un quart de minute pour chaque mot :

« Regaarrdez cela... c'est meerrrrveilleux ! »

Puis après un long soupir qu'il allait chercher à la plus profonde cale de son pectoral de colosse, il ajoutait :

« Pour fairre de la ppeinturre, il faut de l'éneerrgie ! »

Il habitait Antibes toute l'année avec sa femme, peintre comme lui, et qui signait ses tableaux : Limosin ; et pour se consoler de n'avoir pas d'enfants, ils emplissaient leur atelier des cris stridents et des trépignements féroces de trois singes, Jacques et Jacqueline, deux sajous du plus vilain monde et Astyanax, un aristocratique ouistiti.

Si d'Alheim eût été Méridional, il eût peut-être agrémenté sa vie par la présence dans son atelier de quelque phoque ou de quelque pingouin pour évoquer le pôle Nord, mais, comme il était Russe, il avait choisi des animaux des pays tropicaux, et, cherchant à leur donner l'illusion de la patrie lointaine, il avait installé, dans leur grande cage de fer, un bananier en pot et un palmier en caisse qui y jaunissaient, tout couverts de poussière.

Jacques et Jacqueline étaient exactement de même race, aussi le commissionnaire en produits exotiques qui les avait fait venir du fond des forêts vierges de l'Amérique, en même temps que ses caisses de noix de coco, les avait-il déclarés parfaitement assortis.

Si *être assorti* consiste à avoir le même caractère hargneux et jaloux, la même voix aiguë, les mêmes gestes grotesques et canailles, le même parfum, Jacques et Jacqueline formaient un ménage absolument assorti. Ils se grattaient avec le même acharnement, se rongeaient les doigts, grinçaient des dents, en se regardant dans les yeux, avec la même sauvagerie et se boudaient avec ensemble. C'était d'ailleurs les seuls moments où on les voyait un peu calmes. Dans ces minutes de colère concentrée, ils restaient assis dos à dos et baissaient, d'un air digne et vexé, leurs grandes paupières bleues. Le prince Astyanax profitait de ces instants de répit pour aller leur chiper leurs parts de noisettes et les croquait tout en haut de la cage, d'un air malin et triomphant. Astyanax était célibataire car on n'avait pas trouvé de femelle d'une race aussi pure et ses maîtres n'auraient pas souffert qu'il fît une mésalliance. C'est ainsi que la supériorité crée l'isolement, triste loi de la nature !

Des trois, Astyanax était le préféré parce qu'il pouvait se mettre en poche ou dans un manchon et qu'on s'attache toujours particulièrement aux objets que l'on porte sur soi et auxquels on communique un peu de sa chaleur

On dit que les singes sont des maîtres imitateurs ; les d'Alheim ne donnaient pourtant pas à Jacques et à Jacqueline l'exemple de la discorde. C'étaient de braves gens, simples, dévoués l'un à l'autre, et vivant dans un intérieur calme et agréablement bohème. Ils ne faisaient de luxe que pour leurs singes dont le régime exigeait des primeurs.

Ces enfants chéris, aux visages grimaçants, engloutissaient des tomates au moment où il n'y en avait pour personne, s'en lançaient à la figure, en écrasaient sous leurs énormes pieds ou en s'asseyant dessus et les premiers raisins du marché d'Antibes étaient pour eux.

En les regardant gâcher ainsi les bonnes choses dont il se privait lui-même, d'Alheim, flegmatique, disait :

« C'est chaarrmant comme les animaux rrrépandent de la vie autourr d'eux ! »

Ils répandaient aussi autour d'eux un arome bien spécial que, par bienséance, les visiteurs avaient soin de ne pas faire remarquer mais qui, comme leurs manières, pouvait être apprécié de façons bien différentes.

La bastide qui n'avait pas de fleurs, pas de fruits, pas de jardinier, avait cependant, outre ses deux peintres, son poète.

Ce poète était un garçon plein de talent, l'un de ces talents vivants et sincères qui, par cela même, sont vivaces et toujours appréciés en dépit des fluctuations de la mode du jour en littérature, comme ces plantes aux racines profondes qui, toujours, repoussent du pied.

Ce poète, c'était Paul Arène.

Il était né à Sisteron (Basses-Alpes) le 26 juin 1843 et, avait commencé par être maître d'études au lycée de Marseille. Dès 1865, il avait eu, à Paris, de beaux succès avec ses livres et des pièces de théâtre jouées à l'Odéon, notamment *Pierrot héritier* et *Comédiens errants*, pièce en un acte, en vers. Il se lia d'amitié avec Alphonse Daudet, et, épris comme lui de modernité, bien qu'il admirât les Romantiques et les Parnassiens, sa verve caustique s'exerça sur leurs chefs qu'il parodia avec beaucoup d'esprit dans un petit recueil qu'il intitula : le *Parnassiculet contemporain*. Les grands maîtres ne s'en vexèrent pas : on ne parodie que ce qui en vaut la peine. Ses petits contes provençaux sont délicieux.

Il peut être momentanément négligé des lecteurs modernes, mais il ne sera pas oublié quoique mort jeune. Cette cigale du *Midi et demi*, comme il s'appelait lui-même plaisamment, s'était prise d'une grande et solide affection pour d'Alheim, ce phoque du *Nord trois quarts*. Ils s'admiraient mutuellement en ce qu'ils avaient de tout à fait opposé. Arène avait aussi beaucoup d'amitié pour mon oncle Louis et pour mon père et disait finement : « J'aime mes compatriotes provençaux parce qu'ils blaguent si bien et j'aime les gens du Nord parce qu'ils ne blaguent pas. »

Donc, Paul Arène était le confident de tout ce qui se tramait de projets artistiques à la bastide. Il connaissait à fond les sujets des tableaux que d'Alheim poursuivait longuement dans son rêve indolent et n'exécutait pas ; d'avance, il leur consacrait des sonnets évocateurs et descriptifs. Il

était le camarade indulgent et patient de Jacques,
de Jacqueline et d'Astyanax. Quand il s'était
agi de donner l'aspect d'une source jaillissante au
filet d'eau dont disposait la propriété, bien entendu
le poète, l'auteur de *Jean Senez*, avait été consulté.
Il avait pris son luth et avait composé ce quatrain
que d'Alheim avait fait graver sur une plaque de
marbre blanc encastrée dans le mur, au-dessus de
la niche :

> Jean Senez, homme de ressource,
> En source ayant changé son puits,
> Meurt de joie auprès de sa source
> Et la source pleure depuis...

Après les déjeuners où l'on avait mangé des
« ravioli » en regardant les singes gâcher des
raisins muscat et des amandes fraîches encore
rares, on allait s'asseoir dans le petit jardin torride comme une pièce coupée dans le désert de la
Crau. On prenait le café sur la petite table de zinc
surchauffée en écoutant avec bonheur le gazouil-
lement de la source tiédie. Celle-ci parfois semblait s'attendrir en accompagnant le rythme
du dernier poème composé par Paul Arène et qu'il
lisait à haute voix, s'échauffant la cervelle sous son
vaste chapeau de jonc. D'Alheim l'interrompait
parfois pour dire :
« C'est meerrrveilleux ! » entre deux lentes
bouffées de sa pipe reluisante.
Certains peintres ont beaucoup d'imagination
et produisent peu. D'autres ont le don de copier
habilement la nature sans rien y ajouter d'eux-
mêmes ; ceux-là sont d'inlassables producteurs,
ce sont d'actives machines, toujours remontées.

D'Alheim appartenait à la première catégorie : il rêvait des œuvres magnifiques, s'hypnotisait lui-même et attendait patiemment l'heure triomphante où « ça viendrait ».

Il s'était merveilleusement accoutumé au climat du Midi qui favorise le farniente et son tempérament s'y était si bien fait qu'étant retourné une fois en Russie, il en avait rapporté une tendance au coryza et à la bronchite dont la moindre fraîcheur, le moindre courant d'air réveillait toute l'énergie. Aussi avait-il adopté comme coiffure habituelle, dès que l'hiver approchait, une toque en loutre épaisse et douce. Il la mettait tous les jours, à partir d'octobre, pour se rendre de chez lui au petit café, sur la place d'Antibes, où il faisait, avec ses amis, sa partie de dominos. Il l'accrochait alors à un portemanteau. Un farceur lui fit un soir la plaisanterie de la cacher, en sorte que lorsqu'il voulut la prendre au moment de regagner son logis, il ne la trouva plus et s'inquiéta :

— Serais-je donc, par hasard, venu nu-tête? Je suis si distrait !

— Oui, s'écrièrent comme un seul homme tous les amis, tu es venu nu-tête !

— Eh bien ! voilà... c'est fait... je vais êtrrre enrrrhumé !

Le farceur lui dit alors gentiment.

— Je cours la chercher chez toi, mon bon ! » et revint un quart d'heure après, rapportant la toque qui n'avait naturellement pas quitté la poche où il l'avait dissimulée.

Le lendemain, on vit arriver Jean d'Alheim enfoui jusqu'aux yeux dans un cache-nez de laine et ayant rabattu les oreillères de sa toque. Il éter-

nuait et se tapotait la poitrine comme un péni-
tent qui fait son *mea culpa*, car il y avait collé un
emplâtre de thapsia. Il s'était enrhumé par la
toute-puissance de son imagination d'artiste.

On crut le guérir subitement en lui avouant
l'innocente plaisanterie, mais il n'y voulut jamais
croire :

— Ah non ! non ! dit-il, vous me contez une
blague de Merrridional ! Un Rrusse, crroyez-moi,
ne s'y laisse pas prrendre.

Et Paul Arène se mit à rire :

— Eh ! mon bon phoque souffleur, tu viens de
me souffler un alexandrin !

— Eh ! que dirrrais-tu si, moi aussi, j'éccrrri-
vais un poèeeme?

— J'applaudirais, Pagasse ! Té ! vas-y donc !

— Oui, mais... j'attends... que ça vienne.. »

Il l'attendit toute sa vie.

Ce poème, qui eût évidemment été magnifique, resta enfermé dans sa cervelle comme les
grands tableaux qu'attendait la toile blanche
et vierge, soigneusement roulée sur son long
cylindre de bois, posé dans l'un des coins arai-
gneux et poudreux de son atelier, derrière la cage
où les trois singes se livraient à leurs extravagances
dans leur forêt vierge exiguë, autour du bananier
aux larges feuilles flasques et déchiquetées et du
palmier fané.

Comme Jean Senez, homme de ressource, Jean
d'Alheim mourut dans la contemplation éblouie
des éclats du soleil méridional et dans son idéal.
Comme ce filet d'eau qui s'écoulait sans rien fé-
conder, cet idéal demeura vain.

Je n'ai jamais revu la bastide lézardée où on

lézardait sous le ciel d'un bleu féroce. Est-elle tombée en ruines? A-t-elle été rebâtie, je l'ignore.

Son eau doit s'écouler encore.

Sans doute elle pleure son peintre, ce ruminant de l'extrême Nord qui, par fantaisie, l'avait tirée de son puits sombre et profond, pour la faire scintiller au soleil, comme son rêve.

Sans doute elle pleure aussi son poète, Paul Arène, barde du Midi, mort jeune dans toute la floraison féconde de son talent fait de lumière.

Elle les pleurera toujours

XV

LES LOGIS DE LA GRAVETTE
A ANTIBES

Les désœuvrés. — Les petits cailloux de la baie des Anges. — Notre collection du Typhonium. — La dent de Mammouth et la hache celtique : *Wissantaise*. — Les savants Pontier de Lumbres et Dutertre de Boulogne-sur-Mer. — La maison-bateau de la Gravette. — Le collectionneur maritime. — La villa du père Hoguet. — Le vieux ménage. — Le jardin dominant la mer. — La chaîne des Alpes. — Le théâtre d'Antibes. — *Le Chalet* : « Vallons de l'Helvétie ! » — Dernier rayon.

Il y a des gens qui s'ennuient. Je ne le comprends pas, mais je le constate.

Voyez ce monsieur assis pendant des heures à la terrasse d'un café, regardant d'un œil morne passer les autos et les Parisiens affairés.

Il s'ennuie, il tue le temps.

Tuer le temps, le temps si précieux, quel sacrilège !

Voyez dans cet élégant intérieur cette dame étendue sur un sopha. Elle examine ses ongles qu'elle vient de faire reluire. Elle prend un livre qui traîne là, en lit une demi-page, le referme. Elle écoute pendant dix minutes les sons nasillards de la T. S. F., puis la fait taire et soupire. Que fait-elle? elle s'ennuie, elle tue le temps. Un jour viendra, quand elle sera vieille, où elle trouvera que le temps a passé trop vite. Le temps se venge de ceux qui le tuent ; il les tue à son tour.

Il y a un moyen simple cependant de ne pas s'ennuyer, c'est d'observer la vie. Si ce livre que cette dame a refermé si vite ne l'a pas intéressée, c'est parce qu'il n'a rien réveillé en elle, aucun souvenir, aucune remarque, parce qu'elle n'a pas su lire dans le grand livre de l'existence et de la nature.

Pour ceux qui sont passionnés pour un art ou une science, c'est bien simple, ils s'y livrent de plus en plus à mesure qu'ils peuvent se donner plus de loisirs, ceux-là ne s'ennuieront jamais et leur esprit restera jeune. Ce n'est pas à eux que je donnerai des conseils pour éviter l'ennui, ils n'en ont pas besoin.

C'est aux gens qui n'ont pas reçu de la nature le don d'exprimer leurs idées et leurs impressions de quelque façon que ce soit que je m'adresse et je leur dis :

Faites une collection, une collection de n'importe quoi, une collection qui puisse donner un but à toutes vos promenades : ramassez des coquillages, des cailloux, faites un herbier de plantes terrestres ou marines, attrapez des insectes, gardez des chrysalides en observation pour voir, un beau matin, sortir le papillon d'abord tout plissé et tremblant et bientôt épanoui au soleil. Voilà pour votre été. Et votre hiver? Dans les longues soirées, vous serez très occupé à étiqueter vos trouvailles, à les regarder à la loupe, à chercher leurs noms scientifiques dans l'inépuisable dictionnaire Larousse et, jetant un coup d'œil sur votre horloge, vous direz : « Déjà minuit ! »

Oui, soyez bien sûr que dans une vie bien remplie, minuit arrive toujours trop tôt !

J'ai toujours eu la manie des collections. Dès l'âge de six ans, je collectionnais les joujoux minuscules, les mignons objets venant des étagères de l'excellente Mme Mazèele de Gand, les petits instruments dorés qui avaient orné les bouteilles de champagne du cher cousin de Poortere de Bruges, les gentils petits riens trouvés au fond de la grosse boule de laine qu'on m'avait donnée quand je commençais à apprendre à tricoter. Ensuite ce furent les coquillages des plages de Douarnenez. Ces brimborions, mes petits-enfants aujourd'hui les regardent avec plaisir.

Plus tard encore, quand j'eus seize ans, je fus émerveillée de la beauté et de la variété des petits cailloux des bords de la baie des Anges à Antibes, alors que, chaque matin, j'y surveillais les jeux de mes petits cousin et cousine, Jules et Élodie, enfants de mon oncle Louis Breton.

Chose curieuse, cette modeste et puérile collection, par des hasards qui ont quelque chose de prodigieux, s'est enrichie depuis de pièces auxquelles les savants attachent la plus haute importance et les petits riens qui n'ont de valeur que par les souvenirs qu'ils rappellent, voisinent maintenant, sous vitrine, avec une dent de mammouth admirablement conservée, trouvée par notre élève et ami, le peintre Fernand Stiévenart, dans les dunes de Wissant, dans les cailloutis fluviaux de la falaise dite de la Mine d'or, au nord

de l'endroit où le ruisseau de Uelle se jette dans
la mer. Cette dent, tout à fait complète, a eu l'honneur d'être citée par le professeur Gosselet de
Lille (*le Boulonnais*, livret-guide du VIIIᵉ con-
grès géologique international, 1900, IX, p. 1-14).
Tout dernièrement les docteurs G. Pontier de
Lumbres et Auguste Dutertre, de Boulogne-sur-
Mer, l'ont examinée avec le plus grand soin et
ce dernier l'a décrite dans un mémoire fort intéressant sur les formations quaternaires de Wissant.
En outre, quatre haches celtiques ont été découvertes dans notre propriété même, par des ouvriers
qui y avaient ouvert une carrière pour y prendre
du gravier nécessaire à la construction de notre
Typhonium.

La plus grande de ces haches, qui mesure trente-
deux centimètres de long et pèse un kilog. six cents
grammes, remonte à la plus lointaine époque de
l'âge de pierre et notre ami le savant Auguste
Dutertre en a fait l'objet d'une étude approfondie
dont il tire des conclusions des plus curieuses et
de nature, de même que la dent de mammouth,
a éclairer la science sur des points demeurés obscurs. Cette hache est classée désormais et se
nomme : *la Wissantaise*. Elle a fait l'admiration
d'un groupe international de savants lors d'une
communication que fit Auguste Dutertre à la
Société préhistorique française à Paris, à la Sor-
bonne, en juillet 1926. Les géologues de tous pays
réunis là, n'en avaient jamais vu d'aussi grande
ni d'aussi lourde.

De plus, nos filles, que les fouilles intéressaient
depuis leur enfance, ont aussi trouvé une grande
quantité d'objets de bronze de l'époque médiévale

dans les éboulements des falaises sablonneuses de Wissant, notre petit-fils Louis Ball continue ces recherches, en sorte que notre collection, si modestement commencée, est devenue très curieuse et connue dans notre pays. Elle fait partie du programme de la conférence-promenade qu'Auguste Dutertre organise chaque année.

J'ai parlé d'Antibes, tout à l'heure, j'y reviens comme on retourne, après une halte, au rayon de soleil qui éclaire la route que l'on suit.

Cette route nous conduit à la Gravette, petite grève toute pleine de roches accumulées. Un peu avant d'y arriver, lorsque j'y allais avec mon père et notre ami le baron Jean d'Alheim, grand et sympathique flâneur, nous remarquions une bien étrange habitation qui nous intriguait.

C'était un bateau et c'était une maison. Elle avait été construite par un officier de marine qui, vieux, retraité, n'avait pas voulu redevenir terrien. Il avait tant aimé la mer qu'il n'avait pu se résoudre à la quitter. La poupe de son petit navire était engagée dans les roches comme si le vent du large l'eût poussé là et la vague battait harmonieusement sa proue, cette vague de Méditerranée qui n'a pas de marée, comme si, complaisante, elle voulait éviter aux indolents marins de sa côte bénie, la fatigue et le souci d'aller, à certaines heures, la chercher au loin.

Quel grade avait eu dans la marine cet original retraité, capitaine, commandant? Je ne sais plus.

L'ami Jean d'Alheim nous disait que ce philosophe ne voyait personne et vivait seul. Seul? Comment, tout seul? Dans un bateau comme en pleine mer? et sans équipage à commander? Eh bien non, il vivait avec une amie bien chère qui occupait tous ses instants. On savait cela par les bonnes femmes et les fillettes qui lui portaient son pain, ses oranges et ses ravioli. Cette amie sûre de qui lui venait toute joie, avec laquelle il se remémorait les beaux pays parcourus jadis, c'était sa collection. On le trouvait toujours penché sur des cailloux, des coquillages, des coraux, des herbiers d'algues marines. On supposait même qu'il avait un aquarium, mais tout cela était dans le domaine du mystère.

Le toit de ce logis était naturellement un pont sur lequel s'élevaient deux mâts avec leurs cordages et poulies. Au sommet du plus grand flottait le pavillon bleu, blanc et rouge. Il indiquait au retraité s'il avait le vent en proue ou en poupe et sans doute les fluctuations de l'atmosphère étaient consignées dans le journal du bord. L'ancien marin vivait d'illusion, s'amusant à se leurrer lui-même, s'asseyant sur son pont pour observer la mer et je gage qu'il ne s'ennuyait pas.

Seul avec sa pensée, il ne se sentait pas isolé.

Non loin de là, de l'autre côté de la route, s'élevait une jolie villa, celle de nos vieux amis, M. et Mme Hoguet.

Le père Hoguet, aimable homme, visage souriant encadré d'une crinière de cheveux souples et blancs à la Corot, avait une heureuse situation de fortune et pas de profession. A l'époque dont je parle (1876) on ne travaillait que lorsqu'on manquait de ressources, mais il ne s'ennuyait pas. Lui aussi, dès le matin, il regardait de quel côté flottait le petit pavillon du vieux marin afin de savoir si le temps serait assez beau (on était en février) pour lui permettre de faire son cher métier de peintre amateur, sa petite étude sur nature dans son joli jardin qui dominait toute la baie des Anges.

Ce jardin descendait en pente douce vers la route qui bordait la grève. Quelques oliviers tortueux et gris profilaient sur la mer leurs branches emmêlées et les orangers aux rameaux penchants, alourdis de fécondité, offraient leurs fruits d'or aux visiteurs de ce délicieux petit domaine.

Les Hoguet formaient un charmant ménage de vieux. Ils se regardaient mutuellement avec une expression de satisfaction calme. Chacun d'eux semblait songer constamment à ce qui pouvait faire plaisir à l'autre.

M. Hoguet, quand le mistral ne soufflait pas, piquait son grand parasol de peintre dans la terre jaune de son jardin, près d'un parterre d'anémones déjà fleuries, et faisait des études peintes d'après le merveilleux décor naturel qui s'étalait devant ses yeux, les saphirs et les émeraudes des eaux, la blancheur immaculée de la chaîne des Alpes aux neiges éternelles, pendant que sa femme, dans sa belle cuisine aux cuivres reluisants, battait des œufs en neige pour l'exquis dessert qu'elle lui préparait elle-même. Il savait qu'elle s'extasierait devant la peinture toute fraîche éclose de sa palette. Elle savait qu'il savourerait la fine friandise sortie de ses mains de bonne ménagère.

O bonheur absolu de ceux qui, par agrément et pour l'agrément seulement, font le métier qui leur plaît ! Ils ne connaissent pas les tourments et les inquiétudes des professionnels, ils sont les bienheureux !

Peindre sans prétention, sans avoir mordu au fruit tentateur de l'ambition, sans préoccupation de la médaille que l'on mérite toujours avec tant de conviction ! Vivre sans anxiété au sujet de la vente du tableau pour lequel on a commandé un beau cadre si cher ! Travailler sans désir d'enfoncer les autres, sans souci d'être enfoncé par eux ! Croire que ce que l'on fait est très bien parce que tout le monde aimablement vous le dit et qu'on en a soi-même une intime et modeste intuition.

M. Hoguet avait ce bonheur sans mélange et d'ailleurs, il avait en peinture un certain sentiment de lumière et d'harmonie dont mon père, qui peignait parfois auprès de lui dans ce charmant jardin, lui faisait compliment.

Ainsi s'écoulait en pente douce la vie calme de ces bons vieux époux.

Ce beau vieillard avait été un beau jeune homme et sa femme continuait à l'admirer comme aux premiers jours de leur union. Elle avait en le contemplant un sourire satisfait qui faisait plaisir à voir. C'est le privilège de l'amour vrai de modifier son idéal selon les transformations que l'âge opère chez l'être adoré.

Je ne sais rien de ce qu'avait été le passé de ce couple, un roman, bien sûr, mais un roman simple et uni? ou bien assombri jadis par des événements douloureux? Leur sourire était-il une vieille habitude de bonheur ou bien une accalmie après des tempêtes? Je ne sais pas. M. Hoguet nous racontait qu'il avait été élevé dans un milieu d'artistes. Son père, ami intime de plusieurs peintres en renom au commencement du dix-neuvième siècle, aimait

beaucoup les arts et avait fait une collection de
gravures.

En les retirant de leurs cartons pour nous les
montrer, M. Hoguet disait :

— Quand j'étais petit, il paraît que j'étais
beau et sage, aussi les peintres, camarades de mon
père, me firent assez souvent poser pour leurs
tableaux. Lorsqu'ils avaient besoin d'un petit
gosse aux beaux cheveux blonds bouclés, ils disaient : « Je prendrai le petit Hoguet. » Je me rappelle ces séances où j'étais assis sur les genoux
d'une grande personne qui me tenait en respect
et me faisait remarquer mystérieusement qu'il y
avait, sur la table proche, des bonbons destinés aux
petits enfants qui posent bien. »

Je regrette de n'avoir pas retenu les noms des
peintres dont M. Hoguet évoquait ainsi le souvenir et qui étaient d'une génération antérieure
à celle de mon père. Ce dont je me souviens, c'est
qu'en regardant les cheveux si blancs du vieillard, j'avais peine à me figurer qu'ils avaient été
blonds.

Quand papa faisait des études dans le jardin de
M. Hoguet, je l'accompagnais parfois. Je me
rappelle notamment un soir où le soleil décli-
nant éclairait la chaîne des Alpes d'une lueur rose
si pure, si opaline, si idéale que mon père et
M. Hoguet qui cherchaient à en saisir le charme
sur la toile, en étaient enthousiasmés et émus.
Les montagnes s'élevaient vers le ciel verdâtre
avec leurs arêtes roses d'un côté, bleutées de l'autre
et la mer, très unie, reflétait le zénith. Au premier
plan, les oliviers se doraient doucement et le calme
était absolu. Parfois, sur l'eau moirée, une barque

passait et sa voile tendue recevait, comme une bénédiction, le reflet du rayon solaire.

Devant cette splendeur, le peintre des soirs
qu'était mon père se sentait désarmé tout autant
que son vieux disciple novice : ils éprouvaient également, tous deux, le sentiment de leur impuissance
à exprimer, avec des moyens et des éléments vulgaires, des harmonies aussi immatérielles.

— C'est impossible à rendre ! disait mon père,
qu'est-ce que nos pauvres tubes de couleurs com-
parés à ces merveilles ! Il faudrait pouvoir les acheter en paradis !

Et Hoguet ajoutait :

— Il faudrait peindre avec des plumes prises
aux ailes des anges...

Assise auprès d'eux, je les écoutais et j'étais
comme eux, en extase.

Je devais avoir, ce soir-là, une autre joie
Mme Hoguet dit à mon père :

— Nous allons au théâtre, on joue *le Chalet*
voulez-vous nous confier votre fille ? Cela l'amusera
c'est une si jolie pièce !

J'avais seize ans, j'adorais le théâtre. Mon père
vit le rayonnement subit de ma joie devant ce
projet et consentit à me laisser accompagner ses
amis.

Le théâtre d'Antibes de cette époque avait été
installé dans une ancienne église. En entrant
non loin du guichet où l'on prenait les billets, on
voyait une conque de grès taillé à demi encastrée
dans le mur et qui avait été un bénitier.

O déchéance ! là où s'étaient jadis trempées
dans l'eau bénite tant de mains dévotes, main
ridées et tremblantes de vieux, mains blanch

richement ornées de bagues, mains pures, mains pécheresses, mains innocentes d'enfants pour le signe de croix purificateur, on voyait quelques vulgaires balais et plumeaux remisés dans la niche poussiéreuse et ils ne devaient pas avoir un service fréquent, car des toiles d'araignées les unissaient entre eux. On monta, à droite, un petit escalier tournant en pierre dont les murailles étaient blanchies à la chaux.

Les Hoguet me dirent qu'ils avaient loué la loge de milieu, la meilleure de toutes celles qu'on avait aménagées dans la tribune qui, au temps de son attribution sacrée, faisait face au chœur et contenait alors, sans doute, le lutrin. Elle faisait désormais face à la scène et c'était celle de M. le maire quand il venait au théâtre. Le petit escalier que nous gravissions était sombre, aussi, en arrivant sur cette galerie, je fus très agréablement éblouie par le lustre au gaz suspendu au milieu de la salle. Elle était toute blanche, c'était réjouissant.

A peine arrivée à notre loge garnie de chaises de paille, avant de s'asseoir, Mme Hoguet se pencha à la balustrade et regarda à droite, à gauche puis s'exclama :

— Mais !... Je ne vois pas clair !...

Je n'y comprenais rien.

Elle ajouta, s'adressant à son mari :

— Toi, vois-tu clair?

M. Hoguet se pencha à son tour, tourna comme elle la tête de tous côtés et dit :

— Mais non, je ne vois pas clair... c'est extraordinaire !...

J'étais bien anxieuse : comment mes vieux amis

pouvaient-ils être ainsi tout à coup, en même temps, frappés de cécité et que devais-je faire, moi, seule voyante?

Je compris et fus rassurée quand, presque aussitôt, Mme Hoguet reprit :

— C'est très ennuyeux! car, enfin, comment ferons-nous pour rentrer chez nous si elle n'est pas venue, si elle est allée ailleurs, c'est elle qui a la clef de la villa, je n'ai pas pris la nôtre !

Leur bonne se nommait Claire et ils lui avaient payé une place de parterre, car ils étaient de ces bons patrons qui ne veulent pas que leurs domestiques s'ennuient lorsqu'eux-mêmes s'amusent.

Mme Hoguet s'écria :

— Ah ! mais si, je la vois ! je ne la reconnaissais pas, car elle a un nouveau chapeau !

Je me rendis compte que l'ancien chœur était la scène et que les petites chapelles latérales étaient devenues les coulisses. Celle de la Sainte Vierge s'appelait maintenant *jardin* et celle de saint Joseph *cour*.

En y repensant aujourd'hui, en notre vingtième siècle qui alors me semblait encore si loin dans l'avenir, je me dis que cette transformation d'église en théâtre est un peu l'image de ce qui se passe de nos jours.

Si nos jeunes filles de 1928 étaient nées cinquante ans plus tôt, elles auraient eu les cheveux longs disposés en bandeaux avec la ligne au milieu comme de petites saintes, elles auraient baissé les yeux, elles auraient gardé une attitude réservée à l'excès, osant à peine ouvrir la bouche. L'émancipation s'est produite, le temple de leur petite âme prisonnière des conventions banales est devenu théâtre et dancing. Elles disent : « J'ai tondu ma tignasse, » et elles dansent le charleston. Si jadis il y avait trop de contrainte, il y a maintenant vraiment trop de désinvolture. Que ne sait-on garder la juste mesure !

En me rappelant ma mentalité d'alors qui, d'ailleurs, ne s'est pas beaucoup modifiée avec l'âge, je reconnais que mes parents avaient eu le tact de me maintenir dans cette juste mesure. Ils m'avaient enseigné le respect des choses saintes et des convictions sincères, mais, en même temps, ils me laissaient exprimer mes idées personnelles en toute franchise, ayant horreur de la dissimulation et ne me recommandaient pas de baisser les yeux dont on disait alors : « C'est le miroir de l'âme. » Je communiquais donc avec entrain mes impressions aux amis Hoguet et ils étaient tout heureux du plaisir qu'ils me procuraient.

L'orchestre préludait : il se composait d'un piano et de deux violons qui se donnaient le *la* en essais hésitants avec, de temps à autre, une hardiesse discordante vite réprimée.

Le public commençait à s'impatienter, moi aussi.

Enfin, le rideau se leva.

C'était la première fois que je voyais jouer *le Chalet*. Je l'ai revu depuis, bien interprété dans de grands théâtres, mais cette première impression me restera toujours comme la plus poétique malgré l'imperfection de cette scène primitive.

Dans le grand air : *Vallon de l'Helvétie!* j'entrevoyais la Suisse que je ne connaissais pas mais que je me figurais féerique : le souvenir si récent du beau soir rose que je venais de voir quelques heures plus tôt, sur la chaîne des Alpes, me réapparaissait. Les autres *Max* que j'ai vus depuis n'avaient plus cette belle crânerie, cette triomphante moustache ; les autres *Daniel* n'étaient plus si touchants. Je m'attendrissais sur sa douleur amoureuse lorsque la cruelle Betsy le refusait pour garder son indépendance, ce dont je la blâmais profondément. Le brave Max qui, à la fin, arrange si bien les choses, avait toute ma sympathie.

Il y avait cependant bien des lacunes dans cette représentation : les soldats de Max qui *envahissent* tout à coup le chalet de Betsy, n'étaient qu'au nombre de trois. Bien qu'Antibes soit une ville de garnison, on n'avait donc trouvé que trois soldats de bonne volonté consentant à venir figurer sur cette scène. M. Hoguet disait :

— Ce n'est pas étonnant ! Ils ne touchent, pour ce service, que cinquante centimes... et puis, qui sait? notre théâtre n'a peut-être pas pu se procurer plus de trois uniformes autrichiens.

Et il riait de cette pénurie.

Il riait aussi, en bon musicien qu'il était, de la médiocrité des acteurs. Il paraîtrait que Max n'avait pas su attaquer une note assez basse, que Daniel avait eu des hésitations dans la voix, que Betsy n'avait pas bien observé le rythme, toutes remarques que font les connaisseurs et qui m'échappaient à moi, car j'étais sous le charme. Pour la fillette de seize ans qui entrevoit l'amour comme une chose absolument immatérielle et éthérée, voir de tendres sentiments exprimés sur une scène avec la séduction d'une musique enveloppante comme des bras amoureux, c'est le plus pur des enchantements.

Mon ignorante candeur s'apercevait à peine des fautes et des lacunes que j'entendais signaler, j'étais si bien en Helvétie !

Bien souvent, pour jouir pleinement d'une manifestation artistique, de la musique surtout, il ne faut pas trop s'y connaître. L'esprit critique nuit à l'émotion et parfois même, l'annule complètement.

En écoutant *le Chalet*, je vivais avec ses personnages et, ne tenant pas compte des défauts, je comprenais le principal, le sentiment que les auteurs avaient voulu exprimer, Gœthe d'abord qui en avait imaginé le sujet dans *Jery und Bœtely*, Adam et Scribe qui avaient mis tant d'art à l'interpréter à leur manière, car, qu'avaient-ils cherché : émouvoir leurs auditeurs par l'imprévu des situations et le charme de la musique si tendre, si spirituelle, si variée !

Le beau peut être mal présenté, mal vêtu, il reste le beau quand même : lorsqu'il est l'œuvre du génie, les âmes ingénues sont parfois celles qui s'en laissent le mieux pénétrer.

Je n'ai plus revu le ménage Hoguet depuis cette époque lointaine et n'en ai plus eu de nouvelles. Il est évident qu'étant vieux déjà en 1876, ils sont morts depuis bien longtemps mais, comme il arrive toujours quand on n'a pas reçu la triste lettre imprimée, entourée de noir, qui, brutalement, vient vous dire : « Un tel est mort, » instinctivement on croirait que rien n'est changé, et je me figure encore que le soleil qui continue à caresser de son rayon rose la blancheur des Alpes, caresse encore de même les cheveux blancs du père Hoguet et de sa tendre épouse.

J'aime à penser qu'ils s'en sont allés doucement, par un calme soir, en contemplant l'idéal paysage aux couleurs de paradis à l'heure où les Alpes neigeuses se marient au ciel opalin, pure et éternelle hyménée.

XVI

LE PRESBYTÈRE
DE L'ILE DES DIEUX

Les îles de l'Atlantique et celles de la Méditerranée. — Porque-
rolles. — L'abbé Joseph Bozon. — Les fureurs de Marie. —
Le mistral. — Le gâteau. — Le dimanche des Rameaux. —
Le fourre-tout. — La table d'hôte. — Le Dahomey et les
Évangiles. — Les Balyne de Port-Cros. — Le glanage au
long des grèves. — Stéphano Balustra, dit Trento. —
L'enfance en pleine nature. — La chèvre Amalthée. —
Harmonie céleste à la plage d'argent.

Une île !

Combien d'idées diverses évoque ce simple mot :
une île !

Cette montagne sous-marine qui s'élève par
degrés, qui dépasse le niveau de la mer pour
dominer les vagues, pour produire autre chose
que des algues, pour entendre à la fois le cri rauque
des oiseaux marins, le chant des oiseaux sylvestres
et le bêlement des troupeaux, pour connaître la
vie terrestre et pour regarder le ciel !

Elle veut voir les bateaux dans toute la splendeur de leurs voiles tendues ou avec leur panache
de fumée qui se mêle aux nuages. Elle veut les

voir tracer leur voie d'écume blanche sur les flots, ces bateaux dont elle ne connaîtrait que les lamentables épaves gisant sur les grands fonds.

Qu'elle soit habitée par des êtres humains ou hantée seulement par les phoques et les goélands, c'est en tout cas un nid d'intimité au milieu d'une immensité écumante et redoutable.

Dans les régions exposées au grand vent du large, une île, c'est un amas de roches et de sable, où, lorsqu'elle est habitée, se cramponnent de pauvres maisons de pêcheurs.

Quand ce groupe est formé, on y voit se dresser bientôt deux tours comme les deux mâts d'un navire, qui semblent veiller sur ce troupeau de toits gris ou rouges.

La première, c'est le phare : il signale aux bateaux qui passent la route à suivre, l'écueil à éviter et le port de refuge pour les jours de tempête.

La seconde, c'est la tour de l'église. Les croyants s'y réunissent pour supplier Dieu de réparer les maux dont ils l'accusent cependant d'être l'auteur responsable. Des femmes en noir vont y brûler des cierges. Comme on redoute ce Dieu, on le flatte pour l'adoucir...

Les îles de la Méditerranée ont un autre caractère. Elles évoquent les temps mythologiques ce sont les îles des dieux.

L'eau transparente verte et bleue, roulant une écume faite d'étincelles, est bien celle dont est sortie Vénus Astarté. Le soleil ardent est celui que chantait Apollon. Dans les mauvais jours, les lourds nuages violets accrochés aux sommets des montagnes, sont bien ceux où Jupiter faisait éclater ses foudres et les roseaux du Var, solides et roides, semblent attendre que le dieu Pan les arrache de leur souche pour en faire de mélodieux pipeaux. Les arbres y poussent à leur gré : leurs racines s'agrippent aux roches jaunes et rouges fleuries de ficoïdes, leurs branches se tordent, rampent vers la mer comme d'énormes serpents qui veulent boire.

Telle est l'île de Porquerolles et l'on est surpris d'y voir s'élever, sur la grande place, une banale petite église catholique, car cette religion basée sur l'austérité et le renoncement, ce en quoi elle a dépassé d'ailleurs l'intention de son sublime fondateur, n'est nullement en accord avec la nature indépendante qui l'entoure et ses voluptueuses harmonies de formes et de couleurs.

Et du reste, le prêtre qui officie dans cette église, lui-même n'a rien de clérical. C'est l'abbé Joseph Bozon, un ancien missionnaire au visage énergique coloré et barbu, au regard intense et franc et dont toutes les paroles sont empreintes d'une philosophie indulgente et douce. Il est robuste et bon comme les grands chiens de Terre-Neuve qui sont d'autant plus doux qu'ils sont plus forts. Ses occupations et ses soucis sont variés. Il est à la fois pasteur des âmes, guérisseur des souffrances physiques, savant en histoire naturelle et tenancier d'une pension de famille. Sa soutane rarement brossée (son unique servante, Marie, n'a pas le temps) raconte ses multiples travaux : en bas cette soutane a de l'argile parce qu'il a bêché son jardin à l'aurore ; la manche porte les marques d'un cierge de cire qui a coulé ;

sur sa poitrine brillent quelques écailles nacrées
des poissons qu'il vida lui-même et un long fil
blanc, semblable à un fil de la Vierge, montre
que, ce matin, il a fait un pansement. Tous les
jours, après la messe, il donne ses conseils, ses
soins et souvent son argent. On voit venir l'ouvrier forgeron blessé ou brûlé à la main, la
vieille épicière qui souffre des dents, il a remède
à tout.

Pendant ce temps, Marie est en branle ; elle
commande à sa batterie de cuisine comme un vieux
général à son artillerie et elle bougonne au sujet
de la bonté exagérée de M. le curé qui en est à
sa troisième consultation et n'a pas encore déjeuné
et qui se ruine en médicaments qu'il donne. Elle
va bien l'attraper tout à l'heure, quand il viendra :
elle lui dira qu'il est bien toujours le même, ce
qui ne le changera pas et il écoutera son assaut
de reproches avec la calme sérénité d'une roche
arrondie sous le bouillonnement du torrent impétueux.

Il ne pense pas, lui, qu'il puisse y avoir un excès
à la bonté.

Ce matin, Marie est particulièrement furibonde.
Jugez le motif : il y a une voisine qui s'amuse
à devenir centenaire et à avoir toutes sortes de
petites infirmités qu'elle vient raconter à M. le
curé pendant des heures, si bien que ce pauvre
abbé n'a pu prendre sa tasse de café au lait que
toute refroidie, après que Marie l'avait fait réchauf-
fer trois fois ! Il ne s'en est pas plaint et ne s'en
est peut-être pas aperçu, ayant autre chose en tête,
mais Marie est comme une Erinnye. Aussi, la jeune
femme anémique qui vient lui parler à travers le

treillis de bois du « fourre-tout » près de la cuisine et s'informe si les poules de M. le curé ont pondu, est-elle mal reçue.

— Oui ! elles ont pondu, mais c'est pour nous, on n'en a pas trop, pagasse !

— M. le curé est-il là?

— Oui, il est là... quelque part, cherchez au jardin, à la sacristie...

— Il n'y est pas !

— Eh bien, troun de laire ! cherchez ailleurs, c'est qu'ailleurs quelqu'un souffre.

Marie est une Méridionale pur sang, ayant des sympathies violentes et des antipathies implacables et irraisonnées. C'est ainsi qu'elle a pris en grippe deux demoiselles, pourtant aimables et chrétiennes pratiquantes, qui sont parmi les pensionnaires de l'abbé et c'est pour cela qu'avec une expression à la fois rayonnante et mystérieuse, elle annonce un jour aux autres habitués de la table d'hôte :

— Les deux demoiselles partent demain et, pour fêter leur départ, je vais vous faire le meilleur gâteau que vous aurez mangé de votre vie ! Je vous le servirai quand elles seront parties.

Le lendemain, toute la ribambelle des convives journaliers accompagne les deux voyageuses jusqu'au quai où le *Cormoran*, le bateau qui fait le service, doit venir les prendre pour les emmener. C'est la coutume de l'île : les amis tiennent à assister à chaque départ et ensuite à agiter des mouchoirs et des chapeaux au bout des cannes, avec de grands cris, tant que la *Cormoran* est en vue. Aujourd'hui, le bateau se fait attendre. On s'impatiente ne voyant rien venir.

Pendant ce temps Marie, dans sa cuisine, casse furieusement des œufs qu'elle mêle à de la belle farine blanche. Elle se dépêche tellement qu'elle n'a pas pris la minute nécessaire pour passer son jupon. Elle est en pantalon blanc.

Le mistral souffle ferme.

Le tout Porquerolles fait les cent pas sur le môle en regardant les moutonnements d'écume surgir subitement sur le dos des vagues d'outremer renforcé.

Le temps passe. On tire des montres des goussets, on les compare : on dit : « La mienne avance. — Mais non, c'est la mienne qui retarde. »

Le *Cormoran* n'apparaît pas. On déclare : « Il ne viendra pas. Il fait trop mauvais temps. » Les deux demoiselles sont désolées de ce contretemps imprévu. L'une d'elles court tout d'une haleine vers la petite église au portail toujours grand ouvert : elle va prier saint Expédit de favoriser rapidement le départ, mais si l'église de Porquerolles possède bien une statue de saint Antoine de Padoue qui dirige au paradis le bureau des objets perdus, elle ne renferme aucune effigie de saint Expédit, sans doute parce que les indigènes porquerollais sont gens plutôt indolents et peu pressés d'expédier les affaires de leur exquise vie de farniente. Saint Expédit reste donc sourd et M. le curé vient dire à Marie, au moment où elle admire son gâteau doré, sortant du four :

— Marie ! les deux demoiselles ne partent pas, faites donc bien vite un autre gâteau à ajouter à celui-là, car les parts seraient trop petites.

Et Marie, au comble de la fureur, échevelée,

comme une tête de Méduse, est obligée de casser
de nouveaux œufs dans la farine pour un nouveau
gâteau qu'elle voudrait vouer au diable.

La veille du dimanche des Rameaux, M. le curé
arrive tout affairé, vers midi :

— Marie ! j'ai été retardé à la mairie et vous,
qu'avez-vous fait ce matin?

— Ah ! monsieur le curé, si quelqu'un n'a pas
perdu son temps, c'est bien moi, coquin de Dious !
J'ai vidé les trois gros poissons, j'ai nettoyé l'autel
où vous aviez fait des taches de cire, j'ai astiqué
la Sainte Vierge et j'ai déniché les œufs que vous
voulez donner.

Le lendemain, nous assistons à la messe de la
bénédiction des rameaux qui ne sont pas, comme
dans nos pays du Nord, de frêles brins de buis
cueillis dans de discrets jardins. Ici, à Porque
rolles, ce sont des branches de laurier, ce même
laurier dont on a coutume d'orner le front de
Pétrarque et du Dante comme ceux des dieux
et Marie, en contemplant ces nobles rameaux
encore humides d'eau bénite, s'écrie : « Du laurier bénit ! comme ce sera bon dans la sauce de
la bouillabaisse ! »

Dans la salle à manger où on applaudit les
mets particulièrement réussis et les bouteilles
de vin rosé que M. le curé offre les jours de
fête, règne en tout temps un désordre pittoresque : sur la cheminée se cabre une petite
statuette équestre de Jeanne d'Arc. Elle porte,
piquées au bout de sa lance qu'elle brandit,
quatre ordonnances pour des malades ; son
cou est orné de trois lorgnons de M. l'abbé,
et son cheval, de son pied fièrement levé, re-

tient une vieille montre et sa chaîne. Autour, à côté du bréviaire, c'est un amalgame de petites bouteilles, de boîtes, de pelotes de ficelle, d'épingles de nourrices, de vieux gants, de porte-monnaie, de bouchons usagés, de canifs, de ciseaux rouillés, d'images de sainteté qui s'éternisent là... provisoirement.

Mais ce méli-mélo n'est rien à côté de celui qui règne en maître dans la cuisine proche et plus encore dans le fourre-tout. C'est là qu'on peut voir une botte d'écuyer, séparée de sa conjointe, servant de récipient à une provision d'oignons, un casque d'explorateur couvrant de son dôme poudreux qui rappelle ceux des Koubbas arabes, une caisse d'olives ou de haricots secs ; des casseroles trouées remplies de vieilles ferrailles ; des brocs, des cordes, des paniers, des bassins, des savates, échafaudés en des équilibres inquiétants. Quand un nouveau pensionnaire arrive, s'il manque d'un objet nécessaire, Marie crie : « Cherchez dans le fourre-tout ! »

Et quand le fourre-tout lui-même déborde, son trop-plein se déverse dans la sacristie qui n'en est séparée que par deux ou trois mètres de terrain où fleurissent quelques mimosas.

Les jours de cérémonie, M. le curé entre dans cette sacristie pour y revêtir ses habits sacerdotaux. L'autre jour, monté sur un escabeau, il a tiré à lui une grande boîte contenant des chasubles et, patatras ! il a reçu sur le crâne une quinzaine d'œufs que ses poules avaient eu l'extrême discrétion de pondre en cet endroit obscur et secret. Les pauvres poules se sont émues de cette catastrophe et l'une d'elles, pressée de dé-

poser son œuf du jour et ne sachant à quel
saint se vouer, s'est précipitée dans l'église et
est allée pondre sur l'autel de Saint-Joseph qui,
son lis blanc à la main, lui a accordé son éternel
sourire.

II

Notre installation, au presbytère, est rudimen-
taire. Tout manque dans notre chambre et c'est
dans le fourre-tout, qu'à force de fouiller, je trouve,
avec l'aide d'une vieille Italienne, les objets de
première nécessité, cuvettes, brocs, pots et savon-
nettes. Le matin, chacune des personnes avec
lesquelles nous causons à table d'hôte va, comme
moi, chercher au puits, l'eau pour la toilette. On
actionne pour cela une grande roue de cuivre, on
se fait des politesses : « Après vous, madame ! »
et c'est charmant.

A table, il y a une douzaine de personnes, la
conversation est intéressante, chacun cause de son
pays. L'abbé Bozon nous préside et découpe lui-
même les mets que Marie apporte en les tenant plus
haut que sa tête, avec un geste de cariatide. Il
raconte des anecdotes de ses voyages sans la
moindre vantardise. Il a séjourné au Dahomey
et les indigènes l'aimaient bien. Il raconte : « Ces
sauvages sont de braves gens. Le moyen de les
attirer à soi, c'est de ne rien brusquer. Il suffit
de leur faire du bien, de soulager leurs maux et
ainsi, sans paroles, on fait entrer dans leur esprit
l'esprit des Évangiles. C'est par la reconnaissance

qu'ils arrivent à la foi, à l'espérance, à la charité. Un doigt levé vers le ciel fait plus qu'un long discours. » Par moment, il s'assombrit car il vient d'avoir la douleur de perdre son frère, prêtre comme lui. Les habitués sont aimables ; parmi les dames, Mlle Anne-Marie Esprit, peintre qui habite Lyon ; parmi les hommes, M. Morin nous amuse avec ses bonnes histoires drôles. Il est Toulonnais et a bien l'accent, ce qui ajoute au charme de ses récits.

Un jour, à midi, l'abbé Bozon nous dit :

« Vous verrez au souper ce soir un ménage de littérateurs de talent, deux personnes admirables par leur dévouement réciproque, les Balyne qui vivent en Robinsons dans l'île de Port-Cros. Lui est grand blessé de guerre, elle est tout pour lui, ce sont deux belles âmes. »

Et le soir, en effet, c'est la bonne causerie d'art et de littérature avec ces penseurs amoureux de nature vierge, retirés, presque seuls en leur île, éloignés de tout et pourtant en communication par l'esprit avec les grands centres intellectuels.

Comme nous sommes venus, Adrien et moi, pour faire des études de peinture ainsi que notre amie Valentine Pèpe qui, peintre paysagiste, orpheline et seule, ne nous a pas quittés pendant toute la durée de la grande guerre, nous explorons l'île à la recherche des motifs.

On est en 1920, encore sous l'impression de la cruelle tourmente et le calme de cette île pacifique est délicieusement réconfortant pour les sinistrés du Nord que nous sommes.

Tout d'abord, comme on parcourt rapidement un livre inconnu avant de le lire en détail, nous avons voulu nous donner une idée générale de ce coin du Midi différent des autres. Nous avons remarqué ce qu'il offre de bien spécial et caractéristique : ses falaises à pic, rappelant Castelroc en Bretagne, où se dresse le phare, ses grèves aux roches pourpres qui regardent la côte d'Hyères, ses ruines envahies d'herbes folles et sa plage d'argent.

Un matin, étant sur le quai, nous y avons vu aborder une petite barque bleue toute débordante de poissons argentés et dorés, de la grandeur des grosses sardines. On les nomme *bogues*. Ils sont communs dans le pays mais nouveaux pour nous. L'abbé Bozon nous en a fait manger le soir.

C'est surtout le littoral qui m'attire. Il y a là de fantaisistes petites grèves de sable et de galets où la vague apporte des débris inconnus sur nos côtes du Pas-de-Calais, des fruits d'algues semblables à du feutre tassé et de forme sphérique, des zoophytes ayant l'apparence d'un petit sabot de cristal incolore et transparent. Et combien de morceaux de bambou et de liège ! Je glane tout ce que je trouve. Les tronçons de bois, la plupart goudronnés, que nous ramassons seront brûlés dans la cheminée de notre chambre, car il fait encore frais, le soir, bien qu'on soit en mars, et, tout en nous y chauffant les pieds et les mains avec Valentine Pêpe, nous nous y raconterons nos impressions de la journée et les aventures qui arrivent toujours aux peintres travaillant sur nature.

Nous confectionnons les meubles qui nous manquent. Je fais un séchoir pour les serviettes de toilette avec quelques bouts de roseaux du Var liés en croisillons ; un morceau de liège troué fait un excellent bougeoir ; la vague m'a apporté gentiment un grand bambou dont j'ai fait un alpenstock. On joue à Robinson. On retourne au primitif en ce siècle de raffinement et de confort à outrance et c'est bien plus drôle !

Ce qui m'étonne quand je longe les grèves du côté de la Courtade ou du fort du grand langoustier, c'est de n'y pas voir ces bandes de gamins que l'on trouve partout au bord de la mer. Je le regrette car je voudrais un petit modèle, garçon ou fille, pour pouvoir mettre, dans mes études de marine ou de paysage, la note d'un personnage. Un seul de ces petits traînards déguenillés rôde dans les roches.

Je l'appelle, je lui demande son nom.

Il se redresse et me répond :

— Stephano Balustra, dit Trento

— Ah ! Ah ! tu es Italien?

— Si, signora,

— Et que fais-tu?

— De tout.

— Et tu ne vas pas à l'école?

— Non. Mais ci fait rien.

Je me dis : voilà le modèle rêvé, je l'aurai quand je voudrai, puisqu'il ne va pas en classe. Il est brun comme un Arabe, mais frêle de corps avec une petite tête volontaire où deux yeux noirs tiennent presque toute la place.

Je le fais poser assis sur une roche, se détachant sur la mer bleue. Le lendemain je le retrouve, mais les jours suivants, il me fait faux bond. Je me décide à en choisir un autre et, pour cela, je vais voir l'institutrice du pays qui, très aimable d'ailleurs, me répond :

— Nos écoliers sont si exacts aux heures des classes et travaillent si sérieusement, que je ne puis vous en indiquer un seul. Gardez votre petit Italien, ce vagabond de Trento qui vit en dehors des lois scolaires établies, étant étranger.

Désappointée par cette réponse, mais charmée de la douceur de cette institutrice, je lui dis :

— C'est sans doute par la bonté que vous retenez tous vos petits élèves dans cette excellente voie.

Et elle, avec un sourire :

— C'est la meilleure façon de réussir. »

Je m'étonne et j'admire : dans cette île primitive, les lois pour l'instruction de la jeunesse sont mieux observées que partout ailleurs.

Je ne puis donc compter que sur Stephano, mais c'est bien l'être le plus lunatique qui ait jamais vu le jour sous le beau ciel de l'Italie !

L'ayant attendu en vain pendant deux jours, je prends le parti d'aller voir ses parents.

J'entre dans une maison nue et crayeuse aux murs lézardés où un homme assis devant une table avale des *ravioli* comme il goberait des huîtres tandis que sa femme tourne je ne sais quel brouet noir dans une casserole bosselée.

L'homme doit être un terrassier, car ses vêtements de toile bleue sont maculés d'argile. Sa chemise largement ouverte laisse voir des pectoraux d'Hercule, sa tête est énergique et brûlée du soleil.

Je m'adresse à lui :

— Bonjour, monsieur Balustra, comment se fait-il que Stephano ne vient plus poser pour moi? est-il malade?

Balustra se lève d'un bond et m'apparaît immense. De son poing fermé, il se frappe violemment la poitrine et me dit :

— Signora ! vous voyez ce poitrail? c'est le poitrail d'un honnête homme ! Vous voyez cette poigne ! par la sainte Vierge Marie, c'est une poigne ! Le pitioun? je l'ai tué hier soir !

Sur le point d'être épouvantée de cette déclaration digne d'un héros de Shakespeare, je suis rassurée tout de suite par la tranquillité avec laquelle la mère continue à mêler son brouet avec sa cuillère en bois.

— Mais, monsieur Balustra, lui dis-je, je ne vous demande pas de tuer le pitioun, mais seulement d'exiger qu'il vienne me trouver quand j'aurai besoin de lui.

Balustra s'effondre sur sa chaise et laisse retomber lourdement son poing formidable sur la table de bois blanc d'un air découragé et il répète :

— Je l'ai tué hier soir et voici comment il me récompense ! Il n'est pas encore allé trouver la signora ce matin !

— C'est d'autant plus regrettable, dis-je, qu'au lieu de baguenauder sur le port, il gagne quelque argent en venant avec moi. Que fait-il donc?

— Ce qu'il fait? reprend Balustra, il décroche la barque blanche, il rame et s'en va en mer. Une fois, il n'est pas revenu manger, il s'était endormi dans le bateau comme une vieille loutre et le vent le poussait vers Toulon. Je l'ai encore tué, ce soir-là, quand il est revenu !

La femme ne dit rien mais pousse des soupirs prolongés et lamentables. Tous deux se sentent

incapables, impuissants, désarmés devant l'indépendance indomptable de leur fils.

A deux heures, cependant, Stephano reparaît
sur la place en face du presbytère.

— Eh bien ! lui dis-je, te voilà? pourquoi n'es-
tu pas venu depuis deux jours?

— Parce que je naviguais. Je viens aujourd'hui
parce que ci me plaît. Ci fait rien.

— Mais le bateau que tu conduis en mer n'est
pas à toi?

— Non, mais ci fait rien.

— Oui, je sais, petit paresseux, tu pars au large
pour dormir. Tiens, prends ma boîte, nous allons
à la plage d'argent.

Cet insupportable gamin commence à m'intéresser. Je lui demande quelques détails sur sa famille et sur sa vie :

— Où es-tu né?

— A Trento, je crois...

— Quel âge as-tu?

— Dix ans, mais depuis longtemps, vous savez,
signora, le père a été marié plusieurs fois, la mère
aussi, alors, je ne sais pas bien si c'est le père qui
est mon père ou bien si c'est la mère qui est ma
mère... Mais, ci fait rien !

— En effet, c'est un détail de peu d'importance.
Mais le père, ce grand gaillard solide, il te bat
quand tu n'es pas sage?

— Oh ! oui ! alors !... il retrousse ses manches...
Mais ci fait rien.

— Et la mère? elle ne dit rien quand il te bat?

— Ah ! non ! elle n'ose pas !

— Elle ne t'embrasse pas après?

— Non. Pourquoi faire?

Ce *pourquoi faire* me remue plus que le ferait une plainte. Pauvre pitioun ! il ne sait pas ce que c'est qu'un baiser maternel !

Arrivés sous les pins, du côté de la plage d'argent, nous rencontrons un troupeau de vaches appartenant sans doute à M. Fournier, riche propriétaire d'une grande partie de l'île.

Stephano s'arrête et les regarde une à une attentivement.

— Le taureau n'y est pas, dit-il, mais s'il y était, signora, avec moi, vous n'auriez rien à avoir peur : quand un taureau furieux me saute à la figure, je l'empoigne par les deux cornes et je l'arrête.

Je ris en me figurant ce frêle toréador de dix à onze ans, ce poids plume que le taureau jetterait en l'air sans le moindre effort, mais ce rire est interprété par le pitioun comme un témoignage d'admiration pour sa bravoure, car il ajoute :

— Vous voyez, je suis fort !

Je choisis, pour mon étude, un amas de roches près d'un groupe de pins torturés et je dis à Stephano de s'y asseoir au bord de l'eau qui clapote à ses pieds nus.

Ceux qui ne font pas de peinture se figurent que le peintre, pendant qu'il travaille, songe constamment à la touche qu'il pose et qu'il en surveille l'effet comme le cuisinier surveille attentivement la façon dont se dore la volaille qu'il fait rôtir. Il n'en est rien. Le peintre ne pense pas plus à la manœuvre de son pinceau que l'écrivain ne pense à celle de sa plume. Comme l'écrivain, il est sous le charme de son sujet et l'exprime de son mieux, il ne sait trop comment. Pendant que son œil observe les formes, les couleurs, les valeurs de la nature et que sa main les trace fiévreusement, son esprit flotte et formule des pensées qui, parfois, n'ont aucun rapport avec le sujet qu'il peint. Ce sont souvent des idées philosophiques et généralisées à cause de l'exaltation dans le recueillement du travail cérébral.

En esquissant la silhouette du pitioun sur la mer verte, je me rappelle les autres gamins de son âge que j'ai observés ailleurs. La vie du petit garçon normal se compose généralement de trois éléments : la tendresse dans la famille, la culture de la science à l'école, les jeux joyeux dans la nature, trois choses indispensables à sa santé morale et physique. Le pitioun ignore les deux premiers de ces bienfaits. Chez lui, il redoute les manches retroussées et la poigne de celui qui est peut-être son père, pendant que celle qui est peut-être sa mère, pousse des soupirs retentissants sans chercher à le défendre ni à le consoler. L'école? il n'en connaît que la façade. Il regarde les enfants de son âge en franchir le seuil. Aucun d'eux ne lui dit : « Bonjour. » Ils sont sages, heureux, bien élevés, ils ont des chaussures et des chapeaux et seraient humiliés de jouer avec ce va-nu-pieds, ce va-nu-tête, ce rien qui vaille qui ne connaît même pas sa propre biographie. Mais, les dieux en soient loués ! le troisième bienfait, plus qu'aucun autre petit rejeton humain, il en jouit pleinement et sans contrainte.

Tout à l'heure, quand je lui ai dit de se reposer, il a grimpé sur une longue branche flexible de pin maritime, celle qui se penche si gracieusement jusque sur la mer et il s'y est balancé comme un jeune faune en délire. J'étais presque étonnée de ne pas lui voir des pieds de chevreau. Et, comme pour compléter mon illusion, s'étant installé ensuite, plus haut, sur la branche fourchue la plus solide, il a tiré de sa poche un *sifflotiot* fait avec un bout de roseau du Var et il a modulé une phrase musicale ressemblant à un chant de merle.

Le pin et lui semblent ne faire qu'un et je vois entre eux cette grande similitude : tous deux ont été semés, comme par hasard sur cette terre vierge, ils sont livrés à eux-mêmes, on ne les a pas dressés, on ne s'est pas occupé de la façon dont ils se développent, ils sont de la même sève indépendante et vivace.

L'arbre n'a à redouter que les violences du mistral dont son branchage garde l'empreinte et le pitioun n'a à craindre que la poigne du « père ». Là, sur sa branche, il a éprouvé certainement une joie immense que beaucoup d'enfants bien élevés ne connaissent pas.

Il a une philosophie à lui qu'il traduit par trois mots : *ci fait rien !* Il a pris l'habitude de considérer la vie comme une chose où rien n'a d'importance, il ne se tourmente de rien. Dans la nature primitive il est le petit homme primitif et quand il m'a dit tout à l'heure, avec conviction, qu'à l'occasion il saurait me défendre contre la fureur d'un taureau, se faisant illusion, se leurrant sincèrement, il a senti en lui cette puissance intérieure qui animait les jeunes athlètes maîtrisant les bêtes sauvages que l'on voit reproduits en décoration sur les vases grecs, et pourtant, il ne les connaît pas. Donc, il vit dans une sorte d'idéal de liberté et de force et cette idée m'est agréable à suivre, car le malheur des petits déshérités de la vie est la chose la plus triste qui soit.

Ce misérable n'est pas un humble miséreux. Lorsqu'il décroche, petit faune mué en triton, la barque blanche et quand il se livre à la fantaisie des flots et du vent qui risque de l'entraîner jusqu'à la rade de Toulon, et quand, en toute confiance, il s'y endort, il cherche peut-être, dans cette barque, le tendre bercement qu'il n'a pas trouvé dans son berceau, car c'est la grande nature qui est sa véritable mère. Pauvre pitioun ! que lui réserve l'avenir?

III

Sur la place, en face de l'église, sous les hauts eucalyptus, l'herbe pousse drue, par endroits. Une chèvre y broute. Elle est blonde et déteinte par le soleil et le mistral. Elle a le nez busqué et la barbiche pointue comme dans les bas-reliefs antiques. Je m'amuse à l'appeler Amalthée et elle répond à ce nom par des danses de caractère : ce sont des piétinements dont elle martèle le sol, puis des redressements subits sur les pieds de derrière, le cou tordu, les cornes en avant. De temps à autre, elle se précipite follement et court aussi loin que le lui permet sa corde, puis s'arrête court avec une secousse. Ce matin, la secousse a été si violente que la corde s'est rompue. Ravie de cette liberté imprévue, la fantaisiste Amalthée s'est demandé ce qu'elle devait en faire. En profiter pour voir des choses inconnues, n'est-ce pas là une idée très naturelle? Aussi la chèvre, de son pas alerte et léger, a-t-elle gravi les marches de pierre du porche de l'église. Après y avoir exécuté quelques gambades, elle a flairé les chaises et les bancs d'un petit air prudent et dégoûté ; puis elle s'est arrêtée soudain, sous le charme d'une chose toute fraîche et parfumée et... escaladant les degrés de l'autel de la Sainte Vierge, elle en a brouté toutes les roses blanches...

La nourrice de Jupiter serait-elle par hasard jalouse des offrandes faites à la mère de Jésus, dans cette île des dieux?

IV

Un soir merveilleux sur la plage d'argent, ainsi nommée à cause de son sable blanc pailleté de mica.

Le ciel est rose, d'un rose dont aucune fleur ne saurait atteindre la finesse et comme la mer n'a pas une ride, elle le reflète du haut en bas. Elle est du même rose que lui. Le silence est si grand, l'air si calme, qu'on en est pénétré. Nous contemplons, nous ne disons rien. Une barque blanche est sur l'eau rose et s'y réfléchit jusqu'à nos pieds. Cette barque se nomme : *Allez-y, moi j'en viens*, et semble dormir. On dirait que le dieu de l'Idéal, ce dieu qu'ont entrevu tous les peuples à toutes les époques et qu'ils ont appelé de noms différents bien qu'il soit le même toujours et partout, flotte

mollement sur cette immensité harmonieuse et
pure. Nous sommes là, sur la roche, sous les grands
pins qui s'inclinent vers l'eau et nous oublions
que le temps passe.

Et voici que, comme si le dieu de l'Idéal voulait
que tous nos sens soient charmés à la fois, voici
que des sons mélodieux se font entendre... D'où
viennent-ils? d'un archet glissant sur les cordes
d'un violon. Et nous apercevons une forme jeune
et svelte qui s'avance à pas lents vers l'extrême
pointe de la petite presqu'île voisine. La forme
s'arrête debout sur le dernier caillou. C'est un jeune
homme. Son bras remue à peine : il semble que
l'archet se meuve de lui-même, guidé par quelque
invisible divinité de l'harmonie. La phrase musicale s'amplifie, se répand dans l'atmosphère
puis se calme pour reprendre son souffle, comme si
elle était la respiration même de la grande nature,
par ce soir de mystère. Quel est ce jeune virtuose?
A quoi bon s'en informer? Tout renseignement
précis matérialiserait la vision que nous en avons
eue. Mieux vaut croire que, dans cette île des dieux,
c'était l'harmonie elle-même qui, pour une heure
d'extase, avait pris forme pour nous chanter
l'éternité du Beau.

XVII

L'AUDITION COLORÉE

Arrivée à la fin de ce livre, et avant de le clore, je me reporte aux premières pages du premier tome où j'ai conté les promenades que je faisais, avec mon père, dans les champs et les bois de Courrières.

Les impressions primordiales de rayons, de couleurs et de sons joyeux où tous les charmes se mêlaient dans une si douce et si universelle harmonie, ont eu leur influence sur ma vie entière et sur toute ma production picturale et littéraire.

Mon père, avec une tendre sollicitude, se penchait vers moi, provoquait mes observations personnelles encore ingénues, les commentait en les respectant toujours et, tout doucement, dirigeait mon esprit dans la bonne voie de l'art par l'amour de la nature.

Un jour, lorsque j'avais environ sept ans, nous suivions ainsi un petit sentier mêlé d'herbe. Je lui dis :

— Papa, je trouve que ton nom est joli de couleur, il est tout à fait comme ce petit chemin puisque *Jules*, c'est *vert* et que *Breton*, c'est *marron*.

Mon père sursauta :

— Ah ! tu vois cela aussi, toi ! cria-t-il tout joyeux, mais oui, mon nom est vert et marron, je le vois comme cela depuis mon enfance, mais toutes les fois que j'ai parlé de la couleur des mots, tout le monde a haussé les épaules en riant, on s'est moqué de moi, on m'a traité de fou, aussi je m'abstiens d'en causer. Mais nous allons pouvoir en parler ensemble !

Et il me questionna, sans m'influencer, sur les teintes des voyelles et fut ravi de constater que je les voyais comme lui. Il n'y avait que l'*i* pour lequel nous ne fûmes pas d'accord et discutâmes longuement, car il le voyait gris perle, ce qui me parut et me paraît encore extraordinaire, car je le voyais et le vois toujours jaune comme un bouton d'or.

A la suite de cette révélation d'une faculté semblable, nous en causions entre nous. Par exemple à propos des noms propres, il nous arrivait de dire :

— Ce monsieur... je ne sais plus son nom... mais c'est un nom rouge.

Ou bien :

— Cette ville, dont le nom est d'un si beau bleu !

Je n'avais jamais songé à y attacher d'autre importance et mon père disait :

— Il paraît que c'est une bizarrerie exceptionnelle et pour nous, cependant, c'est l'évidence même.

Depuis la mort de mon père, je ne m'étais plus entretenue sérieusement de cette question avec personne, lorsque, dix ans plus tard, le 19 août 1916, je reçus de l'illustre savant, professeur à la Faculté de médecine de Paris, Raphaël Blanchard, de l'Académie de médecine, que je ne connaissais pas personnellement, la lettre suivante :

Chalet Sainte-Catherine, Briançon (Hautes-Alpes),
18 août 1916.

Madame,

Je prends la liberté de vous adresser une plaquette contenant certains faits de vision interne colorée. Ces faits ne sont pas très rares, mais ils sont très peu connus et pourtant méritent une étude systématique et comparative.

Le professeur Peugniez, de l'École de médecine d'Amiens, m'ayant dit que sa fille, Mme Hébert Stevens, présentait elle-même un bel exemple de ce curieux phénomène, j'ai pris la liberté de lui écrire et de la prier de rédiger sa propre observation. Elle a bien voulu le faire avec la meilleure grâce du monde et vient de m'envoyer un document d'un haut intérêt. Elle me confie en même temps que peut-être vous auriez la bonté de me donner des notes sur cette même question. Si je ne vous semble pas trop importun, je vous serais très reconnaissant, madame, de rédiger à mon intention une note conformément aux données générales exposées dans ma brochure et en m'autorisant à la publier éventuellement sous votre nom avec le résultat de l'enquête que je me propose d'ouvrir sur cet intéressant problème de psychologie. C'est une bonne fortune exceptionnelle, dans une enquête de ce genre, d'obtenir le concours éclairé de personnes d'une aussi grande valeur intellectuelle et morale et d'une aussi grande notoriété. Ces considérations me font espérer en votre bienveillance en faveur de mon enquête qui ne s'inspire que du seul intérêt de la science.

Veuillez agréer, madame, l'expression de mes sentiments les plus respectueux.

Professeur R. BLANCHARD,
de l'Académie de médecine,
226, boulevard Saint-Germain, Paris.

Très flattée et touchée de ce témoignage d'estime me venant d'un savant aussi célèbre, je pris grand plaisir à lui répondre. Je me rappelais en effet avoir eu occasion, par hasard, de causer de la couleur des mots, au cours d'une lumineuse fête vénitienne, avec la charmante fille du docteur Peugniez d'Amiens, lors d'un petit séjour que nous avions fait, quelques années auparavant, Adrien et moi, dans cette ville, où nous avions eu à remplir les fonctions de membres du jury des récompenses à l'Exposition triennale de peinture, comme je l'ai conté au chapitre onze.

La brochure que m'envoyait M. Blanchard

avait pour titre : *De l'encéphalopsie chromatique*, et venait de paraître chez les éditeurs Masson et Cie, libraires de l'Académie de médecine, 120, boulevard Saint-Germain.

En voici le début :

« L'audition colorée est un phénomène dont la réalité ne fait aucun doute ; elle n'est pas rare et elle a été l'objet d'études approfondies. On a tendance à la considérer comme symptomatique d'un état névropathique particulier ; néanmoins, elle s'observe le plus souvent chez des individus parfaitement normaux, sans la moindre tare nerveuse. »

« Voilà une douzaine d'années environ, l'Égyptien Hall (Picadilly, Londres) avait à son programme une curieuse partie musicale à laquelle j'ai assisté. On jouait du piano dans une salle obscure, et en même temps s'allumaient et s'éteignaient tour à tour des lampes électriques diversement colorées disposées en un tableau placé sous les yeux des spectateurs. A chaque note correspondait une lampe différente, la même note allumant toujours la même lampe. Il en résultait un singulier spectacle qui n'éveillait en moi d'autre sentiment que celui de la curiosité, mais d'autres spectateurs déclaraient éprouver un réel plaisir à ce jeu lumineux et y trouver une harmonie véritable. »

Il raconte alors que le 22 juin 1905 il eut pour voisine de table, dans un dîner, une jeune femme de vingt-cinq ans, Mme X..., qui en causant lui dit que pour elle les chiffres avaient chacun une couleur déterminée. Cela éveilla l'attention du savant et voici une seconde observation qu'il recueillit plus tard :

Je cite :

« Le 7 novembre 1915, au cours d'une conversation où il était question du *jeudi*, Mlle G... me dit : « C'est mon jour bleu. » Intrigué par une telle réflexion, je pensai aussitôt à un rapprochement possible avec le cas de Mme X... et je lui demandai ce qu'elle entendait par là. Elle m'expliqua alors que, depuis sa plus tendre enfance, les noms des jours de la semaine, qu'elle les lise, qu'elle les entende prononcer ou qu'elle y pense, provoquaient infailliblement une sensation lumineuse instantanée qui est toujours la même pour un même jour, savoir :

Lundi	correspond au	*vert.*
Mardi	—	*gris.*
Mercredi	—	*blanc.*
Jeudi	—	*bleu.*
Vendredi	—	*marron.*
Samedi	—	*noir.*
Dimanche	—	*rose.*

« Les noms des mois ou des heures de la journée ne provoquaient rien de semblable.

« Mlle G..., dit plus loin M. Blanchard, est maintenant une artiste de talent. Son éducation artistique n'a eu aucune influence sur ses perceptions colorées. Les couleurs qu'elle voit sont plutôt ternes comme elles l'ont toujours été, alors que comme artiste, elle est coloriste. »

M. Blanchard cite comme ayant publié d'importants travaux sur cette question des médecins, des philosophes, des psychologues : Francis Galton, Flournoy, Lemaître, Baratoux, Krohn, Beaunis et Binet, Gruber, Benoit, Claparède, etc...

Et il poursuit :

« Il ressort des deux observations ci-dessus qu'un phénomène de perception interne colorée est éprouvée, tout aussi nettement et tout aussi sûrement par Mme X... quand elle entend un chiffre, lit un chiffre ou pense à un chiffre et par Mlle G... quand il s'agit du nom des jours de la semaine exactement dans les mêmes conditions.

« Si l'impression lumineuse n'était consécutive qu'à l'excitation auditive à l'exclusion de toute autre, on classerait ces faits sous la rubrique de l'audition colorée, mais il y a plus que cela, puisque l'excitation visuelle ou même le travail cérébral sont tout aussi capables de provoquer la même sensation de couleur. Ce fait intéressant dépasse donc les limites de l'audition colorée, il englobe celle-ci, mais représente une manifestation physiologique plus générale dont l'audition colorée n'est qu'une des multiples modalités. »

. . . .

« Dans la plupart des cas, le phénomène existe dès la plus tendre enfance, si haut que puissent remonter les souvenirs ; la cause en est inconnue. L'analyse délicate à laquelle Flournoy et Lemaître, entre autres, ont soumis un certain nombre de cas, a permis cependant de reconnaître la persistance obscure et inconsciente d'impressions ressenties de très bonne heure par les jeunes sujets, avant que ne s'éveillent la mémoire et le jugement, en sorte que la disposition spéciale du cerveau à l'égard de l'encéphalopsie chromatique semble être une qualité acquise et non congénitale. En pareil cas, il faudrait donc la considérer comme

le résultat d'une autosuggestion ainsi que l'admet
Daubresse .

« Toutefois, cette qualité présente une remarquable fixité et ne semble être nullement perfectible
ou modifiable par l'éducation. Bien que peintre,
Mlle G... conserve, aujourd'hui encore, ses photismes exactement avec les mêmes teintes que dans
son enfance, ils n'ont été aucunement influencés
par son éducation artistique. Beaunis et Binet
rapportent l'observation d'une jeune aquarelliste
chez qui l'audition ou la lecture coloraient les
lettres des mots et spécialement les voyelles ;
ils n'ont pas noté non plus que la tonalité des couleurs se soit modifiée par suite des études artistiques du sujet.

. . . .

« L'auto-observation du docteur Fraser Harris,
déjà très remarquable en elle-même, tire un intérêt
tout spécial de ce que son auteur est professeur
de physiologie à l'Université de Saint-Andrews
en Écosse. Depuis sa plus tendre enfance, il voit
les mots, tous les mots avec une couleur particulière non pas consécutivement à une excitation
auditive ou oculaire, mais uniquement par l'action cérébrale. Les teintes ainsi perçues n'ont pas
subi la moindre variation au cours des années. Il
appartient donc à la catégorie des psychochromes-
thètes comme il se qualifie lui-même.

« Claparède cite le cas d'une fillette et d'un petit
garçon qui avaient des photismes similaires, mais
·non identiquese t voyaient en couleur les lettres,
les chiffres, les jours et les mois. Ils étaient âgés
respectivement de neuf ans et de six ans lors de
leur premier interrogatoire. Celui-ci fut renouvelé

neuf mois et demi plus tard, puis encore au bout
de vingt-quatre mois et demi. D'une fois à l'autre
les couleurs demeurèrent identiques à elles-mêmes
dans la proportion de 72 pour 100 chez la fillette,
de 88 pour 100 chez le petit garçon.

. . . .

« Un homme très intelligent observé par Kaiser
à des intervalles d'un an et de neuf ans, ne peut
penser à aucun mot, même en langue étrangère,
même incompris, sans voir apparaître aussitôt
une couleur. »

Après avoir, parmi d'autres citations, constaté
que le grand poète Théophile Gautier a dit :
« J'entends le bruit des couleurs, » Raphaël Blanchard concluait ainsi :

« C'est grâce aux voies d'association intracéré-
brale que le phénomène peut s'accomplir. La struc-
ture des neurones, les connexions qui peuvent
s'établir entre eux par le moyen des dendrites ou
des cylindraxes, nous montrent les voies suivies
par l'excitation instigatrice des photismes. Celle-
ci chemine par des voies réflexes exceptionnelle-
ment sollicitées : le réflexe agit sur les cellules de
la perception consciente au lieu d'actionner un
muscle ou une glande. Un tel phénomène est exceptionnel, j'en conviens ; il n'est pas anormal
dans le sens pathologique du mot et il n'est pas
possible en dehors de toute manifestation morbide
de considérer comme malades, à un degré aussi
faible qu'on voudra, les individus chez lesquels
on l'observe. »

D'autre part, j'ai trouvé dernièrement dans un
vieux journal de Douai, *le Courrier républicain*
du 5 novembre 1907, la note que voici :

« Chateaubriand avait découvert la couleur des sons ; Arthur Rimbaud avait trouvé la couleur des voyelles ; un Anglais vient de découvrir la couleur des jours :

« Les gens chics de Londres, tout au moins ceux qui se piquent d'esthétique, écrivent le lundi sur du papier vert mer ; le mardi ils emploient le rose pâle ; le mercredi le gris perle ; le jeudi le bleu tendre ; le vendredi le beige argenté ; le samedi le jaune or et le dimanche le blanc. »

Voici maintenant la réponse que je fis à M. Raphaël Blanchard en deux lettres du 8 et du 9 septembre 1916 :

Monsieur Raphaël Blanchard,

Votre enquête sur l'audition colorée m'intéresse d'autant plus que, depuis ma toute première enfance, dès que j'appris à prononcer les mots, je les vis *tous*, sans exception, m'apparaître chacun avec sa couleur spéciale et que ces couleurs n'ont jamais varié depuis.

Je n'ai pas eu la sensation d'inventer cette analogie, mais bien celle de la subir ; je la contemple, je ne la crée pas.

Cette vision, que certaines personnes appellent un phénomène, me semble une chose naturelle comme de voir et d'entendre : ce qui m'étonne, c'est qu'elle ne s'impose pas à tout le monde.

J'ai toujours vécu à la campagne, d'abord avec mes parents, ensuite avec mon mari, le paysagiste Adrien Demont. J'ai donc eu l'existence la plus simple, la plus normale qu'un artiste puisse rêver, mère et grand'mère, me consacrant entièrement à ma famille, à ma peinture, à ma littérature, observant, pour mes travaux, une population maritime rustique, adorant la mer, les bois, les champs, fuyant l'énervement de la vie mondaine. Je ne crois donc pas que mes impressions soient le résultat d'un état névropathique particulier, mais il y a certainement de l'atavisme dans mon amour pour les couleurs et aussi, probablement, l'influence de l'éducation qui commence au berceau.

Mon père était le peintre des moissons de France, Jules Breton ; mon grand-père maternel, le peintre belge Félix de Vigne, mon bisaïeul le peintre décorateur Ignace de Vigne, qui exécuta, au commencement du siècle dernier, les décors des principaux théâtres de Londres.

Mon père avait cette même vision depuis son enfance, mais ce fut moi qui, vers l'âge de sept ans, lui en parlai la première, comme d'une chose toute naturelle. Nous étions absolument d'accord au sujet de l'*u* vert, de l'*o* rouge, de l'*a* noir, de l'*è* blanc, etc..., mais nous différions d'impression à propos de l'*i* qu'il voyait gris perle et moi jaune et sur certaines consonances qu'il voyait lilas et moi bleues et nous ne parvînmes jamais à nous influencer mutuellement tant notre conviction était profonde.

De même que plusieurs personnes que vous citez, ce n'est pas seulement l'audition des mots, mais aussi leur lecture et leur évocation psychique qui éveillent en moi la couleur et c'est parce que, en les lisant et en y pensant, je les entends chanter en moi-même, chacun sa note musicale. La forme n'y est pour rien et la signification ne compte pas, car un même objet n'a pas la même teinte dans une autre langue, sa sonorité étant différente. Un mot chinois que je ne comprends pas, m'apparaît coloré tout comme ceux qui me sont familiers.

La chose d'ailleurs me paraît très simple. Vous dites que le fait de voir une couleur en entendant les sons d'un mot, en le lisant des yeux ou en y pensant, constitue un phénomène triple, dépassant l'audition colorée proprement dite. Je vous ferai observer que lorsque nous lisons un mot ou bien quand nous l'écrivons, nous entendons sa sonorité en dedans de nous-mêmes, ce qui fait que lorsqu'on aime la poésie, on ne saurait lire des vers ou en composer pendant que quelqu'un joue de la musique, car le rythme de celle-ci est en désaccord avec celui des vers auxquels elle n'est pas adaptée. De même quand nous y pensons, quand nous nous rappelons une strophe aimée, notre cerveau tout naturellement fait une évocation de l'effet qu'elle exprime, donc de sa valeur et de sa couleur. Ces trois modes différents de sensations analogues peuvent donc se grouper intimement sous la rubrique : *Audition colorée*, qui me semble tout à fait juste. Ce qui me paraît être une autre preuve, c'est que moi qui aime la musique et qui vois des couleurs aux sons, mais qui ne sais pas lire les notes, je ne vois que du noir et du blanc quand je regarde une page de musique imprimée.

Lorsque mes parents m'apprirent à prononcer mon nom, je vis très nettement pour mon prénom *Virginie* le jaune du tournesol et pour mon nom : Breton, la couleur brun rougeâtre des marrons avec lesquels je jouais. Aucun doute ne m'est jamais venu à ce propos.

Dès la première boîte d'aquarelle que m'apporta

saint Nicolas, en admirant les petits carrés multi-colores, je les ai immédiatement associés aux voyelles que j'apprenais à épeler et qui, unies ensemble, se modifiaient comme ces couleurs que mélangeait mon pinceau. Après plus d'un demi-siècle, je vous donne une réponse identique à celle que j'aurais donnée alors :

Voyelles :

> A .... *noir* (son grave).
> e prononcé comme eu *bleu* (son doux).
> é avec l'accent aigu *blanc* (son clair).
> è avec l'accent grave *blanc lilacé.*
> i................... *jaune* (son aigu).
> o .... *rouge* (son plein).
> u .... *vert* (son acide).

Les composés :

> ai....... *blanc laiteux.*
> au....... *rouge violacé.*
> ei .... *blanc lumineux.*
> eo....... *rose.*
> eu. ...... *bleu d'azur.*
> oi .... *orangé.*
> ou .... *rouge pourpre.*

Avec la consonne *n* qui change le son :

> an........ *brun foncé.*
> en. ...... *feuille morte.*
> in....... *havane jaunâtre.*
> on....... *marron.*
> un ...... *vert bouteille.*

Les autres consonnes ne modifiant pas les sons, jouent le rôle de lien entre les tons, les neutrali-

sant parfois, comme font nos gris en peinture
et elles ont surtout comme effet de modifier le
caractère des mots, le *b*, le *d*, le *t*, leur donnant
de la fermeté ou même de la dureté, l'*r* la douceur
du velours, l'*f* et le *v* l'enveloppe nuageuse, l'*m*
la tendresse caressante (c'est la première que
prononcent les nourrissons), l'*l* la transparence,
l'impalpabilité, l'*s* et le *z* le luisant, le glissant, le
soyeux, etc...

Puisque les personnes consultées par vous
vous ont donné leur impression sur la couleur des
jours de la semaine, voici la mienne :

> *Lundi*........ *vert bouteille.*
> *Mardi*. .... *noir et jaune.*
> *Mercredi*...... *blanc.*
> *Jeudi* .... *bleu.*
> *Vendredi*...... *feuille morte.*
> *Samedi* ...... *noir et jaune.*
> *Dimanche*..... *jaune vieil-or.*

Le rôle de la syllabe *di* est ici d'illuminer la
teinte générale du mot. Elle égaie mardi et samedi,
qui sans elle seraient noirs. Dans dimanche,
ouvrant la marche, elle l'éclipse plus fortement
et absorbe le reste, c'est le jour le plus ensoleillé..
Mardi, *vendredi* et *samedi* sont les jours les plus
mélancoliques, *mercredi* et *jeudi* les plus gais,
les plus purs.

Les mois de l'année :

> *Janvier*........ *brun et blanc.*
> *Février* ...... *blanc lumineux.*
> *Mars*........ *noir.*
> *Avril*........ *jaune clair.*

Mai	*blanc crème.*
Juin	*vert jaunâtre.*
Juillet........	*vert d'eau transparent.*
Août	*rouge pourpre.*
Septembre	*feuille morte.*
Octobre	*rouge.*
Novembre	*brun rougeâtre.*
Décembre	*havane.*

Il est à remarquer que le violet franc n'apparaît jamais dans ma vision, je ne connais pas un seul mot en aucune langue qui ait la couleur de la violette, quelques-uns, très rares, sont légèrement lilas, tels : cœur, vœu, nœud, etc...

Après cet exposé de mes sensations instinctives, je vous dois l'explication que le raisonnement m'a fournie depuis, car je pense que vous devez être curieux de la connaître.

Toutes les personnes que vous citez dans votre intéressant travail, ont dit leurs impressions, mais n'en ont rien déduit. Pour ma part, j'y trouve une logique que je vais tâcher de rendre claire :

Les musiciens ont ce qu'ils appellent la gamme des notes. Ils en ont *sept* avec des nuances entre elles. Nous, peintres, nous avons ce que nous appelons la gamme des couleurs. Nous en avons *sept* avec, entre elles, des nuances que nous nommons des demi-teintes. La loi est analogue pour les deux arts : les sons les plus élevés de la gamme musicale ont une parenté naturelle avec nos couleurs les plus claires, les sons les plus bas avec nos couleurs les plus sombres. Cela est de toute évidence. Prenons donc les extrêmes : les plus sceptiques m'accorderont que le *do* du haut de la gamme est plus clair, plus gai, plus aigu que le *do* du bas ; que le fifre est plus clair, plus gai, plus aigu que la contrebasse ; que le son : *i*, est plus clair, plus gai, plus aigu que le son *a*, comme le *jaune* est plus clair, plus gai, plus aigu que le *noir*. Il y a donc un rapport intime, fraternel même, entre ces sons, ces valeurs, ces voyelles et ces couleurs.

Les musiciens et les peintres emploient les mêmes termes pour désigner les *effets* qu'ils cherchent.

Ils disent couramment :

— Je vais changer le *ton* de ce *morceau*.

En peinture, nous classons les *tons*, non seulement en valeurs différentes au point de vue *lumière* et *ombre*, mais encore en *chaud* et en *froid* et cela a autant d'importance pour le rendu d'un effet que le *clair* et le *foncé*.

Parfois deux valeurs sont égales, mais diffèrent essentiellement, l'une étant chaude et l'autre froide et l'effet du tableau est tout aussi intense que s'il était obtenu par une opposition de valeurs.

De même, il y a pour mon ouïe des sons chauds et des sons froids que je classe ainsi :

Sons chauds : rouge, jaune, orange, pourpre, marron et leurs dérivés : *o, i, oi, ou, on, in, un*.

Sons froids : gris, bleu, vert, lilas et leurs dérivés : *e, eu, u, au*.

Sons neutres, c'est-à-dire subissant les influences environnantes et les impressionnant à leur tour en foncé et en clair :

A é. Le noir et le blanc ne sont pas des couleurs.

J'ai une remarque spéciale à faire pour l'*i* (la plus lumineuse des lettres), qui est jaune quand il est isolé et se renforce lorsqu'il est répété, mais qui, uni à d'autres voyelles ou dans le voisinage d'autres syllabes, devient simplement lumineux, éclairant pour ainsi dire les autres lettres comme dans *Dieu* qu'il fait rayonner en bleu céleste, comme dans *jeudi* qu'il n'empêche pas d'être d'un bleu de bluet, comme dans *neige* qu'il ne prive pas de sa blancheur, la rendant plus scintillante, comme dans *Louis*, *ébloui*, où il brille sur du rouge pourpre comme un clair de potiche.

L'*i* se prête d'ailleurs à toutes les fantaisies de l'imagination : d'un jaune criard dans *charivari*, dans *cri-cri*, *canari*, *cliquetis*, il devient d'un jaune doux et enveloppant comme un rayon dans *Italie*, *litanie*, *amie*, *mélodie* où l'e muet lui prête sa douceur. Il est sulfureux et diabolique dans *sinistre*, *rigide*, *terrible*. Mais là, je dois reconnaître qu'il doit y avoir une certaine influence de la pensée sur la vision.

Si j'avais à interpréter, pour les yeux, le chant des oiseaux sur l'écran de l'Égyptien Hall de Londres dont vous parlez dans votre curieux travail, j'y mettrais du jaune lumineux, du vert intense, du bleu limpide à part pour celui de la tourterelle des bois qui est d'un violet foncé passant au vert sombre, étant un chant grave, pour le loriot, d'un rouge de glaïeul et pour le coucou qui résonne en rouge pourpre.

La musique d'église a les teintes profondes et mystérieuses des vitraux anciens ; les chants de guerre sont rouge, orangé et jaune cuivré, de même que les mots : *victoire* et *gloire* de notre admirable langue française qui, comme les autres idiomes d'origine latine, est merveilleuse de coloris.

J'ai trouvé dans un très beau travail publié
à Marseille en 1923 par le peintre Étienne Martin
sur son maître Antoine Vollon qu'il aimait et admirait profondément, une page qui m'a vivement
intéressée. Je l'ajoute aujourd'hui à ma lettre.

Je cite :

« Vollon adorait la musique et il accordait sa
« palette aux voix qui chantaient dans son âme.
« Il disait : « Quand je compose un tableau, je pense
« involontairement à la musique. Ces fruits colorés
« ce sont mes contraltos, ce cuivre brillant, c'est
« mon ténor, cette marmite noire, ma basse et ce
« fond toute mon orchestration. »

« Sans avoir des connaissances spéciales, son
sens du beau ne le trompait jamais : « Lorsqu'une
« œuvre musicale ne me donne pas envie de peindre,
c'est qu'il y manque quelque chose. » En effet,
on pouvait y trouver tout le savoir du monde, il
y manquait sûrement ces dons du ciel qui le re-
lèvent et le vivifient : l'inspiration et l'émotion.
D'autres fois, rééditant sous une autre forme la
phrase de Joseph Vernet : « L'harmonie des sons
« m'amène l'harmonie des tons, » il disait à son
tour : « A tels sons correspondent tels tons. » La
science moderne n'a-t-elle pas établi certaines
corrélations entre les ondes sonores et les vibra-
tions lumineuses qui, partant d'un même principe,
produisent par leur mouvement plus ou moins
rapide, les unes l'échelle chromatique des sons, les
autres la gradation prismatique des couleurs? »

Ainsi parle M. Étienne Martin et je suis heureuse
de constater que le maître peintre, puissant coloriste Antoine Vollon, avait des impressions analogues aux miennes.

Deuxième lettre à M. Blanchard :

Je ne puis résister au désir d'analyser ici quelques-uns de nos mots les plus caractéristiques :

Le mot *soleil* est lumineux par excellence ayant un *o* qui le colore en rouge, un *é* et un *i* les deux voyelles les plus claires et deux *l*, consonne exprimant le mieux la transparence de la lumière. *Neige* est d'un blanc exquis, *orage* d'un noir mêlé de rouge qui semble gronder, *nature, verdure, culture, pâture*, verts comme la feuillée. *Avenir* ressemble à une trouée sur un ciel étincelant, aperçu tout au fond d'un chemin ombreux. *Macabre, massacre, marâtre, fatal*, sont noirs comme les idées qu'ils évoquent. *Délicieux, merveilleux*, sont bleus comme les contes de fées, *aube, aurore*, roses comme le ciel du levant.

Il n'est pas besoin des encres multiples de Barbey d'Aurevilly pour voir chaque mot se colorer et les plus grands poètes sont ceux qui ont su le mieux les harmoniser entre eux. Presque toujours dans une belle strophe ou dans un beau vers, il y a un mot qui rayonne sur tous les autres de même que dans un tableau il y a une note qui joue et vibre et qui en constitue l'effet. Quand Théophile Gautier a écrit :

> Ainsi jasent les hirondelles
> Voyant venir la rouille au bois

il a mis dans le deuxième vers toute la riche harmonie de l'automne. J'y vois les tons havane, jaune, orangé et, dominant le tout, l'admirable note, la touche vibrante d'un rouge si puissant, le mot *rouille*.

Pour lui faire pendant, écoutez et regardez cette strophe où Victor Hugo a résumé tout le printemps :

> Oh ! quand la fauvette dérobe
> Son nid sous les rameaux penchants,
> Lorsqu'au soleil séchant sa robe
> Mai tout mouillé rit dans les champs !

Pas un seul son noir, pas une consonance triste ne vient voiler ce premier rayon qu'exprime une abondance de voyelles lumineuses et dont les deux rimes en *obe* et plusieurs *r* se répondant, rendent si bien la douce chaleur !

Et quand il a dit dans *le Satyre* de *la Légende des siècles* :

> Mercure lui prêta sa flûte en souriant

les deux mots principaux : *mercure* et *flûte*, sonnant en *u*, ne rendent-ils pas supérieurement le charme *vert* du *sous-bois murmurant* (encore deux *u*) où le poète place son groupe de dieux de l'Olympe ? Je ne sais pas si Victor Hugo voyait se colorer les mots, mais à son insu, peut-être, son génie obéissait-il mystérieusement à la grande loi de l'effet, de l'harmonie, de l'expression. Pour ma part, depuis mon enfance, j'ai vu son nom glorieux rayonner en jaune, en rouge et en vert.

Comme contraste, voyez ce vers magistral et simple où Leconte de Lisle évoque le silence glacé du tombeau :

> Angantir, dans sa fosse, étendu, pâle et grave.

Le mot *pâle*, malgré sa signification réelle, se revêt d'ombre sépulcrale parce que le mot *grave* vient l'appuyer de sa note semblable et sombre. C'est comme un glas. Essayez de remplacer *pâle et grave*, par *blême et roide* et avouez que l'effet sera moins noir, moins macabre.

Et quand mon père a griffonné au crayon sur son carnet à croquis, tout humide de rosée, ce premier vers d'un sonnet de rêverie aux champs :

Je suivais un sentier, à l'aube, dans les blés,

ne vous semble-t-il pas que le mot *aube*, d'un rose tendre, illumine les autres qui sont d'un gris argenté et frais? Remplacez le mot *sentier* par *chemin*, *aube* par *matin*, *les blés* par *les champs*, cela fera :

Je suivais un chemin, le matin, dans les champs.

La note rose du mot *aube* disparaît, les gris légers qui l'entourent font place à des sons lourds et bouchés, le charme est rompu.

José Maria de Heredia commence ainsi son sonnet, *Émail* :

Le four rougit ; la plaque est prête. Prends ta lampe.

Combien les quatre premières syllabes rendent la forte chaleur par la répétition du son *ou* qui est *pourpre!*

Ailleurs (premier vers de *Mer montante*) il dit, voulant exprimer un effet et un sentiment de vaste tristesse :

Le soleil semble un phare à feux fixes et blancs

et dans tout le sonnet, vous ne trouverez pas un vers qui, par l'abondance des sonorités en *o*, en *ou*, en *oi*, donne une impression de coloration

chaude, tandis que dans un autre sonnet : *Armor*,
voulant rendre un soir coloré, il écrit ce vers rouge :

Le couchant rougissait et nous marchions encor.

Heredia était un coloriste comparable à Rubens.

Je pourrais multiplier à l'infini ces citations, car,
de même qu'un auteur nous transmet le frisson
de son émotion morale, il nous éclaire aussi de la
vision qui lui est apparue, vision de peintre autant
que de poète et de virtuose, car l'inspiration est
une et ne varie que par le mode d'expression.

Évidemment, il serait absurde de songer à ces
subtilités pendant qu'on écrit, on est coloriste
ou on ne l'est pas, on ne le fait pas exprès. L'inspiration, pour être heureuse et féconde, doit être
avant tout libre de toute entrave. Les idées
doivent venir armées et vêtues comme il convient
pour l'intensité et la clarté de l'image évoquée ;
mais puisque le poète choisit presque instinctivement tel mot comme se prêtant bien à la cadence
musicale de son vers, qui sait s'il n'est pas également attiré, sans le savoir, vers ce mot à cause de
sa coloration phonétique bien en harmonie avec
l'impression qu'il recherche ?

Quoi qu'il en soit, quand Barbey d'Aurevilly
(grand enfant qui se déguisait dans la rue sans attendre le carnaval) a appelé à lui le concours des
encres multicolores, il n'a fait que matérialiser
mesquinement une chose idéale pour la rendre
palpable à l'usage des lecteurs vulgaires incapables
de la comprendre autrement, mais ce n'est pas
pour ces lecteurs-là qu'on écrit.

Le génie n'a que faire des petites bouteilles
étiquetées, achetées chez le libraire scolaire, il

en laisse l'emploi aux écoliers qui font des cartes de géographie. L'inspiration trempe sa plume, comme son pinceau, dans la mystérieuse palette universelle et divine.

Mais je reviens à l'étude qui nous occupe plus spécialement :

A l'âge de huit ans et demi, j'appris l'allemand. C'était deux ans avant la guerre de 1870. Je n'avais donc aucune prévention contre le langage d'outre-Rhin et je m'y intéressais comme les enfants s'intéressent aux choses nouvelles pour eux, mais je le trouvais plus terne que le nôtre.

La surabondance de consonnes neutres, étouffées, gutturales des *sch*, des *tz*, des *zw*, des *k* multipliaient les teintes boueuses, terreuses et me semblait comme du mortier éteignant l'étincelle des voyelles, pierreries qui gardaient, isolées, leurs couleurs sans aucune modification, qu'elles soient tracées en caractères gothiqu s ou autrement, car, je le répète, la forme m'a toujours semblé indépendante de la nuance puisqu'elle ne modifie pas le son.

Les jours de la semaine, en allemand, au lieu de se terminer par la brillante syllabe *di* qui y joue le rôle de la lumière du jour, finissent presque tous tristement en *tag*, intonation noire et dure comme un coup de marteau et le nom du Créateur d'un bleu si rayonnant en français : *Dieu* est d'un rouge de carotte, mat et lourd : *Gott*. De plus presque tous les prénoms s'emmitouflent d'un diminutif en *schen*, étouffés comme dans l'ouate.

Il va sans dire, d'après tout ce qui précède, que les noms propres ont tous pour moi une teinte spéciale comme les autres mots et suivant la même loi immuable, ainsi :

Alexis, Camille, Casimir, Lydie, Aristide, Henri sont *jaunes*.

Benoit, Éloi, Victoire, François, Grégoire, *orangé*.

Victor, Jérôme, Hector, Isidore, Théodore, Nestor, *rouge clair*.

Louis, Raoul, Arnould : *rouge pourpre*.

Paul, Claude, Faust : *rouge violacé*.

Eugène, Mathieu, Eustache : *bleu*.

Jules, Hubert, Luc, Arthur, Ursule, Gertrude : *vert*.

Justin, Suzanne, Julien : *vert bouteille*.

Jean, Vincent, Fernand, Armand : *feuille morte*.

Raymond, Edmond, Léon, Simon : *marron*.

Adrien, Cyprien, Valentin : *vieil or*.

Albert, Alfred, Raphaël, Rachel : *gris perle*.

Robert, Georges, Roger, Éléonore, Flore, Dorothée : *rose*.

René, Ernest, Hélène, Geneviève : *blanc*.

Charles, Pascal, Gérard, Anna, Emma : *noir*.

Ce sont les noms en tons entiers.

D'autres m'apparaissent avec plusieurs teintes tranchées verticalement. Nicolas est nettement *jaune*, *rouge* et *noir*.

Anatole : *noir* et *rouge*.

Auguste : *rouge violacé* et *vert*, etc., etc...

Ces noms sont sujets à des variations si on en modifie la terminaison.

Jules, qui est d'un vert de sous-bois s'accentue en intensité en latin, *Julius*, s'égaie d'une note de géranium rouge en italien, *Giulio*, et dans *Julien* tourne au ton *vert bouteille*.

Bien entendu, les noms des pays, des villes, des fleuves, des montagnes sont soumis aux mêmes lois. Lorsqu'étant enfant j'apprenais la géographie, je confondais entre eux les noms que j'avais classés dans la même couleur, car c'est sous cet aspect qu'ils me venaient à l'esprit. La preuve que ce qu'ils représentent n'a pas d'influence sur cette impression, c'est que Naples, la ville bleue par excellence en réalité, porte un nom qui, pour moi, est et a toujours été d'un noir absolu.

Avant de terminer, puisque parmi les sujets de votre étude, vous avez donné une place aux chiffres, voici comment je les détermine, toujours selon leur consonnance car ils n'ont pas les mêmes couleurs dans les autres langues.

Zéro	*rose.*
Un	*vert bouteille.*
Deux	*bleu.*
Trois	*orangé.*
Quatre	*noir.*
Cinq	*havane jaunâtre.*
Six	*jaune.*
Sept	*gris froid.*
Huit	*vert jaunâtre.*
Neuf	*lilas bleuâtre.*
Dix	*jaune.*
Onze	*brun rougeâtre.*
Douze	*rouge pourpre.*
Treize	*blanc opalin.*
Quatorze	*rouge brique.*
Quinze	*havane jaune.*
Seize	*blanc nacré.*
Dix-sept	*gris.*

Dix-huit........ jaune verdâtre.
Dix-neuf ...... lilas.
Vingt. .... havane jaune.

etc..., etc...

Comme conclusion, j'ajouterai une remarque que tout le monde a pu faire :

Les peuples qui ont le plus de voyelles dans leur langage, comme par exemple l'Italie et l'Espagne, sont ceux qui ont le plus de couleurs voyantes dans leurs vêtements et ce sont aussi les plus ensoleillés. Leur musique est également la plus claire, la plus gaie, la plus brillante.

Je trouve une grande analogie entre les paillettes des costumes espagnols, les sequins qui se mêlent aux chevelures des femmes, les perles qui ornent leur cou, les castagnettes qui égaient leur musique et les voyelles qui scintillent dans leur parole.

Par contre, les langues germaniques s'enveloppent dans leurs consonnes assourdies comme les paysages des pays frileux dans leurs nuées traînant à fleur de terre, comme leurs habitants dans la laine et les fourrures et pendant qu'elles grelottent en sons gutturaux, nos purs idiomes latins chantent au grand soleil qui les colore et les illumine par les joyaux magiques des claires et sonores voyelles.

C'est la grande loi d'harmonie que l'on retrouve partout dans la nature.

Et puisqu'il en est ainsi, pourquoi considérerait-on comme insensé de croire qu'il peut y avoir de même une corrélation entre les éléments de tous les arts?

A mon avis, tous les arts se tiennent, s'enchaînent, se répondent, se confondent comme tous les règnes de la nature qui ont entre eux ce qu'en peinture nous appelons d'une part le *répondant*, de l'autre la *demi-teinte*. Où finit la plante? où commence l'animal? où finit l'instinct? où commence la pensée? où finit le cri? où commence le chant? où commencent la peinture, la poésie, la sculpture? N'a-t-on pas démontré qu'il y a dans la composition musicale des rapports frappants avec l'architecture et même avec les mathématiques? Le premier qui fit cette remarque, aujourd'hui admise, fut peut-être considéré, lui aussi, comme un névropathe.

L'art est l'expression de nos sentiments et de nos visions, pourquoi ne pas admettre qu'il puisse nous prendre par tous les sens à la fois, nous faire *voir* le charme d'un *son*, nous faire entendre la voix d'une couleur?

Faut-il, à l'appui de cette idée, comparer ce mot de Mme de Staël :

« La musique est une architecture des sons. »

A ce mot de Proudhon :

« La musique est une contemplation par l'ouïe. »

Et découvrirez-vous, messieurs les savants, si la peinture peut de même sortir de son domaine et si l'audition par les yeux est une aberration ou une vérité?

Recevez, etc...,

Virginie DEMONT-BRETON.

En même temps, j'ajoutais que trois personnes de mon entourage, ma fille Adrienne Ball-Demont, peintre de figures, Mlle Valentine Pepe, paysagiste et Mlle Berthe Ball (aujourd'hui Mme Gaston Leclercq), sœur de mes gendres et fille du professeur Benjamin Ball, avaient aussi la vision de la couleur des mots et je lui promettais de lui envoyer une feuille qu'elles devaient remplir, chacune de son côté et sans se consulter entre elles.

Leurs appréciations variaient mais, chose bizarre pour toutes trois, comme pour les diverses personnes citées par M. Blanchard, le mot *lundi* était toujours *vert*. Quant au *jeudi* pour les unes il était *bleu*, pour les autres *jaune orange* qui est la couleur complémentaire. Voici la réponse que je reçus de M. Blanchard :

Chalet Sainte-Catherine, Briançon (Hautes-Alpes), 24 septembre 1916.

Madame,

Ma confusion est extrême et je suis sans excuse d'avoir tant tardé à vous accuser réception de vos deux lettres du 8 et 9 septembre. Elles me sont parvenues à Arcachon où je faisais des études sur les tirailleurs sénégalais, chargé d'une mission à cet effet par le ministère de la Guerre. La besogne était pressante et je remettais de jour en jour de vous remercier de votre très importante étude sur l'encéphalopsie chromatique, puis des notes fort intéressantes recueillies si aimablement par vous auprès de Mlle Valentine Pèpe. Ces précieux documents, qui ont tant de valeur en raison de votre personnalité et de l'analyse psychologique très pénétrante à laquelle vous avez bien voulu vous soumettre vous-même, méritaient une discussion, ou, plutôt, un commentaire. J'espérais bien trouver le lendemain le loisir de l'écrire et c'est ainsi que, d'un jour à l'autre, le temps s'est enfui ; et c'est pourquoi je me suis mis déplorablement dans cette situation où je semble avoir fait peu de cas de vos communications alors qu'au contraire elles m'intéressent au plus haut degré. Voilà, madame, ma confession. Je fais humblement mon *mea culpa* et implore votre indulgence.

Je vous serai très obligé de bien vouloir remercier Mlle Pèpe des notes que vous m'avez transmises en son nom. Je lui adresse par ce même courrier, un exemplaire de ma brochure. Il lui est bien dû.

Puisque vous m'y autorisez l'une et l'autre, si libéralement, je citerai votre nom et je publierai *in extenso* votre importante étude.

Elle sera le principal attrait du travail que je compte publier plus tard sur la question, après une enquête que j'ouvrirai cet automne, par un article dans les journaux scientifiques. Cette enquête sera longue sans doute, et la rédaction du travail que je projette prendra aussi quelque temps.

Veuillez agréer, madame, avec toute ma reconnaissance, l'expression de mes sentiments les plus respectueux.

R. BLANCHARD.

M'intéressant de plus en plus à la question, j'écrivis le 25 octobre à M. Blanchard, ce qui suit :

...Je vous envoie ci-jointe une expérience que j'ai imaginée et qui est assez curieuse en ce sens que même parmi les personnes qui ne voient pas la couleur des sons, il en est beaucoup qui perçoivent une différence marquée entre les alexandrins que j'ai composés exprès pour leur donner, avec le même sens au point de vue absolu, un caractère très opposé, à mon avis, au point de vue coloration et effet de lumière.

Cette expérience peut aider, il me semble, à découvrir la vérité.

Je vais vous donner, à la suite de chaque citation, mon impression personnelle et vous jugerez si l'impression produite sur des personnes non prévenues et non influencées, aura quelque rapport avec la mienne :

1º Les bateaux se groupaient, au port, le long du môle.
2º Les barques se pressaient très près de la jetée.

Dans le premier :
Effet puissant, bateaux dans les tons bruns et rouges, môle éclairé d'un rayon de soleil couchant, chaleur concentrée sur des teintes de briques rouges.

Pourquoi?

Parce qu'il n'y a que des consonnances en *o*, en *au*, en *on*, en *ou*.

Dans le deuxième :
Effet froid, barques noires, jetée blanche. C'est comme un dessin à la plume sur papier blanc.

Pourquoi?

Parce qu'il n'y a pas un seul *o* dans tout le vers et que son unique *i*, modifié par les autres voyelles y est privé de sa note jaune et lumineuse.

Deuxième expérience :

1º Jour fatal où l'éclat d'un sabre étincela.
2º Jour funeste qui vit l'éclair de cette épée.

Évidemment ces deux vers, un peu romantiques, ont le même sens.

De même que pour les précédents, si on avait à les traduire en langue étrangère, on pourrait employer les mêmes mots. Cependant, pour moi, le premier est noir, cela se passe sous un ciel chargé de nuages sombres ; le second est clair, l'épée brille au soleil.

Pourquoi?

Tout simplement parce que le premier a cinq notes importantes en *a*, tandis qu'il n'y en a pas une seule dans le second qui sonne au contraire en *è* et en *i*, voyelles lumineuses.

Troisième exemple :

1º Le coteau sablonneux qu'un doux soleil colore.
2º Dune de sable clair qu'un reflet illumine.

Là encore rien n'indique ni l'heure de cet effet de nature, ni la couleur du rayon (aurore ou couchant) qui éclaire doucement la dune et cependant pour moi, incontestablement le premier est reflété de rose, le second de jaune de Naples et je trouve le premier infiniment plus joli de ton.

Pourquoi?

Parce qu'il y a dans le premier, sept sonorités en *o* et pas une seule dans le second qui me semble pour cette raison d'une lumière blafarde totalement privée de rouge.

Je vous donne ces exemples comme types à l'appui de ma théorie et suis curieuse de savoir si ma sensation se trouvera confirmée par votre enquête.

Par retour du courier, je reçus la lettre que voici :

226, boulevard Saint-Germain (VIIe),
27 octobre 1916.

Madame,

Je viens de lire avec le plus vif intérêt votre lettre du 25, ainsi que les notes qui s'y trouvent annexées. Je vous en exprime ma bien vive reconnaissance et vous prie de bien vouloir remercier en mon nom Mme Ball-Demont et Mlle Berthe Ball. Je suis ravi de l'intérêt que vous prenez à la question de l'encéphalopsie chromatique et que vous communiquez autour de vous.

C'est une rare fortune pour une question scientifique, d'être étudiée au point de vue artistique par des personnes aussi qualifiées au double point de vue de la peinture et de la psychologie. Aussi votre consultation est-elle capitale et son intérêt augmente-t-il encore du fait des ingénieuses expériences que vous avez imaginées.

J'ai l'honneur de vous adresser une petite brochure qui touche à une autre question. J'ose espérer que celle-ci suscitera également votre curiosité et qu'il vous sera possible de me faire connaître vos réflexions et des exemples nouveaux. La question s'est considérablement étendue depuis la publication de cette plaquette qui remonte aux premiers jours de la guerre. Je prépare une deuxième édition revue et considérablement augmentée selon la formule classique.

Veuillez agréer, madame, l'expression de mes sentiments les plus respectueux et dévoués.

R. BLANCHARD.

Cette fois, il s'agissait des origines de la langue française. Il me demandait de lui signaler les mots de *vieulx françois* demeurés vivants dans notre patois de Picardie, question qui m'intéressait aussi vivement. Il avait, comme moi, pour la langue française, un véritable culte. Il la consultait comme on consulte une aïeule aimée pour lui faire raconter sa vieille histoire et il l'aimait d'autant plus qu'étant l'un des plus érudits polyglottes de notre époque, il pouvait la comparer aux autres et la juger en connaisseur.

Raphaël Blanchard est mort avant d'avoir pu réaliser les multiples projets qu'après tant de travaux, il poursuivait encore avec une inlassable activité.

Ce chapitre sur l'audition colorée qu'il avait l'intention d'écrire lui-même, est un hommage à la mémoire de cet illustre savant avec qui j'ai pris plaisir à correspondre sans l'avoir jamais vu.

Peut-être intéressera-t-il certains esprits observateurs de science et d'art qui jugent, comme moi, qu'il n'existe au monde qu'une inspiration mais dont les moyens d'expression sont différents et que les impressions produites sur nos sens ont tous la même origine.

Ce chapitre, je l'ai mis avec intention à la fin de cet ouvrage en manière de conclusion, car ce n'est pas une digression dans l'idée générale qui doit toujours unir entre elles toutes les parties, même les plus variées, d'un travail artistique ou littéraire.

Dans *les Maisons que j'ai connues*, j'ai cherché à dépeindre mes premières impressions au moment où tous mes sens s'éveillaient à la fois, se confondaient, se répondaient, se complétaient. Les couleurs vues, les sons perçus, les sentiments éprouvés : tendresse, pitié, peur ou joie, tout cela a eu sa genèse dans toutes ces chères maisons que j'ai connues. On m'y a appris, en même temps, les noms des couleurs que j'admirais, et les noms des vertus qu'il faut aimer le plus au monde : le devoir, la sincérité, la bravoure. Ma tendresse, mon estime ou mon admiration pour les belles âmes qui animaient ces maisons ont été le point de départ de tout ce qui enchanta et colora ma vie.

J'ai aimé ma maison de naissance parce que ma brave et bonne famille l'habitait. J'ai aimé mon village de Courrières parce que cette maison s'y trouvait. J'ai aimé la France tout d'abord parce qu'elle renfermait en elle ce village dont le nom délicieux veut dire : *Aurore.*

J'ai aimé la Belgique parce que c'était le pays de ma mère et que j'y connaissais la maison de mon grand-père de Vigne et d'autres maisons souriantes et bonnes, auxquelles je consacre d'ailleurs mon prochain volume.

Puis, j'ai découvert dans la France de mes aïeux une province maritime qui émerveilla ma jeune imagination, la Bretagne dont mon père se pensait originaire à cause de son nom : Breton.

Plus tard, j'ai vu que cette France avait d'autres richesses encore, des fleuves, des forêts, des montagnes et, plus loin, un pays bleu dont la végétation est exotique et j'ai admiré ma France.

Et puis je l'ai vue luttant pour sa liberté en 1870 et de 1914 à 1918 et mon amour pour elle s'en est encore accru. Et enfin, c'est dans notre province natale que nous nous sommes fixés, dans ce petit village de Wissant, pour y finir nos jours.

Pour compléter ce culte commencé au berceau, je me suis prise de plus en plus, à mesure que j'avançais en âge, d'une véritable passion pour sa langue si noble, si pure, si harmonieuse, si énergique qui, pour moi, représente toutes les couleurs de la divine palette universelle.

Cet ouvrage est un témoignage de reconnaissance pour ma petite et ma grande patrie et cette passion que j'éprouve pour sa langue est encore une forme de mon patriotisme.

N'est-ce pas la plus douce façon de crier :

Vive mon pays natal, vive la France !

TABLE DES MATIÈRES

COTE D'AZUR :

Cet ouvrage

a été achevé d'imprimer sur les presses

de la

LIBRAIRIE PLON

le 5 juillet 1929.